[台灣客家研究叢書 02]

敬外祖
臺灣南部客家美濃之姻親關係與地方社會

洪馨蘭 著

中央大學出版中心 ｜ 遠流

目錄

《台灣客家研究叢書》
總序

　　客家做為台灣的第二大族群，長期以來在文化、經濟與政治各方面均有相當程度的貢獻。客家族群的文化與實作對台灣多元文化的貢獻、民主發展的影響，清楚的鑲嵌在台灣歷史發展的過程中；近年來在客家文化園區、客家電視電台、學術研究機構、民間社區及各級客家公共行政機構的出現之後，客家族群的能見度出現了級數的增加，這些都是客家文化論述的結果，也是客家文化論述的一環。

　　客家族群文化論述，除了媒體、熱情的鄉親及行政資源的挹注外，極需客家知識體系作為後盾。離事不能言理，客家行政方針的制定、文化產業的經營、族群認同的建構各方面，都需要以客家研究為基礎。

　　最近十年客家研究漸漸豐富起來，在族群理論、歷史論述、語言文化及公共政策等各層面都累積了相當多的成果；特別是跨學科研究觀點的提出、年輕學者的加入，打開了許多客家研究的新視窗，提出了不少新的見解，增益了客家文化論述的豐富性，也加強了與行政部、文化實作的對話強度。如果要深耕客家、豐富客家，以客家來增益台灣社會的多元性，客家知識體系的經營是不可或缺的一環。

　　個人很高興有機會協助《台灣客家研究叢書》的出版，叢書的出版是中央大學出版中心的理想，也是台灣客家研究學界的願望。這個理想與願望的實現，除了要感謝叢書的撰稿人之外，特別要感謝國立中央大學李誠副校長、國立中央大學出版中心張翰璧主任的支持，讓一個縹渺的理想結晶成具體的叢書系列。

　　《台灣客家研究叢書》，歡迎各類學門背景、觀點及方法，針對客家及相關議題所從事的經驗研究、意義詮釋及實踐反思的學術論

著。在遵循學術審查規範，一流大學出版社學術水準的要求下，進行客家知識體系的論述，以期對客家、人類社會文化之深耕做出貢獻。

張維安

國立交通大學客家文化學院院長、人文與社會科學研究中心主任
國立中央大學客家語文暨社會科學學系合聘教授

內容與體例補充說明

1. 本書增刪自筆者之博士論文。為提供讀者較流暢之閱讀，本書在內容上較之博士論文刪除及潤修多處，並補入新的材料與觀點。感謝兩位匿名審查人之鼓勵與寶貴意見，筆者未來仍將繼續努力並使之更加完整。

2. 本書呈現田野材料時，盡量在不過於影響讀者理解與閱讀的原則下，保留彌濃客話的表達方式。口語漢字或拼音，以行政院客家委員會頒布的標準四縣客語音標為準，若口語漢字艱澀難尋，則傾向以該詞之書面語漢字替代之。相關拼音或漢字採用，參酌客家委員會所建置的「臺灣客語詞彙資料庫」網站（http://wiki.hakka.gov.tw/aboutme.aspx）。目前依照臺灣客語地方腔之不同，除了一般認知的四縣、海陸、大埔、饒平四種腔調之外，已開始收錄六堆以及美濃的特殊詞彙用法。一般來說，六堆及美濃均屬於廣義的四縣腔，因此大部分用詞與四縣腔者通用。

3. 本書正文對重要客話詞彙的標示方式，若遇漢字無法理解其詞彙意義時，採中括弧〔　〕於詞後註記音標，例如：唱喏〔*congia*ˊ〕，並加上註解；若僅需註解時，則採用小括弧（　）註記日常通用詞彙，例如：家娘（婆婆）、細妹仔（女孩）。

4. 正文涉及彌濃地方親屬稱謂時，除參酌語言學已發表之研究，為使讀者較為清晰理解其相對應之親屬關係，本書亦採用文化人類學用以表示親屬關係之符號系統，來輔助說明。即 F ＝ father（父），M ＝ mother（母），B ＝ brother（兄弟），Z ＝ sister（姊妹），S ＝ son（子），D ＝ daughter（女），H ＝ husband（夫），W ＝ wife（妻），e (o) ＝ elder（較年長的），y ＝ younger（較年幼的）。親屬關係符號以宋版括弧【　】標示，例如：當地人稱外姨婆【MMZy】，即指以發話者為中心，其外祖母的妹妹。

緒論

人類學家不寫有關鄉村的書籍，他們是在鄉村裡書寫。

——Clifford Geertz

第一節 屬於我的「重返美濃」[1]

2010年初，就在筆者完成博士論文計畫通過口試的這一天，前往島嶼南方的這段路成為一個「新田野」的開始。走著與前往碩士論文田野相仿的地理方位，此回卻更為忐忑。對於這個田野地，筆者較之1997年已說著更熟稔的語言，照理說也無須過分的小心翼翼；只是，對依偎著玉山餘脈斷層南側落居數代的阿伯、伯姆們來說，這個人已不再是「外人」。十多年來研究者從寓居於不同家庭，落籍當地農家並生養小孩，近年在外投入工作時已逐漸被視作「當地人類學者」。將婆家村「田野化」的選擇，因此有著糾結與矛盾——會否已不知不覺內化了當地人常有的盲點？能否穿越現實生活的侷限，回到文化相對觀繼續肯定著那複雜的價值判斷？

從田野變婆家村再到田野

彌濃婚俗敬外祖成為此書主題，來自幾個偶然；只是當發現那些「偶然」似乎都指向同一個源頭時，便覺那或許是個「必然」。文化

---

1 「重返美濃」一詞最早是指1994年由美濃愛鄉協進會編纂之《重返美濃》一書。該書內容大部分收錄的是在1992-94「反美濃水庫」運動期間，由返鄉青年與關心環境運動的藝文界朋友，定期在《臺灣時報》所發表的內容；「重返」代表的是一種進步的、帶著新觀念的重返，而非落難式或懷鄉的重返。另外，由「美濃反水庫」運動前驅鍾秀梅於澳洲雪梨科技大學撰寫的博士論文亦是以重返美濃水庫運動為主題，透過她親身投入的美濃反水庫運動，重新檢討並批判臺灣發展主義下遭到扭曲的產業政策，見 Chung, Hsiu-Mei（2006）。

人類學以研究他者（others）作為方法論的核心，企圖從理解他者來認識自己。在本書中，作者所面對那些「他者」，在2000年時從「異文化田野」變成「婆家村」。落籍生子也生出了許多義務，逐漸被看不見的人際之網纏繞，那對於成長於城市的筆者來說非常淡微卻帶來窒息的感受。但正因缺乏相關體悟，一開始以為彌濃此地之親屬網絡反映的不過就是漢人鄉民社會的「固有傳統」。就在啟動本書研究的同時，始理解彌濃人的連帶和「外面的」社會存在著些微不同；似乎也正是那些不同，在該地表現於動員策略上，展現出某些隱藏的結構力量。

敬外祖給筆者最初的印象來自 Myron L. Cohen 的菸寮民族誌（Cohen, 1976）。透過他在「菸寮」（美濃鎮龍肚大崎下）的研究，我們讀到了當地透過敬外祖、敬內祖、阿婆肉等在婚禮的位置，理解它們都是具有強化親屬關係的環節。該項研究著重於功能描述，未及將此類婚俗置於漢人社會中思考其特殊性與地方性。筆者也是在多年後以閩籍後裔嫁入當地時，因轉換身份而來的文化震撼，始感受到婚俗中的差異性，實際上來自思維邏輯與性別人觀的差異。

成為彌濃媳婦後連著數年從事專職母親，有著更多的時間走在村里巷弄之間，偶爾傳來的敬外祖引導八音，成為一種日常且情境的民俗生活。在這種強烈的異文化環繞刺激下，開始思考著「客家女性」的本質與建構問題。隱約感覺敬外祖傳遞著某類精神氣質（eth-nos），既非單純那種客家勞動婦女的刻板形象，也與批判論者眼中被剝削的女性，有著再現（representation）上的微妙差異。在敬外祖儀式內外，彌濃女性似乎用某種非外顯聲音的言說（voice），傳遞著一些事情，說不上來是因為順從、認命還是抵抗，與研究者從小在都會長成的性格既有衝突之處，卻也有某種共鳴。

筆者父親出生於彰化縣一個近海的小村，是閩籍小農的後代。我則是在臺北求學成長且受著國語政策及都市性格的型塑；一方面閩南（文化）底醞淺薄，另一方面追求自由的個人主義已被養得根深蒂固難以割捨。作為一個彌濃媳婦，研究者敏感地感受到，彌濃人尊重讀

書人風氣影響著家娘（婆婆），她一直盡她最大的努力在適應／容忍這樣一個高學歷閩籍媳婦。她觀察我，帶著一點疏離，讓彼此的關係不那麼緊張；有時又視為貼心的抱怨聽眾，因為我們彼此都可以使用她熟悉的語言相互回應共有的哀嘆與氣憤。在彌濃，近十年來剛入門的年輕媳婦，和婆婆之間能以流利客話溝通的組合，實際上已經不多。家官（公公）英年早逝，家娘在長子當兵時開始守了寡，她的娘家一直是撐持她拉拔四名兒女長大成婚的堅定力量。筆者在她五十歲的那一年成為她們家的長媳，見她是這樣帶著從大家族習得一身勞動與人際本領的女性，雖沒有機會讀很多書，但意志堅定地沾黏在泥土與綿密親屬網絡之間。以她的年紀，她或是終老於農地上的末代臺灣傳統客家女性的典型之一；而找尋烙印在她身上的世界觀，就成為在婆家村做田野的重要課題。

敬外祖這個議題讓我個人對家娘那個世代更為好奇，她面對著像我們這樣被推送到都市的「未來」世代，自己身上又肩負著「過去」的傳統責任，敬外祖對她們來說到底是什麼？那種她們習以為常的人際網絡，為什麼人們卻也在綿密親屬關係中常感窒息，卻又深覺那裡面有一種生命的力量緊繫著妳，讓妳不會在疏離與憂鬱的個人主義中迷失？為什麼她是如此無法接受我們的留鄉，卻又如此專注且投入獨立重建夫家祖堂？

從敬外祖來看一個地方社會的型塑，正是這樣一路地選擇了我，帶著這個彌濃媳婦走上這一趟「重返美濃」。本書想解開這個山腳下人群的蛛網人脈之謎，想知道當代人們的心中，「傳統」的意義是什麼？本書希望用人類學者、「彌濃媳婦」的角度，給出一個看法。

彌濃的變與不變

選擇在此時再次書寫關於彌濃地方社會型塑的民族誌，相較於筆者過去聚焦於專賣菸作的研究成果，其最明顯的意義或許在於筆者此次嘗試以「民俗社會」切入，挖掘社會生活底層的精神意識內涵。且承繼於上世紀學者們對當地的家庭與家族研究，此地在社會經濟層面

已較半世紀前有著相當的變遷：菸田面積僅剩零星幾個區塊，糧食與雜糧作物重新返回彌濃重要作物地位；農地廢耕比例增高，人口結構老化、多元（婚姻新移民與外地人購地置屋），而水資源社會運動進入到第三個十年。

臺灣專賣菸作戶總數在1960-70年代達到高峰，也是外籍人類學者來到小鎮進行研究的時期。筆者進入彌濃生活的這些年，菸草已非強勢作物，離土離村的情形比1960年代亦來得勢不可擋。留鄉青年在婚姻市場上的失利，反映在鄉間四處張貼著國際（買賣）婚姻的仲介廣告。語言溝通能力是婚姻市場上的條件之一，這也使得彌濃社會的許多外籍新移民女性，半數以上多是擁有客語能力的華僑後裔（見吳紹文，2007）。

產經弱勢不僅在個人與家庭層面產生衝擊，也讓美濃成為國家發展主義的候選犧牲者。經濟部推動美濃水庫案的計畫在1990年代初曝光之後，當地居民與返鄉青年因對其公共程序不滿，引發1993、94及99年三次大規模的街頭請願運動。美濃水庫議題自始至今，仍未從彌濃人的夢魘中消失，另方面卻也因此激生了屬於「後」運動時期的多元開展——包括社會運動的文學、搖滾歌謠、藝術創作、社區活動等。投入者們在嘗試開創未來性的同時，也都不曾放棄要從「傳統」中再生。彌濃人相當理解「傳統」在現代社會的象徵意義以及力量——就像在請願隊伍的最前線，一整排撐起紙傘身穿藍衫頭綁白布條的客家女性。

這些年筆者不斷被引導（也引導著別人）去關心處於劇烈變動中的彌濃人，關心我們／他們如何適應變遷並維繫賴以安身立命的土地與「傳統」。這些年，彌濃的年輕朋友逐漸選擇以「在地知識」取代「傳統」這個詞彙概念，也彰顯出「傳統」這兩個字並無法準確地傳遞一種跨步向前邁向新世紀的精神。看到彌濃這些年一步一步地從人類學者筆下的鄉民社會，慢慢走向公民社會，地方上的意見領袖，也從傳統家族仕紳讓渡予政治人物。國家從一個土地改革者的角色，變成一個帶有強烈發展主義機器的「他者」，而後又以「夥伴」的說法

主張著與人民鋪一條共治之夢。我們見著農村弔詭地走向一方面看似具有培力增能、又似逐漸依附失能的未來。

有相當多的面向可觀察到彌濃幾十年來的變遷，然而不管如何，「傳統」似乎仍在這個地方社會中被繼續實踐著。從當下來看，彌濃仍存在著許多當地居民認為與「傳統」有關的生活細節，而且在筆者的上一個世代，更認為熟稔那些默會知識，意謂著一種不忘本的美德。「傳統」自己也在變化，但在變遷中看其如何被延續與討論，可以從中理解地方居民如何詮釋那些「傳統」，此亦是本書的觀察角度。筆者最終將美濃反水庫運動拉入對話，則是注意到社會運動所展現的某些邏輯性，正與民俗社會中的「傳統」共享著類似的文化思緒與歷史性，而那些都是讓彌濃人緊緊纏繞且擁有共同面對未來勇氣的關鍵。社會運動於焉成為彌濃的一項「新傳統」。

第二節 客方言群的地方社會與地方性研究

敬外祖作為盛行於特定區域的婚俗，或許具有反映該區域歷史過程的特徵，這是開展這項研究的基本前提。換句話說，正因為此俗廣泛盛行於下淡水溪流域客庄，它必然要將歷史與地理視野同時放在「六堆」這個較大區域人群進行討論。研究彌濃不能迴避彌濃作為六堆一份子的重要歷史事實，因此這個研究同時也是一個將六堆作為課題的嘗試，也就是將之視為一個地域社會來分析。所謂地域社會即是在一段相當長的時間演變下，發展或型塑為一套具有特色的生活方式或社會文化現象的人文空間（徐正光，2007: 6），然其後來在融合史學與社會學等的客家研究，多以「地方社會」這個詞彙概念使用（見莊英章、簡美玲，2010: xxx-xxxii），亦涵蓋地域社會概念的基本定義。本書因強調人群與地理概念之間認同的地方概念，故採用後者，亦見用於書名。

其次，亦藉此說明書中常見詞彙「客方言群」之定義。使用方言群概念來指涉漢文化底下的分支人群，在學界曾很長一段時間為一慣

例。人類學者傾向將在十六、十七世紀成形於贛閩粵三省交界的人群——「客」〔"Hak"〕,視為漢文化中的一個次文化,該文化與他者區辨最明顯且直接的特徵為語言:「客話」〔"Hak-fa"〕。過去在海外華人研究中多將說客話的該群人,與漳州、泉州、潮州、永春、海南等都歸類為「華人方言群」(見李亦園,1970;麥留芳,1985)。

在此仍補充說明另外常見兩種概念在學界中亦十分重要,一是將客方言群視為「民系」,另一則是將客方言群稱為「客家」。相對於海外華人研究以方言群強調其以語言作為界限(boundary)的重要特徵,民族學者羅香林則開展將「客家」視為「民系」,日後亦多有學者採用引伸,且因帶有強烈文化識別的企圖,有利於方言群之身份認同政治。在臺灣,1980年代進入新社會運動時期,「客家/客家人」詞彙已普遍使用於書面用語,包括學院名稱(客家學院、客家文化研究所等)。客方言群的自稱:「客人」〔Hak-ngi〕目前僅多保留於口語,例如彌濃人年長者仍會自稱「客人」,並覺口語上稱「客家人」十分拗口。

原則上,本書行文將依人類學慣例,以「方言群」概念來描述下淡水溪使用「客話」的人群。除了學科上的慣例之外,歷史學者亦曾提出研究六堆史最好還是要回到語系概念底下,才不致忽略應該注意的面向(見林正慧,2008: 257)。筆者認為,使用客方言群這個概念將更有利於讀者跳脫以祖籍地進行人群分類時造成的混淆。不過,因當代學術界發表論文時多數使用「客家」,而亦有歷史學者使用「客民」,書中在尊重原引文的情形下,客方言群、客家、客民等幾個詞彙,本書將不會刻意使其呈現一致。

地方社會視野下的族群性發展

粗略瀏覽客家研究的相關文章,例如從1930年到2010年之間,很快就會發現這個領域關注重點產生許多變化,具體反映出客家研究關注議題的開展與多元,也可以看到這種研究特定客家區域形成過程議題的興起。在90年代以前,客家研究深受羅香林客家民系說影

響，強調中原移民的特質；具體歸類1990年代自贛閩粵學者逐漸發展所謂「新源流考」，與「中華民族多元一體格局」（費孝通，2003）相互呼應。臺灣學者所進行的客家研究，初期雖亦受羅香林學說影響緊扣中原概念，然而在80年代中期開始，亦具體反映了臺灣社會運動的腳步，從社會學與政治學吸取養分，探究客家人的社經處境，進而直接成為客家運動的養分；而後進入90年代，許多在60-80年代在客庄做過人類學民族誌研究的論文，直接成為臺灣客家村落研究的重要比較材料，增添臺灣客家研究的活潑性。到二十一世紀，隨著兩岸三地的學術交流，客家研究更是擴及了僑鄉、兩地社會、移民地方社會的形成。

　　相較於上述客家研究脈絡，筆者在本書中較多參照了梁肇庭分析贛閩粵客家中心地族群意識發展的思路（見 Leong Sow-Theng, 1998），嘗試探討族群精神作為文化特徵的歷史與環境趨力。梁氏主要論述以英文發表，或可說是繼羅香林後，首位採用西方理論去進行客家源流考的歷史學者。筆者認為，在客家研究論述史的發展中，梁肇庭可說是採用西方理論重新建構源流說的重要學者之一。他引入西方社會學與人類學理論，在1980年代將文化生態學用以討論客家源流在贛閩粵三省交界的生業模式與消長，並納入關於客家、棚民及鄰近族群相互關係的縣誌記載，討論客家生成的動態過程。他認為爭奪資源激發了族群意識，意識決定了一個族群的產生。George William Skinner 推崇梁肇庭的研究，在討論族群動員、邊緣與叛亂、客家民族主義運動及族群融合等議題，擁有極佳的詮釋觀點（Skinner, 1998: 14-18）。

　　梁肇庭對考據客家源流的理論嘗試，影響著後續研究跟進思考族群邊際關係等歷史人類學的觀點，也可見於多位學者持續與之對話（例見王東，1998: 211-249；劉永華，1992；宋惠中，2003；高怡萍，2005；黃國信，2006；黃志繁，2007）。只是過去中西方學界對採用人文地理學的巨觀集市體系學說，來研究有著漫長歷史的中國漢人社會，有著不同之見解（例見 Crissman, 1972；黃宗智，1994:

24-29等），間接使得採用該觀點分析客家源流的梁氏著作，也騰出了許多後續研究的論述空間。臺灣的出版界在1998年刊印梁肇庭以英文寫成的遺著論集，對客家研究者思考六堆人群組織與鄰近族群相互關係，提供很好的參照與研究思路。

地方性差異與比較研究

本書研究最初即來自於筆者親身體驗的文化差異。因此希望透過不同地方性的比較視野，推測某種文化（敬外祖）的出現或延續，究竟與原鄉經驗、生態適應有關，抑或是文化會遇下的結果；另一方面也嘗試探討某些文化的出現或延續，是否反映了地方人群特殊的思維邏輯。

人口資料對於人們重新思考地方差異性提供許多關鍵性思考。人類學者採用臺灣總督府建立的戶籍人口檔案材料，進行客庄與閩庄婚姻型態比較，結果呈現區域經濟及聚落中心與邊陲關係決定了差異，而不是方言群（cf. Pasternak, 1972）（見莊英章、武雅士，1994: 97-112；Chuang & Wolf, 1995: 781-795；亦見莊英章，1994: 207-226）。學者也駁斥「客方言群擁有較多大家族」的刻板印象，認為大家族的存在與數量與當地生產模式有關，而和方言群屬性無關（見莊英章，2000: 204）。除了不同方言群的比較研究，在被歸類為同屬性的方言群內，也應做不同地方性的研究，例如勞格文（John Lagerwey, 2005: 518-519）主張客家核心區的研究一定還要再細分閩西、贛南、粵東及粵北等次區域。本書也呼應在臺灣高屏、桃竹苗、中部、花東、都會等區域，同樣有著不同的地方社會生成過程，甚至各個區域內還可細分為更小的「地方」，經由累積更多的「地方」的材料，始能同中求異看到多元性（客家文化並非均質），而異中尋同更能挖掘出屬於這個人群類屬的某些本質（共享的精神性／社群性／物質性文化）。

當差異出現——例如筆者意識到敬外祖似乎僅盛行於六堆——思考差異的由來及其意義遂變得十分重要。1990年代初閩臺漢人社會比較研究成果，歸納三點思考地方性差異的理論假設。學者認為不同

地方產生的文化差異性，切入思考的面向可包括：（1）社區之間的風俗習慣、文化特色差異，是來自於原鄉文化的傳承與延續；（2）為適應新的生態環境，在不同地區發展出不同的文化特色；（3）移民因與當地土著文化互動頻率與方式的不同，所以發展出地方性的社區文化特色（莊英章、潘英海，1991/1994）。也就是說，地方性的形成與「原鄉傳統」、「生態適應」和「文化接觸」有著極大的關連。筆者揣思嘗試，可否從彌濃人的原鄉傳統、彌濃人的生業模式，及彌濃人在族群界限上的態度與表現上，看到敬外祖與不敬外祖兩種文化之間，其差異性的意義。

從族群接觸延伸的幾個概念，對思考敬外祖及其相關討論，助益頗多。例如「文化合成／合成文化」（潘英海，1994）、「新的文化」（蔣炳釗，1995/2000）等，皆在思考多元文化會遇地區的「新」文化。人類學者在「社群」（community）研究（見陳文德，2002: 1-41）中使用「混成」（hybridization, *creolization*）與「文化會遇」（cultural encounter）概念，強調細膩注意各社群的相對位置，而不是把「新的文化」視為對原有文化純度的鬆動（例見童元昭，2002: 307），這對於我們去思考那些看起來非A（原鄉）非B（在地）的文化特徵（例如本書內容中關於彌濃人的社官信仰），提供理路。除此之外，關於「新」的文化的探索，不能忽略的是階級、殖民、政策等一些外在因素的加入，與當地共同創發（inventing）的可能過程，尤其是那些已經被視為「傳統」的文化，其出現及內涵都應該放在更大的歷史結構中被重新檢視（見 Hobsbawm ed., 1983）。以上關於文化生成的概念，讓本書在思索彌濃人的文化特質（包括敬外祖）時更為謹慎，也獲得非常好的理論工具。

第三節　到族群研究與歷史人類學理論找工具

在地方社會與地方性差異研究之外，本書特別研究一個由筆者標示出來的文化社群——彌濃人。這個目的是在嘗試將這個人群放在

「時間」（人群記憶）而非單純的「歷史」（文獻記錄）底下來思考。當代人類學界傾向使用社群（community）概念取代族群（ethnic group）來分析較小單位的區域人群。本書在討論六堆時，也使用了客方言社群（而不是客家族群），表達筆者意欲突顯「彌濃人」與「六堆人」乃是共同體概念，在國家與官方的空間概念上，它們皆不曾擁有明確地理界域的存在，而是遇到他者時用以區別的意識人群。社群研究延續有許多來自族群理論的重要概念，例如建構／本質論的對立或並存等，且因不論「六堆人」抑或「彌濃人」，就現在這個時間點來說皆是「歷史上的社群」，所以我們進一步還要從族群理論與歷史人類學取徑，來找找本書的幾個分析工具。

族群性與建構論

"Ethnicity"，筆者在此譯為「族群性」。族群性是族群理論論戰的一個重要開端。「客觀論」學者主張足以證明自身獨特性且可用於界定族群範圍的那些特定文化特徵，就是族群性；相對的，「主觀論」學者認為在區分我群／他者的過程中，所形成並具有身份認同意識功能的才是族群性。換句話說，後者認為族群劃分依賴的不是客觀依據，就先後順序來說，是先出現人群認同而後才是一個族群（見Keyes, 1976: 204-205），並延伸出「建構論」。相對地前者被視為「本質論」。前文提及梁肇庭研究客家起源的理論思路，很重要的部分即來自Fredrik Barth及其支持者所形成的族群建構論，主張作為族群性的文化特徵，均來自人為操作而非與生俱來，反映的是人群面對生存環境時為獲取更大利基，透過判讀外在環境條件所做的適應策略（見Barth, 1969）。

族群建構論影響了社會科學界甚多，有延伸也有反思。例如，Jean Comaroff特別強調族群性不是任意發生的，它必須是歷史過程下的產物，也就是說：族群性的發生應該要被視為是在特定的政經條件以及不平等權力結構關係之下，所產生的歷史結果（1985: 301-323）。在此論點中，許多被當作族群性的文化特徵（「族群文化傳

統」），很赤裸地實際上是特定時空中的人群，為爭奪資源進行策略性操縱的結果。所以，另一方面來說，當「歷史」被放在策略操控的研究觀點底下，它（們）就從客觀的史家春秋之筆，變成多元歷史文本的一種而已。強調「歷史」或「傳統」要被視為策略看法的，還包括了許多以殖民地文化為研究題材的歷史人類學者。例如：Terence Ranger 在殖民地非洲的研究，爬梳了關於今日所見「傳統的」非洲文化，其由殖民地統治官員、傳教士、激進傳統主義者、部落長者和人類學家等所共同創造的過程（1997: 597-612）。Eric Hobsbawm（1983）在較早時稱此過程為「傳統的創造」（invention of tradition），並指出不論有意或無意，那些投入「創造傳統」個人或群體，其行為與結果都是對特定族群身份的識別界限產生了鞏固、甚至強化的作用——而且通常是既得利益者（例如統治階級）在創造界限，目的在將「傳統」作為繼續宰制歷史意識型態的工具。

特定群體利用創發傳統（文化）作為維護階級利益或強奪歷史詮釋的策略，這種觀點在漢學界也引起延伸。例如：David Faure 及多位學者主張，宋代之後出現的「宗族／家族」就是一種歷史作品（見華南研究會編輯委員會編，2004），而 David Faure 個人（1989）更以「文化創發」（cultural invention）一詞，定義宗族，指出華南宗族是帝國明清時期在歷史過程中發展出來的，呈現當時華南地區的人群為了企圖控制或爭奪地方特定資源，將「發展宗族」作為一種策略。本書藉這條思路，同樣認為六堆高度跨宗族地域聯合（見下文討論），反映的是六堆社會的歷史過程，宗族／家族的發展及其型態的動態性，是為了資源佔領或發展族群性所採用的可能策略。

歷史不是冷事件

由於本書嘗試經由民俗面向切入地方社會形成的討論，筆者面對的視野侷限很大一部分是要如何援引並帶領讀者重新構思六堆史——尤其是關於六堆在史學面向的分析，過去已有許多學者提出了豐碩的成果。就像是 Nicholas Thomas（1989）的提醒：人類學學科化與專業

發展的過程中，「歷史」是一直未受重視的；而人類學家 James D. Faubion 更指出，即使到了二十世紀末，人類學仍然對於該如何面對「歷史」議題而傷透腦筋（1993: 50）。不過，面對這種焦慮，本書希望能採用 1980 年代由人類學者開啟討論「歷史」的新取徑：「歷史人類學」（historical anthropology），藉以關懷六堆史中過去一直被忽略的那些不在文獻裡的人們。歷史人類學主張，研究者應理解有些社群他們的生命並非處在文獻記載的線性時間內，他們會用自己的文化思維去詮釋所有的「事件」。因此「事件」會有不同的版本，也意謂著「歷史／時間」（"historia"）不是只有一種。Aletta Biersack 認為相對於史學，歷史人類學主要要探討文化與過去（"the past"）如何交融、對話，而形成「歷史」（history）；也就是說，「歷史」不是一個個的冷事件，而是一連串關於時間、文化、儀式、轉換再現的今昔關係（1991: 18-20）。所以，歷史人類學是用文化角度來研究歷史過程，而非單究歷史事件本身。

歷史人類學也強調要理解人們如何記得與陳述某些特定的事情。記憶，包括著神話、歷史、語言，都記載著「歷史」。Maurice Bloch 說：「記憶是以多種方式被喚起，敘述並不能作為過去是如何被建構或被記憶的指針」（1993: 42），他建議讀者應該採取保守與自我質疑的態度，去探究「how we think they think」。這個理論概念提醒了筆者，我們有時要放棄西方理論而走進當地人的思考世界裡，而通常這需要非常長時間的沉浸，甚至參與當地居民的辯論，才可看出彼此思維邏輯的差異與盲點。因此，本書將嘗試反身性地呈現研究者與一名重要報導人之間的辯論，那是我的家娘，透過反覆地聽她怎麼說，嘗試去理解她怎麼理解事情，以及藉此反思我如何思考她所表達的意念。有時甚至不惜頂撞，如此才能知道她想藉此「教」（馴化）後輩什麼、和計畫如何透過言說與實踐，來貫徹那些她認為無比重要且身為客家媳婦該有的責任。

為歷史人類學研究取徑奠下典範的 Marshall Sahlins，他的田野以及材料（特別是 1981 年的作品）相當經典，對很多後續學者來說，

幾乎是可遇不可求。讀者接下來將在本書中看到，研究者採用上述取徑將「六堆」視為一個「文化事件」（而不是單純的指人群／地域），作為地方社會的共同記憶（組成「六堆」），於此便不僅以文獻史方式存在，亦包括集體記憶、信仰文化、儀式實踐等，在當代六堆人後裔的意識與生活裡，用不同的方式被記憶與再現。更甚者，筆者亦嘗試將發生於1990年代至今未歇的「美濃反水庫運動」，同樣視為一個「事件」，並分析兩個事件中相類同的思緒結構，可以看到人們如何以及為何把事件變成（創發）為不同版本與意義的「傳統」，依不同社群的不同需要，創發的傳統在當代被複製、傳播，也繼續被創造建構。

把女性放回歷史過程

不論族群性是建構還是創發，它都是提供社群重要的想像基礎。筆者嘗試從族群建構論再拿出另一個概念，藉以釐清想像族群（社群）的過程。Benedict Anderson（1991 [1983]）指出民族／國族的形成，其想像基礎在於近代世界觀的改變，以及迎上資本主義印刷技術的高度發展，讓新興的民族國家透過人口統計、地圖製作和博物館展示等策略，建構出自己的共同歷史。「想像的」（imaged）一詞在此或許近乎於上述討論過的「創發的」（invented），因此「想像」本身即同樣意謂著權力的賦予與文化象徵資本的爭奪，故使用時要非常小心去分別，究竟是「誰」在進行想像，有些例子告訴我們：進行想像的未必是內部的既得利益者，也有可能是外部社群為了達成支配目的，對特定社群所賦予的想像（見Sollors, 1989）。然而，想像究竟是來自內部、外部，還是說能穿梭於內外界限的特殊能動群體，都是需要敏銳的觀察才能分析。

本書使用這個概念在嘗試找出讓「彌濃人」或「六堆人」形成社群的那些文化特徵，有哪些具備了「想像的」過程。例如：說著「彌濃人特別重視飲水思源」的在地人，這段陳述是否來自一種想像，這種想像究竟是如何被賦予且被誰賦予。人們口語上表示「敬外祖」反

映的是上述的飲水思源，又說這是「客家本性」（客家文化的本質），這種缺乏與其他地區客方言群進行差異比較的絕對論說法，我們可否從中挖掘一些「想像」的成分與目的？更進一步希望思考的還包括引入性別觀點，指出讓「特別重視飲水思源」變成文化特徵並提供想像基礎的，包括敬外祖這套婚俗流程，然而能讓其執行的必須是擁有子嗣的六堆女性（非六堆者無法確實落實流程內涵，見下文）。因此，我們是否有機會將「六堆女性」放在提供想像基礎的思路中，間接反思人們過去討論六堆史時，可能存在過於將詮釋權直接無疑義地交付給由男性所撰寫／主宰的史料與文獻檔案。

　　這裡於是想要嘗試進行以下思考：一個客方言群家族及社群（六堆）在建構的過程中，女性是否僅能是個被交換或擔負生育功能的噤聲存在？女性群體在「宗族化／家族化」的過程中，是否曾有機會賦予生命何種理解？在長達數百年的家族日常生活裡，女性的「想像」賦予了這個創發的過程什麼樣的質素？我們要從什麼樣的角度才能感受到她們的想法？本書試圖把女性放回客方言群在下淡水溪的發展歷史脈絡裡，突出她們與男性「共構」六堆「史」的這個過程，而筆者感到幸運的是，敬外祖提供了一個絕佳的切入點。

第四節　誰參與了、又如何參與了六堆的歷史過程？

　　六堆，從一個戰爭事件的對抗組織，逐漸變成一個區域概念，它在地圖上並不真正存在，所謂的界限也只是由客庄聚落群的界限所延伸開來，一個「想像的界限」。即便是深究六堆史的學者，在嘗試確認那些古戰場的位置時，也能體會到就像是一個簡單的溪澗山溝，就是六堆與「外面」的界限。例如彌濃崙仔頂過溝伯公壇之處，位於今美濃鎮與旗山鎮行政區域交界，是個傳說中械鬥一觸即發之處，沒有界碑、沒有指標，村民們有共識那區溝埔跨過去，就不是六堆自己人了。六堆基本上就是村莊的集合體，村莊或許有界限，但六堆實是一個「想像的社群」。或許，六堆史不僅由墾地、開墾與械鬥所砌成。

本書想探討的核心問題之一，包括除了史載事蹟，六堆人面對外面那些他者們（others），是為何又如何延續這幾圈想像的邊界？六堆，作為一個歷史事件下的產物，在離開那些事件之後，它在一般民眾的日常生活裡又是怎麼被繼續實踐的？六堆「從軍事組織到聯莊區域」（見施雅軒，2010），除軍事活動與嘗會生活，在那段「地域化」的過程中，民情風俗是否有提供一些窗口，讓人們足以一窺六堆的歷史過程？

原本，「歷史」就可能不是只有一種版本，而是數種版本，每一種版本的「歷史」（*historis*）各自都是精雕細琢出來的文化工藝品（cultural artifacts）（Greg Dening, 1991: 348）。從這個角度來思考，在那些從文獻、統計、古文書、族譜等「文字」所打造出來的六堆歷史之外，或許尚有其他多種版本──那些屬於女性的、底層的、微歷史的，以及那些正在我們眼前實踐中的「歷史」。關於六堆的歷史過程，史學界在過去利用了許多不同的材料，已逐漸為六堆史這座城堡砌上磚磚瓦瓦，而本書則想指出在那些可見的地面磚瓦底下，有著地道，有許多的「無歷史的人」（Wolf, 1982）透過地道成為共構歷史的串接者，我們想知道那群「無歷史的人」在那段歷史過程中如何參與或被迫參與著「歷史」。Wolf提示了這種研究歷史的方法，要讀者去看到縱是在邊邊角角的人，他們都捲入在歷史裡，問題是他們位置是什麼，而歷史又是怎麼記錄著他們。

作為一個已落籍當地的人類學者，筆者一直在六堆這個想像社群的後裔群中真實生活著，居住山下村落邊緣地帶，周圍村民多是無族譜的小農家族。他們口中操著客方言，耕耘著分散在不同地方的一小塊一小塊水田；每星期五晚上帶著家人去滿片燈泡海的鄉間夜市，吃著燒烤中卷或是用飛鏢射穿氣球；在乾季的河川行水區淤泥處，關畦搶植著短期蔬菜，還有臨街兩對面的老伯姆不知為了何事，臭著臉相互指責。人們已看不出來先民們在下淡水溪建構出來那個歷史過程，在這些人身上可否留下何種版本的史痕；而他們先祖或多或少皆參與了那個歷史過程，但沒有文獻或族譜記載下那些人鞏固無形邊界的貢

獻。

　　本書將解答問題的賭注，一部分放在對婚俗「敬外祖」的更多瞭解上。這個儀式或許即是那在地面下的通道，沒有正式的歷史文獻記載過，也沒有古文書提及，或許是高比例的六堆後裔實踐過的一個婚俗，啟動的關鍵是一名已婚且有子嗣的女性。本書認為，這些通道讓許許多多無歷史的六堆人，都參與了那個漫長的歷史過程——或許並不是直接繼承，而是歷史襲產的間接再現。將地道繪入這棟城堡的建造圖中，或許能讓這張圖感覺更為立體，而這張建造圖所張出來的時與空，就是六堆這樣一個地方社會。彌濃作為六堆位於最北端右堆的一員，思考當代彌濃社會的地方性，在某些特定面向或許就是六堆的縮影。當敬外祖廣泛盛行於六堆時，彌濃的敬外祖文化應可視為管窺六堆地方社會型塑的一條路徑。

　　雖然至今尚無任何文獻指出敬外祖婚俗最早始於何時何處，然而彌濃人與六堆文史工作者一般均將之視為「存在很久的風俗」。因某些研究限制，本書暫無細節處理其創發源頭與傳播路徑，但非常可以確定的，彌濃目前仍維持且盛行在婚俗中敬外祖的習俗。徐正光（1970: 33-34）指出60年代末後堆內埔東片村婚禮有敬外祖，只是當時並未涉及討論敬外祖的意義或功能。Cohen（1976: 155）則在其美濃龍肚大崎下的村落民族誌中，以右堆之例提出敬外祖具有表彰母方祖先的意義並對姻親關係進行強化的功能。過後的三十年間一直都無人類學研究再提到關於六堆敬外祖的現象，反而是在90年代後期，因八音在敬外祖的重要角色，我們才在民族音樂學與民俗學研究（見鍾永豐等，1998；吳榮順，2002；柯佩怡，2005；謝宜文，2007；劉薇玲，2002；古秀妃等，2009）中，再次看到敬外祖被學者提及。

　　由於可供參酌的歷史資料相當稀少，這項研究只能回到人類學最原初的方法論：長期蹲點的田野調查。較正式的參與觀察主要是在2009年7月至2011年2月之間，以舊時彌濃的三大聚落區域為主要田野地點，並延伸訪問部分六堆地區及旅居外地的報導人。為了嘗試探

究是否是六堆僅有的風俗，研究期間曾在2010年6月至7月造訪多數彌濃人的原鄉：廣東省蕉嶺縣（原鎮平縣），以及參與多場由亞洲各地齊聚的客家研究學者所組成的學術研討會，以初步瞭解此風俗之獨特範圍是否確實以六堆為界，並思考與其他地區姻親關係比較的可能。關於姻親關係的建立，Cohen實際上已累積了村落層級的民族誌資料，他採用的是一個家庭的例子說明姻親的範圍，本書則將關注點放在之前較少注意到的部分，包括在Cohen觀察的三十年後詳細記錄敬外祖儀式，並分析其中的性別關係，及與族群性相關的討論。

本書主要問題意識為下述諸點：

第一，針對敬外祖儀式本身以及儀式中的人、事、時、地、物等相關研究，過去累積的材料並不豐富，既有的研究集中於婚俗面向，對於「儀式之外」的細節，以及儀式在日常生活其他面向的再生產，仍有觀察記錄與思考的空間。

第二，針對姻親關係與姻親祖先敬拜的文化設計，需更多深入探討。人類學者說：敬外祖是一組以「表彰母方祖先」為訴求的儀式（Cohen, 1976），為何有這樣的說法，地方上的看法又是如何？其逸出傳統漢人社會父系血親祖先概念的實踐，是否反映的是某種客觀條件或主觀條件的生存適應？這些似乎都要回到歷史性的脈絡去探討。

第三，針對敬外祖禮俗與六堆族群關係的對話，尚未開始。敬外祖是一個具族群性的婚育習俗，目前僅在六堆客方言群社群內盛行，近年卻消逝迅速，是否與跨境通婚瓦解了敬外祖與族群界限有關，目前並沒有相關討論出現。

第四，針對分析敬外祖的操作過程與其對社會文化的影響，需要女性觀點的參與。Henrita Moore（1994）指出這類研究方式會讓女性的「聲音」不一定被聽到，也往往不見得被聽懂。敬外祖是在漢人父系文化下，對完成傳宗接代的已婚婦女所進行的禮讚儀式；雖然整體仍是父系的概念，但傳統女性的聲音與看法，應有更多被聆聽與理解的機會。

第五，針對六堆地方社會與文化的研究，人類學可以有更多的貢獻。人類學研究文化，對於傳統六堆的形成以及現代客家六堆想像社群的建構，都有很大探討的空間。對人類學者來說，積極參與當代客家六堆研究有其重要性。

敬外祖既然是婚俗，其意謂著是建立姻親關係的一個過程，而早在1970年代即已有學者們注意到下淡水溪客方言群有著相對親密的姻親關係。除了前述Cohen的菸寮研究，Burton Pasternak（1983）亦曾指出下淡水溪客方言群是一個強調跨族聯合（cross-kin association）更重於發展宗族（單系世系群）的區域。在Pasternak與Cohen兩位的著作所參與觀察的那些村落家族（及其他更多家族），通常在壯大己身的同時，似乎花更多的（或至少同等的）心力在建立姻親關係，徐正光於是提問：「六堆長久以來緊密的姻親關係，是透過何種機制在維持？」（2001: 297）本書將正面來回應這個提問，蒐集材料並提出看法。同時想針對前述學者都未曾提過的性別議題，進一步思考：六堆女性在這樣緊密的姻親體系中，其角色究竟應如何被理解與被詮釋。

第五節 本書結構

本書將依照四個面向將全文分成四大部分。第一部分探討彌濃人的時與空，說明當代彌濃人在自然地理與人文地理交疊之下，於文化中展現的特殊性。第二部分以兩場分別發生於年初與年尾的敬外祖（另搭配其他場次穿插說明），分析當代彌濃人籌備敬外祖的過程、其中物與人的集結，以及行程安排等的各項細節。第三部分思考敬外祖與彌濃人傳統人觀的關係，分別看男性與女性在儀式前後的文化學習，究其如何以及建構什麼樣的性別精神氣質。第四部分則將緊密的姻親關係視為當代彌濃社會文法形成的主因之一，並以一場公民運動為例，看敬外祖社會之於人群集結的功能與意義。

第一部分為第一至第二章。第一章在界定「彌濃地方社會」的意義與背景。這項研究所面對的人群，是採用客方言四縣腔的彌濃人，他們所使用的客語逐漸有被區別為另一種稱為「美濃腔（彌濃腔）」的趨勢。「彌濃」是一個包含著自然與人文的地理名稱，「彌濃人」在本書則為一個社群（community）概念，是一群生活在特定地域、擁有相同語言，雖各自設置祖堂，但彼此相互認同的人，他們自稱「彌濃人」。彌濃人自清初即活躍於六堆北端，但它正面臨著全球化國家發展主義的外部挑戰。

第二章將針對彌濃人的地方性發展背景做民族誌考察。彌濃有著自中國原鄉蕉嶺平行輸入的里社真官信仰，而這個信仰又在時代變遷中，融入六堆墾拓文化裡的土地伯公信仰，並涉及文化混成。彌濃與周鄰原有土著的文化會遇和殖民時期的文化嵌入，在幾個日常生活的表現中仍可見其遺存。為了適應生態環境與政策，彌濃在二十世紀初開始大量投入專賣菸草的種植，後因南端荖濃溪的興築與日資農場的設置，使彌濃與六堆其他客庄的親密聯繫受到阻隔，彌濃因此在六堆北端呈現孤懸封閉、自給自足的狀態。

第二部分包括第三至第五章。第三章界定「外祖」之定義，並說明何種時機以及什麼樣的家族會進行敬外祖。我們將看到彌濃人有著敬三代外祖的理想型，但目前通行敬至二代，其中包括只敬一代外祖者，部分反映的是與姻親家族的互動關係。敬外祖的籌備過程本身就是對所屬地域範圍及人際關係的再確認，表現在決定要去哪些地方拜拜，和去哪些姻親家廳下敬祖。而牲體祭品籌備方式也有時代變遷，儀式進行時的人、事、時、地、物的集結，亦都有其故事性，時代的變遷也對敬外祖的形式產生影響，這些在第四章都有相當細節性的描述。

第四章我們進入敬外祖的理論分析，以進一步理解Cohen（1976: 153-157）所說的「表彰母方祖先」（"honoring the matrilateral ances-tors"）與強化姻親連帶。由於Cohen曾強調敬外祖具有象徵功能，筆者另外參酌新竹縣新埔家廟群供奉歷代姻親祖先神位（祿位）之例，

說明另一種較敬外祖更具表彰母方祖先象徵功能的例子。另外，敬外祖因採取男子結婚前親往母方家祖堂敬祖，實質達到對母舅關係的再次強化，此乃是新埔家廟群以特定神位供奉的方式所不具備的功能。Cohen認為經由婚禮的敬外祖與敬內祖／還神以及嫁女時致贈阿婆肉，可以強化血親與姻親共八對祖父母以下的親屬關係。這裡我們會更詳細地探討這個聯結結構的形成，以及如何用Claude Levi-Strauss（1969）的親屬制度基本單位來分析敬外祖。

　　第五章探討歷史過程問題，包括盛行敬外祖之於下淡水溪客方言群的人群組織，所具有的意義。這一章將涉及族群界限概念的使用。敬外祖的目的在聯結親屬制度基本單位，理解何以需要如此緊密的聯結，就成為一個解答的關鍵點。下淡水溪客庄之所以形成聚族武裝力量，與客方言群面對著共同外敵的歷史性有關。歷史學者指出當地存在著被包圍的圍困與危機意識（見陳秋坤，2009；林正慧，2008），形成一個六堆的精神本質，本書另引伸討論客方言群本身在內／外界限意識下，探討六堆界限的外部力量與認同力量（敵我與內聚）的對話關係。

　　第三部分包括第六至第八章。第六章將敬外祖的啟動者：女性，放在客家研究與族群研究脈絡下，思考過去的理論文獻如何描述並討論她們的角色與位置。1980年代以降，關於客家女性的本質論與建構論之爭議，主要的差異在於不同學科看問題的角度。例如史學透過文獻分析認為此風乃受百越族「女勞男逸」性別氣質所影響（如吳永章，1991；劉佐泉，1994；蔣炳釗，2000；謝重光，2005）；但社會與人類學者都曾紛紛嚴詞批判，許多文學作品中對女性勞動的歌詠，其實是嚴酷的社會壓力（如夏曉鵑，1994；鍾秀梅，1994；張典婉，2004；丘彥貴、吳中杰，2001）。本書認為，女性經由生育（成為母親）有自覺地成為延續族群命運的付出者，對此「客家母親」是有聲音的。她們如何看待與實踐敬外祖？如何思考或刻意不思考關於「女勞男逸」的分工機制？學者主張此類研究應仔細聆聽女性內在的聲音，便可嘗試趨近甚至理解她們對於自己行為選擇的詮釋（例見Helen

F. Siu, 1990）。

　　第七章將性別議題置於彌濃當代親屬關係實踐中進行討論。敬外祖之舉辦與否，似乎逐漸演變為女兒／女婿與本家／外家之間關係之親密或疏遠的呈現，本章將提供數則田野筆記，邀請讀者進入研究者所觀察到的幾位彌濃女性，她們的日常生活及其與本家（外家）之間的關係。這幾個案例特別著重於描繪她們在幾個民俗生活點上與上述關係之間的內／外、親密／生疏——例如大年初二、掃墓、路祭、謚法等與女性相關的主題。讀者將從中看到外家家族與已嫁女兒之間的情感聯繫及權利義務，實際上有著不明顯的情緒張力。另外，關於已嫁女性與夫家（婆家）的關係，本書選擇討論婆媳關係：一息尚存的婆婆在生前最後一刻，握有一種對媳婦不利的詛咒權。研究者注意到，當婆媳關係建立在相信這個超自然力量的存在，相對的就會制約那些擁有外家靠山的媳婦，在某些時候仍會因此顧忌而不得不收斂對婆婆（夫家）的態度。

　　第八章從敬外祖來看彌濃人的精神氣質（"ethos"）建構，探討男性與女性在這組儀式中分別複製（傳承）著什麼樣的人觀。對傳統彌濃男性而言，經由親身參與自己、兒子、甚至鄰里的敬外祖，擁有多次機會重複巡視著那由村神（疆界領域／精神文化）、土地伯公（土地資源／物質文化），與敬外祖及內祖（親屬關係／倫理文化）所建構出來的小宇宙，而這三者（精神、物質、倫理）正是文化的重要內涵（見李亦園，1995: 2-18）。換句話說，廣義的敬外祖行程就是對一名即將扛起家族責任的男性，帶領他進行其生活領域資源——包括神明、土地和人際網絡——的整體性確認，並賦予耕讀傳家的使命。對彌濃傳統女性來說，敬外祖意謂著女性婚後為夫家完成子嗣（生育或認養）傳承的責任，本家祖先即享有姻親家族的獻祭，強化著位於勞動美德中的最高價值：生養後代，在父系社會中承先啟後。女性接受命運的方式就是將傳宗接代（透過生育或認養）視為自我才能的展現，並將生養視為具有族群存續命運使命的性別分工，因此面對勞動與生養責任，她們不會也尚不知道剝削概念，她們說的是「骨氣」。

第四部分為本書最後的一章（第九章）。將此章單獨出來成為一個部分，在於這項研究試圖將敬外祖放入當代來對照現在的社會生活。探討在強化姻親聯結下的彌濃人，其所繼承的鄉民社會性格如何能變成當代公民運動中的有利條件。文中將發生在 1990 年代初彌濃人反對美濃水庫興建的街頭請願運動為例，概要說明其從政治請願動員到社區營造這長達二十年的過程，能有如此的持續力，和彌濃人經由公民運動所逐漸型塑出來的「社會文法」（社會學者李丁讚提出的概念）息息相關。所謂的社會文法指的是一個有機的社會適應能力，它能迅速地判斷問題影響，並且引入最新進步思潮，同時擁有集結人群的魅力領袖以及相互聯結的人際連帶。在當代彌濃社會運動中展現的社會文法，包括了空間觀（對家園的執著與認同）、時間觀（迅速反映議題不拖延）、和人群觀（透過走親戚建立串連）。我們將看到耕讀傳家的文化思維如何生出了一批具有跨界思想的讀書人，而曾經極盛的菸草產業又如何影響了社會時間觀，以及彌濃仕紳與讀書人如何轉化「做」親戚的交換體系，建立公民社會的新聯帶。敬外祖雖非直接做功（working on）於這場社會運動，但它應可視為這場運動的文化根源之一，並共享著相似的文化思緒與邏輯。

　　本書在結語部分，將回應一個方法論的議題，即透過一個民俗議題，如何來進行地方社會型塑的討論，並概括本書對推進彌濃與六堆相關研究的幾個主要特點。最後延伸思考：敬外祖的逐漸式微，對女性或當代社群來說，有否其意義上轉化並繼續擁有其正面功能的可能性。

第一部分

彌濃人的時與空

第一章 婆家村的凝視

第一節 彌濃人：一個想像卻又無比眞實的社群

客家研究要透過不同領域的資料，來分析客家族群的自我論述，分析客家族群在特殊的歷史脈絡中，被建構為一個想像的共同體的歷史文化過程；要以客家自身文化的主觀觀點，去思考在不同歷史脈絡下，人們如何去意識到自己的「歷史」。

——莊英章（2004: 29）

　　本書所描繪的是居住在今天玉山山脈月光山系南側平原上，祖籍來自廣東省鎮平（蕉嶺）、梅縣、平遠為主的客方言群後裔，他們自稱「彌濃人」，用當地客話表示則為〔*Mi ˇ-nong ˇ-ngin ˇ*〕。1960年代末，Cohen 在龍肚進行的研究中即曾指出當地人有很多種身份，但最重要的就是那個意謂在婚姻、居住、家庭組織、財產及繼承權等面向上從屬關係的身份（1976: 9）。Cohen 說這種身份就是客語發音的「彌濃人」〔*"Mi-nung-ngin"*〕，而他解釋「彌濃人」就是「美濃人」（"Person from Mei-nung"），看似兩者在某種時候是一種重疊的概念。有些在地學者認為這是因為居民習慣將「美」唸成「彌」（如蕭盛和，2009: 73）所致，關於此種看法，筆者想從另外的角度來思考，並藉以說明本書採用的「彌濃人」之概念定義。

　　筆者在1997年初次到訪美濃時，即曾注意到這個問題，即「彌」並不是「美」的慣常發音。在當地客話中，「美」與「尾」相同皆為陽平調〔*mi ˊ*〕，例如「美國」就讀〔*mi ˊ gued `*〕，然而，當地人自稱為「彌濃人」時，所使用的卻是上聲調的〔*mi ˇ*〕。一個人

如果說他這個星期不回去〔mi´-nongˇ〕（美濃），那麼人們就會意識到他跟此地應該沒有多代祖先的關係，甚至可能只是居民（resident）而非住民（native）。若說要歸去〔mi´-nongˇ〕（彌濃），那麼大家就會知道是「自己人」。又如很早的時候曾去南隆（位於美濃南方平原）作調查，在行政上同樣屬與「美濃鎮」，不小心地就以客語提問「您等彌濃人係不係原鄉都相同自蕉嶺、無就梅縣來的」（您們彌濃人的祖先是不是都從蕉嶺或梅縣來的）。對方瞄了一眼說，「妳講『下南人』喔，伊等在過上片，我不係啦。」（妳是要問南客喔？他們住在比較北邊，我不是喔。）[2] 這位早已落籍美濃的客家人，是「臺北人」（北客）的第二代，戶籍上他是「美濃人」，但認同上他明顯地把自己與「美濃人」區別開來，而且那些被他區別出來的「他者」，是自稱為「彌濃人」的世代美濃人。在蕭盛和的論文中其實也將美濃在籍的居民分為北部客（臺北客）、下庄客（即來自下淡水溪下游客庄）、本地客、福佬人與平埔族（2009: 86），本書指的「彌濃人」概念上接近「本地客」，亦是因為本地客會對著他者自稱「我等彌濃人」。而使用「彌濃人」而不採用「美濃人」即希望避免讀者混淆，另一方面也能突顯世代居住的概念。

　　彌濃人就是生活在「彌濃」這個地方的客方言社群。「彌濃」雖曾出現在清代鳳山縣港西里的街庄名中，但在本書傾向是一文化地理概念，既不是指當代的美濃區（鎮），也不僅止於清代彌濃庄或日治之後使用的彌濃庄。「彌濃」曾在清代地圖上被標誌為山系名稱（「彌濃山」），指那道東北西南走向在今天美濃北方的月光山系。至今美濃人仍喜歡稱其「彌濃山」。我們不能忽略彌濃人喜歡用「彌濃山下」意指「家園」概念，文學家鍾理和先生的名言「行上行下，毋當彌濃山下」，即是指在外走闖多年不如家鄉最好之意。所以，此

---

2 彌濃人稱早期從「新竹州」來此地入墾的客方言群佃戶為「臺北人」，所講的客話為「臺北客」，「臺北人」則稱當地彌濃人為「下南人」。《美濃鎮誌》說，兩地客家人祖籍地雖同為大陸原鄉（有四縣及海陸的差別），但在臺灣所處地理環境、社會背景不同的條件下，即使同時入墾南隆地區，也無法融合。見美濃鎮誌編纂委員會，1997: 68。

地乃先有山（山腳下，山下）的概念，再延伸出聚落（家園），當地最早的土地守護神（開基伯公），也就是在山下。家園想像來自作為山系子民，這在本書最末章討論保護家園運動，可發現其重要性。

本書將彌濃人視為涵括那些住在彌濃庄（含柚仔林、中壇庄）聚落群、龍渡庄（龍肚庄）聚落群與竹頭角庄（含九芎林）聚落群，及此三庄之鄰近腹地與部分仍散居在下淡水溪北岸石礫灘地（吉洋）舊部落（參閱表1-1）。較精確一點，彌濃人主要形成於右堆中心從武洛（今屏東縣里港鄉境內）北移至彌濃山南麓之後，接近彌濃山腳下的聚落民。成員包括原六堆人與建庄後自粵東直接移住的「新移民」。這個「彌濃」在自然地理上，位於月光山系與茶頂山系之間，為荖濃溪支流所沖刷出來的沖積扇盆地。若要用一張圖來說明這個範圍，彌濃勘輿專家張博節手繪的山川圖，再現的即為「彌濃」視角的美濃全圖（見圖1-1）。勘輿師沿用古地圖從西海岸往內山方向透視的角度繪製而成，圖的左側為北方。我們可以找到「彌濃庄」、「竹頭角」及「龍肚」等三角點，「三合水」是舊時彌濃庄的中心點，南方平原在這張地理圖中被壓縮。為了提出比較，在此刻意將「美濃鎮行政全圖」（見圖1-2）轉九十度角，使之北方亦在圖的左側。兩張圖經對照後，提供我們勾勒彌濃人的傳統生活區域，即是彌濃河（圖中美濃河）流域平原加上龍肚盆地。

明顯地，彌濃人的地域觀與當代美濃的行政空間帶有差異——不只是科學測量上面積大小的差異，還包括感知結構上的差異。隨著彌濃人的土地開展與親屬聯結，到清代後期這個社群的範圍已經不只是今天美濃鎮北方與東方平原。這樣的一群人從哪裡來，又何時成為彌濃人？回答以上問題實際上牽涉到北方與東方平原上的三個大聚落群之成形，以及後期村際通衢較順暢之後，彌濃人作為一個想像的共同體才正式完成。以下來看人群何時來到這個彌濃山腳下。

山下

彌濃人居住的平原，是下淡水溪（今稱高屏溪）自山區乍入平地

表1-1：美濃轄域村里沿革及戶政（自清代至民國99年[2010]）[3]

選區劃分	清代	日治		國民政府				
	鳳山縣港西里	阿猴廳蕃薯寮支廳港西上里	高雄州旗山郡美濃庄	高雄縣美濃鎮				
	-1897	1898-1909	1920升格為美濃街	1960s-1982		1982-2011	
	街庄名	街庄名	大字名	小字名	舊里名	1976戶/男/女/合計	現行里	2010鄰/戶/男/女/合計人口
美濃區	彌濃	彌濃庄	美濃	庄頭	東門里	317/963/956/1919	東門里	28/559/831/721/1552
				上庄	上安里	301/893/871/1764		
				中庄	泰安里	490/1275/1247/2522	泰安里	19/651/959/868/1827
				橫街	永平里	247/706/653/1359	彌濃里	32/1002/1359/1323/2682
				下庄	彌濃里	432/1220/1150/2370		
				埤頭下	中圳里	391/1347/1189/2536	中圳里	18/792/1229/1162/2391
	柚仔林			柚仔林	合和里	511/1547/1381/2928	合和里	19/973/1504/1400/2904
	牛埔			牛埔	福安里	600/2051/1813/2864	福安里	24/1017/1626/1488/3114
				崙仔頂				

3　高雄縣美濃鎮在「縣市合併第一階段」政策底下，於民國99年（2010）12月25日改制為「高雄市美濃區」，暫行保留舊有之里鄰劃分與名稱。但何時在下一階段進行異動，截至本書完稿時仍未聽聞明確之時程表。本表參考資料：（1）臺灣省文獻委員會，1995，重修臺灣省通志／卷三・住民志〈地名沿革篇〉，頁993-995。南投中興新村：臺灣省文獻委員會。（2）臺灣省文獻委員會，1971，臺灣省通志／卷一・土地志〈疆域篇（第四冊）〉，頁400。南投中興新村：臺灣省文獻委員會。（3）美濃鎮誌編輯委員會，1997，美濃鎮誌〈政治篇・政事之戶政概況〉，頁256-267。高雄縣美濃鎮：美濃鎮公所印行。（4）高雄縣美濃鎮戶政事務所，人口統計資料。

龍廣區	龍渡	龍肚庄	龍肚	龍肚	龍肚里	493 / 1592 / 1450 / 3042	龍肚里	20 / 654 / 991 / 868 / 1859
	河邊寮 大崎下			河邊寮 大崎下	獅山里	594 / 2029 / 1817 / 3846	獅山里	21 / 934 / 1584 / 1478 / 3062
	橫山尾			橫山尾	龍山里	513 / 1708 / 1577 / 3285	龍山里	22 / 844 / 1397 / 1265 / 2662
	竹頭角	竹頭角庄	竹頭角	竹頭角	廣德里	434 / 1389 / 1317 / 2706	廣德里	16 / 549 / 890 / 789 / 1679
					興隆里	390 / 1250 / 1116 / 2366	興隆里	17 / 515 / 782 / 670 / 1452
	九芎林			九芎林	廣林里	513 / 1525 / 1395 / 2920	廣林里	16 / 638 / 1015 / 925 / 1940
南隆區	中壇	中壇庄	中壇	中壇	祿興里	566 / 1791 / 1652 / 3443	祿興里	24 / 979 / 1582 / 1498 / 3080
					中壇里	560 / 1775 / 1623 / 3398	中壇里	27 / 768 / 1349 / 1232 / 2581
	金瓜寮	金瓜寮庄	金瓜寮	金瓜寮	德興里	381 / 1225 / 1113 / 2338	德興里	16 / 549 / 988 / 915 / 1903
	清水港			清水港	清水里	393 / 1327 / 1254 / 2581	清水里	15 / 649 / 1160 / 1070 / 2230
	和興	吉洋庄	吉洋	合興庄	吉和里	384 / 1233 / 1132 / 2365	吉和里	16 / 516 / 923 / 870 / 1793
	上九寮			上九寮	吉東里	409 / 1366 / 1217 / 2583	吉東里	20 / 643 / 1164 / 1081 / 2245
	吉洋			吉洋	吉洋里	620 / 1943 / 1619 / 3562	吉洋里	19 / 723 / 1306 / 1129 / 2435

的臨界山麓，不僅具有臨河的水源優勢，同時也有近山的柴薪之利。

　　盆地周圍的環山是彌濃人與他者區隔的天然界限。在這塊平原上，彌濃人建立的第一個聚落就是「彌濃庄」（日治後為瀰濃庄）。為了行文順暢，以下指稱特定村莊時，將使用「彌濃庄」以示區別。

　　彌濃人中有很多是無族譜家族，各庄的開拓都是數個姓氏甚至十

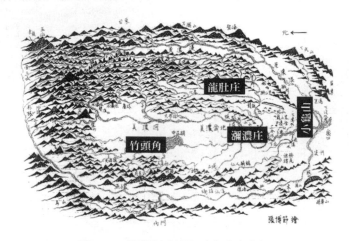

圖1-1：「彌濃」地圖[4]（北方在左）

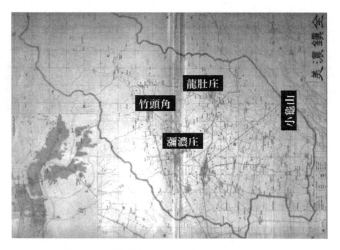

圖1-2：美濃鎮行政區全圖[5]（北方在左）

---

4 資料來源：《美濃鎮誌》（上），頁254。黑底白字部分為筆者所加。
5 資料來源：《美濃鎮誌》（上），封底內頁。黑底白字部分為筆者所加。

多個姓氏合力建立，缺乏世族獨霸一方的局面（李允斐等，1997：275）。家族規模都不大，財力也不雄厚，彌濃人沒有建造像萬巒劉氏宗祠、佳冬楊氏宗祠、內埔李氏宗祠這類格局與規模的祠堂或家廟建築，但彌濃人在平原上有著相當數量的祖堂（當地稱為廳下，專門供奉祖先牌位的神聖空間），以及以祖堂為建築核心的家族聚居合院，當地稱為夥房（包括祖堂、前後側間及左右廂房）。不論是族人記憶、族譜記載，還是廳下內側牆壁「棟對」的聯句，彌濃人多說自己祖先是從嘉應州來，遷臺時間自清初至清末不等。

最早關於客方言群在此地開墾的公開文書是《彌濃庄開基碑文》。文中記載此為「大清皇運乾隆元年仲秋吉旦右堆統領林桂山、豐山等同立」。而碑文在民國74年（1985）由「大總理吳秋興暨列美濃鎮全鎮民同建」重刻立於靈山腳伯公壇一旁。《彌濃庄開基碑文》簡短195字，說著一個故事：彌濃人的祖先原為廣東粵民嘉應州籍，遷居武洛庄後，在右營統領林桂山林豐山兄弟的帶領下，領著朝廷賜奉的褒忠之譽，來到彌濃山下開墾。《開基碑文》的上半段指出了最早來到山腳下的客方言群，是從武洛北上原籍嘉應州的各姓氏「義民」。細讀至下半段後，會發現這份文告同時是該伯公壇的重建紀念文，因為文末是說：「今晨吉期，開基福神新壇甫竣，我等同心誠意，祭告山川，墾祈上蒼，佑此土可大亦因可久，將奕世於彌濃。」顯示該文最早宣讀於開基福德正神新壇竣工登座之時，作為祈福祭文。筆者認為，地方文史記載或許未來可還原此文稿之正確名稱。然不管如何，作為客方言群來到彌濃山南麓地帶拓墾的最早記載，這份碑文提供彌濃人關於「起源」與創始認同的想像基礎。而當代設立於彌濃庄與竹頭角庄中間的美濃客家文物館，還曾將此碑文印製為書籤作為紀念品。

上述祭文中所提及的「開基福神新壇甫竣」之處，就是今天旅遊手冊都會提到的彌濃開基伯公。開基伯公位於彌濃庄中心西北方三公里外的近山處，而圍繞著開基伯公的村子，村民對外都稱自己住在「靈山腳下」。這裡是本書最核心的田野之一，以及研究者落籍的婆

家村，外邊的人都說這裡是「山下」。在當地人們說「山下」，一般來說若無特別指出是哪一座山的山腳，指的就是廣義的「彌濃山下」，由東北向西南，包括人字石、月光山、雙峰山、網形山、靈山到金字面等，也就是北方平原的山麓區域，屬於竹頭背庄、中圳埤、彌濃庄以及牛埔仔等村子的腹地。整個「山下」東西長約五公里、南北寬約五百公尺，中間有許多被稱為「窩」的山凹小部落。

　　婆家村「山下」屬彌濃庄開基伯公的祭祀圈內。此地位處月光山南麓，而向東的山腳一帶，分布著許多屬於舊時彌濃人的信仰。除了鸞堂信仰廣善堂，還有象徵地界的土地伯公；而在敬天畏地之外，「山下」在竹頭背段，也是安葬先人的佳地。從婆家村出發，往東第一個遇到的土地伯公就是彌濃庄開基伯公；而村子內外其實有著許多其他的土地伯公，但其重要性都在開基伯公之下。開基伯公後方是靈山，在清光緒年間靈山二百公尺高的半山腰處，建立一座主祀釋迦牟尼佛的雷音寺，現在的靈山已是村民與遊客休閒爬山的去處，林相適合野生臺灣彌猴生長，偶見彌猴搶奪遊客食物之景象。再向東行去，就是美濃鎮四大善堂之首的廣善堂，巍峨矗立於網形山下，主祀三恩主（關聖帝君、孚佑帝君、司命真君）暨玉皇大帝，完竣於日治大正7年（1918），是山下一帶最主要的地區神明，附近村民舉行敬外祖時，都會到此敬拜。再沿著山下這一條「福美路」往東，主祀觀音菩薩的西竹堂因設置靈骨塔，在每年掛紙（掃墓）時節，拎著或葷或齋的祭品的亡者親人，絡繹不絕地上山祭拜親人。

　　彌濃人心目中的「主山」，就是西竹寺背倚的雙峰山。雙峰山為廣義彌濃山中最易辨識的山，而且因為它的山形像座筆架，是彌濃人認為耕讀傳家的象徵，它在地理上亦是一個具有風水意義的龍脈寶地，因此彌濃庄在清代後期興建的夥房中軸線都是對著雙峰山。從彌濃山腳一路往東至竹頭背人字石山麓，約有八公頃半的公共墓地，每逢春節過後的週末，掃墓人群錯落於山麓斜坡上，燒點香燭、送燃紙錢、鳴放鞭炮，多處小山林火災在夜間仍未能撲滅，竹管被燒裂爆開的聲音，讓住在山下的村民們各個徹夜難眠，因此每年彌濃街上的消

防隊員都得奔命於防止「火燒岈崗」（火燒山）的發生。

我等來到彌濃山下

　　彌濃的北界限即是這座充滿信仰世界的彌濃山。彌濃山是土地名，臺灣官方行政地圖裡實際上並沒有這個名稱。根據地理學者考證，「彌濃山」首次出現於史料《雍正臺灣輿圖》中，但學者對於圖中之「彌濃山」是否就是今日所言之「彌濃山」，持某些保留（吳進喜，1997: 134-136）。清乾隆十年（1745）時任巡臺御史的范咸纂輯《重修臺灣府志》，在〈鳳山縣圖〉中首度標示出「彌濃山」，並附註「彌濃山在縣治東七十里」。又於【附考】中引清康熙四十四年臺灣同知孫元衡詩文集《赤崁集》（1705-08）內文，「臺地諸山，本無正名，皆從蕃語譯出」，由此可知至晚到康熙末年——即林氏兄弟帶著家族武丁北上尋墾之前，此處已有「彌濃」語彙的存在，唯其是「蕃語」的音譯漢字。在乾隆十七年（1752）的《重修臺灣縣志》中，已經出現彌濃庄、龍肚庄與金瓜寮庄，而那時的彌濃已是右堆的統御中心。乾隆二十七年（1762）鳳山縣知縣王瑛曾編纂《重修鳳山縣志》，在〈縣境北界圖〉上「彌濃山」仍清楚標誌於彌濃庄的北方，除此之外，另有九芎林、竹頭甲[6]、龍肚庄的標示；唯該圖其相對地理位置與現今對照有非常明顯的錯誤。不過，這並非本書意圖考證的問題，即不在此討論。以上文獻提供一個訊息：彌濃人的「彌濃」，其原為南島語族語，先有山名而後作為村名，之後又變成一個認同的社群自稱。

　　「彌濃」二字考據來自南島語族，這也意謂著這個地區在官方開始記錄的時候，南島語族仍是強勢族群。不少文史學者對於察究「彌濃」此詞彙與何部落有關深感興趣，大致傾向認為「彌濃」原即為一個部落的名稱，曾以「美壠」（*ßilanganu* / *bliangan*）出現於清代文獻

---

6 應即為「竹頭角」。

中的沙阿魯阿人，被認為極可能就是「彌濃」這個漢譯詞的來源。[7]
十八世紀前，美壠的活動範圍相當廣泛，今天的內門、旗山、美濃都
包括在內，現在已遷至荖濃溪上游桃源鄉境內。

彌濃人生活地域的擴展

　　彌濃人的界限在不同的語境下有不同的界定。最早彌濃人可能只
是乾隆時期居住在彌濃山南麓沿彌濃河建庄的十五姓氏及其子裔（即
彌濃庄）。在林氏兄弟以右堆大統領身份帶著各姓氏硬漢北上彌濃之
後，隨著彌濃人向其四周拓展開來，右堆的中心也從武洛移轉到彌濃
人手上。

　　作為一個右堆的中心，清末的一道禁令內容，即看出了當時這個
「右堆」的大致範圍以及各聚落群的規模。光緒十一年（1885），鳳
山縣知縣為嚴禁地方私鬥滋事，令刻《端風正俗碑》立石為記[8]，碑
文上載這個告示是「港西上里彌濃等庄」的仕紳領袖提出簽呈後的官
方回應，文末共有十庄共計52名頭人署名具保遵行。官方以「彌濃
庄等」為開頭，可見官方視此區為一個以彌濃庄為首的聚落群，包括
永安庄22人、柚仔林2人、牛埔庄2人、中壇庄2人、金瓜寮1人、
竹頭背4人、九芎林2人、龍肚8人，以及在今天高樹鄉境內的東振
新庄6人與大埔庄3人。有意思的是，雖然文中寫「彌濃庄等」，但
署名時並沒有彌濃庄的代表，置於最首是「永安庄」。在整理過的
「美濃鎮村里沿革表」（見表1-1）之中，「永安」實際上並不存
在。這一點過去並未有研究詳述其何以出現，在此推測「永安庄」或
為彌濃庄的別稱，而此稱之後更成為東西向連接彌濃庄內幾個自然村
的道路名稱，也就是如今在地圖上的「永安路」，或許也意謂舊聚落

---

7 關於美壠地名，根據謝繼昌等著的《高雄縣原住民社會與文化》第五章〈沙阿魯阿族〉註釋（1），不
　同的人類學家所採用的漢譯字不同：劉斌雄記為「美壠」，小島由道記為「美隴」，衛惠林等記為「美
　蘭」部落，而現今當地人習慣使用「美蘭」部落一詞。（謝繼昌等，2002: 268）
8 此碑是清光緒十一年（1885）代理鳳山縣知縣李嘉棨給立告示，嚴禁強悍民俗所引起的惡習，像是每因
　命案即乘機搶奪、每起爭端輒傷人命、甚至藉屍圖詐牽累無辜等。彌濃等庄除了立下這個示禁碑記，文
　末簽署合約者姓名，以示背書。

曾經異名。然而，何以要易名為「永安」，或許正是反映出十九世紀末的彌濃「很不安」，私鬥盛行，治安甚差，與接鄰福佬庄或自己人之間打鬧滋事者甚眾，《端風正俗碑》的設置即可見證一二。關於《端風正俗碑》中十大庄的範圍，或許即為清末「右堆」的核心區域。

作為上述十大村莊聚落群的中心，這樣「好勇善鬥」的彌濃人，最早還是從幾個小村莊開始的。回到十八世紀中葉，彌濃只是右堆武洛人北上所新拓墾區域。乾隆元年（1736）彌濃建庄後，彌濃人往外開拓取得土地的意圖，在群雄環伺下仍不斷激發。就在彌濃建庄不到兩年，庄東柵門莿竹林外的一片旱地已另外聚成一村。依《美濃鎮誌》所載，該村是彌濃庄人劉玉衡在乾隆三年（1738）領壯丁百餘人，往更接近「蕃社」方向所墾出的庄埔；因位處彌濃庄莿竹林外，舊名「竹頭背」，行政上命名竹頭角庄。竹頭背的東側與北側入山處直接逼近南鄒族與魯凱族，文獻記載清時官廷組織平埔族屯守周圍，不僅成為客方言群與東部山區南島語族群間的緩衝，也提供客方言群繼續往北（今杉林鄉）往東（今六龜鄉）進墾的安全屏障（見簡炯仁，2005: 293）。然而，驍勇善戰的狩獵民族仍不斷嘗試從漢人手中取回傳統獵場，因此仍與竹頭角村民時有衝突[9]，在竹頭角的傳說中，自清末至日治時期一直都仍有出草事件發生。[10]

竹頭角庄隔著橫山（又稱蛇山、龍山）與在乾隆二年（1737）開庄的龍肚庄人對望。龍肚庄人的來源現在似乎有爭議，最早一說認為是武洛人經大路關（今高樹鄉境內）輾轉北上，但龍肚當地文史學者根據耆老口述以及兩座重要廟宇文獻，主張龍肚應與彌濃相仿，皆為武洛人直接北上開墾建庄（蕭盛和，2009: 78-79）。龍肚庄是一個擁

9　相關記載參閱美濃鎮公所發行，《美濃鎮誌》（1997: 55）。

10　此記錄見黃森松（2003: 35）。2008年一棟三層樓高的「高雄縣桃源鄉原住民文物館」成立，展示說明當地布農族與南鄒族的傳統文化；唯2009年8月上旬受莫拉克颱風帶來的超大豪雨侵襲，桃源鄉片片土地柔腸寸斷，居民被要求於山下永久安置，但仍有許多桃源鄉的原住民，至今仍努力為原鄉重建奮力一搏。

有非常多地理傳說之地，且設有「龍肚庄開基伯公」，位於庄北一矮嶺向陽坡地，舊時應面對著天然埤塘，因此該地稱為北上塘（客話的意思是「往北走遇到的埤塘」）。龍肚庄處在茶頂山系與橫山的環抱中，還有柳樹塘等小地名，此盆地應原本即是大沼澤區，而未正式開庄前的零星小村，基本上都在沼澤附近較乾爽平坦之地建起。根據《大家來寫龍肚庄誌》（1999）的資料，推測龍肚庄人是先於北上塘小規模地開墾，雍正十三年的一場大雨，崩陷橫山西南一隅，沼澤水傾洩而下，留下肥沃的腐植土，客方言群遂在崩陷處不遠正式建立龍肚庄，而以肥沃湖底淤泥闢成「大份田」，讓龍肚躋身下淡水溪客庄三大穀倉之一。

彌濃人在完成彌濃庄與竹頭角庄的建庄之後，往南邊的拓墾則始於乾隆十三年（1748）。根據《美濃鎮誌》，彌濃溪南岸一大片溪埔地在清朝時地權屬南島語族中的農耕民族塔樓社，由於漢人客方言群自武洛越過下淡水溪北上建成彌濃庄，穿越偌大平原上的疏落的平埔族寮屋，李九禮在彌濃建庄後沒多久，即率族在彌濃溪南岸種植蔗糖興築糖廍；約莫同時劉達峰亦帶領族人駐紮茅寮聚居其西側，致使劉氏人數集聚愈多，糾股集資不僅建造基地廣闊的彭城堂劉屋，亦成立會屋（會館）及公嘗，聚落逐漸出現規模，地方舊稱「中門」（音譯），地圖誌以「中坛庄」，當代多用「中壇庄」。直到現在，只要提起「中門劉半庄」（意指中壇庄有一半的人姓劉），人們仍以「大夥房」稱劉達峰家族之祖堂。而中壇建庄之後，成為彌濃人向南延伸的重要紮地，從中壇庄有著「中門」、「上竹圍」、「下竹圍」等地名可知，中壇庄亦是一個四周種滿莿竹的堅固客方言群村落。

彌濃人的西邊和來自羅漢門（今高雄內門）方向的閩方言群，長期處於緊張關係，彌濃人稱他們為「諾背人」（外面人）或「學老人」〔*hog-lo`-ngin*ˇ〕（福佬人），為方便閱讀，本書以下將以美濃當地較通用的「福佬人」一詞，來指稱說閩南語系或近閩南語系者（例如潮州話）。地方人每每憶往口述，彌濃人與福佬人彼此話絮不通（語言不通），常有相互誤解滋擾之事。其中，位於過溝（今美濃

鎮崙仔頂附近，為一條山溝，是美濃鎮與旗山鎮的交界）東側的牛埔庄——顧名思義原為一個水草豐美的放牛野牧之處，即有過幾場激烈的鄉民戰爭史。[11] 根據《美濃鎮誌》的考證，彌濃開庄的一百二十八年後，牛埔庄在同治三年（1864）也成為完全的客庄。至今，庄內街上的民居還可見得閩式屋頂形制的合院建築。

　　彌濃在建庄的一百六十年後，日本的政治統治開始切斷六堆的筋絡，並將川水視為公共資源，水權從鄉民共管轉而為政府控管。龜山與土庫駁棚（1904/1935）的興建，隔開了龍肚與高樹，以及彌濃與武洛原本親密的距離；竹門水電廠（1908）在龍肚東南方運作，引用荖濃溪（即舊稱下淡水溪的上游一段）之水進行發電，之後利用餘水在彌濃全域興建獅子頭大圳作為農業灌溉。臺灣總督府殖產局規劃建立的日資南隆農場（1910），招募北臺灣擅於開闢石礫地的客籍佃農。南隆農場的北緣緊貼原彌濃區域南側，於是這個平原上出現了「臺北客」，而相對地，原居於彌濃庄、龍肚庄、竹頭角庄、中壇庄等「彌濃人」，就是「本地客」。

　　日治時期的街庄交通建設，整個改變了彌濃人既有的村里互動網絡，重劃的村道系統，一方面切割了舊有的生活路徑與村落核心邊陲，另一方面也使得彌濃境內原本在文化地理中獨立的村落單位，反倒在時空上呈現緊密與認同的重建（見李允斐，1989）。彌濃內部地理上的界限重新調整，與屏東方面「下庄客」的隔離卻讓彌濃人更加自我內聚，對於「家園」的感覺相當強烈。走到哪裡都不會忘記「彌濃人」這個身份，遠到地球另外一端的阿根廷，近至鄰鎮旗山，只要一出彌濃山下這個小小的範圍，彌濃人就會想要找到同鄉。

---

11 清朝時期民間社會崇尚習武，盛行分類械鬥。在彌濃人與福佬人生存區域的交界處，除了「過溝」之外，見證分類械鬥的地方史蹟還包括位於今天小地名旗尾的「旗尾義民廟」及後方的「義塚」、成立於清光緒年間的「旗山義勇祠」等。

第二節 活躍的彌濃人：契約生活與大量存在的嘗與會

　　冬末至仲春綿綿的清明之雨，讓彌濃的一期水稻沉浸在濕潤溫暖的良好生長氣候下；而若能躲避掉夏季可能的颱風對於熟成的二期水稻進行伏倒的摧殘，也就不會影響到這一季的收成和冬季裡作的時序。這些田園的開拓，與彌濃人的先民以宗族性嘗會組成「宗族農業共同體」的農耕模式息息相關。用《六堆客家鄉土誌》的描述，「宗族農業共同體」就是由各個姓氏（不一定均為共同血緣所從出）組成的「嘗」，集中掌握土地所有權形成「嘗田」，之後嘗內握有會份的派下子孫，即向「嘗會」領取土地耕種，依照認耕田地的多寡來繳納穀租，每年各租收入除了提供祭祀祖先之外，再依照會份持分多少來分紅，或是由管理人存為基金供嘗會日後購買田產或獎助派下子弟就學。鍾壬壽1973年編纂的《六堆客家鄉土誌》已相當清楚地說明「嘗」的一種法人性質。這樣的一個宗族農業共同體，在清代社會是相當活躍於共同投資事業，嘗是其中一種，另外還有各種以地域或共同利益所集資組成的「會」，每個會下又有會份，會份可以買賣，因買賣而來的契約流傳至今，呈現出清代彌濃人日常生活的交易性格。

人類學者詮釋下的清代彌濃經濟社會生活

　　Cohen在一篇副標為「美濃契約與文書的實際理解」的論文中（2005: 252-303），展現了在那些斑駁的古契約文書所透露出來的清代彌濃社會，是一個充滿「商品性格」的生活型態。他利用了二十份的古文書（集中於1797-1895年間，約清乾隆後期至光緒年間），探討土地轉讓／出售的背後，彌濃人在前資本主義社會中的物權觀念。從理解Cohen如何解讀古文書的過程，本身就是一件件探險式的驚喜。

　　在Cohen從所蒐集的古文書中列出來說明的這二十份，層次相當清楚，包括介紹當時古文書的體例。在例一中，他說明每份古文書都會有抬頭、目的、土地的疆界與（舊）地名，以及轉賣土地的價格

（單位為銀元），然後就是契約的正文，以及簽名。Cohen認為，縱使契約往往都是落個人之名，但以中國社會的習慣，我們應該要視其為一個家的代表——而在清代，財產持有單位並非個人而是家，最常出現的就是嘗會。他透過第二例契約古文書的內容，強調契約裡名字都該要視其為一個家族的代表，而不是指其個人。

在清代美濃的契約古文書中除了典型的買賣之外，亦涉及一般性交換。Cohen利用例一呈現不同經濟實力的家族或公嘗間進行用地交換的過程；他認為實際上可視為一個在經濟實力逐漸衰落的家族的賣地行為。他提出在晚清時期的美濃民間社會普遍視「土地」為一個獨立的資源，對於土地的購買慾望是充滿理性（可詳細計算的）而非僅僅感性的滿足渴望。可以買賣的還不僅是土地，還包括租佃權。通常租佃權是五年一簽，但是Cohen利用例四與例五呈現提前續約的案例。他從續約條文中對於租金額度的細膩明確判讀，認為此乃呈現出在晚清時期的商品經濟文化下，對於充滿易變因子的市場的一種制約。租佃權在當時的美濃亦有相當程度的複雜，從例六可看出當時的土地分成大租權以及小租權；而且比較特別的是，在這個契約例子裡，買地的嘗會是以一位女性祖先為名的公嘗組織。另外，清代的民間契約分成紅契（有官方認證）以及白契（民間私下的契約）兩種。在例七可看出一個「小租」權的形成；但相對於前者的中規中矩，例八則是一個檢視權利的手段；例八的契約內容中，沒有出現中介人，從其關係人來看，這個契約可視為是家族中以「私賒錢」（security money）所進行的交易行為。

除了經濟生活外，Cohen也嘗試從契約古文書詮釋清末民間社會生活中的政治面。像是要和解兩造雙方的利益衝突（例如土地持分擺不平），就往往立書為證，並且請到一個見證者，在這個案例中，見證者是當時地方上的「副首」，有時其他的案例則是找到大租權的擁有者來進行見證。因此，古文書中也可以看到另一種功能，就是當作畫押宣誓的白紙黑字婚姻也可以視為兩造雙方之間的契約，所以，我們也常常看到關於婚姻以及締結婚姻相關權利規定的古文書。Cohen

從蒐集到的古文書中，舉出幾個和婚姻有關的契約，其中特別因為漢人以父系為繼承原則，男性為繼承的當然對象，但是「招贅婚」的特殊性往往挑戰了這個繼承原則，因此，未免後來的爭議，會在契約中明文關於入贅者的權利義務。在例十一這個後來在女方家工作的入贅男性，被要求其所從出的兒子中，有一個必須從母姓，而在契約中也說明了屆時面臨分家時，兩個姓氏的小孩各有二分之一的平等權利。另外，也包括了這個入贅的新郎雖然是住到女方家，可是仍然要繳付50銀元的「聘金」給女方。招贅婚中通常嫁妝會少於聘金（即男方要付出較高的成本），Cohen以例十二說明這個部分也會在契約中記載下來。除此之外，在這個契約中也看到寡婦在家族中的代表性，並沒有因為丈夫的去世而就不屬於夫家之人。在契約的見證人中常見女性之名，往往仍是該家族的代表，也就是一個經濟實體的代表。因此，Cohen寫下了重要的小結：

> 就事實而言，我們從古文書中可以看出，帝國晚期的中國民間社會，其商品性和契約導向的世界中，主要的社會與經濟單位是家，而非個人；不是個人主義，而是家族主義（familism）。（Cohen, 2005: 279，筆者中譯）

然而，並不是所有的寡婦都能夠擁有這麼有力量的位置。通常，落單的婦人是會成為家族內其他支派族人欺負的對象；其夫所原本擁有的持分也會變成大家覬覦的目標。Cohen連續舉出兩個案例提出在招贅婚中對於已故的入贅夫婿之後，再招贅時針對繼任夫婿的契約內容，包括要負擔起養育前面已故者的小孩、所新生的小孩可以跟隨父姓等等。

除此之外，認養關係也是古文書中契約的很重要內容。Cohen在例十五中指出，認養還分為「直系血親的認養」、「姻親關係的認養」，以及「具有買賣關係的收養」，他認為以上三種認養關係其實都具有商品性，也都有其契約性過繼的形式，在其中會載明價格以及

其他義務。在這份案例中，是兄弟之間的小孩彼此過繼，但是仍然要提供一筆「乳金」給小孩原來的家庭——亦即某種形式的購買。而在例十六一個關於螟蛉子過繼的古文書，從外人（陌生人）那邊收養而來的小孩，他認為也許這是最具商品化的認養。

分家是古文書中同樣很重要的內容。通常會在契約中說明持分的分割方式，或是某些共有持分是不能分割的等等。Cohen 以三個案例說明相互不同的分家情形。例十七是一般情形，在雙親其中一位辭世之前或之後完成分家，兄弟們彼此同意將家產進行分割，包括屋舍以及田地，還有一些相關的土地權利，見證者多是自家人。另一方面，分家契約亦是社會商品性的見證，例十八的分家契約把持分土地一一標價出來，說明其不同持有地的價值各有不同；而在例十九甚至還載明分家後各派下可得之總價，包括田租、房租等等，一併計算在內。不過Cohen透過田野調查得知該份契約並沒有被完整執行，該家族在三十六年之後，其後代又針對分析家產部分制訂了另一份契約，家族的六大房重新確認權利義務。

Cohen 在此篇論文中以相當清晰的層次，透過古文書為我們揭開並解讀了彌濃活躍的經濟生活，即商品性社會文化存在於中國帝國晚期的民間，包括一套具有理性（格式化、可計算的）的交易行為，以及像是介紹人、見證人等取得信用的契約規定。另外，政府力量通常靠衙門來行使，但盛行的民間契約文書呈現出契約化的社會；一般日常生活可透過這套機制順利運作，遇到困難才找上官方來仲裁。我們從中可以看到：在此契約生活中，彌濃人展現將人、事、地、物皆能「商品化」的物權觀。

透過Cohen對於古文書的詮釋（1992: 167-193; 2005: 223-303），提供我們以不同的視野理解晚清時期的六堆地方社會。祖先崇拜和其他民間信仰相同，都可用作人群組織的凝聚核心。而透過共祖意識（祖先崇拜）形成的親屬團體，是類似法人團體的共業組織，高度運用著契約與股份設計，嘗會在此地成為一個個擁有繼承與買賣土地能力的獨立經濟實體（independent economic entity）。

日治時期彌濃地方社會裡的地主與佃農

清代彌濃人雖然善於以嘗會進行合作投資，但並沒有形成資本集中地方大望族，透過嘗會類似公社精神的資產共持、析分、族人佃耕，基本上似也維持著一個貧富差異不大的社會結構。土地大多掌握在各個嘗會底下，相對地以佃耕為生的族人數量就佔了務農人口的絕大多數。戰後因土地改革制度衍生許多領有土地的小自耕農，但持有面積大多亦不超過一甲。根據臺灣總督府的統計，十九世紀末至二十世紀初，以大正10年（1921）更名的「美濃庄」（包括美濃本庄、竹頭角、金瓜寮、龍肚庄、中壇庄、吉洋等六庄）來說，轄下耕地面積共4,240甲，農戶3,207戶，其中耕地規模多集中在二甲以下（佔66.88%）。耕地在0.5~3.0甲的佃農／小農／小地主是美濃農業生產的重要力量。

日治時期資產階級迅速累積財富。數據指出，地主階層已經佔總人口的28%，佃農兼地主佔38%，佃農則佔38%，其中美濃街上的邱屋家族與中壇劉屋家族是最大的地主，其產業規模均超過30甲以上（見李允斐等，2007: 156），然而若相對於家族成員人數，總資產其實或僅能算是地方型的富有者。有意思的是，理學思想中的共濟精神，在這個時期似乎仍在族群精神擁有能動性，讓富有家族參與鄉里互助並留下了記錄。昭和年間配合政府明令「改善佃農慣行事業」的政策，彌濃幾個地方上的大家族陸續組成了六個意圖表達對佃農親善的團體，這之中包括由時任美濃庄長的林恩貴帶頭在昭和7年組成「美濃地區地主聯合會」，而後自昭和8年至12年（1933-37）又陸續成立了「邱義生」、「恒農」、「春壽」、「劉彩龍」、「陳保貴」等「業佃共濟會」，或以代表者或以嘗會名成立（見美濃庄役場，1938: 90所列資料）。

當時這股「友善佃農」或許在地主之間形成一種風氣。牛埔仔街上，曾經擔任臺灣耕農團體「菸葉改進社」總社社長長達十年的張騰芳，親筆撰寫了他對父親的記憶。其中一小段亦提及其父嘗試善待佃農的過程：

張得金先生原係美濃鎮福安里（牛埔庄）人，生於明治35年4月6日，卒於昭和16年3月4日，存年二十九歲。父親年少時上私塾學漢字，勤奮好學，漢學基礎相當好，能用漢字寫文章、作詩詞。大正6年美濃公學校本科六年制以品學兼優成績第十回卒業。成年後因祖產留有21甲多土地，與其長兄張來金先生分身家後，各自持有十多甲土地，均以種植水稻為業，維持家計。昭和15年5月3日，與當時 [佃農] 私下簽訂「煙草植付栽培雇庸契約書」，以保障菸葉生產量、品質與價格，保護菸農權益，又於昭和16年續與政府簽訂菸草許可證，[除了] 當時許可每戶限制一甲二分地之內試種菸葉田地之外，其剩餘田地則租賃給佃農，以每甲當年租穀4,000台斤出租。……不幸，父親因積勞成疾，終於 [在] 昭和16年3月4日與世長辭……。父親在世時熱愛家鄉慈善公益事業，出錢出力，濟助貧困，不落人後；修橋造路，寺廟建設，出資捐助，不遺餘力。（曾慶貞編，2004: 5，[ ] 內文字為筆者所加）

　　詳細閱讀由張騰芳提供的《煙草植付栽培雇庸契約書》，可以看見地主（張得金家族）與佃農（鍾友生家族）之權利義務關係，載明地主一方出資土地與生產設備（見第一條），佃農一方出人出力（見第二條），扣除消耗品費用（見第三條），收成後的菸葉稈以及剩餘盈餘則由業佃兩方均分（見第四條及接續後款）。[12]

　　若無配合當時菸葉種植的成本分配，以上述契約書的內容，我們其實很難確認這份契約保障的是地主方還是受僱方的權益。僅就專賣許可制的所得利益乃是依照許可證上之所有人（也就是張得金）給付所得，或許業主方要給予佃方多少佣金則其主權在業主手上。根據專賣法規，農戶若無適當的土地和興建菸樓之資金，以及沒有足夠之勞動力，都不具有申請之資格，因此有土地與資金但沒有人力的張得

---

12 契約書內文可參閱已印行出版的資料，曾慶貞編，2004: 7。

今般拙者等為黃色種煙草植付栽培雇庸契約事項例明于後：

一、煙草乾燥室倉庫器具設備及植付土地面積壹甲之地則是張得金負擔之事

二、煙草植付栽培收穫薰燥運搬調理耕作使用器具，及其他種種大小之工作，一切是鍾友生負擔之事

三、糞草金肥、專賣局費、藥品費、灌溉費、薪炭費及其他種種多少之消耗等，雙方負擔之事

四、雇庸期間：自昭和十五年八月初旬起，至早晚兩期收成繳納完成之事

五、收成之煙蒿，亦是兩方均取利用之事

前記約束事項比比甘悅，各無反悔各要遵守而行，須當盡心協力維持成功，日後所得煙草賣渡金額，除扣除第參條費用以外，殘存金額兩方均分取得事。以上所約條項違約不實行者，妨害本事業之時，則違約賠償金處分。
以上事項，恐口無憑，特立契約書，同樣兩紙，各執壹紙為據。

昭和十五年新五月三日
旗山郡美濃庄美濃壹四參番地　張得金
仝所壹四二〇番地　鍾友生

金，與有人力但無土地資金的鍾友生在申請專賣菸葉種植這件事上，應屬「合作」關係，而這亦是所得利潤「對分」的原因。

從張騰芳對於其父事跡的描述中，身為後代的他可能更想試圖傳遞以下訊息：早期地主並不是皆為光收租金而遊手好閒之輩，有事業企圖心者仍會積極吸取最新農資，想辦法截長補短與鄰里合作開展新的事業局面，然後從中構思如何更有效地獲得利潤，且帶有早期文人對公益事業投入的人格特質。雖然這個合作案隨著張公英年早逝而改

由其子張騰芳接手，而後者在 1960 年代攀上菸草耕作政治事業的最高峰，使得張氏一門在牛埔仔成為一則傳奇。

第三節　西方學者管窺中國社會的實驗室

Cohen 與 Pasternak 兩位人類學者曾在同時期來到南部臺灣。1972 年他們在彌濃意外尋獲清代《端風正俗碑》的原碑，因字跡模糊遂共同向彌濃鄉民倡議集資重刻。完成後在重刻碑文末行刻留「美僑孔邁隆巴博敦贈四〇〇圓」。新舊兩塊石碑目前併嵌於東門樓外向左壁下方，而東門樓早已是遊客到訪必探之景，每每解說員介紹，兩位人類學者也因此與石碑同享盛名。

Pasternak 對於姻親關係的社會人口學研究

相對於 Cohen（1976/2005）以大量的參與觀察記錄了他在 1960 年代與 70 年代初所見之農村家族經濟與分合，與分析清代彌濃地方的契約文件，Pasternak（1983）關心的是日治時期人口資料底下傳統中國社會的家族與婚姻。相同的是，兩位都選擇龍肚進行他們的研究。後者觀察就作物種類和生產技術，龍肚與臺灣其他地方比較下來，無呈現明顯差異，但他覺得南臺灣客庄，包括位於左堆的打鐵庄及右堆的龍肚庄，雖南北相距五十多公里，卻都有著從清代分類械鬥中發展出來活躍的跨村際跨宗族聯合關係，Pasternak 認為那是十分特殊的（見 Pasternak, 1972: 136-139; 1983: 160），成因或許與當地人們常處於械鬥狀態，因此欲透過婚姻選擇來增加結盟有關，甚至連婚姻形式都偏向以能增加對外聯合的「大婚」為主。他發現龍肚庄人似乎比起其他村莊來得更為「傳統」，特別是在婚姻模式上幾乎貼近一種中國的「理想型」，幾乎清一色的大婚，而童養媳婚與招贅婚十分稀少，再婚女性亦不多見，他解釋若讓龍肚庄人在「家庭和諧」與「對外聯合」中作決定的話，他們傾向強調後者，「既然大婚較具村際聯合的效果，它就比較被偏好」（1983: 160-161）。雖然就一般邏輯上

來說，似乎村內或鄰村通婚，妻子較易得到娘家的支援，正面來說提供家族壯大的外援力量，但另一方面卻也可能對夥房內的父系權威產生程度不等的威脅。然而 Pasternak 依舊認為，這種不穩定的威脅仍舊沒有對外聯合來得重要。他指出因地方處於不斷的械鬥情境下（"in fighting"），大婚不僅強化跨族聯合（cross-kin association），同時也具備擴大地域合作的功能（1983: 161）。

透過婚姻來進行跨姓氏與村際聯合在彌濃是相當重要的家族發展策略，這對於人們理解敬外祖婚俗何以盛行於六堆亦提供了重要訊息。除此之外，Pasternak 也注意到因大婚而來的高生育力是一大特色，而其中女嬰死亡率與男嬰死亡率在龍肚的統計裡也相當平均，並沒有明顯表現出有刻意選擇性別的作法。因此，他推論：縱使社會高度期待男丁，但對既已出生的女嬰並不會遺棄。人口資料亦顯現清末至日治初期當時的龍肚，在男性的收養比例相較其他地區為少，而在其他地方相當常見的養女，在龍肚也不多，他透過田野材料提出，出養女兒也是因為收養方想要女兒。Pasternak 的觀點是，這個地方社會縱使比較喜歡男孩，但女孩也不是無用的（1983: 163-165），雖然我們已無法用當時的田野訪談，去理解究竟是因為需要女兒的勞動力，還是需要她作為跨族結盟的交換媒介。

Cohen 對於姻親關係的民族誌分析

我們從 Pasternak 上述的研究似乎看見：在這強調姻親聯結重於家族和諧的地方社會，女性具有被父系社會有條件「接納」的文化特徵，縱使不喜歡但「女孩也不是沒用的」。這在功能論者的眼中，女性被工具化的目的似乎十分明顯。然而我們不能忽略的是不論是作為交換物（婚姻）還是生產工具（傳宗接代），這種工具目的為女孩留下生路，相對於早期南嶺地區盛行溺女嬰，這裡呈現了一種養得起女孩、需要女孩的地方經濟與社會特徵。客方言群女性不纏足的文化，把女性也直接推向撐持家庭經濟的第一線，因此大部分女性從年幼至婚嫁之後，她的角色基本上確實都在表現她的「有用」，一種生產性

的功能。

　　一份關於1965年龍肚大崎下村落家庭勞力統計，指出了客方言群對女性勞力的大量依賴，既是其本質同時也建構了客方言群的文化特徵。這份統計是Cohen對正處於菸草種植極盛時期的龍肚，計算了家庭勞動力的性質與性別分布：

> 雖然 [菸寮] 的勞動總和大致是由兩性平均分攤，但大約只有12%的女性從事長期的非農業職業；事實上，女性提供了大部分的耕作人力，她們是家庭農場（family farm）裡的全職勞動及短期雇工。即使她們也承擔大部分的家務勞動，但在農業中女性仍是主要的角色；就此方面而言，[菸寮] 所呈現的情形顯然印證了許多中國大陸及臺灣的觀察者對於客家人特徵的看法——相對 [男性] 而言，女性扮演了較多的生產性角色。（Cohen, 1976: 53-54，筆者中譯，[ ] 內文字為筆者所加）

　　女性的勞動力付出緊抓著她們自己的命運。然而她們成長之後要與哪個家族聯姻，除了有同樣客方言群的偏好之外，在通婚區域選擇上似乎亦獨鍾一個較小區域——就美濃這個區域相互內婚。同樣來自Cohen在1970年代所寫的研究，他認為從統計上來看，此地通婚圈受環境、經濟與人文等條件的相互牽制。他說：

> 人們表示反對客家人與非客家人通婚，他們並列舉這類婚姻的少見，證實了他們的情緒走向決定了婚姻的型態。然而當地人與非美濃客家人通婚之例，和與非客家人通婚差不多是同般少見，這個事實說明婚姻型態並非獨獨依據族群因素。（Cohen, 1976: 41-42，筆者中譯）

　　這種情形，筆者認為是一種通婚圈內縮且對象高度均質的現象。也可說是鑲嵌於特定地域範圍內的方言群內婚。雖然矛盾的是，

Pasternak的研究還曾特別指出對外聯結更重要於家族內部和諧，但顯然選擇的對象其實十分有限，甚至到了「自己人」的狀態。Pasternak研究日治時期，Cohen採集的是1960年代的田野，二十世紀末的地方誌仍強調這等婚域與內婚特性（下引文）。筆者在田野中亦不斷聽當地人說著：「我等彌濃人牽來牽去都係親戚。」由於偏好同方言條件，加上彌濃一地相對封閉的地理條件，間接地也對社會結構產生了微妙的夯實作用。研究者寫到：

> 臺灣其餘的客家鄉鎮在地理位置及經濟活動上，都有條件形成較大範圍的通婚區域，唯美濃客家居民的對外關係，在西邊受到對抗性的閩客族群關係的圍堵，而南邊與同語系同歷史淵源的六堆客家地區，又由於荖濃溪的橫斷與美濃本身在經濟活動上自成一系，難以在屯墾期之後繼續連成一氣。這種社會關係緊密連結於一地的高度集中現象，一直要到1970年代工業化及都市化對農村產生大規模的人口擠壓作用之後，才漸呈鬆弛。（李允斐等，1997: 136-137）

> 在美濃，親戚關係太過於重要，親戚關係的建立機會普遍受到重視。兩個鬥房家族之間，直接的婚姻聯繫絕少有重疊的可能；這正顯示婚姻對於建立親戚關係及社會關係的重要性。（李允斐等，1997: 138）

　　本書嘗試把彌濃人視為「六堆人」的一份子。但雖然擁有同樣緊密姻親連帶，彌濃人似乎更因上述的地理圈限，在婚姻圈上顯得更為內縮。「超過社會活動領域範圍之外的親戚關係，就一個農業生產活動密集的地方而言，現實上並沒有多大益處。」（李允斐等，1997: 137）而除了客觀條件之外，能以共同勞動建立社會連帶的關係，在勞力高度需求的「菸作」盛期，在換工建立的社會網絡中建立姻親關係，在機會、意願、共識上都有利於小區域、較小社群之內地通婚。

表1-2援引1965年的資料，大崎下人結婚所建立的姻親關係在地域上的分布狀況，Cohen分析這種通婚策略是：先在小區域內建立足夠的親戚關係，以因應社會生產活動對社會關係的需求，然後再擴及其他的區域。

表1-2：大崎下的姻親網絡（1965年）（Cohen, 1976: 43-44，筆者中譯）

		通婚區域數目（婚姻例總數：292）									
		1	2	3	4	5	6	7	8	9	計
家庭已婚子女數目	2	1	6								14
	3	2	7	6							45
	4		5	6	7						72
	5		1	3	3	1					40
	6		1	3	2	1	0				42
	7			2	3	1		0			42
	8				2				0		16
	9									0	
	10										
	11					1	1				22

表註：1. 大崎下居民的通婚區域如下：大崎下，龍肚（大崎下以外），美濃，中壇，金瓜寮，吉洋，竹頭角，新威及新寮[13]。2. 表列的婚姻資料只統計大婚，包括招贅、童養媳除外的所有「第一次婚姻」，此外也排除了喪偶者再婚及納妾。

傳統上，在六堆為數眾多的嘗會因族人之聚族特性，基本上可經由連結住在不同村落的族人，達成村落跨際連結的功能，然而從Cohen在1960年代觀察到的美濃龍肚，我們可以看到村落跨際結合最活絡且重要的是較小單位的「夥房」（家族）。筆者認為，血親關係與姻親關係的並存是構建一個夥房家族的基礎，已婚女性在其中同時扮演著裂變作用（在夫家分家）與維繫紐帶（與娘家關係），作為一個「流動」的個體，她帶來了橫向姻親關係，也同時是垂直血親關係

---

13 新威及新寮在行政區域上屬六龜鄉，但聚落發展與龍肚息息相關。

的建立者，而這一切就從婚禮開始。

已婚女性與家族

1960 年代，Cohen 詳細交代了一場婚宴的流程；同時為了強調婚姻締結過程中的經濟活動和婚禮儀式的經濟意涵，並指出當地女性婚後可存有部分的「私貶錢」（私房錢）並在丈夫的許可與穿針引線下，以之進行轉投資。私房錢對已婚女性產生了自我意識與企圖心，筆者認為這似乎也讓女性的自我意識有了萌芽的機會：

> 在整個家庭經濟的再分配裡，男性雖然擁有重要的位置，事實上僅有相當有限的私人財產權。但對於一個已婚女性來說，對此卻遠比男性有企圖心；因為已婚婦女在家庭經濟裡並非封閉、被動的角色，相反地，她們積極扮演參與家庭經濟再分配的重要角色。一名已婚女性的勞動所得，與整個家庭經濟是息息相關的。（Cohen, 1976: 179，筆者中譯）

在 Cohen 上述的研究中，已婚女性在一個為了延續菸草種植經濟體而傾向延遲分家的大家庭（聯合家庭）中，必須更長時間地面對公婆與夫家的親屬網絡。這之間牽涉到性別角色與權力的較勁與衝突，在不同的家戶模式下，家務分配比例也不同（見 1976: 146）。大家庭中由婆婆主持家務，媳婦們則家事農務兩頭擔，且因成員夠多，年長女性較多機會可從農活勞動上「退休」（Ibid.: 145）。然而，這個退休生涯首先將面對的很可能就是多房子媳吵著要分家。

Cohen 用了許多心思在思考他的民族誌裡已婚女性特殊的經濟角色，而他的研究也獲得在地居民的重視，在 1997 年被擇譯並收錄在《美濃鎮誌》之中。與許多人類學者遇到的倫理處境相仿，民族誌成果後來被當地人用來「認識自己」、甚至成為向其他人介紹自己時所用的權威本。在那個美蘇冷戰時期，許多來自西方的人類學家選擇臺灣進行田野研究，其目的往往是將臺灣視為瞭解傳統中國社會的一個

實驗室，因此，Cohen 也小心翼翼地比較了其他華南與華北等關於已婚女性經濟權的資料，指出擁有私房錢並非龍肚獨有（見 Cohen，1976: 187-191），所以仍舊認為美濃地方社會只能說是中國（華人）社會的一個縮影。

這個觀點到了二十一世紀的當下，筆者嘗試再把方言群找回來，尤其是透過近年發展的客家研究觀點，「以客家為方法」（張維安語），思考彌濃人的地方性是否僅能視為　個縮影，還是它實際上提供了某個溢出原則的縫隙，讓我們重新思考在「華人性」（chinese-ness）的特徵底下，「客家性」（hakkaness）是否有其特殊之處。

第四節　發展主義下的「現代」美濃

本書從敬外祖婚俗切入，關注的不僅是傳統的、還包括當代的彌濃。這個彌濃地方社會放在國家層次底下思考，她實際上經歷了一個相當大的變動，尤其是土地改革對於社會結構的影響。社會人類學者 Irene Bain 在 1980 年代後期來到彌濃人的西界：牛埔庄（當時行政上稱福安里）進行田野，記錄了她觀察到的農村發展面貌。在她的專書（1993）中可以看出作為發展研究的學者，她關注的議題是臺灣的土地改革，但因為田野地在牛埔庄，同時也提供了我們對美濃大規模社會運動（反水庫運動）興起前，理解當時彌濃社會的第一手資料。

Bain 大量引用牛埔庄的數據與口述訪談材料，分析臺灣自二次戰後到 1980 年代兩次大規模農村土改政策，對地方的文化與社經產生什麼樣的影響，並對計畫期待和鄉村實踐之間無法接軌提出她的詮釋。她認為尤其是 1982 年政府以「推動現代化」提出第二次土改，對於農村產生了結構上的改變，但仍與初次土改一樣，只是短暫地舒緩了某些暫時的困境，無法解決農村真正的問題，然而弔詭的是，這個經驗在官方卻以相當具口號教條的方式型塑成「臺灣經驗」。Bain 在做田野的時候，也正是 1980 年代臺灣新興社會運動的黃金十年，而且她所居住的報導人家，正是一位相當活躍的農村報導文學作家的

老家。她在書中提及臺灣當時的鄉土文學運動，讓民眾萌生了鄉土的危機意識，透過文本研讀，Bain區別出客閩族群對下一代，在教育、就業等事情的態度上，存在差異。例如，Bain覺得福佬人對子弟進入城市工廠裡工作是鼓勵的，但她在田野中卻感覺客家人只希望子弟離農離土，但也不覺得到城市裡是令人愉悅之事，反而是充滿被歧視、被邊緣的無力感。

　　Bain以牛埔庄的田野材料繼續說明了何以農村變得必須依附城市。在1980年代的第二階段土改涉及農業機械化、土地合併、合作農場、修改土地貸款額度以協助農場規模擴張等等，而這些政策不僅對農村既有文化帶著瓦解的負面作用，實際上對於農村家庭的實際淨收益並沒有增加，反而造成貸款負債的狀況，因此使得家庭普遍以「兼業農」的方式維持家計——即一個三代同堂的家庭單靠專業農務收入無法維持，必須讓讀了書的孩子到外面工作貼補家用，而長輩務農的同時也一併照顧孫子，減少養育開銷。

　　換句話說，Bain強調在臺灣的第二階段土地改革並未如政策表面上說的「成果」這般「理想」，像是社會福利提高、農民務農體質增強、強化農業市場機制，反而是她認為土改政策弱化了美濃農民家庭的永續性——無法再務農的家庭更多了。而這樣的「現代化」是農民所希望的嗎？Bain在書末最後提出她作為發展組織工作者的期待：她呼籲真正結構性的農業改革是對於農業規劃過程的民主參與，且能鼓勵農民繼續耕種下去的勇氣。

　　當我們闔上這本厚厚專論之時，對此地的農村社會結構獲得了重要的背景訊息。Bain的研究對當地人尤其是能閱讀英文的返鄉讀書人來說，提供檢視過去半世紀社會發展的諸多細節。就在該書於香港出版的同一年（1993），彌濃人已確認了挑戰國家發展主義的路線——尤其是在面對美濃水庫興建的立場上。一群鄉間仕紳與返鄉讀書人，形成一個不斷吸收國際訊息並同時進行地方連結的在地社群，集結人群自農村前往都市抗議，並透過書寫與公開演講，把針對發展主義的反省思考，帶入農村也帶入大學院校。在1997年出版的《高雄縣客

家社會與文化》，返鄉青年以劉進慶《臺灣戰後經濟分析》為分析架構，透過投入書寫美濃農業史，映照當代農村愈來愈艱困的農業困境（見李允斐等，1997: 147-210）。一路從傳統走到現代的彌濃人，就像處在一個極大的蒸鍋裡，在現代化的高溫裡，從泥土到建築，從語言到文化，所有都在劇烈質變中。

　　作為一個人類學研究的田野地與婆家村，筆者看著彌濃社會從 Cohen 與 Pasternak 筆下那個活躍於清代的會份社會，到二十世紀仍延續下來的內縮型社會，在文化上如縮影般呈現著傳統中國社會的普遍特質，卻也與全球資本發展主義同步，經歷著在學者眼中「現代化」的危機。當返鄉讀書人開展著對農業未來的愁慮與積極作為之時，筆者仍舊可以在婆家村，年復一年聽到開基伯公滿年福傳送於彌濃山腳下的八音樂隊吹奏。二十一世紀的彌濃人經歷了許多的變化，但仍有一些並沒有改變的東西傳承至今。到底，還有哪些「傳統」是人們所堅持維繫？傳承「傳統」的意義為何？而那些經年累月在婆家村參與到的「傳統」，又是如何被建構出來？這些問題在田野工作進行的那段期間，總是不斷地縈繞心頭。

第二章 彌濃人的「傳統」

地方性差異有三個理論假設：（1）漢人社區之間的風俗習慣、文化特色差異，是來自於原鄉文化的傳承與延續；（2）漢人為適應新的生態環境，在不同地區發展出不同的文化特色；（3）漢人移民因在與當地土著文化的互動頻率與方式的不同，所以發展出地方性的社區文化特色。

——莊英章、潘英海，1994: 3-4

　　一個炎熱的夏季上午，人群湧入先鋒堆的五溝水庄（屏東縣萬巒鄉境內），將劉氏宗祠擠得水洩不通。這個將近三百年歷史的客庄，在2009年底由屏東縣文化處透過文化資產審議委員會申請為古蹟，成為臺灣在新〈文資法〉施行之後，全臺第一個登錄保存的聚落，也是第一個申請文資保護的客庄。五溝水庄共有19棟保存相當完整的合院式建物，三分之二的村民都姓劉，夥房、伯公、水圳錯落於聚落中，媒體及文化保存單位均看好其聚落至今的保存狀態，有意朝向生態博物館之規劃前進。一群人走進劉氏宗祠的這個時候，導覽員劉先生開始解說五溝水聚落特色，與宗祠半月池外清澈圳水裡的水草與溪魚生態。

　　在劉先生頂著烈日揮汗講解告一段落，開放自由參觀時，筆者找了機會挨近這位道地的五溝水子弟。「劉大哥，請問一下，您結婚的時候有『敬外祖』嗎？」由於使用他解說時採用的語言（國語），發問者暫時隱藏了打自右堆來的身份。「妳是說『敬外祖』？喔，我們這邊有啊，我們這裡有人說是『拜外祖』，都一樣啦。」接著請教劉先生他自己在結婚前一天，去了哪些外祖家。劉先生回答：他只去了母親外家，並表示因其祖母已過世，所以父母就沒有安排到祖母外家拜祖。

「不過，」劉先生強調，「我們這邊還是很多人都有去祖母那邊去拜祖喔。」我點點頭，表示理解，趁他還沒再次拿起擴音器之前，改用客話鍥而不捨地問到：「我聽講彌濃該片敬外祖會敬到三代，就係連阿太外家都有去敬，這片有麼？」（聽說彌濃那邊敬外祖會敬到三代，包括曾祖母娘家，這邊有嗎。）

「敬到三代啊？嗯，沒有耶，我們這裡沒有人敬到阿太那裡。」劉大哥這句話講完，他忽然改用客話，「汝講美濃啊，喔，美濃人伊等該片卡傳統啦！」（美濃人他們那邊比較傳統。）筆者提高語音略表好奇地：「真識啊！？」（真的啊？）劉大哥這時已轉過身拿起背包裡的毛巾擦汗，用擴音器向四周喊著：「大家，我們再三分鐘要離開這裡了，請大家還要看什麼趕快去看喔。」然後回頭補充似地又改回客話說：「西呀，我等都講美濃人卡傳統。」（對啊，我們這都這樣說，說美濃人比較傳統。）忽然間，似乎聽出來劉大哥長期於福佬語區工作，在語言上已受到了影響。但他對於敬外祖絲毫不猶豫的提出解說，顯然也意謂著在當地這套婚俗的通行。除此之外，他還認為遠在六堆北端的美濃鎮，那裡的客家人「比較傳統」。這便是在關於敬外祖研究中，一個六堆中區聚落群子弟所提供的看法。

文史學者曾寫過，敬外祖「是臺灣南部六堆客家人的特有婚俗」（陳運棟，1991: 41），雖然本書為求完成蹲點研究而將田野放在彌濃人身上，但對於敬外祖的思考實際上不能僅著眼於彌濃，因為有著這套婚俗的區域擴及整個六堆。田野過程會把握任何機會，徵詢六堆不同地方的人們，關於他們是否／如何操作敬外祖。「汝等這片有『敬外祖』麼？」（請問您們這邊有「敬外祖」嗎？）從左堆開始，一直到中堆、前堆、後堆、先鋒堆，再回到最北端的右堆，敬外祖普遍存在於六堆應不太有爭議，只不過其削弱甚至佚失的狀況，相對彌濃及其鄰近村落來說，明顯淡微。

許多高屏溪流域下游的「下庄客」會用「比較傳統」來描述彌濃，有時候彌濃人似乎自己也如此認為。這種文化自覺偶爾還會帶著一點點的自負，並以彌濃字紙祭、傳統三獻禮、國寶級八音團等文化

表現，說明彌濃人與下庄客還是有些差異。換句話說，作為六堆右堆中的主要成員，彌濃人實際上在相對於其他地區的客方言群，存在屬於彌濃自己的地方性。人類學者認為造成地方性的原因不外乎原鄉傳統、生態適應和文化接觸，以下即扼要探討彌濃在這幾個面向上的文化特色。

第一節 隱匿下的原鄉：以「里社真官」為例的討論[14]

在今天的美濃國小校園裡，保存著一根時代久遠的石柱，據說是舊時作為右堆租館[15] 的林氏夥房殘存的建物一隅。當租館在二十世紀初被日人拆除徵收作為美濃公學校校址時，幾乎沒有留下任何歷史文件與遺物。石柱被堆放在校園的一角，日後被校方發現後立於校內花園中，1998 年地方社團美濃愛鄉協進會依據相關考察，為它設立了一塊解說牌，正式標誌其為舊時右堆統御中心僅存的歷史紀念物。

彌濃人在乾隆元年建立彌濃庄後，不僅吸引了下淡水溪中下游的客方言群越河北上開墾，烏水溝（臺灣海峽）對岸亦招來客籍同鄉，各家族逐漸累積一定的經濟基礎，並建造了民居。李允斐寫到：「彌濃庄建立後，……一些六堆各庄及大陸原鄉的客家同鄉也紛紛來此依親或發展，因此，人口漸漸增加，……其中二十四戶人家終於建立了較具規模的夥房。」（1989: 15）其中，林氏夥房即位於彌濃庄的核心地區，面對著彌濃早期的河滑街（河岸街道），今天地方上稱永安路 19 巷為「彌濃第一街」，說明沿著彌濃河畔與二十四戶夥房間，存在著一條貨物通衢，街道樓屋間並設有通往河岸的階梯聯結上下岸的渡口。筆者曾至粵東蕉嶺縣重要墟市渡口新鋪鎮與梅縣松口鎮進行考察，從其沿河聚落的樣貌相當類同與典型，推測早期彌濃河港上下

---

14 此節先前改寫後投稿《民俗曲藝》，經審查、修訂通過後，以〈「社官」信仰在廣東蕉嶺與臺灣美濃的比較研究〉刊登於《民俗曲藝》第 180 期（2013.6），頁 83-130；本節乃據此篇論文再做精要整理。

15 最早開闢彌濃庄的林桂山家族，自乾隆元年至道光十五年（1736-1835），長期擔任該庄管事，並在庄中建造「濟南館」（濟南堂）作為收租藏穀的租館。參見陳秋坤，2009: 17。

岸繁榮的景象。今天彌濃老聚落仍指得出來「南柵門渡口」、「花樹下渡口」即說明早期聚落依賴河運的盛況。

　　貨物沿著下淡水溪逆流而上運至彌濃，粵東人也是依著這條河踏上了彌濃的泥土。關於彌濃人與原鄉的關係，《美濃鎮誌・歷史篇》收錄了一篇感性的描述，談及彌濃人的文化空間生活，其中尤指出「水口—里社神」是一個展現漢民族風水觀與客籍原鄉風俗的守護神信仰：

> 漢民族聚落布局中的堅持「水口」重地，也在美濃平原上依古制建構著。「水口—里社神」為各庄的土地保護神，把守著各庄水源命脈最後的流出地。古禮的「社祭」，也被莊重的演練著。……社壇既立，各墾地的祈福神——土地伯公，依次陸續的散布平原各境。……「水口—里社神」在農業凋零、水土失去了大自然的調節之後，被人遺忘在荒蕪的水口重地，社祭的宴饗也轉移至日漸盛裝的福德祠。（美濃鎮誌編纂委員會，1997: 151-152, 154）

　　如上將「水口—里社神」與福德祠區別出來的說法，並未被後來的學者採納；許多後續研究似乎更傾向里社真官屬於土地伯公信仰體系，即視里社真官為另一類具有專責管轄事務的福德正神。依據現有田野資料，目前在六堆其他地方有將社官與公王一併置於夥房屋廂房處供奉的例子，這種方式在中國原鄉卻似乎並不存在，反倒是僅存於美濃鎮內的三座露天墓塚式社官壇，與原鄉社官壇型態更為趨近。在樹德科技大學建築與古蹟維護系於2004年的一項研究結案報告，臺灣目前墓塚式的露天社官壇僅僅三座，都在美濃境內（見該報告書第53頁）。其中，位於美濃河畔的彌濃社官壇碑刻為「里社真官」，龍肚社官壇則刻為「里社真官」，九芎林社官壇則是「里社貞官」，碑石上刻的名稱出現選字上的差異，反映在「真」這個字的不同寫法。下文將暫時均以目前看似形制最完整、且維持原址的龍肚社官壇

「里社真官」的寫法來進行討論。美濃境內的這三座社官壇,已在1998年列入縣級古蹟,考據者認為,此三座社官壇之設置時間,與清初舊美濃三大聚落群領域確認的時間(1730年代)應屬同一時期。

　　彌濃人習慣將里社真官(社官壇)稱為社官伯公,即視之為一般福德正神之一類,然而十分明顯與突出,較之其他同屬墓塚式之伯公壇而言,社官壇皆更為細緻與宏偉,碑石的尺寸也有半人高;[16] 在名稱上居民雖稱其社官伯公,但碑石與聯刻上都沒有「土地」、「伯公」、或「福德正神」字樣(參見表2-1)。

表2-1:彌濃境內里社真官一覽表

	彌濃庄里社真官	龍肚庄里社真官	九芎林里社貞官
社官相片			
碑石文字	承天資化育 里社真官神位 配地福無疆	龍莊 里社真官香座 水口	廣 莊 水土里社貞官位 福
內幅聯	里社千年盛 真官萬世興	里舍民安□渥 社郊物阜沐恩	里居千載盛 社立萬民安
外幅聯	四時沾德澤 一帶沐神庥	社民有慶樂昇平 □□□□□□□	四民俱感德 萬幸沐沾恩
植 樹	龍眼、楊桃(已不在)	龍眼(已不在)	芒果(已不在)

16 以最近的一筆建築測繪數據,保存最完整的彌濃庄里社真官與龍肚庄里社真官,其碑石之高度/寬度分別為3尺3寸/2尺3寸(約100cm×70cm),以及3尺1寸/1尺9寸(93cm×57cm),而九芎林里社貞官碑石也有2尺2寸/1尺(66cm×30cm)的規模,這三者皆比彌濃庄頭伯公的碑石1尺6.5寸/7寸(50cm×21cm)來得雄偉。碑石長寬測量數字,引用樹德科技大學建築與古蹟維護系,《高雄縣縣定古蹟彌濃庄里社真官伯公、龍肚庄里社真官伯公、九芎林里社貞官伯公、縣定級古蹟東門樓之美濃庄頭伯公調查研究規劃案》,頁92(表3-2)。

彌濃三座社官壇之雄偉形制，其背後象徵之財力支持與知識體系顯然較一般伯公壇來得複雜。筆者在彌濃人的粵東原鄉——廣東蕉嶺進行關於「社官」的田野調查則發現，雖然也有部分居民將社官視為與一般土地伯公無明顯差異、僅為一種特別位於水畔邊的土地神明，但卻以「社官老爺」稱之，顯然仍有異於土地伯公。況且，從碑石名稱確切的「里社」二字，祂顯然不同於被稱為土地伯公的「福德正神」。

里、里社、社官與里社真官

里是人文地理概念，為中國古代劃分地方行政區域的一種制度（杜正勝，1990: 97-139）。「社」則指土地神。《禮記・郊特性》有「國中之神莫貴於社」之說，「社」顯然是位階很高的土地神，且相對空間「境域」有大小之分。「社」同時也是聚落之意，在戶數達到一定程度時可被稱為社（見《周禮》、《史記・孔子世家・索隱》）。在漢代時從中央、郡國、縣、鄉、里等各級行政單位都立有社。而根據《禮記・祭法》，鄉以上（包括鄉）的社由政府設置，官府置祭，里這一層級的社則由居民自己組織祭祀。筆者認為縣級以上的社所具有的「官制性格」，即便在里這個層級，也呈現在里社之祭多由里長帶領的特點上。尤其是領頭至里社進行祭祀的是里正、父老，因此里與社在舊時原為一體不分，社的活動即是里的職司之一，並有官方對里級之認可與支援。

由於里是最底層的行政單位，「里社」之意不難理解。舉行社祭在粵東稱為「做社」，二月與八月的社祭則分別稱為「春社」與「秋社」。做社時，里內的全體里民不論貧富都會加入，祭後在社下宴飲行樂，費用由里民分攤，或也可納捐。「里社」至少在明代初期仍相當盛行，而且曾是中央試圖控制地方勢力的目的之下，成為朝廷認定「唯一合法」的民間信仰（見鄭振滿，2006: 20）。換句話說，十四世紀中期以降，里社在鄉間曾是獨一獲准設置的祠壇，這個時期同時也是粵東許多客方言群向海外冒險的開始。我們雖然無從確認里社信

仰是否就是以這種方式隨渡臺者進行文化傳播，但碑石上的「里社」二字證實了祂的屬性，應無所爭議。

歷史學者研究發現，明代由於里甲制度逐漸瓦解，與敬社相關的禮儀制度也跟著混亂，「各村皆有土地，但顯然不是當初的社神」，各地開始出現「原型」不同的社神，且從其祭祀「社神」的時間互異，也發現「社神」恐怕並非當初單純的社稷土地概念。研究發現，南方與北方的社神崇拜出現不同的變化方向，相對於北方各地，南方採取了「不斷民間化與地方化」的策略，讓社神崇拜在民間延續的時間更久。所謂民間化與地方化，在方志文獻中即呈現出民間所信仰的人格神「喧賓奪主」甚至「鳩佔鵲巢」成為社祭主角甚或社壇主神之例，形成「正祠」（里社）與「淫祠」（聖王、仙姑、將軍等）混亂，而後在明初規定社壇制度時即以此為正統，「把原來雜亂的社神崇拜改造為一體化的禮儀制度，沿襲原來地方傳統的反倒成為淫祀」。相對地，北方則是依循禮制框架未形成結合地方或宗族文化的形式，來面對里甲制度的崩解，以至於村里的社神逐漸虛設化（趙世瑜，2002: 106-110）。

南方社廟的這段「被改造」的過程，社神被賦予了更多地域、方位的意義，從一個禮制土地崇拜轉變／融合成為特定地域社群所崇祀的神：一個屬於地方社會「自己的」神。清中葉在粵東舉人黃釗所著之《石窟一徵》中所描繪的「社官」，似乎就是在這種歷史過程中所出現「南方里社」。據黃釗所見所聞，鎮平縣當地除了有「社官」之外另有「伯公」，並說明「社官」乃「社公」，取其神話來源共工氏之子后土，「俗以社公為社官，按祭義共工氏之霸九州也，其子曰后土，能平九州，故祀以為社」（黃釗，1980 [1853]）。「伯公」為單純的土地，祭壇稱為福德祠，「俗以土地為伯公，祠曰福德祠或曰伯公者」。換句話說，從漢代之土地信仰到這個時期變成具體地對「能平九州」有功者的敬奉，「社」出現名存實異的情形，原本的實質內涵則另外由「伯公」承繼，至此伯公的祭祀圈也彈性地可由家族為之。由於清代文獻僅提及「社官」，我們無法確認是否為「里社真

官」的「簡稱」，但筆者經由田野調查發現蕉嶺縣當地在1980年代重建的社壇中，亦有復原「里社真官」名稱的神壇碑石，因此或可推論其確實是一種口語上的習慣簡稱。並且，從「村有妖癘祈社官以驅之，野有螟螣祈社官以除之」的描述，不利於人的或不利於農的，都祈求社官予以驅除。相對於「伯公」為村民在族地內外或橋頭村尾之私設土地神，從里社轉變而來的「社官」，其神格與神性在清初至中葉時期在鎮平縣已變成具驅妖除癘與把境功能的神明。

然而，即便「社官」民間化與地方化為具有把境功能的保護神，在鎮平縣城附近所觀察的社祭，仍按古時社祭形式進行。黃釗在書中曾提到鎮平縣境鄉野有春秋「社日」，民眾集資籌備以豬向社神獻祭，儀式結束後將豬肉分配，而後在社神的代表：大樹之下煮粥共享，「醵錢宰豬祭社分肉，名曰社肉」，「又以祭社肉汁，即以社樹下煮粥分食，謂之食社粥」。也就是說，「社官」在南嶺邊區的客家中心地，形成一種由古制社神（社祭部分）與在地巫術（神格部分）的「混成」，於是被官方視為淫祀之神，巧妙地被保留在屬於正祠的里社崇拜裡，流傳後世。但究竟「社官」在當地是里社與何種民間信仰所混成，筆者認為《石窟一徵》提及地方盛行之「公王」，即其解答，後文將對此有所討論。

從「里社」後綴以「真官」一詞，似乎也可看到儒家禮制受道教鑲嵌的影響。「真官」在唐代曾用以描述仙人中具有官職的人，也有指稱道士之意。筆者推測，「里社真官」或許是道教與儒家禮制混成後的具象。「里社真官」作為道教系統中的當境土地神之稱，至晚在南宋年間已經出現，其位階置於城隍之後（可參閱《靈寶領教濟度金書》卷196之「請稱法位」）。原鄉傳向美濃的社官，應視為一個經民間化與地方化、具有把境功能、且名稱取自道教的混成信仰，且其把境功能也從「五土」地方，變成專管川澤水口。「社」之古意涵即為五土之神，東方青土（山林）、南方紅土（川澤）、西方白土（丘陵）、北方黑土（墳衍）、中央黃土（原隰）。筆者從粵東的田野調查發現，在粵東蕉嶺與臺灣美濃的「里社真官」都刻意突顯其對水域

的把境功能，可能是地方上將之特殊化為管轄南方的社神。

廣東蕉嶺地區石窟河流域之田野調查

收錄本書附錄一的里社真官訪查記錄，是筆者沿石窟河走訪幾個六堆遷臺祖之原籍村，所「發現」的社官。事實上呈現，雖然臺灣目前僅明確存在於彌濃境內的三座里社真官壇，然而在六堆人的粵東原鄉，社官信仰似乎是相對普遍。

在蕉嶺所觀察的社官，名稱多為「社官老爺」，這個名稱在彌濃並未出現，筆者認為此應為較之清代中葉更遲出現，其由來推測直接采借自住民對「公王」的尊稱，甚至將已發展成具有水域把境功能的「里社真官」，視為「公王」的一種，或說出現「公王化」的狀況。目前證據是重建廟宇裡並列供奉的神明碑石，看到公王都尊稱為「王爺」，例如「公皇老爺」，一旁並祀「社官老爺」。根據文獻記載，公王至少在清代中期已是蕉嶺當地普遍的民間信仰，[17] 從儀式行為上，表現出南越巫文化的遺存。一直到上世紀上半葉，公王信仰當地仍十分活躍，且有輪祀組織負責十年一次的大祭典。[18] 《石窟一徵》

---

17 根據《石窟一徵》，鎮平縣在清代中葉多敬奉「漢帝公王」，其為一種露天祭壇，「每祭必椎牛餉之，不知何神」。黃釗認為，漢武帝相當信奉南越之巫覡，曾令巫覡擺置祭台敬奉「天神上帝百鬼，而以雞卜」，只要能夠駕取大災患的各種靈力，漢武帝都命令立台敬拜。似乎黃釗自己亦認為「漢帝公王」即此泛靈信仰的延伸，不同稱呼的公王對應著不同的靈力範疇，但多有重疊。黃釗舉了自己的例子說，他家後方是石窟河的堤防，地方稱黃獺角（我在田野時亦曾造訪過），每逢河水氾濫漫過土堤時，淹至公王壇就會退去；又說對岸的居民每遇大水氾濫眼見家屋不保時，就會看到騎赤馬的紅衣人來巡護。黃釗在文中表示，此令人嘖嘖稱奇之事，他覺得殺牛祭之實是有道理。

18 林清水提及老家蕉嶺縣新鋪鎮上南村的「接公王」，指出此為十年一次的大祭典，每次從農曆四月十八至五月初四。幾個村子在這為期半個月的祭典活動中，所有男丁幾乎都動員來抬轎子、敲鑼鼓，相當熱鬧。關於「接公王」的習俗，林清水補充，該俗只是一種迎神活動，並沒有「福首」的組織，也沒有和尚或道士參與。林先生記錄到，位於下南村東一公里的石窟河岸邊有一五顯宮，宮內供奉華光大帝，分身為東、西、南、北、中五個公王，統稱這五個分身為「五顯公王」，由東方公王坐正位。每年四月十八公王出宮繞境，先至某一個村中男丁迎至祖堂裡停留一日，次日鄰村男丁即以鑼鼓前導，高舉大紅旗與鑲邊三角黃龍旗，到此祖堂內將停放一日的公王轎迎至自己的村子祖堂，接受各戶敬備祭品，上香祈求公王保佑平安。公王停輪一晚，次日又被另一個村子抬走，最後到五月初五凌晨才返宮。時間在五月節（五月五日端午）之前，正是當地稻苗結穗的時節，非常怕遭遇蟲害或雨季，因此每年此時抬公王出巡，即是期待公王保佑農作。另外，接公王的時間點正好是農閒時分，大家也藉此機會「走親戚」，宴請來訪親友，接公王期間也就成為在農村勞動苦作中作樂的一種調劑。參閱林清水，《蕉嶺縣新鋪鎮上南村民俗調查》，頁199-200。

記載公王並不設壇，是由巫設置祭台於戶外祭祀，換句話說，有巫之處始有公王；但當代人們在蕉嶺所見之公王信仰多有已屬壇廟，或許亦是文化混成之結果。學者曾描述過梅縣境內的公王信仰，咸認為公王擁有突出其土地神把境功能和大王（王爺、國王）地位，具強烈領域宣示的象徵，其神格大於土地伯公（房學嘉等，2002: 349-350），筆者認為，當人們將社官與公王並列奉祀且賦予社官「王爺」之尊稱，亦表達至少在梅縣與蕉嶺地區，社官神格大於伯公。例如：位於梅州市三坑里的社官壇，主祀里社真官，配祀土地伯公伯婆，亦可證明社官與伯公某種在位階上的差別。

然而，仍是有很多地方出現里社真官「伯公化」的現象。筆者認為，這與其祭儀仍延續社祭形式可能極為相關。里社真官名稱上或神格上即便出現「公王化」現象，但筆者在新鋪金沙村問到民國初年當地如何拜社官時，所聽到的祭典儀式與上述「接公王」差異甚大，比較下來更接近文獻中所指的春秋社祭。或許此即提供了祂被一些村社「伯公化」或說降為水口伯公的想像來源。在田野中看到不少由居民指出「社官」的碑石，細看名稱是「水口伯公」。究竟是居民誤將水口伯公視為里社真官，還是將里社真官視為水口伯公，可能還須更多推論，但這也顯示了上述關於「伯公化」的推測，並非憑空出現。

過去一些研究對於彌濃境內三座里社真官定位看法分為兩類：一類指里社真官是一種掌管水口的社神，並表示彌濃人是因對其神格不瞭解，才使得一般伯公逐漸凌駕其上。[19] 第二類則傾向認定里社真官

---

19 例如，在《美濃鎮誌》中由高中教師執筆的〈宗教篇〉，則認為美濃的三座社官伯公乃為村民「將大陸傳統的社祭壇之里社置於此，以凸顯其（位於水源出口）的重要性」，其意義與開庄伯公神、敬字亭等人造紀念物，都象徵著農耕社會裡村民對於最早開墾之地的感恩、紀念與敬重。見《美濃鎮誌》，頁820。第二種來自對客家伯公研究甚為深入的建築學者亦曾寫到，「美濃的三處里社真官伯公之遺存事蹟，為古代地祇信仰有關的市街和里社守護之遺留」，見廖倫光、黃俊銘，〈六堆客家的塚信仰構築與地景圖式〉，《2007年客家社會與文化學術研討會論文集》，頁288。第三種即認為美濃人實際上可以區分出祂與伯公（福德正神）乃不同之神，但仍以伯公稱呼，表示村民對於其神格之瞭解相當有限，像是在彌濃庄頭伯公建醮以及彌濃庄年福滿年福及二月祭社建醮時，里社真官與福德正神雖各自擁有不同之神位牌，但擺置之相對位置，這似乎可以看到「福德正神似已凌駕里社真官成為土地神的正朔，而里社真官逐漸演變成專管『水口』的伯公」，見李允斐等，《高雄縣客家社會與文化》，頁235。

與古制的里社無關，其中一說表示里社真官僅為某類土地伯公的特殊稱呼，另有一說認為里社真官就是原鄉的水口公王，其「里社真官」之名是讀書人的托古之舉。[20] 這幾種看法相互差異，筆者認為將里社真官「伯公化」的發展，應較可能貼近彌濃三座里社真官壇的設置背景，而且與粵東原鄉的類型相仿，都有「水鬼升社官」的傳說。也就是說，帶來彌濃的里社真官，是在歷史過程中從原本的禮制，鑲嵌了道教以及南越文化（公王／巫信仰）性格的神明，但卻因維持社祭儀式而被居民「伯公化」的「混成信仰」。

里社真官見證的古地理的變遷

究竟里社真官的水神性格具體內涵為何，從口傳故事得知，民間相信社官是「由鬼變神」而來。一般說法是，一名原本欲找替死鬼投胎的水鬼，後因善心而放棄了在期限內最後一次機會，後被天庭得知，遂將之扶為管理水域與水鬼的社官。史料指出社神屬性有相當程度的陰神傾向，或許正因此使里社真官在粵東蕉嶺即被巧妙地嵌入了泛靈信仰公王崇拜。

彌濃當地流傳關於里社真官的由來傳說並不多。有一說是彌濃里社真官的設置目的在壓制彌濃河水患，請地理師勘定後設置；另外，竹頭角里社真官則是一名英勇救人卻不慎溺斃之人，成水鬼後仍暗中幫助村民安全過河，當玉皇大帝在彌濃河上游段設置里社真官時，這位好心牽人渡河的人／鬼，就成為不二人選。[21] 分析耆老的口述文

---

20 這兩種說法筆者皆有所保留。一說認為里社真官本即伯公，這個論點來自研究美濃土地伯公的民俗學者所提出，研究者認為正因為水源對農村社會本就非常重要，土地公當然也負責掌管水源，此為各地皆同，不過「美濃特別為掌管水源的土地公設立祭祀之處，並給祂一個特殊的稱呼，是以成了全臺獨一無二的里社真官伯公」，見張二文，《美濃土地伯公信仰之研究》，頁66-67。另外，近期一篇關於美濃公王信仰研究的會議論文則提出，美濃的三座里社真官乃是具有原鄉「水口公王」功能的神祇，美濃先民託名將里社觀念以之命名，以賦予這三座「水口公王」更高的力量。見吳連昌，〈美濃客家夥房內「公王信仰」之初探〉。

21 這段口述歷史記錄於樹德科技大學建古系，《高雄縣縣定古蹟彌濃庄里社真官伯公、龍肚庄里社真官伯公、九芎林里社貞官伯公、縣定級古蹟東門樓之美濃庄頭伯公調查研究規劃案》，頁243，246。口述者為溫德王先生（1919年出生）。

本，其中對於里社真官性質的描述，同時包括著具壓制水患作怪的「水神」神格，同時亦有「由人變鬼再變神」的過程。這兩說符合了社神在天地陰陽觀念中屬（地）陰的邏輯。《淮南子》所說聖人死而為社，也就是對人間有貢獻的鬼而後成為社神，此亦與蕉嶺以及彌濃「水鬼做社官」的傳說，在邏輯上是相通的。

這個傳說後來變成一句俗諺：「水鬼仔升社官」。通常在三種情形下會使用到這句諺語：一是祝賀別人自小職升上大官；另一比喻某人有了一官半職就神氣起來；最為負面的是第三種，諷刺一個本事不大的人竟爬到大官之位。[22]「社官」於此對應人間的政治生態，祂在神界的官性，也包括總管水域與水域活動，即「管水」（自然資源／河川／財源）與「管水鬼」（陰間人事／人間水域交通）。當代蒐錄自美濃九芎林關於里社貞官的來源傳說，亦是一名水鬼升上來做社官，此種說法與原鄉「水鬼仔升社官」諺語相當契合。從諺語中也可看到「升官」與社官的相互嵌入關係，突顯了「升官」特徵──不論是原本官職小還是本事小，畢竟還是升了官。此或能解釋何以香火鼎盛的梅州市里社真官，據聞對於求官或求功名者，甚至是在上位者想要防小人，頗為靈驗，梅州市社官壇旁的算命師就鄭重表示，該座社官壇吸引了許多人專程前去上香求願。

既然里社真官演變為水神，再轉變為專管水口的伯公亦十分可被理解。但也正是這種專管水域的特色，社官的設置地點就帶有歷史地理學的重要參考意義。

因社官發展出水神特性，筆者在蕉嶺的田野調查中相當程度地注意到，社官壇設置的地點以及村民指出何以設置社官壇，往往與「水患」有關，而與學者認為里社真官位於「水口」是為了攔阻象徵財氣的水流出，有所出入。[23] 在本書【附錄一】中列出的里社真官，經過

---

22 感謝蕉嶺縣誌資深編委林清水先生，及新鋪鎮新鋪中學校長曾佛元先生，在我進行田野期間熱心提供關於「水鬼升社官」俗諺的相關訊息。

23 關於水口伯公具有守住水口留住財氣的觀點，還包括將水口視為一個決定村莊風水地理命運的關鍵地點。見徐正光等編纂，《美濃鎮誌》，頁820-821，亦見李允斐等，《高雄縣客家社會與文化》，頁235。

筆者與附近村民攀談蒐集的材料，呈現社官的地點有兩個特色：第一是位於曾經是常有洪水氾濫之處。包括在接近矮丘山腰面對溪圳處的一個較高平台（見例Ｍ／Ｏ）、面對溪水或大河（見例Ｂ／Ｃ／Ｅ／Ｉ／Ｊ／Ｋ／Ｌ）、面對早期溪埔低窪地或曾經的濕地（見例Ａ／Ｄ／Ｆ／Ｇ／Ｈ／Ｎ）。由此可見社官壇確實與「水」（河流、湖泊、陂塘、低窪濕地等）有相當程度的關係。「水口」應該是後來的概念，最早可能是水的「匯集處」，亦即較易受到淹水的區位。研究者在好幾個不同地點都曾聽說，在社官附近較低平的那些田地，都是在1960年代「圍塘造田運動」時才改成農田，以致於我們現在都只看到片片稻田，不見「水」。村民口述說，過去常傳說每逢大雨，湖水高漲／河水暴漲一時不察，田地房舍即遭滅頂，此即目前幾處位於原址的社官壇，明顯設置於丘陵平台望向低窪處之因。

另外，關於社官壇的位置的第二個特色就是：祂們通常位於自然村的邊際；當然這也使得研究者在尋訪時常誤以為村民說錯了路，怎麼照著走卻是離村子越來越遠。附錄一裡的里社真官，除去後來在築堤之後直接重立於圍堤上的社官壇，在舊聚落中的社官壇位置幾乎都位處於自然村際的邊緣。何以人們不在聚落中心設置「里社」，而是選擇在聚落邊緣？筆者認為這應與社官到了南嶺之後轉為具「水神」性格有關，它守護著聚落最易遭受水患，形成人命財產損失的地方；而通常河流、陂塘或溪流密竹，這些也多是村的邊緣。兩三百年來地景變遷太大，慶幸的是在原鄉的偏遠小村，我們還可以從村民的記憶口述裡，拼湊出這個關連。

在經過與原鄉的比較之後，分析彌濃三座里社真官的工具又多了許多。首先是關於名稱。新鋪鎮「尖坑社里社真官」及徐溪鎮「溪口社社官貞母」，均保留古制「以里名為社名」的方式，在碑石見得其社名，反映出該地舊時「里」的名稱。用此角度來看，我們對於彌濃三座里社真官的碑石也應如下解讀：「彌濃里社眞官」即舊時「彌濃里」的社官壇；「龍莊里社真官」應為「龍莊里」社官壇（今多被說為龍肚里社真官）；而「廣福里社貞官」應為「廣福里」社官壇（今

多被說成九芎林里社貞官）。依據漢制與後來又擴大里戶數的明制，每里百戶應要設置里社，且社的名稱由里名定之，由此來看彌濃在清初擁有三個社官壇，見證的正是彌濃的三個聚落群，彌濃里（以彌濃庄為中心）、龍莊里（以龍肚庄為中心），與廣福里（以竹頭角庄為中心），每個里底下涵蓋三、四個大小不等的村子。這對我們「復原」清時彌濃人建立的人文地理有相當大的幫助。

第二，由於社官的水神性格，彌濃人的三處社官壇同樣見證著三個大聚落在二百多年前的水文地理，亦即設置之處就是當初最易蒙受淹水之苦或河流暴漲易捲走人命的地方。整理當地人表示，彌濃里社官壇最早的位置比當代所見，應更接近彌濃河，為彌濃河流經上庄、花樹下、柚仔林、下庄的洪患區邊緣，位於彌濃本庄的西緣；龍莊里社官壇位於「龍闕」，該位置正是傳說中龍肚湖遇大雨氾濫崩堤之處，亦在稍離開龍肚本庄幾百公尺外的村際南緣；廣福里社官壇位於竹頭角庄的東緣（在小地名九芎林裡），筆者認為其面對著是在它北方上游的「大埤頭」——從大埤頭這個舊地名即可知該處過去曾是一個規模頗大的水塘，設置社官壇於此即是希望壓制雨季來臨暴漲的埤水對竹頭角庄可能造成的傷亡。

里社真官至今在彌濃仍是一種未能確知其來源與神格的土地神祇，在置於伯公信仰之後，重新研究祂的來源、神格與神性、設置位置等，對於我們理解一個地方社會其原鄉傳統、文化會遇與生態適應，是重要的參考座標。

「彌濃二月祭」是社官祭在現代的遺存

如前所述，里社真官在粵東原鄉時即已是一個「里社」（古代禮制）與「水神」（嶺南巫覡信仰）的混成，這樣的混成體來到彌濃之後，由熟悉勘輿的地理師在當時彌濃三個重要的聚落邊緣，建置了壓制水患的社官壇。《石窟一徵》中提及的「社祭」，目前在彌濃開基伯公新年與滿年福的夜祭裡保留「分有社肉，社肉汁煮粥分食」之俗，而目前每年在彌濃河岸邊舉行的「二月祭」，由於儀式中特別有

在河中敬拜社官的流程，筆者認為二月祭或應為彌濃里社真官春祭之遺留。

筆者在粵東的田野裡，有一段關於社祭的直接口述記錄。在蕉嶺縣新鋪鎮金沙大塘面有一個小土墩，村民們就稱它「社官下」，鄰近陳家祠堂有個重建過的社官壇。有位村民（1946年出生）回憶他幼年時見過社官「起鬥」（起醮）、人們去「鬥鬧熱」（參加活動）的情形。由於這位陳姓村民其父親為民國時期當地重要的讀書人與領袖人物，他小時候還見過父親張羅相關事務。他說在舊社會時，社官壇的碑石很高，當他還是小孩時，那塊碑石跟他一樣高，過年前後總有很多人到社官下來還願、許願，二月與八月都有祭典。祭典期間連演大戲，而小孩子那時候都會有很多東西可以吃。他說並非每個村子都有社官，社官是鄰近的幾個村子——大概三、四個左右共同祭拜的，所以平日村內的人會去拜，但社祭時附近村子的人都會來，就在社官下擠得人山人海，三牲祭品排到路上去，而各家各戶也辦流水席，相當鬧熱。

蕉嶺新鋪金沙的社（官）祭對幫助我們重新解讀彌濃庄在每年農曆二月初舉辦的「二月祭」，甚有幫助。二月祭又名二月戲，地點分別在上庄東門橋下（即舊聚落東柵門外）、中庄彌濃橋下（南柵門外）、下庄西門橋旁（西柵門外）的彌濃河床上，輪流舉行，根據文史資料，以前也曾有連演三日或三日以上大戲的傳統。彌濃人對二月祭的來源一直尚不清楚，地方上根據口述認為二月祭即是農閒時演大戲酬謝彌濃庄各個伯公與河神伯公，並祈求彌濃河不要氾濫。[24] 每年

---

24 美濃庄「二月戲」之起源與歷史已無可考。一般咸認為伴隨著開庄即已存在。在傳統農業社會時期，二月戲與祭河江的日子，是委請勘輿師就農曆二月擇定佳期良辰舉行。他引用傳說，表示著老們聽說二月祭的來源，是清朝時一位老阿伯在河邊走失了一頭牛，非常焦急，向河神發願說若找得到丟失的牛，將年年祭拜做大戲，結果牛竟然自己跑回來。老阿伯從此信守諾言，祭河神並演大戲，美濃人認為河神有靈，二月戲逐漸變成美濃傳統祭典。但此傳說故事之真實性尚須再求證。舊時彌濃庄與柚仔林庄，隔著美濃河，河面既寬且深，不似今日河道窄且水淺。由於兩庄往來密切，中壇、龍肚入美濃庄皆須渡美濃河。旱季時，就在東門樓下和花樹下分別搭竹橋通行，雨季水深時期，就在南柵門的渡船口，乘義渡竹筏往來。由於夏季雨量豐沛，雨季河水暴漲，常有意外發生。於是在每年農曆二月，美濃人掛紙（掃墓）時舉行，一則酬謝彌濃庄各伯公及河神伯公，一年來護佑彌濃庄合境平安，再則祈求來年美濃

二月祭始於【請伯公】，依序邀請包括彌濃庄開基伯公、德勝公爺、里社真官在內的十三座「伯公」至主祭場看大戲。[25] 之後是【祭河江】，在彌濃河畔擺設祭壇進行祭典，香爐內安奉以紅紙書寫的「河江伯公里社真官暨列諸尊神香位前」神牌，供奉五牲祭品，並由禮生帶領福首行祭拜禮。隨後【做大戲】三天（現已縮為兩天），首夜舉行【還神】（拜天公）並向十三位伯公行三獻禮祭。還神三獻禮之後進行【送福首】，即將福肉、新丁粄、金、香、鞭炮、寬紅布等，由當值福首在八音團的引導下，送至各行政里推出的兩位福首家中，旋即回返祭壇恭請各伯公回壇。舊時整個儀式進行時，中午或晚上各家會辦桌邀請外庄人客，請大家去看戲，現在會辦桌請客的已不多。[26]

關於二月祭的討論並不少，但至今仍無研究將二月祭與里社真官社祭連上直接關係。二月祭裡的【祭河江】雖然一般認為僅作為序幕，研究者已曾提出【祭河江】很可能是當地開庄以來最嚴肅的祭儀之一，也是二月祭中最隆重且最為精髓的部分。[27] 地方文史報導認為二月祭表面上是祈求河神伯公能夠護佑兩岸無災，實際上是祈求冤死在河中的男女孤魂，來年不要再奪走人命。[28] 這個部分與蕉嶺田野中得到關於社官信仰中的「水鬼／社官」已相當接近。另外，二月祭的福首組織是以現在的行政「里」為單位，通常里長為當然的福首成員，而里長會另外找一人搭檔協助[29]，這一點與文獻中早期里社制度

河莫生水患，冤死河中之無祀男女孤魂，不再奪走人生命。同時請戲班演出，以酬謝各伯公及河神伯公。見謝宜文，《美濃地區客家「還神」祭典與客家八音運用之研究》，頁93。

25 彌濃庄耆老稱該十三座「伯公」為「老伯公」，是拓墾初期即建立的伯公壇，為各個聚落的代表。見樹德科技大學建古系，《高雄縣縣定古蹟彌濃庄里社真官伯公、龍肚庄里社真官伯公、九芎林里社貞官伯公、縣定級古蹟東門樓之美濃庄頭伯公調查研究規劃案》，頁72。

26 關於二月祭的相關細節，可參閱謝宜文，《美濃地區客家「還神」祭典與客家八音運用之研究》，頁95-102；樹德科技大學建古系，《高雄縣縣定古蹟彌濃庄里社真官伯公、龍肚庄里社真官伯公、九芎林里社貞官伯公、縣定級古蹟東門樓之美濃庄頭伯公調查研究規劃案》，頁77。

27 見樹德科技大學建古系，《高雄縣縣定古蹟彌濃庄里社真官伯公、龍肚庄里社真官伯公、九芎林里社貞官伯公、縣定級古蹟東門樓之美濃庄頭伯公調查研究規劃案》，頁74。

28 閱《今日美濃》293期（2001.4），頁37。

29 正因為二月祭由里長擔任福首的特色，吸引了研究生以二月祭裡的地方菁英為論文主題，探討日治到國民政府時期走過兩個時代的地方菁英（保正與里長）如何投入伯公信仰的推動與實踐，並透過參與落實地方公眾服務，藉以建立社區網絡關係。見黃美珍，《聚落、信仰與地方菁英：以美濃二月戲為例》。

頗能呼應；然而社祭是以古制的「里」為單位，若我們參酌本書表1-1的美濃鎮行政區域變遷表，來看二月祭的祭祀圈範圍，扣除三十年前才加入的埤頭下（今中圳里），二月祭祭祀圈包含六個自然村，有庄頭（今東門里）、上庄（上安里，後併入東門里）、中庄（泰安里）、橫街（永平里，後併入彌濃里）、下庄（彌濃里）、以及柚仔林（合和里），從地理上來看，這六個自然村都是緊鄰彌濃河兩岸發展出來的村莊，而社官壇就在這個聚落群的下游邊緣處，這個範圍應與清初里社制度下「彌濃里」相互重疊。

從二月祭進行的時間、目的、形式、內涵、範圍，及由地方里長擔任福首等面向來看，筆者認為二月祭應該就是彌濃里社真官每年例行的社祭。包括做大戲、各家戶宴客、分福肉（趨近古代禮制社祭中的「分社肉」）等都是社祭的活動內容。不過由於彌濃人的伯公信仰相當活躍，因此在社官信仰淡微之後，原本即同樣有著社祭內涵的「食社粥」，倒是由彌濃開基伯公壇給保留下來。

目前六堆僅有彌濃有著三座社官壇與殘存的社官祭，似乎這亦是臺灣目前僅知較為可見的社官信仰叢結。最可能的歷史劇本是清初彌濃三大庄建立後不久，即有直接來自粵東原鄉的新移民，懂得這種混成禮制且擅於地理術數的讀書人，指導著彌濃人建立了社官壇與辦理社祭。從這個例子，說明了彌濃地方社會在形成之初，原鄉文化即曾以平行輸入的方式，注入並影響此地的精神世界。

彌濃三座里社真官見證了原鄉與移居兩地文化在清初時期的銜接。由此亦可看到彌濃早期是一個開放且流動的社會。彌濃人先民從下淡水溪南岸帶著六堆的拓墾精神與武裝文化渡河北上，邂逅後來自原鄉越海來臺的讀書人，建置三座已在原鄉混合著官社禮制與南嶺巫覡的里社真官，經過歲月的沖刷，社官信仰與彌濃的伯公信仰系統揉合在一起，當代的彌濃就是這些「傳統」相互流動、邂逅、混成的呈現。「傳統」並非固著不變，它的流動性亦表達了彌濃的地方性，彌濃人所建立的是一個活潑且充滿創造力的民間社會。

第二節 原鄉傳統、文化會遇與生態適應

對婆太（母親）角色的強調

　　「母親」角色的突出，在原鄉地即為一種特徵。根據房學嘉多年對粵東梅州婆太崇拜的考據與研究，他認為對婆太或女性神的信仰，是年長女性地位在當地相對崇高的一種象徵。房學嘉以梅縣丙村溫姓仁厚祠家族婆太崇拜為例，說明一個擁有專屬祭拜婆太之日的家族傳統：

> ……溫家還規定祭拜齋婆太的紀念日：每年的正月初一子時，全族裔孫要集中於祖公廳，專門祭拜齋婆太。……透過此一傳說，不難理解傳統社會中俗民如何將一位普通婦女塑造成神，尤其是溫氏宗族為什麼要特別塑造齋婆太這尊女性神，而且將這位宗族神又演變為跨宗族的區域神。而與此形成鮮明對比的是，齋婆太之夫溫氏十一世祖汝祥的墳墓規模遠未有齋婆墳墓氣派，每逢重要節日，族人祭婆太而不是祭公太。（房學嘉等，2009: 80）

　　除了婆太墓崇拜之外，謝劍與房學嘉也提出溫姓族人亦有崇拜社官信仰，甚至其地位與宗祠相當，組織者是家族裡各戶女家長，而且婆太墓上象徵女祖宗地位的植物亦轉化成為祭品內容，他們認為這種制度更加展現了女性在當地溫氏族內的地位，而且具有與男性宗族制度產生互補，或可說是對絕對父權父系的一種平衡。通過「做社」（舉行社祭），謝劍與房學嘉指出當地女性展現了她們的才幹和組織能力：

> 溫姓有自己的社官和社壇，每年做社時祭祀兩次，其地位一如宗祠，但其性質卻異於宗祠以譜牒關係之男性後嗣為主，而是以各家女戶主為首，輪流做「頭」每年當值組成。不僅如此，

且將象徵女祖宗地位的「風頭」樹枝放入祭祀品米粄之中，更顯得在整個宗族中女性的重要性。（謝劍、房學嘉，2002：125）

換句話說，男性負責祭祖，女性負責祭社，筆者從中也讀出了男性負責建立垂直的、時間軸的歷史意識，而女性則負責橫向的、空間的地域連結，所以，在粵東梅縣丙村溫氏族人將人（女性祖先）變神的過程，也意謂高度重視地域連結的地方社會特徵。

只不過，在原鄉具有發展為村落規模區域神的婆太墓崇拜，在彌濃似乎並沒有明顯出現。雖早期彌濃也有單一婆太墓的情形，但根據田野資料，單一婆太墓的出現是與早期社會一夫多妻有關。即有家族因為來臺祖娶有兩房，各自百年（逝世）之後，後世子孫將大婆太（大房）獨立安葬一穴，小婆太（二房）則與其夫合葬，通常大婆太的墓做在較高之處，彌濃人詮釋此為較尊敬大婆太之意。[30] 面對「兩個墓」，每年掛紙（掃墓）時每戶依舊各自準備一副牲醴即可，但因有兩穴，族中長老指示牲醴隨意放在哪一塊墓地皆可，但拜完一處之後還要到另一穴點香敬拜。[31] 雖然這個例子無法說明何以大婆太以較高的位階獨葬一處，也沒有如梅縣溫氏家族一樣，發展出特殊且單獨敬拜婆太墓的相對應的儀式，然而，年長女性在某種特殊情形之下，被象徵性地突顯其地位，這一點卻是相同的。

對年長女性突出其族中象徵性地位的文化，房學嘉等人認為這是反映當地地方社經環境的特殊性。他們對此地方性的根源提出幾點解釋，包括生態適應（性別分工）、文化會遇（與當地原住民族的文化混成），以及家族內部權力對於母權的強調：

為何客家婦女在梅州擁有較高的地位？一是與地方生態環境和

---

30 口述資料來源為中壇庄劉氏子集公（十五世）家族廿二世子孫回憶。因家族合塚已建造完成，因此自來臺祖到十九世目前都已經合葬於家族塚中，婆太墓也就不存在了。

31 同上註，唯口述資料來源為不同族人。

男女分工的結構有關，男人多外出，賣苦力掙取微薄收入幫補家計，婦女在家主持家政外，還要負責田園之耕作。二是勤勞儉樸的客家婦女為家庭、家族做出了不可磨滅的貢獻，因此不少客家婦女在家庭與家族財產的分析或產權移轉中擁有尊長的地位。三是當地傳統土著文化，即「蠻夷」文化的影響。客家人的崇拜婆太與古代越族的女性始祖崇拜有著內在的聯繫。（房學嘉等，2009: 106）

我們並不確認梅縣丙村溫氏宗族由女性擔任社祭福首，是否與男性多外出求取功名或開展事業有關，還是具體表現了母權在某些特殊的存在。關於女性地位的議題，彌濃與原鄉梅縣的比較之後，仍提供幾個重要思考：第一，彌濃在清初以降的移墾社會裡，男性並非如梅縣般處於缺席（遠地工作）的狀態。雖有男性在勞動場域的共同付出，但彌濃女性仍然擔負著家庭勞動的過重要求之下，批判論者認為此為對女性的多重剝削（李允斐等，1997: 124-134），即女性的勞動付出，與其地位並非成正比。

第二，女性勞動的付出，並不必然催生其享有的族中地位。通常是在具有一定資歷之後，才獲得其發言權。即便具有像是婆太墓崇拜文化的出現，但這也只是當一名女性成為族中長老時才享有的地位。就原鄉來說，大部分的女性其地位相對男性來說，還是較為低下（見房學嘉等，2009: 112-115）；以彌濃為例，民間契約文書中常見由女性擔任民間契約的見證人，她通常也是一個象徵性的角色，若具連帶保證關係，發生事情時還得扛下責任。因此，年長女性的權力究竟是特例、象徵意義，還是握有真正實權，還得搭配其他相關的主客觀因素來評斷。女性地位的提高與其勞動的關係較小，而與完成傳宗接代（升格為母親）、承先啟後（升格為婆婆）的關係或許更為直接——與其說是對「女性」的尊敬，更精確地說是對「母親」（擁有子嗣的女性）角色的強調。

第三，婆太墓崇拜所展現的，是原鄉客方言群文化思維中對「母

親」的崇敬與強調，這一點在婚俗「敬外祖」中實屬異曲同工，只是前者採用的是對一個遙遠的「母親」的墓地崇拜，後者則是對當代（二至三代）的「母親」所進行的榮耀儀式。若說梅州的婆太墓崇拜是當地客方言群與土著女性始祖崇拜的混成文化，在臺灣南部六堆盛行敬外祖，究竟是帶著原鄉母文化的思維邏輯所出現的生態適應，還是六堆人在下淡水溪因與此地的族群會遇而發展出來的文化創發，此攸關敬外祖起源，無法在此直接簡短討論。不過在思考起源之前，我們還是必須先深入認識何謂敬外祖（見第二章開始）。事實上，以彌濃為例，此地另外亦有幾個觀察角度，似乎具體而微地散發著文化會遇之後的痕跡。以下引述一個在彌濃周邊常見的多姓堂文化，看它如何穿透了嚴格的父權父系社會，在父系祖先崇拜制度的邊界上，發展出帶有展示與強調母系／母親血緣的文化適應特色。

夥房堂號裡的奧祕

彌濃人所面對的「他者」，除了前文曾提出「彌濃」地名來源極可能來自「傀儡蕃」、「假黎仔」（東部山區南島語族群）的語彙音譯，還有「熟蕃」（平埔族）、福佬人、臺北客、下庄客，以及日本人與後來安置在荖濃溪畔的滇緬義胞。在這些「他者」之中，母系社會平埔族對彌濃社會來說，雖然沒有混成一個像是原鄉女性始祖的崇拜信仰，但彌濃社會應也不是用排外的態度在面對這個他者，相對的，筆者認為因為客方言群本身帶有對「母親」角色的尊重，這使得客方言群對母系社會或許相對起來並不排斥。例如：彌濃年長女性盛行嚼食檳榔，研究指出那是學習蕃婦行為（見美濃鎮誌編纂委員會，1997: 68-69），而此說在當地並沒有引發爭議。

上一章第一節論及彌濃人生活地域的擴展時，已提及清廷為了將山區南島語族群圍堵在一條界限之外，安排平埔族屯墾在漢人與山區南島語族群之間，使得彌濃山下的客方言群周圍不僅有散居的福佬庄，同時也有半軍事化的平埔隘寮部落。從歷史文獻與口傳資料來看，彌濃人的一些民俗面向，似乎隱含著文化混成的歷史隱喻或直接

展現的特徵。例如：

> （1）彌濃人拓墾過程中曾向平埔族取得土地（蕭盛和，2009：26, 33-36）；
>
> （2）田野時偶然在祖堂中瞥見阿公婆牌位（祖先牌位）刻有較為罕見的妯孺人姓氏[32]；
>
> （3）某些留在婚姻關係中的母系文化殘餘：
>
>> （i）一種被描述為前妻向新妻下戰帖而單純屬於女性群體之間私鬥舊俗「抽猴筋」（鍾壬壽，1973：346-347）[33]；
>>
>> （ii）至今仍使用以妻為中心的「新娘公」一詞來指稱「新郎」；
>>
>> （iii）「雙姓與多姓堂」的象徵意涵。其中，雙姓堂已逸出一般父系單系繼嗣的意識型態，是彌濃社會中的一個重要特色。

　　雙姓或多姓現象乃是因舉行招贅婚。為解決沒有後嗣的問題，招贅是很常用的方法[34]，有時甚至為達生子目的，還出現「兩代招夫」、「一女招兩夫」、「兩女招兩夫」、「贅婿轉養子再娶媳」、「單丁鼎三房」，形成兼容三姓或四姓之祖堂（黃森松，2007：52-53）。[35] 招贅因「把男性當女性嫁」，在父系社會中通常被視為是次

---

[32] 通常在彌濃若看到這種罕見姓氏或特定姓氏（如「潘」）的女性祖先而詢及後代子孫時，態度上要較小心謹慎。雖說臺灣史中有唐山公無唐山媽」這種意謂著多數在臺漢人最早落地開墾時多有非漢裔女性祖先的看法，已逐漸被廣泛認同，然而在許多客方言群地區，由於咸信「純中原漢裔」的族群認同依舊強烈，通常甚不願被外者做這種混成血緣的推測或追究。

[33] 「抽猴筋」風俗的記載，請參閱〔附錄二〕。在這個風俗中，男性反而比較像是一種財產，當新妻在短期間獲得這個「財產」之後，前妻可光明正大地以搗毀新妻的廚房（破壞既有財產）以及攻擊新妻的身體（暫時剝奪其正常生活）。男性在這個過程中並不存在，從發動到協調都是女性。口述版本中前、後妻的關係很可能是當代父系社會一夫一妻意識型態下的再現，實際上這種女性的私鬥頗有母系之風。

[34] 傳統上當地解決沒有後嗣所用的方法很多，包括娶細姐（小老婆）、過房、還妹家（姊妹子入嗣）、偷生、招贅、螟蛉子（收養異姓子）、天賜子（收養棄子、帶胎入嫁後所生之子，取「天賜麒麟」之意義）、其他（一切為傳宗接代，只要有善意養下一代即可）。

[35] 例如「吳王」雙姓家族共祀的雙姓堂「渤海、太原堂」，「劉陳溫」三姓家族共祀的三姓堂「彭城、潁

等的選擇，但筆者認為在帶有崇母意識的客方言群體裡，被招贅的男性不必然被視為是其人生的完全挫敗，揉雜了原生家庭的父系崇拜意識，一方面想取得自身姓氏的主導性，另一方面又尊重妻方作為子孫「母親」的貢獻，遂出現「多姓堂」文化。

「雙姓堂」的形成是入贅的男方將家族的阿公婆牌（祖先牌位）帶來妻方祖堂內，一併在神桌上供奉，而廳下牆上也許從「承先啟後」變為「二姓聯芳」。在新建祖堂時，有些會將兩姓的郡望堂號並列，女方的郡號位於左方大位，男方則居於右方下位。例如，李姓（隴西堂）男子入贅張姓（清河堂），在新建夥房時就出現雙姓堂號（見下圖左）；又如李允斐等（1997: 281）舉了右堆杉林客方言群詹屋兩個女兒分別招贅，形成女方家族（河間堂）居中、二個男方家族（河南堂、江夏堂）分居左右的三姓堂號（見下圖右）。

這種多姓堂的現象，或可解讀為被招贅者「取而代之」想翻轉在家族內權力的作法，但我們也可以透過發現多姓堂以如此顯明的方式讓外人「看」到這個祖堂裡特別的姻親締結關係，也可解讀是這個地方社會對這種「合族」方式是有接納性的，或甚至可能是見證著當地漢人社會在逐漸發展地域化家族的過程。西方人類學者通常預設臺灣移民社會時期父系親族關係的衰弱，有其外在因素，例如 Pasternak（1968）認為是非親族團體的出現取代了親族群體的功能；但徐正光（1970: 180）認為很可能早期移民社會剛組成的時候，即處在一種親族制度並不嚴密的前提之下。筆者認為原以傭工為主聚族而居的清時社會，既然大多數都非舉族移民，較為鬆散而不嚴密的親族制度，實際上為大婚以外的親屬關係締結或女性交換，提供了多元選擇的空

川、太原堂」，即來自招贅家庭（黃森松，2007: 52-53）。

間，新到移民為了順利落地生根以及安置生活，男性在不嚴密的親族制度環境下，可以變通地選擇對自己最有利的婚姻模式。其中，大婚對一名男性來說經濟壓力太大，接受招贅或成為別的家族的養子以獲得經濟條件得以娶妻，或許就獲得了一個可以安身立命的機會。此類合親的方式可能並非單純地為解決無後嗣之虞，而是策略的結盟，所以對於「出男丁」以完成結盟的家族（包括其祖先牌位、郡望堂號），社會對待的態度是較為溫和的。

然後隨著家族經濟規模的慢慢生成，明清以來的父系親屬制度逐漸規馴女性交換的模式，大婚仍舊回歸成為六堆最主流的選擇。在脫離早期移民社會的鬆散階段後，招贅婚已不再是一種策略上的選擇，而回到作為主流婚姻模式下補償性的措施。Pasternak 曾以日本殖民時期進行的戶口調查統計，算出右堆龍肚庄的婚姻型態以大婚為主，童養媳與招贅婚在清末至日治時期都十分罕見（1983: 160-161）。但筆者田野訪談中聽過者老表示，招贅在傳統社會時期是無可避免的，因此招贅婚在田野中仍時常出現在家族口述故事中。[36]

因為招贅是「準妹仔嫁」（當女兒嫁），致使招贅婚讓一個在自然性別屬於男性的人，在妻方家族被視為是「外面來的」，也就是大婚制度底下屬於女性社會性別的角色，通常其地位一如嫁出去的女性般處於應服從的角色。然而在大家族中，選擇此類婚姻型態多有其不得已，族人表示通常是家中兄弟有一定數量才會讓人招贅，並不一定就是生活貧苦無以為繼。筆者在田野中訪談時，也常聽到人們對於住在夥房內的外姓男子，基本上都會以禮相待，夥房裡的晚輩也都稱呼他一聲「阿舅」。招贅婚容易有異姓兄弟（分別從母姓與從父姓），若從父姓的就會離開這個家族，可能自己到外面去做屬於他們自己的

---

36 例如中壇庄劉氏子集公（十五世）家族，將十五世至廿二世系譜圖刻在鋼板嵌貼於祖堂內牆上，僅記載父系（男性），無上載孺人。其中有明確標出某廿一世女性招李姓男子入贅，而「立嗣」、「入嗣」、「出嗣」則以括號（ ）標於特定名字旁。細看之下似乎僅一個招贅例子，然而經過族人說明，在這個系譜裡，被招贅者因有生出從母姓的子嗣，所以亦留在這個族譜之中，沒有經過說明實際上看不出是招贅婚（被人招）。

廳下，也有招夫後即自己搬出去另建夥房之例。[37] 在漢人社會中，招贅婚被認為處於較邊緣的人，大部分入贅者或其子嗣，或多或少都曾試圖擺脫社會的污名烙印，但兩姓或多姓堂等於是昭告天下「裡面住的是招贅婚的」，因此基本上被認為是心胸寬大且崇尚飲水思源的人，才會在新做祖堂時將兩姓或多姓堂號刻在門額上。

當代已經不太可能聽聞哪家新做祖堂堂號是多姓堂的，但多姓堂所見證的姻親建立形式以及妻子與丈夫雙方家族祖先「同住一屋簷下」的公開彰顯，也讓我們對六堆發展出某些男性在企圖爭取家族主導權時、仍對自家子孫的「母方」保有尊重意識的作法，另眼相看。

與「下庄客」關係的逐漸淡微

彌濃社會的地方性，另外一個需要注意的重點是環境與政策的變遷外力。雖然彌濃作為傳統六堆中右堆的最主要部分，但作為六堆最北端一個相對遙遠的存在，它與其他各堆之間仍隔著一條脾氣捉摸不定的下淡水溪。在二十世紀初，這一條溪一方面成為隔開彌濃與「下庄客」緊密關係的地理鴻溝，另一方面卻又成為彌濃農業加速發展的重要水源。因為這樣一條溪，彌濃地方社會在接下來的一甲子，生成了一個與六堆其他客庄都更形封閉與「傳統」的島型社會。

下淡水溪是今高屏溪的舊名，為臺灣排名第二或第三長之河流。其上游在流經彌濃與武洛、大路關交界的這一段，現在稱為荖濃溪。彌濃人的祖先在北遷的過程中，即穿過了散布於淡水溪河床兩側福佬村庄，以及原屬平埔族埔園的石礫灘地，最後抵達北方的彌濃山下。由此可知彌濃人的文化會遇在其移墾過程中即已發生。由於先民過人的體力與腳程，從武洛到彌濃這條直線距離約十八公里的開墾路，最早闢野的族人，「為懼蕃害，故一時未敢住家，日夕往還，終年如故」（劉炳文，1920），以當時年輕力壯的男丁的體力與腳程，日夕

---

37 口述資料來源同上註。

往返雖辛苦但並非不可能的，[38] 若我們以通婚圈定義為「半日可達距離」的標準來看，包括彌濃、龍肚、武洛、大路關（高樹鄉）、六龜里（六龜鄉），到月眉（杉林鄉）等，這樣一個大圈圈可以算成一個較大的通婚圈範圍，再過這個範圍之外，就是「他者」的世界了。

彌濃與下庄的唇齒關係，一直維持到十九世紀末。茷濃溪兩岸堤防在日治初期築起，馴化了茷濃溪在彌濃南端易怒的脾氣，之後由於招墾北部客佃，使彌濃南方原不利耕作的石灘地變成可耕良田，也將彌濃人的屯墾範圍向南延伸。官設水圳的開鑿擴張了灌溉面積，加上彌濃人投入專賣菸草的種植，維繫自給自足體系的經濟基礎，而後彌濃所在的美濃鎮被劃歸高雄縣之後，整個與「下庄」其他的客庄就分屬不同地方政府管轄。在地理區塊、產業經濟和官方認定上，結果都讓彌濃處在與下庄關係相對疏離的狀態（見 Chung Y. F., 1996: 63）。

當人們說「彌濃人比較『傳統』」，實際上就是上述「封閉性」造成的刻板印象，對於曾經是六堆之右堆中心的彌濃人來說，與下庄在實質聯繫上的切裂，並非自願下的結果。造成這種切裂的那把劍，砍向一頭的同時，彌濃的地方性因投入菸草經濟，在社會內部開始出現一些量變與質變。專賣菸草的種植是型塑「現代美濃」的一個重要因素（洪馨蘭，1999），且在臺灣採取適地適人的許可制下，以彌濃為中心往外包括南隆地區、楠梓仙地區（杉林鄉）、六龜里地區（六龜鄉）與舊寮地區（高樹鄉），右堆成為「臺灣菸葉王國」[39]。其中位於彌濃庄的買菸場設置於1939年，雖已退役廢置，但它仍是這個

---

38 我請教了曾進行過穿越多縣長途步行的友人（男性，42歲），他告訴我若依目前一般長途健行者的體能腳力來說，18-20公里大約需時4-5個小時（4-5公里／小時）。若說以早期先民擅於長途步行之體能，空手可能需要的時間約3-4小時就可到達。若說天色未亮即出發，也許辰時即可抵耕墾之地，近傍晚前再空手返回。傳說中，先民早期是將墾具都留置於彌濃山腳下的寮屋，並於該地設置伯公（即彌濃開基伯公），牛則拴於不遠處（即牛埔仔地名之由來），徒手往返亦使腳程加快，「終年日夕往還」應非無法想像之語。

39 「臺灣菸葉王國」這個美稱的來源目前已不可考，《美濃鎮誌》曾有篇名為〈菸城，妳的名字是美濃〉的專文；另外，在「高雄縣97年度國民小學特殊教育（身心障礙組）教師（含代理教師）甄選．高縣文史」就有這樣的一個試題：享有臺灣「菸葉王國」美譽之稱的鄉鎮市是指（A）甲仙鄉（B）六龜鄉（C）美濃鎮（D）旗山鎮，正確答案是（C）。由此可見「菸葉王國」指稱美濃，並無爭議。

區域中資歷最深的繳菸倉庫。這項產業整體建構了這個區域的產業地理，相對的它能在這個產業中獲得如此成就，實際上是有相當的文化因素在配合。就彌濃來說，彌濃人自清代以來的地緣與姻親合作體系，是維持大規模菸作中勞力交換互助系統建立的一項支持體系。

獨立的菸草經濟體系

要說明文化如何成為一個產業的支持體系，本文在此扼要說明菸作在彌濃的崛起過程。昭和11年（1936），日本於殖民地臺灣開始試種世界重要商品作物「黃色種菸葉」的二十多年後，臺灣總督府殖產局與專賣局合作，於下淡水溪兩岸新生溪埔地建立三個專植菸草的官營移民村，其中「千歲」村位於下淡水溪北岸，距離彌濃南方的南隆農場僅僅十公里。官方推廣菸草種植的消息逐漸傳出，昭和13年（1938）美濃庄長林恩貴先生向專賣局爭取許可成功，彌濃人遂成為當時全臺灣少數獲得種植權的街庄之一，共有20戶分別獲得許可栽種卷菸種（哈瑪奇）或黃色種菸葉，涵蓋範圍包括彌濃南方的南隆地區，翌年春天順利完成上繳政府。這支「稻作—菸作」合體[40]的「公務農」[41]隊伍在彌濃平原正式形成，於民國60年代中期已擴大為一支擁有1,791戶的優良技術隊伍，種植面積佔屏東菸區的二分之一強（57.36%），更佔有全臺總種菸面積的五分之一（21.79%）。[42]

菸草經濟在彌濃農業比例中的擴大，因素並不單純，[43]最重要的還是與地理區位有關。透過《台菸通訊》裡曾刊載的政府公告，證實1960年代初期的「南移政策」對彌濃人來說確實是天大的好消息。

---

40 臺灣的黃色種菸草採用秋菸模式，即秋天落種、冬末採收；其餘時間則是維持一期與二期稻作，因此這裡稱為稻作與菸作合體。

41 「公務農」之概念即指種植專賣保障契作的菸草耕作戶，因其必須滿足政府所頒訂的各種公賣法規，同時也只能繳交給政府，猶如為政府工作的農夫。參閱洪馨蘭（1999: 149-150）。

42 民國64/65年期（1975/76）美濃種菸面積達2,235公頃，屏東菸區面積為3,897公頃，全臺種菸面積達10,257公頃，為歷年來最高。資料來源分別為《美濃鎮誌》，頁641-649，及《臺灣酒公賣局局志》，頁51。

43 關於以下要說明的內容，更完整的細部資料請參閱洪馨蘭（2010）與洪馨蘭（2011）。

《台菸通訊》乃菸酒公賣局輔導下的菸農團體[44] 所發行的內部刊物。受到公賣局「南移政策」下擴增屏東菸區許可面積的刺激，另一方面臺中傳統菸區受都市化影響，水源污染、工資上揚等皆構成對菸田的不利因素，因此加上從臺中菸區短少的部分，一共挹注了將近一千公頃許可面積給屏東菸區。不過，並非所有屏東菸區的菸農都認同這是個好消息，甚至對菸區裡的輔導員來說，這時候的大屏東區域經濟對於承接這樣高的「期許」，面有難色。這是由於逐漸興起的屏東市和鳳山市，削弱了附近菸草耕作者的種菸意願，大家寧願配合都市需要，改種短期蔬果迅速換得現金，或甚至搭上當時正處高價收購期的香蕉或甘蔗，對於苦中作樂卻又得服從公賣法令的原料菸葉，屏東菸區也面臨「棄」作者益多的窘境。既然擴增面積的政策不變，幾個較未直接受都市化衝擊的傳統偏遠菸草種植區，如美濃鎮、高樹鄉、杉林鄉等，就吸收了許多新許可面積。

以美濃鎮為主包含高樹鄉與杉林鄉，在1960年代之後形成一個相當高密度的菸草種植區域，與作為「右堆」的客方言群生活區域有相當的重疊——當然，事實上在高樹或杉林種植菸草並非客籍的權力，福佬人和一些平地化的部落也都投入其中，但相對來說，這個高密度區主要仍是以彌濃人佔極多數。在過去許多份由筆者所進行的分析性文章裡，即曾指出傳統右堆區域能成為臺灣菸葉王國，並非全然只靠著政策與偏遠性，另外的因素仍與其「客家性」有關。

首先，與臺灣專賣菸草採取許可制有關。根據日治時期頒布的適地調查項目，許可的標準除了自然地理與水利設施有利於菸草生長之外，勞動人力是否充沛也是評估的條件之一。因此，能透過家族長權威以及村里換工降低人工成本的彌濃社會，就與臺灣專賣菸草採行的

---

44 在公賣制度未結束之前，臺灣的菸農團體只有一個，「臺灣省菸葉耕種事業改進社」，簡稱「改進社」。改進社依據臺灣菸區分布，共分為台中分社、嘉義分社、屏東分社，以及花蓮分社，各分社設有社長、副社長，由分社社員大會選出，並得聘請職員。分社之上設有總社，總社辦公室設於臺北市。公賣制度解除之後，目前已組成若干菸農組織，主要工作在代表菸農向菸酒公司進行每年度的菸草議價招標。

家戶式農場（family farm）許可制，具有某種程度的相互選擇性親近。

其次，高勞動力的投入契合對付出勞動賦予道德價值的彌濃社會。菸草種植時的高勞動力需求，使得「種菸」被緊緊地貼上「辛勞」標籤。然而，對家庭經濟的勞動付出，遇到一向推崇「勞動美德」的彌濃人，輿論對種菸的家庭即給予「可靠」與「穩固」的正面評價。許多媒人在牽線時，女方一聽說對方是種菸的人家，連「邏家門」都不用去了。[45]

第三，種植專賣菸葉像是「鐵飯碗」，令彌濃人著迷。由於政府事先公告收購價格並依契約全數收購，讓菸農在形式上與實質上就是一種與政府簽訂勞動契約、為政府工作的「公務農」。社會學者即曾透過統計分析，臺灣客家人通常傾向子弟須接受良好教育，且嚮往「鐵飯碗」（張維安、謝世忠，2004: 12-13），所以在各種農業投入選項中，選擇種植菸草（或獲得菸葉耕種許可）就等於是農作選項裡的「鐵飯碗」、「吃公家飯」，直接提高彌濃人爭取菸草的意願。

第四，對種植政府推廣的作物有光榮感。放在臺灣鄉鎮區域發展變遷上來看，傳統客庄所在區域通常較遲受到都市化衝擊，同樣較為偏遠的閩居城鎮，卻因其勞力逐漸短缺、加上其他更為省時省工的作物吸引，即形成區域雜作現象。區域雜作增加病蟲害發生的複雜度，棄作效應發生，散居其間的客庄亦受影響。但反觀以彌濃地區為中心的鄰近腹地，種植環境單純，直接強化對種植菸草的向心力與光榮感，以及激發耐心配合各類改良技術的宣導。

在彌濃地區，其菸葉生產與再生產都發展出自己的地方性。例如女性大量投入菸草生產，其無償勞動的時數、比例、分工，反映了當地客家文化對於女性的角色定義。又如，在「晴耕雨讀」意識的作用下，一方面投入無償勞動取得相對穩定的高收入，另一方面使得家族

---

45 「邏家門」又寫做「查家門」，即男女相親之後，若雙方中意，女方家長及親屬，就會由媒人帶路到男方家走訪，瞭解男方的居住環境、經濟狀況，以及名聲、品行是否可靠。

得以擁有較高的經濟力，支持讀書人在外地累積學位。再者，Paster-nak（1983）所描述的姻親跨姓氏合作，成為公賣局在推展換工制度「工作小組」時，一個重要的文化基礎，彌濃可以很迅速地組成五到六戶為單位的工作小組（換工小組），所依據的親屬與地緣網絡，是很早就奠定下來的基礎。這使得彌濃能熬過大量人力外流造成的成本壓力，而成就了「臺灣菸葉王國」。

第二部分

敬外祖與地域姻親連帶的強化

第三章 儀文行於禮獻：當代觀點

　　敬外祖儀式就是一種溝通行為，與祖先溝通，與外家溝通，與接起承先啟後使命的子孫溝通。是意義表達的平台，也是意義本身。問題在於：我們還是得釐清敬外祖是什麼，它創造了哪些文化再生產，又改變了什麼樣的意義？

　　本書的切入點為「敬外祖」這套儀式。在此先釐清關於「敬外祖」一詞以「外祖」的定義。「外祖」是一種親屬關係稱謂，早在《漢書》即已出現。[46]《辭海》對「外祖」一詞之解釋即為「母之父」，一般稱外祖父或外公；指稱單一特定的親屬。不過，民間對於「外祖」一詞的實際使用，有著不同的歧異。例如家父（出生籍貫為臺灣彰化）表示，「外公」是母親的父親，「外祖」則指的是母親的祖父。臺灣民間習俗針對已婚女性過世有「報外祖」之俗，有一說此處之「外祖」乃是指母親的曾祖父。[47] 除此之外，亦有民間禮儀社認為「報外祖」的外祖就是外公，甚至它也可以是統稱母親外家還在世且前來奔喪的長輩。

　　在客方言裡面，並沒有外祖等於外公這種用法。客方言裡稱呼外公，有不同腔調的不同方式。例如在北部客家不論四縣腔或海陸腔，稱呼外公、外婆都是「姐公」〔*jia`-gung´*〕、「姐婆」〔*jia`-*

---

46 《漢書・楊惲傳》裡有「惲母，司馬遷女也。惲始讀外祖《太史公記》，頗為《春秋》。」另外《南史・傳昭傳》有一句話為「昭六歲而孤，哀毀如成人，為外祖所養。」文學作品裡像是《清平山堂話本・羹關姚卜吊諸葛》也有提到：「我和外祖商議，方可一行。」清代《儒林外史》第三三回內容寫到：「杜少卿又到樓上拜了外祖、外祖母的神主。」

47 「報外祖」即指女性過世之後，其子女要帶著白布趕赴母親娘家報告死訊，因此又稱「報白」；當外祖得知消息後，會立即拿著手杖到逝者家裡，逝者子女要在門外「接外祖」，若來者為逝者的兄或嫂，則稱為「接外家」或「接外客」。當外祖問明死亡原因之後，若認為有可疑之處或主觀認為有看護不當導致死亡時，即可加以嚴厲責罵，甚至可鞭打子孫；且必須要等外祖來到喪家之後，逝者方可入殮。本段描述部分參考邱照義於文建會網站《臺灣大百科全書》「報外祖」詞條。（http://taiwanpedia.culture.tw/web/content?ID=11625 摘錄日期：2011/4/29）

po ˇ〕，大埔腔則稱為「外阿公、外阿婆」。[48] 在南部六堆地區，稱祖父、祖母是「阿公、阿媽」，但稱外公、外婆則是「（外）阿公、阿婆」。以上各種腔調同稱父系世系群祖先為「阿公婆」。另外，稱呼女性的娘家一般說「妹家」或「外家」，其中「妹」〔*moi*〕與「外」〔*ngoi*〕在客語中因為同一韻腳，「轉妹家」跟「轉外家」講快一點實際上聽不出差異。因此，「外」字在客方言裡，其意即為「已婚女性的」，相較起來，福佬話中指娘家為「外頭厝」、「外家」則似乎更傾向指涉其作為「外面的」含意。若這個觀點可以成立，客方言群對於「外家」的定義較之福佬方言來說，其較無明顯的「內」「外」區別，「外家」（妹家）與自己人的那條界線較不那麼明顯。

　　然而，不管是「妹家」還是「外家」，臺灣客方言裡的親屬稱謂中並沒有「外祖」這個詞彙，在行政院客委會公布的「臺灣客語詞彙資料庫」中，目前亦無收錄「外祖」詞條。[49] 六堆雖盛行「敬外祖」，但「外祖」一詞並不單獨使用，一般若提及母方（娘家）的祖先，就會以關係方式敘述──例如「妳阿媽外家的祖先」。所以「外祖」是「敬外祖」裡才出現的詞彙，是「外家祖先」的簡稱，及已婚女性娘家的祖先。由此可以看出，「敬外祖」的「外祖」一詞，是專用於此一特定的婚俗儀式，獨立於親屬稱謂之外，可包含書面與口語用語，針對姻親家族祖先的特定指稱。

第一節　舉行敬外祖的時間點

　　被稱為敬外祖的一系列儀式是為了即將踏入婚禮的新娘公[50]而舉

---

48 不同腔調稱呼用法，以行政院客家委員會頒布之「臺灣客語詞彙資料庫」為標準，以下同。

49 由行政院客家委員會所建置的「臺灣客語詞彙資料庫」網站（http://wiki.hakka.gov.tw/aboutme.aspx），目前依照臺灣客語地方腔之不同，除了一般認知的四縣、海陸、大埔、饒平四種腔調之外，已開始收錄六堆以及美濃的特殊詞彙用法。一般來說，六堆及美濃均屬於廣義的四縣腔，然而由官方客語資料庫另設腔調選項欄目，亦可見六堆以及美濃擁有其特殊之「地方性」。

50 本書在親屬稱謂上盡量採用田野期間當地人所使用之詞彙用法。由於美濃腔在某些部分有其特殊用法，

行的。無論婚禮舉行的時間是在農忙還是農閒季節，抑或是婚禮形式依循古制或已簡化，只要在信仰上仍依循漢人祖先崇拜之制約底下，一名成年男子在結婚前都會踏上敬外祖之路。就一名男性來說，當他擔任主角時的這一趟敬外祖，他通常對其圖像並不清晰；因為當他還年幼時，他或許有機會在本家夥房裡看著嗩吶帶頭的八音團領著姑婆或姑姑的小孩回來敬外祖，但往往輪到他要討媳婦了，敬外祖那一天仍然像個演員，任由父母或家族裡的長者引導著連著好幾場的祭拜儀式。

敬外祖是廣義婚禮的一部分，屬於相當具有地方特色的婚俗。雖然婚禮在現代社會中已逐漸簡化，而傳統婚禮也在「西化」潮流的洗刷之下，加上相對晚婚的新人擁有比過去更多權力決定要怎樣的婚禮，但通常若非因信仰而徹頭徹尾改行宗教式婚禮，基本上傳統的婚禮流程還是會在長輩的堅持下，某種程度地保留著。其中，敬外祖在實際的地方婚禮中幾乎是完全保留住的，即便其舉行的頻率與規模已較之往昔有相當的落差，但這恐怕是因為近四十年來社會結構面臨激烈的轉型，弱化了敬外祖本身所扮演的功能。

絕大多數彌濃長者，聽到有人問及敬外祖儀式時，都表示那是一定要進行的婚禮程序；而且長者不論性別，都能用簡單的幾句話向年輕人解釋何謂敬外祖。在透過面對面解說這種方式下所呈現的敬外祖過程，大致都是簡化成一個流程：至母親與祖母的外家敬祖，還要去廟堂和伯公拜拜，回來還要拜祖先。

敬外祖依不同的語境有狹義與廣義兩種範圍。狹義之敬外祖即單指男子結婚前一日至祖母娘家（阿媽 [FM] 外家）與母親娘家（阿姆 [M] 外家）進行祭祖儀式——根據村子老人家的描述，在約三、四十年前，敬外祖也包括回曾祖母娘家（阿太 [FFM] 外家）祭祖。另外，還有廣義的敬外祖，指是男子結婚前一日從家裡出發，一路祭拜

尚未完整收錄於客家委員會的客語詞彙資料庫中，因此許多美濃腔的部分，將參酌黃莉萍（為美濃子弟）2007年國立屏東教育大學中國文學系碩士班畢業論文《臺灣美濃地區客語親屬稱謂詞之研究》。

外祖、地區神明，以及村落伯公的全部行程，原則上須涵蓋地區裡較高神階的廟壇、準新郎幼時曾認契之神明，以及村子裡或家裡所設置的伯公壇，並包括自家祖先，後者另稱「敬內祖」，若是這名準新郎在成長過程中曾由長輩向天神起願庇佑長成，則在結婚前家族成員要齋戒沐浴二至七日，以在敬外祖是日當晚進行隆重盛大且須請禮生指導的「還神」儀式。

廣義敬外祖內容的決定

關於敬外祖並沒有一套正式的文本，每個家族、甚至不同世代，其敬外祖的路線都是隨其需要而變的。在2010這一年，村子裡關於這條路線的意見，認為完全不能省略的是區域神明、土地伯公，以及母親的外家，不過目前大部分的人都有包括阿媽的外家，只敬一代的人往往有其不得已的原因。因此，當娶媳好事將近時，家中掌理統籌祭品的婦人家，就要迅速統計一共需要準備幾付牲醴，以提前跟肉攤雞販口頭預訂。

為了瞭解長輩們怎麼「說」敬外祖這一天的行程，初春，依約去了彌濃街上中庄段一位人面極闊伯姆她屋下談聊。伯姆是街上有名的裁縫師傅，曾開班教授年輕細妹仔做裳褲。高齡近八旬的她出生於日治時期的九芎林——位於彌濃東北端的一個小地名，她過去曾為她已婚的三個兒子，都辦過敬外祖：

> 在彌濃大家大約都知敬外祖。就是結婚頭前一日要敬外祖。要一大早去，大約九點、十點出發，也有十一點的，但這樣就算較晚了。拜的對象是媽媽的娘家祖先……應該這樣講，妳兒子要結婚的時候，要去妳的外家還要去他阿媽的外家；而且敬外祖的時候，要先去他阿媽的外家那邊先敬過，再去妳的外家去敬。另外，下畫就要拜祖先，大概二十多年前還比較多人會還神。要還神的通常是有起願的，就是說細人仔（小孩）比較不好養的，或是說想得到男丁一直生不到，一直生最後終於得到

男丁，按樣（這樣）就會起天公，講「我賴仔以後要蓄分伊大、成功，就樣仔樣仔」，就自家起願；所以還神就是還願，與天公講「今晡日按好彩，分我蓄到大，討姐成人長大按呢，今晡日我就要來還願」。

伯姆她特別提到「還神」，但她的小孩結婚前都無須還神，而且她也強調這是二十多年前比較多人會這樣做。這突顯了二十多年來醫療與公共衛生的發達，在農村地區的孩童已較之以往更有機會獲得社會較好的照顧，因而向神明「起願」拉拔小孩的家庭，在比例上越來越少。敬外祖畢竟屬於當地婚俗的一部分，為此亦約訪了彌濃街上人們都推薦的一位對《通書》甚懂的林老先生，大家都習慣稱他「林老師」或「林先生」（先生即老師之意）。他是彌濃街上西河堂的後代，昭和10年（1935）年出生於戰前，在一旁的美濃公學校讀過兩年日本書（上過兩年小學）。因阿公身教之耳濡目染，對於《通書》等甚感興趣，一有機會便私下吸取相關知識。林先生表示彌濃人嫁娶要看好日子或取個好名字，都要靠這套知識。作為一位業餘的民俗儀式專家，林先生在2001-02年間還曾受聘為當地社區大學「客家生命禮俗」課程講師。時年七十六歲的他說起事理侃侃而談，而一旁小他四歲的妻子，是竹頭背一戶有七個小孩家庭的長女，十九歲那一年訂給彌濃的林屋做媳婦。在林先生回答研究者提問時，師母偶爾也會參與討論與回答，呈現屬於她的看法，但大部分時候仍然表現尊重林先生的說法，就像是關於「定義」的提問，就是由林先生全權提供解釋：

（研究者問：請問先生，彌濃按多人在敬外祖，究竟它是什麼意思？）

所謂敬外祖，大家也講拜外祖，相同的意思。舉例來說如果是我的小人仔要結婚，外祖就是到我阿媽的外家、阿姆的外家，

還有自家姐仔的外家。通常是三代，超過三代的，我等認識的
人就很少了，所以也就沒有追究到公太、婆太那邊去了。敬外
祖主要是血脈之親，嫁出去的妹仔生的賴仔，相同也是這個家
族的種；也就是女方的血脈注入到男方家的血脈中，生下來的
細人仔是共同的。結婚不是只有一姓的，一定是有男方、女
方，兩邊都是我們的祖先，是按樣的意思唷。因為還要拜神
明、伯公，一早上沒那麼會走，假使又分別在龍肚、旗尾、廣
興，一個早上可能淨做得行兩處，這樣的話，下晝繼續敬也沒
關係。

　　林先生對敬外祖的扼要說明，點出了一個像是繞境的行程，並表
示最好要事先規劃整個路線，而後才能將出發的時間好好善用，若有
需要可分成上、下午兩個區段。在民俗專家的看法裡，敬外祖突出了
一個小孩擁有姻親血緣的事實，而且認為一個家族應該要對外甥、姪
孫表示關心，因為「相同也是這個家族的種」。林先生對於敬外祖的
詮釋，在一個我們想像應該是單純重視父系血親關係的「漢人」社會
中，有著非常不尋常的意義。關於這一點，本書在下一章將繼續討
論。林先生的妻子對於老師的這種看法是點頭如搗蒜，不過師母只是
笑了笑催促筆者趕緊趁涼喝掉手中的飲料，並沒有立即有什麼回應。

理想上是敬到三代外祖

　　「敬外祖敬到三代很正常，但今天的人大多都敬兩代。」著名的
國寶級八音嗩吶樂師阿波，拉開精神飽滿的大嗓門對著來訪客這樣
說。按照彌濃的輩份倫理，應該要跟著夫婿喊他阿舅——實際上阿波
與家娘並無實際血緣關係，但因與家娘兄長認義兄義弟，所以家娘也
依長幼之序尊稱一聲兄長。阿波舅他的八音團班底，引導過無數場的
敬外祖，他的意見相當具「現場感」。他表示，村子裡一般來說敬外
祖是會（可以）敬到三代的，對長一輩的人心中這仍是「理想的」狀
態。很遺憾的是，在進行田野記錄的這一年中，沒有聽聞村子裡有哪

個即將結婚的新娘公將前往敬三代外祖。這種轉變可能不會晚於1960年代末期。Cohen 在1970年代初在龍肚大崎下的記錄，亦是敬兩代外祖的例子，而他在論文中並未提及有敬三代外祖之事。Cohen 寫下他所觀察到的敬外祖，那天新娘公的行程共有七處：

> ……（婚禮舉辦的前一天）這天下午，準新郎的父親或比較近親的男性，會陪著準新郎準備祭祖牲醴，……準新郎家也在當天舉行祭祖，但這是在較為細膩地進行「敬外祖」，也就是「榮耀母方的祖先」之後。在整套「敬外祖」儀式中，最重要的就是準新郎到外公家的祖堂、以及他祖母娘家的祖堂去祭祖，這中間還穿插了兩場在廟裡的祭祀，一個在接近菸寮的河邊寮，而另一個則在美濃鎮上。在準新郎返家後，他又去祭拜村中的伯公壇以及庇佑著家中飼養牲畜的「豬欄伯公」，這些祭品也和上述提及的沒什麼差異，但多了幾盤由糯米做成的小甜點。在每個儀式的尾聲，這些糯米小甜點都會分給一道祭拜的成員以及一旁站著參與的人，主要是給小孩。其餘的牲醴都會帶回去作為婚宴使用。強調這種母系親緣連帶的「敬外祖」活動，在同一天晚上還有由許多父系親族所參加的儀式：「還神」。這是一個漫長又複雜的儀式，約在晚上七時至八時之間開始，一直持續到子夜。「還神」由拜天公開始，然後即祭拜家族祖先牌位。通常本地所有共同祭祀的子孫都會參加。而整個「還神」儀式就是在催請來的儀式專家口令中，所有的男人、女人、小孩一次次地在供品桌前，持香鞠躬。（Cohen, 1976: 153-154，筆者中譯）

在上述這個在1970年代初的例子中，新娘公總共去了兩個地區廟宇（但未說明哪一間廟），兩處外家祖堂，兩處伯公壇，以及還神（與敬內祖）。這樣一個多點的祭拜，Cohen 一開始就說明是「這天下午」啟程，換句話說，所有的行程在這個例子中，除了深夜的還神

（還神完後才轉頭敬拜自家祖先），其餘六個行程都是在一個下午一口氣走完。

如果是理想上敬三代外祖，那麼整個行程就會多出一副牲醴。2010年年初尚未到年節時，研究進行到前往瀰濃下庄京兆堂做敬外祖參與觀察。近下午二時，夥房遠處敲敲打打的八音樂聲領著回來「敬內祖」的宋家子弟。由於他們並不進行晚上的還神，「依」他們家族長輩之慣例，都先完成敬內祖後才去敬外祖。這種作法與其他家族是有些不同，而長輩這麼說，新娘公的父親也沒有經驗（這是他頭一回娶媳婦），所以這位宋先生笑著說，是因為「比較順路」。新娘公的姑丈也出現在現場協助，這位姑丈姓朱，目前住在瀰濃南邊七公里外的吉東。他說他在三十年前娶妻時，長輩安排了敬外祖的行程，就是敬三代外祖，包括阿太的外家（在瀰濃庄）、阿嬤的外家（鮮水港，瀰濃庄南方約八公里）、阿姆的外家（九芎林，瀰濃庄東方約三公里），加上五穀廟、伯公、認作契父的神明，以及內祖祖堂，所以當天他總共跑了七處，家中準備了七副牲醴。

敬外祖乍看起來「大同小異」，若要說 Cohen 那一場在1960年代的記錄是敬外祖的某一種「典型」應也不為過。其操作模式既不載於傳統的「六禮」相關文獻中，也不見於早期各類地方誌裡。基本上它在細節裡充滿著家族性格，其規模端視即將舉行婚禮的家族／家庭對此儀式的重視程度，以及很重要的——這個家族／家庭與上兩世代的姻親關係。正因為如此，許多人們湊熱鬧所見的敬外祖，從外頭看來儀式進行的程序似乎都十分近似，但接下來幾節想處理的，正是那些細節差異所呈現的意義。

第二節　敬外祖的籌備細節

敬外祖的時機是隨著「婚禮」舉行的日子而來。由於習俗上婚禮必依擇日而定，所以在很「靚」的日子前一天，幾個大村子裡就會出現有好幾戶人家，若不是準備要出去敬外祖，就是整理著廳下，等著

午後敬外祖隊伍的來到。

　　為了能更精細地描繪相關細節，本書選擇了四場敬外祖放入討論。其中包括2000年牛埔庄張家長子的敬外祖、2010年旗尾宋家次子敬外祖、五隻寮劉家三子敬外祖，和九芎林馮家長子敬外祖。牛埔仔張家新娘公，是在其曾祖父世代從瀰濃庄上庄分出，而後在山下搭寮奠基的佃農後代；旗尾宋家新娘公的祖父從瀰濃庄下庄大家族遷住於山下，上個世紀的最後十年父親買下鄰鎮販仔屋另立家庭；五隻寮劉家新娘公的父親，在其曾祖父世代是從中門庄什南新創的分支夥房後代；九芎林馮家新娘公，則是現在很典型的外住人口，父母都已遷出小鎮居於高雄市，九芎林是他們的「老屋家」，重要節日時要拜祖還是會轉來。

　　除了以上四場敬外祖——它們基本上都已相當「現代化」，另外還得到了關於其他村子長輩對於他們那個世代敬外祖過程很好的描述。其中高樹鄉兩位分別七十一歲與七十八歲的長者，在他們的夥房合院談起敬外祖的回憶，也補充了關於儀式細節不一樣的空間感，特別是他們之中還有人必須越過河流去敬外祖。領著我去拜訪那兩位在高樹鄉屬於農戶組織者的，是中門劉家青壯階層的重要成員，我隨夫稱他（大）阿舅，而阿舅的敬外祖也是討論案例。在龍肚兩位現年分別為九十一歲與八十四歲的退休教師，侃侃而談他們對於敬外祖的看法，以及八音樂師阿波舅也歸納了他所參與過的多場敬外祖，這些口述材料都是重要分析材料。當然，最重要的還包括敬外祖的女性觀點，觀察女性如何看待、參與、理解這套儀式，因此除了透過非正式無數場的日常鄰里交談，自幼務農至今的家娘以及她的親友圈，都能提供豐富的訊息。關於這些親友圈的背景與細節，下文提及時會逐一交代。

通知姻親與被通知要去哪裡敬外祖

　　敬外祖行程中的敬神與敬伯公，基本上無須事先通知，但前往姻

親家祖堂敬祖時，主場是在對方家族的廳下[51]，必須有對方的接待，禮貌上應提前親赴通知。因此，敬外祖的真正啟動，是在姻親雙方確認將進行敬外祖的那一刻開始。通常都是利用送帖與送餅之時，順道進行向姻親家表示，也亦有在婚禮前三至五天由新娘公的父親，親自到姻親家去通知。對方在收到喜帖並獲得將來敬外祖的通知之後，會在當天事先將廳下整個整理乾淨，洗好茶杯，泡好要敬祖的茶。如果是當天才忽然說要去敬外祖，是會被視為沒有禮貌的行為。

旗尾宋伯姆的次子即將結婚的消息，在一個農曆年尾，傳到了她老家的鄰居、也是好朋友——家娘的耳中。宋伯姆這一天打了電話說要來家裡送帖子。家娘一聽歡喜，拉了凳子就著電話熱線起來。帖子還沒見到，電話裡兩個好朋友就交換起各種關於大小聘等禮儀的經驗。原本總是談著農事或是伯姆那尚未有對象的長子，這回帖子是宋伯姆那在國小任社會科教師的次子與相戀多年的女友的喜事。我在家娘旁邊不斷比手劃腳，比比自己又比著拍照的手勢，總算讓已經娶了兩房媳婦而正熱心「指導」好友的家娘，懂了意思。她順便問了宋伯姆，敬外祖時外人跟去方便嗎。家娘結束熱線時就說，她們家還沒問清楚敬外祖的路線，而且還要先通知外家那頭，等說好了敬外祖出發的時間，就會告訴我。

要如何「決定」敬外祖的路線？通常會徵詢家族中或是鄰里的長輩，特別是那些已經為好幾個小孩安排過敬外祖的「老經驗」。家娘在十年前為長子討媳婦，由於她的頭家（夫婿）於英年早逝，身為寡母的她隨即動用了她的親友資源，包括外家長兄和夫家那些姑輩親戚，終於弄清楚了該怎麼為長子安排敬外祖。包括應該要去哪間（或哪些）廟堂，哪處（或哪些）伯公，還有何時要通知外家，怎麼約定去外家敬外祖的時間。她為長子安排了敬兩代外祖，一個是長子阿媽的外家，就是中門庄的「大夥房」，另外就是自己外家，也在中門

---

51 「廳下」〔*tang* *ha*〕，在北部客話中「廳下」指的是 living room，但在彌濃「廳下」即有「公廳」（ancestral shrine）之意。

庄。依照慣例，要從年長的開始敬起，因此要「大夥房」阿媽家的外祖要先敬。這其實考驗著一個女性，她與她家娘外家的關係——總要知道是哪一處外家吧；在過去，這名女性還得要跟她家娘的家娘的外家那邊的親戚往來，因為那也是敬外祖的範圍。

九芎林馮家是新娘公的叔叔來發的帖子。我們這邊是他的「外家頭」，也就是新娘公的祖母是從我們這邊嫁到九芎林的，而嫁出去的女性我隨夫稱其小姑婆。馮家人來送帖子時，家裡人都到外面忙去了，回到家裡就看見一塊傳統的黃梨糕漢式喜餅，以及印著結婚宴客日期地點的大紅帖子。那時外家頭的人就心裡有數，前一天他們應該會來敬外祖。可是怎麼確定對方一定會回來敬外祖呢？村子轉角雜貨店總是笑瞇瞇的阿藍伯姆，她很不瞭解我這個問題。她八年前為單生子討了媳婦，而她的夫家黃屋在這山腳下可算是人丁極旺的大家族。阿藍伯姆說要是外家頭有收到帖子通常就知道會「轉來」（回來）敬外祖，有的時候發帖時就會順便約好時間，要不然敬外祖前兩天也會打電話確認大約啟程跟抵達的時間。原來如此，後來馮家人確實在要來敬外祖的前幾天撥了電話來做確認，就說大概是前一天下午一點半左右會到。

研究過程中發現：並不是「外家頭」每次收到帖子時就意謂著對方一定會回來敬外祖。那天家娘說另一位姑婆的孫子準備在高雄市區請吃喜酒。帖子送來之後家人就會問，「要歸來敬外祖嗎？」家娘斜了一下頭，提高了音調就說：「怕無會咧，攏歇在高雄是按久囉。」她表示對方在高雄市區已經住很久了，大概不「回來」敬（外祖）了。確實，到了喜酒之前幾天，都沒聽說有要回來敬外祖。

我們會想到姑婆的孫子是否要回來敬外祖，是因為我們這邊還留有一個祭祖的空間——雖然那只是暫時借用叔叔家的神明廳充當的家族祖堂。找個日子，請教儀式專家林先生，他以簡潔的例子說明了敬外祖與廳下之間的關係：

（關於敬外祖這個風俗現在還瞭解的人多嗎？）

現在至少還有七成的人知道——通常「有廳下的人」就會清楚，因為他們常常協助敬外祖等事情。假如無廳下的話，對這些事情就不會處理到。

（「無廳下的人」是什麼意思呢？）

例如說我現在對面住的人，他現在住在瀰濃街上，但他的廳下在九芎林，他們沒有負責管理廳下。一個比較大的家族通常會有一個「總廳下」，有時候則是找到更適合的地點，另一房另外做一個廳下，這樣就會分成好幾個廳下。像我現在的廳下只是從我阿公和我父親以下開始拜。因為我有妹妹，共有十一個外甥，他們敬外祖時就會到我這邊的祖堂來敬。舊的祖堂我還有份，我父親另外出來做一個廳下，那邊就留給我叔叔他們去拜、去管理，而過年過節我都在自己這邊拜了。所以無廳下的人就是沒有住在有廳下的夥房裡，或是沒有在管理廳下，那他們就沒有什麼機會去看到或負責到接待的事情。

也就是說，持續住在夥房裡的人會因為常見的敬外祖的儀式，所以會知道；而通常家庭裡子女排序較長的，也比較有機會去負責接待姻親上門來敬祖之事。假如已經搬出夥房的人，除非他的排序與輩份較高，否則除了他本人自己有敬外祖的經驗之外，他對於如何接待敬外祖可能就缺乏比較實際的概念。有廳下的人因為有很多接待敬外祖的機會，所以對於這個儀俗就較為熟悉與瞭解。從林先生的說明中也可以看到，家族派衍之後會有總廳下與分支廳下的分別，因此敬外祖是要去到總廳下敬還是分支廳下敬，就必須請示好對方，才不致於失禮。

這種衍出新廳下的過程，通常也是使得敬外祖路線在出發前必須進行確認的重要原因。例如五隻寮劉家三子敬外祖時，他們決定到龍山師儉堂蕭屋敬外祖，那是新娘公阿媽的外家；但是年紀長他五歲的

長子，數年前娶大陸廣東梅縣籍的妻子時，他敬外祖時阿媽的外家祖堂，他去的是位於龍肚的蕭屋總廳下。在某些例子中，選擇去哪一個廳下敬外祖，也意謂著與姻親中哪一個派下較為親近，甚至是遠房姻親建議或主張他們應該要去哪裡敬外祖。也有聽聞因某個分支廳下逢喪不便接待，因此返回總廳下敬外祖之例。

作為「外家頭」，山下張屋很開心地接到九芎林的姑婆的孫子要回來敬外祖。這個張氏家族很小，沒有族譜，只聽說很早以前大概是在二十二世時，與瀰濃庄上的張屋是有關係的。山下是那時候家族的地，二十二世就決定離開那個街上的家族，搬到山腳下的田邊搭寮，自立門戶種田為業。二十二世生有三男五女，最小的兒子讓另外一個沒有子嗣的張姓友人給抱養，而後長子與次子分家，次子離開金字面而又在上游三百公尺外的靈山腳下住了下來，五個女兒分別嫁到竹山溝、埤頭下、金瓜寮、靈山腳下、九芎林（以上都在瀰濃境內）。而現在住在牛埔仔山下的是二十二世的孫輩兩戶人家。由於自二十二世以來此派下即不再回返瀰濃庄上張屋祖堂敬祖，由於原夥房已毀損不堪居住，廳下尚未重建，因此這十數年來的共同祭祖活動都是暫於二十四世三子家中三樓舉行。九芎林姑婆嫁過去的馮家，這一天下午一時半許，便是帶著牲醴、菓粄、金香紙燭，在八音音樂與彩旗的引路下，劃破寧靜的午後時光，來到新娘公祖母的外家祖堂——靈山腳下張家第二十四世三子家中的神明廳——來敬外祖。

牲醴的準備

女性在敬外祖的角色基本上還是功能性的，事前協助聯繫外家，結婚前忙碌於結婚當天要至女方家親迎以及敬祖的各項細節。傳統上，敬拜牲醴的張羅都是女性的責任，敬外祖一天要同時準備如此多的牲醴與祭品，現在的女性應該比起以前是輕鬆了許多。

一般來說，敬外祖這一天在拜神、拜伯公與拜祖先所使用的牲醴大致相同，主要就是三牲（口訣是「左魚右肉中心雞」），並搭配主食類如生麵線或米粉，點心類的菓粄（客家紅粄、發糕），另外準備

茶、酒及金香紙燭（壽金、燃香、紙炮、蠟燭），少至五副、多至七、八副。例如旗尾宋家在敬外祖前幾天，新娘公父母經過商榷，地區神明、兩處伯公、兩處外祖和自己的祖先（內祖），將需要六副牲醴——新娘公的母親知道，這意謂著這天一早在家裡必須備齊六隻川燙過的全雞、六料川燙過的豬肉片、六尾（乾）魷魚、六份（六袋）紅粄及發粄，以及六份金香紙燭，其中還要包括在敬內祖時專門給新娘公上香用的排香。這些東西不管是用什麼方式準備，仍延續著舊時慣例由新娘公的母親來整個籌畫安排。

臺灣女性的公民地位自1970年代即有了相當大的進步，但在二十一世紀的鄉村，家族敬拜儀式中的牲醴準備依舊在女性的手中完成並傳承下來。然而，少子化與老年化的趨勢也衝擊著這個小鎮，原本應該已經可以交給媳婦打理的工作，現在仍有許多家庭是由上了年紀已經為人家娘的年長女性來擔任。宋家新娘公的母親甚早即注意到這一口氣要準備六副牲醴可不是小事，於是在決定要找哪一家來辦桌時，就已經跟煮食的人說好，辦桌前一日要六副全雞與豬肉料。在敬外祖這一天一大早，兩只大腳盆盛著已經半熟的雞隻和豬肉，煮食的人就送來宋家，新娘公的哥哥和弟弟再將它們抬進廚房的大餐桌上。在彌濃，辦桌的人必然會提供這樣的服務，而且因為彌濃敬外祖的盛行，所以煮食的人上門爭取生意時，就會直接問到「前一日要幾多副（牲醴）」。這是一種默契，而這目前也是彌濃當地最為通行的方法。

（一）全雞

會同時需要備齊多份牲醴與祭品的場合，除了敬外祖外尚有舊曆年節與掛紙墓祭。其中，大部分的牲醴祭品都是自家利用餘時至市集購買，但全雞與豬肉料則因必須經過川燙半熟的程序，一般在這種同時要備出多副牲醴的時候，比較不想花費太多自家工的，會知道有一些管道可以外包。

像山下這邊的人最知道的就是在彌濃本庄北片的圳湣，那有一間

「賣自助餐的」，廚房自然有足夠大的鑊（大鍋子）可以協助一般民家委託，一次川燙多副的全雞與豬肉料，而且由於頭家（老闆）本身亦從事屠豬業，亦有固定往來的雞販，對原本即擔負著準備牲體祭品的女性來說，委託代辦所省下的不僅是得在市集裡選雞與等待切肉的時間，包括剮雞、拔豬毛必須沾惹到全身肉騷味的不悅也大大減少了。這對於已經從田事勞動脫離的女性來說，能用錢換來的輕鬆是不言而喻的。

然而，若因規避身體的勞動感或為了省時而選擇化錢代辦，在更年長的女性想法裡，那或許只是「懶尸」的一種藉口。在山下的左右鄰舍中，女性長輩不想白白讓店家去賺這工錢的人並不少。尤其像是前述那種由店家代購原料的例子，農家總是會認為必然多被賺了一手。也是在這種心態之下，很幸運地還能見到許多中年或上了年紀的女性，蹲在屋舍一角用著她們面對籌備牲體的默會知識，一心一意用她們自覺最「省」的方式，花最多的心思與力氣在準備牲體中。家娘她專注的身體形象似乎在訴說一件事：這就是女性表達對祖先與神明敬意的方式，為祂們準備最豐盛與符合心意的牲體祭品。

勞動是為了符合持家經濟「省」的基本原則，因此若體力與時間允許，雞最好就在後院養著；但若沒這麼順當，就上市集去挑。當一次要多副牲體（例如掛紙時要掛很多穴就要多副牲體），原則上以大約三台斤的小土雞即可，若是過年時敬伯公和阿公婆時，才會買較肥壯些約五台斤的肉雞。就價錢上來說，彌濃的農家大多會有熟識的某位雞農，或向親戚網絡中有放養雞隻的人購買。2010年時期，1.3~1.5公斤左右的全雞大概300元上下。

這樣的價格，對於一年要準備多次、多副牲體的農家女性來說，每每從市場回家時還是會抱怨連連。2010年臺灣官方收購官糧的標準是燥穀（乾穀）每公斤21元，每分田收97公斤，這是事先與農糧署訂定的保障收購契作。在環境氣候允許之下，一般美濃的農家一分地收上一百公斤以上絕對是技術上的常態，對於官糧一分地「只」收購97公斤就會流露出「怎麼不多收一點」的表情。農家第二種出售

所種稻米的管道，即是與鎮級農會打契約，以農會所訂標準種植契作「良質米」（即採用施行農藥化肥的慣行農法）。去年鎮級農會出價已脫殼稻米每公斤10元，農家私下埋怨實際上收的時候僅以每公斤9.8元計算。農會良質米經過分級包裝賣到市面上時，大約每公斤40-50元，等級最高的「比賽米」甚至可以出價到每公斤150元。農家第三種管銷所種稻米的方式，是與民間糧商契作，或自產自銷；在美濃，採用這種方法的農家是一些施行有機或友善農法的小農，這類稻米在成本屬性上有著相對較高的勞動力成本，但大量降低了農藥與化肥的施用比例與費用，同時也減緩長期土地與社會成本的付出。依據夫家採行友善農法且自營行銷（行銷成本未估算），已碾好稻米的生產成本大約是65元，外賣價格從2005年的每公斤100元，到去年受燃料用油及電費等均漲的影響，調整至每公斤110元。

買一隻全雞（已脫毛後）的價錢，等於繳農會穀30公斤，其實小農家總覺得雖然是必須的開銷，但應該還可以壓低成本。而且，因為國際糧價牽動國內飼料價格的不斷飆漲，連帶吃飼料的雞、豬等的價格亦開始攀升。一般小農面對價格唯一能夠「抵制」的方法，就是選擇在自家周邊圈養雞隻，頗有回歸早期採食經濟時期的模式。婆家在後院即用紗網柵欄小規模地圈養土雞、珍珠雞（食用肉雞的一種）、合鴨（蛋鴨）以及番鴨，除了一般穀物飼料之外，家禽們所吃的就是田裡被蟲蛀壞的葉菜、料理時刨下或切下的蔬菜皮層與根部，或是水田裡常見的田螺與福壽螺，和朝市裡魚販清理魚所丟棄的魚內臟和鰭部或頭尾（當地稱「魚圾」）。在一次要準備多副牲醴的時候，柵欄裡的雞一早就會挑中，然後在屋舍朝西通往水圳的溝渠邊被家娘以無比熟練的技術，一刀結束生命，之後用燙水拔除羽毛。類似這樣的程序，用在鴨子身上就變得無比耗工，這是因為鴨子擁有相當多的細毛，得用清理豬毛專用的拔毛夾才行。假若實在覺得自己準備祭品用全雞的時間太費時，將活雞載往市集裡「請人剆〔客語：*cii*〕」（委託市場宰殺），費用是每隻雞50元，但若鴨子的話，請人宰殺一隻鴨的代工費往往超過100元。

（二）豬肉料

　　大家庭集體生活的逐漸瓦解，除了過年與祭祖還有機會看到在圳邊殺雞拔毛之外，祭品之一的豬肉料則都是來自市集豬販的磨得發亮的屠刀之下。有一首客家童謠〈伯公伯婆〉，作者與年代不詳，但村子裡的幼稚園把它當作「鄉土教材」教導著五歲的幼兒邊唱邊跳。曲子裡填的詞是這樣的（普通話為作者補充）：

> 伯公伯婆／無劏雞無劏鵝
> （土地公土地婆，[我] 沒有宰雞也沒有宰鵝）
> 劏隻鴨仔像pit po'（蝙蝠）
> （[只] 宰了一隻像蝙蝠的鴨子）
> 豬肉料像楊桃
> （[而] 這塊豬肉切片則像楊桃）
> 要食汝就食／毋食我也沒奈何
> （[如果您] 要吃的話就 [勉強] 吃吧，不想吃我也莫可奈何）
> 請汝食酒bon`田螺
> （請您喝酒配田螺）
> 酒sak無kan到／轉去kan／作得無？
> （啊，酒竟然沒帶到，我回去帶來，好不好？）

　　這首童謠把較為窮苦的人家準備牲醴的心情表露無遺，即便財力有限沒能準備雞與鵝，能在水田中幫忙吃田螺的鴨子就挑了隻來殺，不過卻還是只能是隻如蝙蝠乾癟無肉的瘦鴨；而能到市集裡買回來的豬肉料也像是不怎麼多汁的野生楊桃，實在沒能挑了，就請伯公伯婆勉強享用吧。由這首童謠也可以看到即便經濟不佳，祭品還是一定要有的，其中豬肉料就是重要的牲醴之一。

　　所謂「豬肉料」中的「料」是單位名，即一塊豬腹包括皮層、脂肪以及瘦肉部位的「三層肉」，也稱為「五花肉」。切成一塊一塊的單位，在彌濃就叫做〔liao〕，發音與客語「料」相同，因此目前較

通行採用此漢字。2010年時期，大約一料豬肉市價在100元上下，這是在像是敬外祖、或掛紙時，因為一次要準備多份，所以負責籌備採買者通常會買比較小料。另外，一料豬肉同時也是嫁女兒時會要求男方提供給準新娘外祖母的聘禮形式，而且通常份量必須較大。

一樣的，農家都會有自己較為熟悉的豬肉販，而且往往都在市集裡。在我成為當地媳婦之後，沒什麼機會見著小貨車載著生豬肉沿街兜售的場景，嫁入農家的那年年底，就遇上了中央政府雷厲風行推動的高屏溪中上游水質水源保護區的離牧政策。1997年臺灣發生嚴重的豬隻「口蹄疫」事件，對高屏溪流域豬農產生極大的信心危機，而為了整治高屏溪的水質污染問題，2000年由當時第一次執政中央的民進黨籍行政院院長張俊雄，以總計64億元的經費，透過地方政府調查、訪問、建立養豬戶清冊，之後訂定賠償金額，在一年之內以每頭豬補償一萬元以輔導豬農離牧轉業。美濃鎮所處的地理位置正好全區都在指定離牧範圍之內，高雄縣政府為了達到「徹底」的標準，農戶家中現有的豬圈設施亦包含於補償項目中，唯農家必須出示且通過專人勘查這個養豬設備確實已失去原有功能。

養豬業在美濃的輝煌歲月，到這個嚴厲執行的離牧政策時，已敲下喪鐘。出身竹頭背的民謠搖滾社會議題歌手林生祥，就是家中蓄有幾千頭豬的豬農子弟；他的父母在遇上這個政策之後，即將養豬事業移至屏東縣的東港溪流域。家娘原在後院鄰近山坡處養有百多頭豬，多年前已經閒置的豬寮，遇上這個政策也就搭上離牧補償，於是叫媳婦協助拍下目前豬寮成廢墟的實景相片，向鎮公所提出申請，數日後勘查人員前來複驗，一萬多元的補助款不久後即撥下。這個政策從提出到結束，整個執行過程約三個月，經費執行率約97%，曾被臺灣著名觀察媒體《天下雜誌》記者莊素玉（2006）報導為「臺灣公共行政領域，少見的中央政府與地方政府合作無間的案例」。在水資源保護的生態永續發展前提下，農村裡原本「富貴莫斷書，貧窮莫斷豬」的草根文化亦難以回頭地應聲而斷。

自此，彌濃的大小儀式牲醴中的主要祭品——還願時用全豬，祭

祀時的「豬肉料」都一律自外地運送而來，從拍賣市場再到豬販的砧板，豬隻可能沒有太多機會踏入這個小鎮的泥土。當家中年長女性為了籌備牲醴要準備多份豬肉料時，她勢必要先到市場上跟熟悉的肉販約好為她保留，抑或是她直接就請餐廳或小吃店整個包辦，不管是什麼管道，彌濃這裡的神明與祖先，在過去十年來所享用的祭品豬肉，已經不再具有彌濃味了。

（三）魚？　　「魷魚」

另一個主要的牲醴「魚」，其中最典型的就是以魷魚——實際上是乾癟還不斷逸出腥味的魷魚乾——為「魚」的代表。甚少單尾標售，通常是五、六尾裝成一大袋秤重計價，而每尾的大小重量也不一。經驗上每袋五百元上下，因此去年每尾魷魚乾的時價約莫就在百元上下。在生物課的知識告訴我們，魷魚其實並不是「魚」類，但在客方言群的文化分類中，這個軟體動物門的魷魚是可以作為「魚」的代表。幾次在廚房協助準備家娘準備牲醴的時候，常假裝搞不懂的表情問她：「魷魚又不是魚，為什麼可以當牲醴？」家娘的回答十年來都沒有改變，她只是淡淡地表示，「因為魷魚在海裡生活，所以是魚。」由於地方文化上採用乾魷魚作為重要的三牲之一，加上年節祭祖、拜伯公等，家中往往都會有祭拜後留下的三牲，著名的「客家小炒」就是善用牲醴中的豬肉料以及乾魷魚所變化出來的客家名菜，先將豬肉料切成連皮掛油帶肉的細條狀，然後把乾魷魚事先用大剪刀剪出扁條狀，和以院子裡種的蔥、祭拜時已經開瓶的米酒，愛吃辣的可加點辣椒提味，大火快炒後即成一道適合配飯的地方菜餚。即便乾魷魚剪開後已用清水浸過數小時，但一盤典型的客家小炒，魷魚就是會讓人「嚼得下巴都快掉下來、快抽筋了」[52]，這種描述一點也不誇張。

---

52 劇場工作者郎祖筠在接受行政院客家委員會臺灣客家文化中心籌備處製作《食飽肴：22位客家名人飲食記憶地圖》一書時對客家小炒中關於魷魚的描述。見野人文化編著，2006: 60。

另外，可作為祭祖祭品的乾魷魚亦是彌濃家常菜「發泡魷魚」的主要原料。簡單來說就是到一般雜貨店裡購買食用鹼粉（檳榔灰），並在室溫下用清水溶解鹼粉，然後將一尾尾的乾魷魚放在鹼水中慢慢讓它產生物理上的質變。經過一整夜（必要時也可以泡更久）的浸泡，最好可稍稍換水三到五次，整條乾魷魚就膨脹起來變得粉紅色的半透明狀態，然後切花放入滾水川燙，撈起後瀝乾，沾味噌、薑末與醬油混合的醬汁就是一道重要的家常菜。通常在一年三節祭祖等節日期間，泡開的魷魚就是桌上必然出現的料理。不過，正因為乾魷魚的料理頗為費神，一晝夜在鹼水中泡開的過程會散溢出濃重的腥味，曾有一年家中年節的魷魚腥味就引來野貓的覬覦，不僅打翻整桶鹼水，連泡到半開的魷魚還被銜走。

（四）其他祭品

一般來說，敬拜神明與伯公的牲醴祭品，在結束儀式之後是可以帶回的，唯其中紅粄可以發送給剛巧在一旁的鄰舍親友或小朋友；而到外家敬祖的牲醴祭品會留給外家，原則上是不能帶回的（見謝宜文，2007: 70）。牲醴中的魷魚（或魚罐頭）或鴨蛋（或雞蛋），外家收下之後又送給對方的情形也是有的。有些餅乾類或若有其他雜貨類的祭品，外家稱夥房現在住的人不多，要新娘公他們帶回去吃或隔天客人來請大家吃的，更是相當普遍。所以我甚至有吃到前半小時才去敬過外祖的餅乾，新娘公的父親就拿來拆開來請且郎還有大家吃。因此，或許原則上是「不能」帶回，但經過禮物的送與還過程，實際上看起來還是有帶回了一些牲醴祭品。

除了全雞、豬肉料、魷魚之外，如果要從三牲湊足為「五牲」的話，彌濃比較常見到是加上鴨蛋以及冬粉。通常這是指主家人「極為重視」這個祭祀，用地方上習慣說的術語就是「較功夫的」，就會想辦法湊出五牲。但理想上的「五牲」到底是怎麼個計算，其實沒辦法從田野中獲得答案。因為有人就是要湊的五種「牲畜」，但一般祭祖不會用到羊，家畜類就雞、鴨、魚、豬最常見，為何「冬粉」算五

牲，訪談中完全得不到答案，所謂心意到了即可，五牲的定義似乎在敬外祖的牲醴準備上，就看各家女主人的認知了。

敬外祖祭品中最重要的還包括紅粄。紅粄在作法上跟福佬庄的「紅龜粿」非常類似，原料都是糯米，但客式的紅粄並非整塊皆為紅色，而是僅在橢圓型粄型的寬肚處嵌上一條染紅過的糯米團，其餘仍維持糯米白的原色。目前市集上所製作販賣的紅粄，中餡共有兩種選擇，一種是紅豆餡，另外還有芝麻花生混合的內餡，價格都是每塊十元，有五塊一包、六塊一包、十塊一包的。一般在敬外祖或掛紙時，因為一次要準備很多副祭品，大概都會買五塊或六塊一包這樣的份量，一次買好幾包。旗尾宋伯姆在為次子準備敬外祖的紅粄時，會區分給神明及伯公的紅粄是一包（十塊），給外家的紅粄則是各兩包，她說外家人家這樣才夠分。因為紅粄在祭典結束之後，通常是當下就分送前來參加的親友或小孩，而往往當地人會說這是神明／祖先保佑過的食物，容易壞要趕快吃。

主要的祭品之外，用來獻祭的米酒也有了一些改變。過去在臺灣酒類屬公賣的時期，在祭拜場合幾乎清一色都是料理米酒。每一處都要使用新開的米酒，因此敬外祖前往往要準備半打的料理米酒，並隨身帶著開瓶器。而後300毫升的易開罐啤酒逐漸取代玻璃瓶米酒，且因為這種包裝無法說開瓶後還能重複闔蓋飲用，所以若使用易開罐啤酒時，儀式中「斟三道酒」的流程就會被省略，酒就單純變成擺在祭桌上的祭品。若繼續使用玻璃瓶裝米酒，仔細看這料理米酒的來源也越來越多元，這是受到臺灣在2002年廢除公賣制度，民營酒廠也推出料理米酒，一般雜貨舖都買得到。現在也有用500毫升保特瓶裝的茶飲三罐，來取代三杯酒。這種塑膠瓶裝的茶飲相當盛行，四十歲以下的年輕人是其主力消費市場；各類便利商行或超市都可整箱批發購買，所以往往也會被直接拿來作為獻酒的替代品。

協助搬運牲醴祭品的專門角色：且郎

敬外祖所需要的人力，是由主家邀請的四位「且郎」來協助，主

要工作內容就是擺放彩旗與搬運牲醴，而讓姻親雙方可以把時間與精力空出來專心於相互寒暄以及持香敬祖兩件事上。對母方姻親而言，且郎就是「對方派來幫忙的人」，依俗要贈予且郎面額不大的紅包，每包大約為二百元之譜[53]，以示感謝。

昔日牲醴俱置於「檻盤」上及「籮檻」（地方習慣合稱「檻檳」）上，各一組人前後扛著走。引導敬外祖隊伍使用的彩旗與檻檳，皆可向廟堂商借，但今日多以其他耐用之錫製品或塑膠袋取代檻檳來運送牲醴與祭品，而代辦婚宴辦桌（煮食）的人為了爭取生意，除了可協助提供牲醴中的全雞與豬肉料之外，包括播放八音音樂用的擴音機、擴音喇叭和八音放送帶，主人家都可以跟煮食的人「討」——其實都算在宴席的總費用裡，但畢竟減少了婚禮主辦方的工作量，使得這種服務現在已經變成常例，沒有這種服務的外地總舖師，若接下了彌濃的喜宴代辦，可是得想辦法事先調來。主要負責持彩旗與扛檻檳的且郎，在檻檳從時代中退場之後，其工作量也大為減少，目前各場的且郎人數也多從四人縮減為二人。

就地方上的民情來說，且郎多是由親友鄰居中的男性長輩來擔任。擔任且郎不失為一賺外快的機會，尤其是現在牲醴多以錫桶，其他的乾料等也都用塑膠袋裝好，加上新娘公無須像以前得盛裝，輕便的裝束又見長輩搬東西覺過意不去，常常就自己也拎著東西走進姻親家，所以且郎的工作反而變得更多是在提供意見以及參與聊天。默契上，姻親家會事先準備好兩份紅包，假若主動協助的且郎人數超過兩人，且郎們就自己私下分配。例如十年前家娘討第一房媳婦時，且郎團除了兩位隔壁夥房的黃姓阿伯，還有姑婆的兩個兒子都來幫忙了；因為新娘公祖母與母親的外家都分別包出兩份紅包，所以就「剛好」一人一袋。旗尾宋家二子敬外祖時，共有三位且郎，分別是新娘公的兩位親叔叔以及他的姑丈，姑丈在兩個外家都領下紅包，而兩位叔叔

---

53 1950年出生的家娘跟我說，自她有印象以來，這個紅包就是從十元、五十元一路隨物價指數上漲，後來變成一百，現在已經漲到要二百元。作為專業小農的家娘認為，二百元的紅包算不小了，伯公生的登席食晝（伯公生中午辦桌）在幾年前每條名也同樣是二百元，近些年才增到三百元一條名。

則各領一處外家的紅包，之後宋伯伯為了感謝自己弟弟的協助，就又各補一個紅包給他們，所以三個且郎這一天都領到兩個紅包。

　　且郎領到的紅包，現在看來似乎並不多，不過放在鄉村的物價脈絡裡，一份紅包約可換得市集上五公斤的包裝米。然而紅包之外，且郎這個角色還涉及鄰里親友間的情分和「行前膝手」（上前幫忙）的交換文化，也是象徵這個主人家其村里的人緣品質。即便現在且郎許多都是由自家人來擔任，但在過去家族與村里關係仍互動頻繁時期，而且敬外祖後回到主人家，又有一餐飯菜酒饌可以吃，「相爭做」（爭著幫忙）的氛圍相當活絡。只是，現在田野中聽到的情形已出現變異，已常見到敬外祖時不帶任何且郎，就父子兩人輕裝開著一台載著牲醴祭品的小發財車，車頭上綁著擴音器，如此就上門敬外祖者。攀談之下細問其由，往往都是以「不想麻煩別人」之說為多。然而，外家這一頭的看法就有些出入，會認為敬外祖表現的是對外家的那一份尊重，有長輩且郎伴著，即便實際上已經沒什麼太多勞動要做，但這意謂著這個敬外祖隊伍是慎重且有心的；對外家來說，這種「不想麻煩別人」實際上是小氣文化使然，就是把外家準備好的紅包落自己的口袋。不過，這種情形畢竟仍是極少數，在參與觀察到的多場敬外祖裡，且郎這個角色依舊被認為是重要的存在。

敬外祖隊伍的集結

　　現在，假若沒有聘請八音團團員，一旦且郎在婚禮前一天依約到主人家會合時，「敬外祖」就算正式開始了。但依照昔日風俗，這個隊伍的集結是必然要包括八音團團員一路吹吹打打，才像個樣的。

　　以前，敬外祖隊伍成員應該是包括：即將成婚的新娘公，由他的父執輩（通常是父親，祖母或母親可陪同返回自己的外家）一人或數人帶領，加上執旗與扛牲醴祭品的且郎數人；另外引導團由八音團四人擔任，而新娘公的轎子還有一組轎夫負責。除了在上一段中分析了且郎人數折半的變化，轎夫也已經從敬外祖隊伍中退出有半世紀之久；而四人編制的八音團幾乎也快消失了。目前尚會找八音團來引導

敬外祖儀式進行的人家，往往都是新娘公的父親的堅持，對傳統有特別的情感與心意，不願因省成本而折損儀式的完整度[54]；同時希望藉由聘請八音團的演出，對鄰里、親人、和姻親家展現一種對婚禮重視的態度。[55]

關於八音團何以面對從當代儀式被迫淡出的命運，自美濃鎮福安國小主任退休的謝宜文，[56] 因長期觀察記錄客家三獻禮儀式，對此有很深的感觸。某日當旗尾宋家次男敬外祖隊伍裡前往廣善堂敬神時，就在那裡巧遇謝先生，他正為當年字紙祭的籌辦與善堂耆老們進行訪談。謝宜文多次指出：六堆的傳統生命禮俗，相當重視要有儀式八音來作為引導，然而八音團的減少再加上出場的價碼都影響到事主聘請客家八音團全程參與的意願，而以現代錄音設備取而代之（2007: 22-24）。長期觀察八音團變遷的謝宜文寫到，相對於六堆其他地區的客家庄，美濃地區尚有幾團八音團能配合，但在六堆其他地方則更是出現舊客家八音團員為求短利，單獨帶著自製的八音音樂帶接攬生意（Ibid.: 23）。這種脫團的儀式DJ（disk jockey），在彌濃做田野時並未出現，大部分若不聘請八音團，就是直接播放錄音帶——但不論如何，我們要注意到的不僅是它怎麼變遷，而且是即便現實條件不斷改變，「八音音樂」作為儀式的重要引導音樂的意義仍然存在。

困難而且弔詭的是，以錄音帶保留八音作為引導的敬外祖活動，並沒有上述的DJ進行選曲，彌濃國寶級八音樂手鍾雲輝（阿波）就曾私下說，敬外祖每個程序有相對應的曲牌，現在很多人隨便找了寫

---

54 客家八音團的「全套」服務——包括全程敬外祖（含還神）以及婚禮當天的祭祖等，阿波舅跟我說現在大概是二萬四、二萬五這樣的價格，但「四個人做事五個人分錢」，其中多的一份屬於器材提供的費用。

55 例如在2000年7月份山下張家長男的敬外祖，即特別聘請溪埔寮的雞農作昌哥組織一個八音團引導張家前往廣善堂、義民廟、開基伯公以及俱在中門的兩個外祖家。然而，就像是老一輩的人說的，現在除非很堅持的人才會請八音團，否則幾乎都是用播放錄音帶來取代。一如旗尾宋家次男敬外祖時，他們就選擇在車上安裝擴音喇叭，以播放錄音帶的方式維持「八音前導」的內涵，而現在一般家庭也甚少存有客家八音的錄音帶，所以連錄音帶也都是跟喜宴餐廳借來的。

56 過去十年我在很多場合都有機會遇到謝先生，最常是在他服務的福安國小。在他未退休之前，曾經是我的小孩班上的鄉土課程教師。

有「客家八音」的音樂帶就一路放，只覺得什麼比較好聽就放什麼。研究彌濃儀式音樂的柯佩怡（2005: 124）亦觀察到，敬外祖隊伍在出發以及抵達目的地時，坐在小貨車上的八音團都會吹奏簡短片段的曲牌引導，其中大多是「行路四調」，其中經驗足夠的八音團，是會依據敬拜對象是神明、伯公還是外祖、內祖等，有專業上的區別。美濃愛鄉協進會曾於1997-98年間，記錄兩場完整的敬外祖八音（見鍾永豐等，1998: 47-53）。現在缺乏嗩吶手及DJ引導的純配樂卡帶八音，就讓國寶級嗩吶手直搖頭。阿波仔壓低聲音地說，假如沒注意「放錯」了，可是會越放越「衰」。阿波舅沒有再往下說明，他的意思應該是指八音曲牌是有特定對應的儀式種類與內涵，即便統稱為「喜慶八音」的也不完全適合用來敬外祖，如果沒注意只挑印著「客家八音」的錄音帶就放，某些似乎在喪事場也使用的八音感覺上就不十分吉利。除此之外，中壇庄的劉老師，在數年前結婚時有安排敬兩代外祖，他說代理喜宴辦桌的人其實經驗也不足，給的八音卡帶就一路擴音放送，到外祖家時竟被對方的老人家說「怎麼是福佬人的八音」。他說，其實年輕一輩對什麼八音都已區別不出。

　　八音團在整個敬外祖過程中並非全程吹奏，通常是出發時吹奏一會兒，快抵達時再開始吹奏，以引導敬拜儀式。有長輩私下埋怨，現在八音團的成員年紀也比較大了，體力無法負荷，過去在半途上還會吹奏一下，現在都意思意思有吹就好，讓人難以要求。合興庄劉家二子敬外祖就是因為覺得價錢太貴，也比照長子敬外祖一樣選擇讓音樂帶一路隨意播放，不僅是他們不會刻意選播，在現在的村子裡，真正聽得懂客家八音曲牌的人也已經屈指可數了。

第三節 「今晡日歸來敬外祖！」

當天出發前的盤點

　　敬外祖當天，喜宴的餐廳會將預定的半熟牲醴、播放設備，和一對引導用的彩旗送到主家。我第一次看到彩旗，是在我出嫁到彌濃那

天，來迎娶的隊伍是由張掛著彩旗的前導車引隊。彩旗為一寬一尺、長五尺的正紅色布料，三邊以正藍色同質布與紅布接縫成荷葉邊，另一長條邊則以白色布縫成管狀，以一支長六尺的粗竹篙穿過撐起。彩旗作為臺灣民間迎親隊伍的引導，在清巡臺御史黃叔璥的《臺海使槎錄》（康熙六十一年，1722）一書中即有記載，在彌濃仍延續至今。除了婚禮當天，在前一日的敬外祖隊伍中，同樣亦由飄揚的彩旗與八音做前頭，穿梭在廟宇、土地伯公，與外祖家之間，吸引著村民們羨慕也恭祝的眼光。

　　由於一次要載上好幾副的牲醴、菓粄、酒與酒杯，還有金香紙竹、水果、餅乾等，彌濃的農家多會以小貨車來作為載運牲醴祭品的交通工具，而彩旗就會與祭品一起放在貨車後架上。不過，旗尾宋家在敬外祖時，被請來擔任且郎的新娘公的叔叔，一見彩旗被平擺在車後置貨平台上，隨即向姪子要來繩索，把彩旗豎直綁在貨車駕駛座車頭的兩側支架上，當車隊（其實只有三輛車）奔馳在彌濃街道上時，彩旗飄揚的英姿，讓插著彩旗的貨車更有「引導車」的樣子。且郎扭開播放八音錄音帶的擴音器，綁好彩旗，村子裡的空氣頓時被喇叭播放出來的儀式音樂擾動了起來。即便幾天來忙碌得準備婚禮，主家沒空跟鄰里打招呼，當八音一放，在此風俗圈的人必然曉得「要做好事了」（有喜事了）。

　　旗尾宋家伯姆在一早七時許即開始準備，預計九點出發的行程，在八點半牲醴等都送到家中時開始忙碌了起來。宋伯姆在廚房裡面對辦桌廚師送來裝在兩個大腳盆（澡盆）的六副全雞和豬肉料，喃喃地要她分別三十五歲、三十四歲（新娘公）以及三十二歲的孩子們，幫忙找些可以分裝的容器。牲醴中要放置的鴨蛋，在冰箱中，新娘公的弟弟被母親指示從冰箱中取出鴨蛋，他用手一把抓了好幾粒，被宋伯姆口頭指責說應該要放在塑膠袋拿，不是用手這樣抓，會摔壞。新娘公的父親則在一旁看似要幫忙卻又幫不上忙的樣子。

　　八點四十五分左右，距離出發前的一刻鐘，宋家長子到敞篷藍色小貨車駕駛前座扭開架設在車頂上的擴音器，錄音帶上印刷標示的

「客家喜慶八音」從擴音器用力地傳送出來。在旗尾這一區密集的住宅聚落中忽然八音大作，沒一會兒，就在新娘公的兄弟們都在貨車旁依母親指示檢視牲醴祭品是否備齊，鄰舍走來一位年長的婦人，跟宋家伯姆一樣操客語說話，宋伯姆跟她打了聲招呼，就問些敬外祖要注意的事情，阿婆很扼要地說了一些規矩之後，也跟著宋伯姆就著三牲、金香紙燭等，細細清點在貨車上的物品。

「這樣著麼？」（這樣對嗎？）伯姆問那位阿婆，「差毋多，毋過要帶一個賴打（打火機，彌濃當地使用口語發音〔lai` dat〕）去嗎？要點香才有。」（差不多，不過要不要帶一個打火機去？這樣要點香時才有。）伯姆遂轉頭向她的幾個孩子下了命令，要他們從屋子裡記得帶打火機，「要點紙炮、點香的賴打！」（要帶點香和鞭炮用的打火機！）一會兒，伯姆跟阿婆忽然很有默契地一起向屋裡喊：「賴打要帶加一支！」（打火機要多帶一個！）說完又不放心，阿婆又對屋子裡喊：「賴打要帶那個會著的來！」（打火機要帶那個點得著的來啊！）顯然這真是經驗老到的前輩——彌濃人有很多這種經驗，像是去半山腰掛紙時，準備點香發現帶到的賴打是點不著的，趕緊跟旁邊另一個墓地也在掛紙的別人商借。阿婆繼續幫伯姆作出發前的檢視，宋伯姆自言自語地說：「還要帶〔kan〕酒、還有茶，著麼？」（還要帶上酒與茶，對不對？）一邊說她已經轉頭又向屋裡喊：「無，就帶一些茶芯，再帶一個暖壺來好囉。」（不然，就帶茶葉和熱水保溫壺好了。）

這種出發前的確認再確認，像是小孩要參加學校戶外教學前，母親再三幫忙檢查手帕、衛生紙有沒有帶齊。但另外一個重點是，已經有經驗的鄰舍年長女性，她在這個時候行前（上前）協助，我們也就看到敬外祖即是在這種問與答之間，完成跨代的經驗傳承。前文曾提到敬外祖本身並無文本，而且也不是硬性規定，而是一種約定成俗，因此它怎麼被一代代傳遞下去，這個場景是其中一個值得特別註記的停格。

如果家中有其他人可以協助，新娘公出去敬外祖時母親可以陪

同，但一般來說，若有隨同都是指去母親娘家祖堂的時候，不包括去祖母外家的那個行程。現在由於家庭人口結構以小家庭為多，近年看到的敬外祖，常常沒見到準新郎的母親隨行。正因為如此，通常比較「善辦」敬神敬祖流程的女性，不一定會在敬外祖隊伍之中，因此出發前的確認，也就出現家族女性跟男性之間不斷叮嚀的畫面。這種場景目前通常也就出現在出發前。舊時原本多集中於一個下午完成的敬拜，不確定何時開始分成上午下午兩個時段。根據村民說，因為現在農事不像以前那麼忙，有些比較「閒」的人家，就可以分成兩個時段來敬，也比較不會那麼匆忙。因此這種出發前的確認多是出現在早上出發前和午後出發前。像是五隻寮劉家下午敬外祖前，即便上午大夥兒已經敬過神明與伯公，但午後的行程在出發前，新娘公的母親還是一再地確認東西是否都已經放上車。

也正因為這一天敬拜的重頭戲是到母方外家敬祖，所以我們也看到有家族允許新娘公可不必參加上午的敬神與敬伯公。就有出現上午公司請不了假，中午時才匆忙返回鄉下趕赴至母方外家的行程。五隻寮劉屋的新娘公中午才踏入家門，又先去村集上吃碗麵帕粄（粄條）果腹，這時間且郎長輩還有他的父母都在家裡等著主角。這位已經三十好幾的新娘公只是笑著表示，「要結婚也要『拚經濟』啊。」在旗山某國小擔任社會科任老師的旗尾宋家次男，他的婚禮在星期日，所以敬外祖的時間也是在週六。臺灣在民國87年（1998）一月開始實施每月二次週休二日、民國90年全面推動公務人員週休二日實施辦法之後，星期六、日的連假讓彌濃在每週五晚上即湧現返鄉車潮，星期六敬外祖的行程因此對宋家次男來說就沒有請假的問題，他從一早就跟著父母開始了屬於「他」這輩子唯一一次、也是極為重要的成年儀式──他要去認識屬於家族的生活與信仰空間脈絡（神明、伯公），還有屬於親屬的人際脈絡（外祖、內祖）。他一早就急忙起床，跟著母親清點牲醴所需用品，從小這都不是他需要打點接觸的事情，他的母親總是包辦所有的事。父親在銀行擔任專員，性格樸實木訥也一板一眼，由於哥哥尚未娶妻，他是家中兄弟第一個結婚的，所

以父母對敬外祖也沒有經驗，更別說是他了。

　　新娘公幾乎沒有例外地在整個敬外祖行程裡表現地戰戰兢兢，他雖然是主角，但真正領著他去敬外祖的是父親（或其他家族父執輩長者）。不過，對很多男性來說，自己結婚前敬外祖是被領著，現在要帶著兒子去敬外祖好像也不那麼熟悉。在彌濃，邀請來的那些鄰舍或親友的長輩，名義上雖為協助搬運祭品的且郎，但很多時候這些長輩且郎，在必要時可適時地以動作或出聲協助引導整個流程的進行。山下張家長子敬外祖時，由於他的父親早逝，因此由「歐吉」（叔父）帶領；然而由於叔父的兒子年紀尚輕，所以他並沒有這方面的經驗。張家長子的母親事前詢問了鄰舍長輩的意見，遂委請家屋上片黃屋的長輩，以及下片宋屋姑婆的兒子擔任且郎；其中，前者年資甚大輩份亦高，在過程中會協助打點程序細節。

彩旗八音引導，出發！

　　九點整，宋家一行四人從旗尾庄出發，由一部播著八音、斜置彩旗、裝載牲醴祭品的小貨車擔任前導，由新娘公的哥哥做司機。由於貨車的駕駛副座上得放著錄音機，所以宋伯伯和老三就另外開一部車，新娘公由我擔任司機，而車上當時還坐著陪同進行田野的兩名幼子。第一個目的地是三公里外的「美濃廣善堂」。

　　車子沿主要公路轉入山下產業道路時，「廣善堂」就在不遠處。抵達後宋伯伯隨即將彩旗自貨車上取下，持至嵌書「廣善堂」三字的正門口兩側靠立擺好，之後新娘公兄弟三人迅速地將一副牲醴祭品及金香紙燭從貨架上，或提或捧地跨進正門走入奉祀三恩主的拜亭內，將物品一一擺放在拜桌上。我們就是在這裡巧遇民俗音樂研究者謝宜文先生，他看了看幾個兄弟的動作，遂順便指導這幾個大男生怎麼在祭桌上擺放祭品。由於宋伯姆並未同行，宋伯伯站在一旁，主要由新娘公還有他的兄弟在擺置。之後宋伯伯開始點燭，幾個兄弟也協助點香，排成一排開始唱喏〔*cong-ia´*，拜拜〕。

　　一切的程序看似相當靜默。唱喏時自左而右排列的順序是弟弟、

大哥、新娘公、父親並排一列，沒有刻意呈現尊卑之分。唱喏時帶領的宋伯伯似乎什麼話也沒有開口，就引領著大家持香拜了拜，隨即輪流上前至香爐插香。雖然是敬外祖的隊伍，但廟方並沒有因此刻意上前接待，一切都顯得那麼平常。十多分鐘後，宋家父子四人回到原處再點香拜過一回，依舊安安靜靜地，隨即拿著金紙到香亭去燒金。再過不一會兒的功夫，正門外響起鞭炮聲；當鞭炮聲響起，表示這一趟唱喏已順利完成。

在廣善堂的敬拜儀式結束之後，宋家父子沒有停下腳步，馬上發動車輛往五百公尺外的「彌濃開基伯公」方向駛去。在貨車頭播放的客家八音在這個過程中一直沒有停過，只是會出現短暫的空白，這提示著錄音帶要從A面取出換成B面的訊息。彌濃開基伯公在週六上午約十時前後呈現安寧的平靜氣氛，村子裡在清晨例行前往燒香的人，多在卯時左右就完成她們的唱喏。開基伯公壇的管理人住在三百公尺外，若在家當他聽到有八音音樂趨近伯公壇時，也會換上外出鞋前來巡視協助。這天當宋家父子一行抵達開基伯公時，伯公壇裡空無一人，冬陽灑落在這個已有二百七十五年歷史的土地碑石上，而這次換宋家長子把彩旗放在伯公壇的兩側，其他的人盡速將一副牲醴祭品置於離地一尺高的祭桌上。同樣排成一列，由左至右是哥哥、父親、新娘公、弟弟。上香完由父親帶著新娘公在跪枕做了一回跪拜，之後即進行燒金。接下來的十分鐘再次完成一次上香，而後燃炮結束。

像是在趕行程的一種氣氛持續瀰漫。宋家父子四人一樣沒有什麼交談，盡快將開基伯公壇上的牲醴妥善收回，而這段短短的時間裡管理人並沒有出現，應該是清晨時分已經來巡過了。當我們再次發動車輛前往下一個目的地的同時，身旁幼子忽然問了一個問題：「嗯，媽媽，他們今天就是要這樣一直拜、一直拜喔？」努力進行田野記錄中的人類學者，這時也忽然驚覺：對彌濃人來說（像是這個從小就跟著拜伯公拜祖先的小朋友），對於這種敬拜似乎沒有這麼地「異文化」。記得當時我的回答是：「對啊。不過，這個不太一樣。他們是一直跟著八音和彩旗走喔。」

引導的八音與彩旗把這個敬外祖的家族，在離開彌濃開基伯公的一刻鐘後，又帶回到旗尾庄，第三副牲醴祭品是要獻給「旗尾福德爺廟」[57]，地方上俗稱為旗尾的開庄伯公。宋家敬外祖在上午十點四十分左右抵達，這是距離他們目前住處最近的土地伯公。依據旗尾庄開庄的歷史，這座福德正神壇應屬福佬人所建立。但因為目前旗尾庄閩客雜居，而這又是宋家最常敬拜的土地神明，在敬外祖的行程安排裡是必然放入的。同樣經過置放彩旗、錄音帶換面、點燭燃香上告、燒化金紙、燃放鞭炮，靜默的新娘公拿起廟旁的細竹枝掃帚將爆炸完後的紅色紙屑慢慢集中起來。時間差不多進入當天的午時，新娘公的哥哥關掉播音器，一直「陪伴著」（原意是引導）敬外祖的八音曳然終止，沒有剛好落在「大團圓」、甚至沒有剛好結束在某個曲牌最後一個音符。隊伍仍舊是靜靜地回到家中，食晝轉擺（吃午餐並稍做休息）。

午休後再次出發：敬外祖囉！

下午才是敬外祖這一天的重頭戲。宋家父子四人在剛過午時後一刻自旗尾庄家中啟程。在這之前宋伯姆已將另外三副牲醴擺妥在貨車上，而行程也在前一日都再次通知了外家親戚——還包括宋家祖堂。

宋伯伯把貨車上的擴音機通上電源，然後新娘公跟弟弟用大腳盆把已經分裝好的三副牲醴協力抬上貨車後架。且郎這時候也抵達旗尾宋家，還住在彌濃的且郎看來是經驗老到，指導著宋伯伯要把彩旗分別豎起在貨車駕駛座與貨架中的支架上，這樣車行路上時，彩旗是雄赳赳地飄揚，與上午那樣斜倚於窗邊的姿態，完全不同。

車隊一樣是開往彌濃方向的中山路上，向東行。經彌濃庄西柵門

57 根據刻於廟內牆上的廟誌，這座已經改建為閩式土地公廟形式的旗尾福德爺廟，原先只是一個幾塊石塊搭建的小廟，在1993年起意重建；在重建動土過程中，在地底下挖出一百八十四年前（即清嘉慶十四年花月仲春，也就是1809年）的福德爺廟記碑石。現在看到的廟是在1994年農曆二月初二（伯公生日）竣工。換句話說，旗尾庄的開庄伯公比彌濃開基伯公稍晚廿一年建立，若依漢人的習慣，拓墾時會先設置土地公壇祈福，旗尾庄之建庄年代應與林桂山、林豐山兄弟抵達彌濃山腳下都在清乾隆年間。

外敬字亭轉進庄內，抵達旗尾宋家的祖堂。依據宋伯姆表示，在敬外祖前先敬內祖是他們宋屋的慣例。彌濃下庄宋屋位於後列，相對於前列的舊店舖街，後列是一整排中軸線對齊雙峰山、座北朝南的夥房群，且較之前列舊商業區易受彌濃河淹水氾濫影響，位於後列的住家區顯得安穩很多。[58] 位於彌濃下庄後列的宋屋在當地人的心中是「詩書傳家」的典型，在家族致富之後，曾於夥房不遠處興建二進的合院式學堂，取名「吟杏書室」，作為宋家子弟的私塾所在，寄讀學子遍及彌濃。其優渥的家族財力亦反映在祖堂的規模，當代的宋屋在正身祖堂為兩層樓建築，兩邊各有一邊間，正身一樓外大門的額匾除了紅底金字的「京兆堂」──嵌字順序由我們的方向看是【兆堂京】──之外，在堂號下另懸有一藍底金字的【貢元】牌匾，上題「欽命福建省兩院憲玫奏奉」，正中頂「諭旨」，下落款為「同治十一年穀旦宋楹光立」。這一天，旗尾宋伯伯便是帶著三個兒子，在下午一點四十分左右回到這個祖堂，準備進行他們此行的「敬內祖」。

　　由於宋屋人支派衍生甚多，宋伯伯找來他最親的兩個叔伯兄弟協助敬內祖；其中一位還幫忙擔任且郎的角色，而另外一位擔任且郎的人現在也出現了，是新娘公的姑丈，亦即宋伯伯的妹婿，姓朱，目前住在中壇以南五公里的吉東。敬內祖的程序在宋屋人的引導下，比起上午敬拜神明與伯公都來得細膩與慎重。夥房禾埕（曬穀場）上響著八音，宋伯伯的弟弟在抵達後第一件事就是將彩旗放在廳下門檻的兩側，走上二樓，三塊祖先牌位在大大的壽字為背景的廳下北牆案桌上，莊嚴地象徵著列祖列宗的精神永在。宋屋人先在祖先牌位前斟上三杯茶，一一小心排好不使溢出，其他人則迅速地在錄音帶八音的伴奏下，把牲醴祭品等在祖先面前展示。宋屋接待人將三個水紅色的塑膠碗排放在所有祭品的正前方，宋伯伯的弟弟則在一旁用廳下裡常態備置的瓦斯點香爐點起一把香，分給在場的人──宋伯伯父子四人、

---

58 在李允斐（1989）的研究中，下庄夥房聚落群形成時間約在清末，排列有序的合院意謂著土地權從屬的清楚，同時更為土地細分的原則多是由庄內一路往北方山腳下分割，所以合院的建造往往就是南北狹長的形狀。其中，最靠近西柵門的大家族就是宋屋。

宋伯伯的妹婿、弟弟，以及他自己——但不包括我，因為我是「外人」。就這樣，短暫的時間中，眼光飄向樑上滿滿一整排的子孫燈。

宋屋人將香平均發給在場的七個人之後，領著全體跨出二樓廳下的正門，面向天公爐的方向先敬天公，並將香插上天公爐。全體轉身朝向祖先牌位敬拜，主祭者簡單向祖先報告子孫某人的小孩某某某明天即將討媳婦，請祖先保佑。之後開始燒化金紙，絲毫不拖延時間。鞭炮聲在下午十四點一刻許響起，這意謂著這個敬外祖隊伍要趕緊向下一個目的地——新娘公阿媽（祖母）的外家祖堂前進。

五分鐘後，也就在兩百公尺外，宋家敬外祖的隊伍抵達並列於彌濃下庄後列的另一處夥房——彌濃林氏廳下。擴音機透過轉動的電流傳出了不確定曲牌的八音音樂，在大馬路上緩慢的車速，帶著未飄揚開來的彩旗，將全體隊伍從宋屋門樓東行，頃刻間又全都駛入林屋禾埕。才始離開宋屋廳下正身大門兩側的彩旗，這一會兒旋即又由擔任且郎的宋伯伯最小的弟弟將之立靠於林廳下正門刻著【河堂西】（西河堂）下方兩側。三位且郎在抵達林屋夥房後，趕緊協助將牲醴從貨車上取下提進林屋廳下，朱姓妹婿還詢問了一下宋伯伯指了指某袋東西，又問是否還要拿其他物品，宋伯伯點頭表示他指的東西就是要拿進去的祭品之一。相對於宋屋，這個林氏的夥房屋並非彌濃開庄時最早的二十四座夥房之一，而其夥房廳下的規模亦相當新穎完善，支派繁衍眾多。這一天林屋上前來接待的是新娘公舅公的兒子們，包括舅公的大兒子、二兒子及二媳婦，他們已將廳下的地板、祭桌等清掃乾淨，要給祖先喝的烏龍茶也差不多泡開了。對於新娘公來說，這裡是他阿媽所從出的家族，然而，這是這位宋家準新郎第一次踏進這個林屋的廳下。

一群人帶著喜氣的笑容跨進林屋廳下的門檻，林屋的接待者——新娘公的大表舅隨即迎上前展開他今日專程自四十公里遠的鳳山市區回鄉的重要任務。這位大表舅身形高大，身著白襯衫與藍色西裝褲，腳上套的是一雙白色的布鞋。我迅速瞥見兩只紅包袋擁擠地正塞在他襯衫左胸前的口袋中，對折過後的紅包看來小於那只口袋，一部分露

出襯衫口袋布料外，清清楚楚地讓且郎們都能見到。從相對於新娘公與其父都還要來得魁梧的大表舅身形望過去，作為且郎的新娘公兩位叔叔及姑丈忙碌地幫忙擺放祭品、拆下包裝著香的袋子、迅速擺放牲體祭品、旋開保特瓶裝的料理米酒。大表舅常住外地，數週前透過郵政大宗郵件的服務，收到他姑姑的孫子即將結婚的消息，而他的堂兄弟姊妹們也都收到了帖子。大表舅作為這一家族支派的長子，父親輩的事情他就要扛起來。雖然如此，對於這位在帖子上用燙金字印上的新娘公，說起來是姻親了，但平常不在同一鄉鎮裡活動，今天才第一次正式相互認識。大表舅這時笑容滿面地開始進行他的「工作」，先確認——哪一位是今天的主角。

林屋的主接待者林先生，在他表弟（宋伯伯）領著一行人走進林屋廳下時，馬上堆起笑容：「哪位係新娘公啊？」宋伯伯指著他的二兒子。林先生把寬大的右手伸出，隨即跟新娘公重重地握手：「喔！這位係新娘公！恭喜、恭喜！」宋伯伯又介紹他的小兒子給表哥認識。「啊，這位係，喔，新娘公的老弟喔，樣仔看起來較高大，較像阿哥呢？」這位高大的三弟有些羞赧地笑了一笑。事後曾問及這位林先生：「夥房底背人按多，樣仔係請您來接待呢？」（家族裡人那麼多，為什麼是請您來接待呢？）這位大表舅說，夥房裡人這麼多，「她（指新娘公的祖母）是我姑姑，算最親的，所以我在外地也是會回來。」林先生補充說，因為要回來敬外祖的是他這一派的，但目前在夥房內的多是另外派下的親戚，所以不好意思也不應該麻煩到其他派下，不管如何都要專程回來。

幾位且郎忙碌地繼續幫忙。對宋家的兩位且郎來說，這也是他們共同母親的外家——亦是親戚之屬；而另外一位也是隨行算且郎的新娘姑丈，這裡則是他的且姆（丈母娘）的娘家。林家的二表舅姆點燭斟茶，由且郎之一的宋伯伯五弟點香，每人一支分給所有在場的人——除我之外。新娘公的二表舅擔任主祭，他的哥哥站在他的右側，再過去是新娘公的爸爸、叔叔們以及姑丈；新娘公站在二表舅的左側，左邊還有他的弟弟和他的二（表）舅姆。以上這些人都持香面對

廳下內側，新娘公的二表舅開始帶領所有人面向林氏列祖牌位開始堂祭之儀。約莫五、六十歲的二表舅身穿格紋襯衫以及水藍色牛仔褲，較之兄長，他與這個回來敬外祖的宋家表弟因年齡相仿較為熟識，因此擔任主祭。主祭者這時向祖先秉告：

> 「搬到旗尾介宋屋，天光日要來討孫嫂，今晡日按好彩來敬外
> 祖。新娘公喊到宋○○（新娘公的二表舅向一旁的新娘公確認
> 其姓名），準備來討○○○（二表舅向新娘公再確認準新娘的
> 名姓），住在上河壩的○○○小姐，兩儕結一個好姻緣。嗯，
> 今晡日來期待我等祖先要庇佑伊等，百年好合！」

（眾人齊聲：有！）

「萬年富貴！」

（眾人齊聲：有！）

主祭者林家二表舅帶領回來敬外祖的宋家新娘公，向林氏祖先秉告翌日喜事。每個人用熟悉不過的合手姿勢向前方垂直劃了幾下。大表舅收集站在他右側的人手中的香，二表舅則收回新娘公手上的香，而指示新娘公的弟弟和他自己的妻子把香插在廳下外的天公爐上。當大表舅和二表舅將手中集起的香分配在祖先牌位香爐以及土地龍神香爐的同時，長住彌濃的那位新娘公的三叔，望了望天公爐的方向，非常敏銳地發現到這樣天公爐裡只有二支香，遂立刻走上他的二表哥那邊，跟他說明了一下，就從他手上取來一支香，跨出門檻，恭恭敬敬地將香插在天公爐裡，並紮實地讓三支香排成一個橫列。

秉告外家祖先的儀式尚未結束，依風俗的理想狀態，要等到香燃過半之後再進行第二次斟酒以及燒化紙錢；當斟第三道酒後燃放紙炮，才意謂儀式的正式結束。這樣的一個過程裡，兩家姻親和姻親的

後代短暫地聚集在一起，每個人都有不同的方式來「利用」（度過）這段時間。而接待者與來訪者之間的互動，似乎也反映著兩邊姻親在親屬關係「以外」的日常互動狀態。

以旗尾宋家至彌濃下庄後列林家敬外祖為例。田野筆記本內記錄的手錶時間——14:25＝抵達，14:30＝唱喏，14:47＝第二擺唱喏，14:50＝離開——從車子進入林屋禾坪到鞭炮聲響起結束，共計25分鐘。在唱喏之前忙著擺放祭品，祭拜後在等待香燒至一半的時間裡，眾人就在祖堂裡站著打嘴鼓（閒聊）。彌濃人的廳下並不兼客廳之用，所以接下來雙方即分站廳下兩側聊起天來。風俗上並沒有規定這段「等待」的時間一定要待在廳下，但負責接待的林氏兄弟因常居外地，這個夥房除了祖堂外其實已經沒有屬於他們日常生活的路徑與空間，所以他們也就沒有招待表弟一行人到廳下外的哪裡去坐聊，就都站在掛滿子孫燈的廳下裡。

即便時間並不長，姻親雙方藉由十來分鐘相互寒暄，弄清楚彼此的關係及目前在哪裡服務等，沒多久也就進入燒紙錢的程序。從廳下正面的兩扇窗探進頭，像偷窺似地聽著兩方姻親聊天的內容，新娘公的大表舅、二表舅及表舅媽都站在一側，另一側就是新娘公及父親、弟弟還有姑丈站在一道。這時並沒有什麼特別的工作，作為且郎的朱姓姑丈也一起陪著。大表舅笑著問新娘公怎麼看起來這麼後生就要討姐了，幾年次現在在哪裡工作呢？站在對面的新娘公對著長輩的寒暄詢問恭敬地回答說：「六十五。現在在國小當社會科老師。」「六五喔！」大表舅露出驚訝的表情，對於已經三十四歲的準新郎卻有著娃娃臉的表姪子笑了起來。又轉向他的表弟問了為什麼二兒子都要結婚了，大兒子還沒討姐。宋伯伯給了一個可能聽起來蠻「標準」的答案，像是老二跟媳婦認識很久想結婚了，老大的婚姻緣分遲遲未到等等。除此之外，大表舅亦關心起宋伯伯他們現在住的旗尾透天厝販仔屋如何如何。對於林家大表舅而言，他的姑姑之前嫁到宋屋時，是在山下那一個鄰近靈山腳下的夥房生養了五男三女，這天帶著兒子回來敬外祖的表弟是次男，結婚時娶的就是隔壁曾屋夥房的細妹，而後在

民國82年在旗山鎮旗尾購置販仔屋，組成了自己的小家庭。因此，即便宋屋廳下與林屋廳下相隔不到兩百公尺，在宋伯伯他們那一代遷出彌濃的人非常地多，距離難免造成陌生與疏離，所以在難得的機會裡相遇，彼此交換的其實聽起來都是相當「基礎」的近況訊息。

相對於敬拜神明與伯公後將牲醴帶回，到外祖家敬祖之後的牲醴——尤指全雞與豬肉料以及菓粄等都會留給外家作為禮物。旗尾宋家上午的行程返回時所有的牲醴祭品（除金香紙燭）外，都會再帶回家；但下午帶出去的牲醴祭品則就留給宋家祖堂及外家夥房。外家方面通常怎麼對待這份禮物呢，例如九芎林馮家至祖母外家敬外祖後，祖母外家負責接待的兩家人，除了平分兩袋各含八塊的紅粄外，全雞與豬肉料也對分一半，接待方的女性必須非常俐落地迅速將禮物作最好的分配，所以馮家祖母外家的二房媳婦，在敬外祖隊伍隨著八音離開之後，隨即借用三房的廚房，扭開洗碗槽上的水龍頭，在嘩啦嘩啦的水聲中沖洗著被染紅的雞[59]，因為很多人不喜歡這樣的雞，所以二房在清水下把全雞的外表盡量沖洗乾淨，然後順著雞的脊椎骨從屁股朝雞頭方向用菜刀切下，一面施力對剖一面又熟練地把原本從尾椎塞進腹部的兩隻雞腳也拉出來。之後將也染紅的豬肉料反覆地搓洗幾回，將其半分。有經驗的人就知道，三層肉是有「前」與「後」的，它指的是肉比較紮實的那一頭是「前」，比較鬆垮的則是「後」，不管是敬拜神明還是祖先，都要將豬肉料「前」的部位面向要敬拜的對象。[60] 這天二房媳婦在對半剖開全雞後，又將豬肉料縱向剖為兩料，兩房都各拿到有「前」有「後」完整一塊三層肉。由於二房與三房目前長住家中的人並不多，所以兩家的紅粄都除了留幾塊下來之外，在儀式結束後以及下午去田裡工作時，即分送給鄰里親友，而在敬外祖

---

59 在彌濃有些人習慣將喜事敬祖的雞與豬肉用食用紅色色素整個染紅，稱「染線紅」。但似乎很多人並不喜歡吃到像這樣的雞。

60 我在彌濃十年的媳婦生活中，在敬拜時常有一些細節顯得有些笨拙，像是總是弄錯豬肉料的「前」與「後」，以致於方向擺錯。有些年長的女性會上前「指導」一下，其他僅點頭之交的鄰里甚至彼此不認識的人，大家有時只會說明一下，好樣也沒有硬性規定一定要當場改正。

整組儀式中，「外家」的工作也到此告一段落。

　　就在旗尾宋家即將離開祖母外家林屋時，宋家子弟很懂禮貌地要拿起掃帚清掃禾坪中散落一地的紙炮屑，林屋人上前客氣地說著：「不識掃，等一下還有一攤咧！」（不必掃啊，待會兒還有下一批人要回來敬外祖呢！）林先生說待會不久會有另外一批人要回來林屋敬外祖，並表示大家族的夥房每逢好事就是這樣熱鬧。

　　新娘公離開祖母外家之後，在車上對著我說著接下來要如何去他母親的外家，那是在接近與旗山交界的崙仔頂。由於他的外公過世未滿一年，這一天他母親的娘家三省堂（曾氏）有許多舅舅阿姨，剛巧就是這一天（農曆十一月二十五）都回來為他的外公「分年」[61]，所以今天曾屋會很熱鬧。果然，如新娘公所說，當敬外祖的三部車從縣道經產業道路轉進位於果園旁的曾屋時，出來迎接的人相對來說是比敬外祖一行人還多，而我一眼就瞥見本來全程都沒出現的宋伯姆，這時就站在她娘家的門口歡迎著大家。曾屋人是從山下搬過來，新建的三樓透天農舍在最高的第三層樓作為廳下，奉祀阿公婆牌位。且郎迅速將彩旗從車上取下，放在一樓大門的兩側，之後把在車上最後一副牲醴祭品也搬下車，而出來接待的曾屋人幫忙壓著一樓的鋁製彈簧紗門，並直說「不用脫鞋」、「廳下在樓上」，整個敬外祖隊伍就直往樓上走去。

　　這個廳下是宋伯姆她的父親所建，主要也是由其父親在管理，由於父親不久前過世，所以這一天宋伯姆的兒子要回來敬外祖，就委請新娘公的外叔公【MFBy】擔任主祭。且郎走進這個陌生的廳下，在眾目睽睽下將牲醴與祭品迅速就定位，點香，並協助新娘公和父親點上兩對蠟燭，放在外家祖先牌位案前與土地龍神。就在曾屋人將香接過手開始分發給廳下裡的人時，屋裡人就對著發香的人說：「且郎不識。」即不需發給且郎的意思。實際上，三位來自宋屋的且郎，早已

---

61 彌濃地區的「分年」指的是親人死後遇到的第一個舊曆十二月廿五日，嫁出去的女兒要帶牲醴回娘家祭拜，牲醴可用葷或齋都可，端視親人逝世後暫時安葬何處，若已撿骨入家塚，則就不需要「分年」。習俗上說「生人有閏月，死人沒有閏月」，若當年有閏月的話，則提前至十一月廿五日進行「分年」。

跨出廳下，在外邊二樓陽台休息。這意謂著且郎在現在我眼下所見的一群人中是「外人」，是不可以拿香祭祖的。相對於前一場在新娘公祖母娘家的林屋，三位且郎分別是林屋那位嫁出去的女性的兒子與女婿，這一場在曾屋的敬外祖，且郎變成「外人」，明顯地就必須排除在外，祭拜時要離開廳下。

　　新郎公與他的外叔公並肩站在最前面，其餘包括他的父親、母親，還有其他母親外家的親戚都站在後排及兩側。我嘗試很低調地站在面向他們正面的樓梯口，想貼近記錄外叔公如何向祖先稟告這樁由姪女婿帶著他的兒子上前敬外祖的訊息，因此並沒有隨著且郎離開廳下。當大家都拿到香之後，外叔公開始說話：

> 「今晡日係……（日期），我等的……（宋伯姆的名字）按誠心帶來三牲祭拜，敬請祖先慢慢享用。大家唱喏！天光日宋……（宋伯伯的名字）的公子宋……（新娘公的名字）要來討姐，今晡日大家按好彩來敬拜我等曾屋祖先，希望祖先保佑伊等事事順序！」

> （眾人齊聲：有！）

> 「萬事如意、身體健康、大賺錢！」

> （眾人齊聲：有！）

　　手上的香都集中插在香爐之後，大家就七嘴八舌地跟宋伯姆在廳下裡聊起隔日婚宴的細節。廳下兩側擺著兩張單人藤椅，新娘公的母親和他年事甚高的叔叔就坐在藤椅上聊著曾屋的家裡事。而曾屋也邀請宋屋敬外祖一行人到樓下享用甜點。我在他們殷勤的邀請下也跟著下了樓，端起一份用水紅色塑膠碗裝的甜圓粄（甜湯圓），一面跟新娘公的外姑婆【MFZ】坐在一樓正門外的椅子上隨意聊聊。外姑婆

問圓粄好吃麼，我說好吃。外姑婆又問是哪裡人，我說山下。她說新娘公他外阿公也是從山下搬來這裡的。我點頭表示瞭解，問她彌濃人為什麼要敬外祖，她說：「就──念起水源頭啊！」我又再次點了點頭。

全天的敬外祖儀式即將全部結束。在曾屋一樓前院，新娘公剛燒完紙錢，我走到新娘公一旁去跟他聊天。沒多久一樓的那扇鋁製紗門伊呀伊呀地開闔了好幾次，一些曾屋人從裡面走出來，宋伯伯也跟在後頭。之後就是且郎們也從屋子裡走出來，準備將彩旗收回車上，同時，新娘公的外叔公拿了兩個紅包出來，要給且郎。宋伯姆從屋子裡走出來，看到跟一道來做田野的兩個小孩，因為覺得「無聊」所以賭氣不說話，不禁笑了出來。她直要我們先回家然後跟家娘說晚上到她們旗尾家那邊給他們請，又說：「阿蘭，䵃晡夜來分我等請！」（阿蘭，晚上來讓我們請客）。我禮貌性地回答說，那先帶小孩返家洗身（彌濃人習慣傍晚洗澡），會轉達家娘的。

待車隊即將離開時，曾屋前院響起了鞭炮聲。「今暗晡六點半開席，回去告訴妳媽來給我們請喔，妳也來！不然，我會打電話去喔！」宋伯姆仍舊鍥而不捨。

參酌比較一些不同的細節

接下來再描述另一場敬外祖作為比較。新娘公是五隻寮劉屋的三子──牽起親戚來也是與山下這邊有關。他是夫婿的堂舅的小孩【HMFBeSS】，不過，我一樣叫他表弟即是。表弟有三兄弟，老大跟三弟相隔五歲。我託家娘徵求堂舅讓我去「參觀」表弟去敬外祖，堂舅給了一個時間，說當天下午一點左右到他家就好。當天對照著堂舅姆送來喜帖上的住址，再用電話稍微瞭解一下堂舅家的夥房與縣道的相對位置，雖然在聚落裡稍微找了一下，但很快地就看到了在夥房禾坪正堆放著提供給明天喜宴辦桌作為臨時遮陽用的鐵架零件以及篷布。

這天上午，堂舅已經帶了牲醴祭品去敬過附近的五穀廟神農大

帝，還有鄰近的伯公，但新娘公因工作下午才返回。廊仔下（客廳）裡舅姆正準備下午的牲醴祭品，一面又跟堂舅以及兩位住在附近都已過古稀之年的且郎們聊著天。一直到下午一時二刻，剛在街上吃完面帕粄的新娘公終於回來了。

五隻寮劉家表弟的敬外祖行程，首先前往位於橫山尾的師檢堂蕭屋。前往蕭屋路上經過許多菸草田，那一帶在美濃菸草世紀已經宣告尾聲的這個時候，難得的還保有多片菸田，而菸草開花也告知了路人這正是仲秋時分。敬外祖的隊伍從五隻寮出發時放了一段八音，但沿路怕吵到午睡的人們，八音錄音帶被按下暫停，直到要轉入蕭屋前三十秒，擴音器又「忽然」再次被啟動。那從擴音器突然冒出的全音量，讓原本靜靜駛於菸草田間的敬外祖隊伍，以一種高姿態宣布了他們的來到。

與蕭屋之前約定下午兩點來敬外祖，抵達時我看了一下手錶，未過兩點一刻。忽然之間音樂停了，我們一行人也轉進蕭屋禾坪。表弟他的大哥把彩旗放在蕭屋廳下，意識到沒聽到八音，趕緊轉身回到車上把錄音帶翻面，不一會兒八音又喧騰地播放開來，而蕭屋的狗也一直對著我們吠。

蕭屋廳下的棟對[62] 記載著這一家族其悠久歷史，為仕傑公脈下，由五十郎梅軒公定居於松源（今廣東梅縣松源鎮）開基，而後遷至石扇（今廣東梅縣石扇鎮），到第十六世仕傑公時渡海來臺，後為龍肚開庄時期的重要拓墾者之一。除了位於龍肚庄內的開基夥房之外，在十穴、吉洋、橫山尾、竹頭角、屏東縣佳冬等地都有分支夥房，而他們都在夥房廳下祖先牌位旁的尊位，另外敬奉「蕭氏大始祖」漢朝宰相蕭何畫像，並為「蕭何公嘗」之一員。這一天，五隻寮劉屋即是到位於橫山尾的蕭屋分支夥房來敬外祖。

兩位頗有年事輩份的且郎絲毫不懈怠，一面跟新娘公的父親討論

---

62 石扇繼松源輝燕翼振鴻圖五十郎開基俊傑英才榮八葉，元明推唐宋啟人文昌大族十六世渡台綿延瓜瓞著三方。

著什麼東西放在哪裡啊，怎麼沒看到呢。其中一位轉頭跟堂舅說「你們應該要一份一份放好，才不會弄混拿錯，要用的時候也清楚」，語氣帶有一點埋怨。我從中也嗅出了且郎比堂舅還要來的老經驗以及地位高的味道。後來我跟且郎們聊天後，確認了這一點；那位發言埋怨的且郎，女婿可是位縣議員。因為與堂舅做鄰舍很長一段時間，平日互動也熱絡，敬外祖前堂舅就想到要請他來協助提供意見。

　　祖母外家的蕭屋，由舅公親自接待。點香、點燭之後，眾人（不包括且郎）就站在蕭家祖先牌位前開始唱喏。蕭先生見我也在廳下裡面，本來也要遞香過來，但敏銳地我趕緊應了一句「按壞勢，我係來攝像的」（真抱歉，我是來拍照的），對方「喔」一聲，露出不好意思認錯親戚的表情。在廳下外的八音音量非常地大，致使當蕭屋與姻親劉氏子弟開始共同進行敬祖時，我都聽不清楚他們到底講了些什麼。

　　當劉家第一柱香插上蕭屋祖先牌位前的香爐時，眾人才開始輕鬆地寒暄聊起來。蕭屋裡的人在左廂房尾間的屋簷下排了一張長板凳以及數把椅子，直覺上那些椅子後面的那一個間房就是接待者蕭先生住的地方。蕭先生稱新娘公的祖母為姊姊，看著他姊姊的孫子回來敬外祖，甚是高興地介紹其他幾位同樣住在夥房裡但不同房的其他親戚，介紹詞通常都是從「這是我的誰誰」開始。

　　幾分鐘後，廳下裡斟第二道酒。新娘公的表舅姆說著要大家先去燒金紙、打紙炮，本來在聊天的新娘公就跟著舅姆，到夥房禾坪一隅已經準備好的燒金紙專用的不銹鋼耐高溫小金爐旁，將金紙鬆開一張張拗出對摺，丟進爐中。我這個「外人」在這個過程中一點都沒有我的事（也不該做什麼事），於是我就是很快地依田野習慣把何時燒金紙、何時打紙炮的時間（timing）記入田野筆記裡。這時我發現新娘公的舅公正站在較遠的一旁看著，剛剛我在廳下他就已經為我（們）解釋了那幅「蕭何畫像」以及畫像下的蕭氏大始祖牌位／神位的意思。見他剛好得閒，趨前去找他聊天。「阿伯，蓋壞勢，我再跟您請問一下……」剛剛大家在唱喏的時候，作為蕭屋這邊家族的代表跟祖

先秉告，講的內容是什麼。他說他講的是「奉請，祖公祖婆、阿公阿媽，然後什麼名字要來討心舅[63]，就某某他的賴仔天光日有結婚典禮，準備這個三牲禮物要來答謝阿公阿婆」。「難道不用跟祖先講說是第幾世誰的女兒嫁到哪裡的，有了兒子或孫子要準備結婚……？」這位身材高大的蕭先生就笑著說：「哀哉，香一點祖先就知了，哪裡需要講按多哪！」

後來與這位蕭屋長者繼續聊天，話題從敬二代外祖還是三代外祖到敬外祖與認親的關係，甚至是我是哪個村哪個山腳下的媳婦都被他問了出來。他問我要來研究什麼，我有點不好意思地說，想來看看什麼是敬外祖。一般情形下彌濃人只要有人問到什麼是敬外祖，大家都會用一兩句話就「解釋」完了。所以蕭屋長輩有點驚訝的眼神，似乎表達的這是一個不言而喻的事實，還反問我：「妳娘家那邊沒有『敬外祖』喔？」。還想再多聊一下時，金紙燒完、紙炮也打了，親戚見面格外熱絡，大夥意猶未盡，我用餘光看了一下堂舅跟他母親的家族成員的互動，耳朵偷聽到他們談話的內容都是跟農事有關，彼此交換的是上一季的農作心得還有下一季打算要投資在什麼作物上。

就當人家杯中的涼飲都喝得差不多之後，新娘公的舅公拿了兩包紅包出來要給且郎。蕭屋人拿了自家的錫桶來，收下牲醴中的三牲，而錫桶把手在提放之間發出哐啷哐啷聲，也象徵著此一行人在新娘公阿媽外家的敬拜行程告一段落，他們被催促著趕緊結束聊天，要過攤（換一處）了——和阿姆外家羅屋那邊約定了時間，那邊一定在等了。

位於龍山的羅屋，五隻寮堂舅他的妻舅哥兄弟已經在那邊等著了。新娘公的舅媽迎接著大家：「啊，你們很準時，我一直在家裡等著呢。」然後轉頭跟旁人說「他們要紙杯」。在素樸莊嚴的廳下這樣

---

63 客話一般稱「媳婦」為〔xim´ kiu´〕，漢譯字寫法非常多種，包括「心舅」、「新舅」、「薪臼」、「辛臼」，客委會網站上使用「心臼」。由於我同意使用「臼」或「薪」都是受女性勞動刻板印象之下採用的選字，因此本書將採用黃莉萍（2007: 131-132）對於這個稱謂所使用的選字「心舅」之解釋，認為「心」是「息／媳」的音變，而「舅」乃是「媾」聲變而來。

的談話聲都有一種回音，神聖感環繞。而就在且郎們正準備著擺放牲體祭品的同時，新娘公的舅媽又說了：「啊，汝等大家先來食一下茶！」（你們大家先來喝杯茶！）隨後她遞給了新娘公和他的父親（她要叫姐丈【HZeH】）各一杯白湯水（冷開水），新娘公的舅舅就喊著：「大家準備唱喏囉！」（大家來拜拜囉！）

羅屋接待的三個人，領著回來敬外祖的父子二人都持了香，由新娘公的舅舅向羅家祖先秉告：「天光日某某要來討心舅咧！今晡日他的賴仔某某，準備牲體要來敬外祖，天光日他要結婚，要請阿公婆保佑順順利利，萬事如意。」五人一起喊「有」，然後依序上香。這個程序進行的很快，我在廳下一個角落靜靜地看著他們，兩位且郎既不在戶外，也沒聽到聲音。當我跨出羅屋廳下門檻後，新娘公喊我：「喔，來吃點心，吃了會平安喔！」他把剛剛去蕭屋敬外祖的祭品之一：餅乾，分了一包過來。禾坪上停放的音響仍舊響著，羅屋接待的三個人把大家都請去廊下（客廳）聊天，新娘公的舅媽直說：「坐一下來，燒金燒好了，不怕。」堂舅說今天來接待的羅伯伯，可是現任某位鄰鄉籍縣議員妹妹的家官（公公）喔！今天擔任且郎的前任縣議員丈人也在場，一群男性就圍繞著地方政治選舉的話題聊開。這個羅家是從鄰鄉搬到美濃鎮龍山來的，他說家族中亦有一位鎮民代表。現在羅屋的這個夥房是這位羅伯伯的外阿公幫他們做的，這位外阿公曾在龍肚龍闕開設磚仔窯。一講到家族史，羅屋人、劉屋人竟就聊著剛剛去看到的蕭屋裡的蕭何畫像。講著講著，羅伯伯也談開來了，說起兩個都在教育界服務的兒子，難掩自喜的表情。

在一群人聊天的同時，女性似乎是無一刻得閒。剛剛羅屋女性家眷已經領著新娘公趁長輩聊天時將金紙都先燒好了，接下來趕緊為這群男性們泡茶，然後陪著坐在一旁。沒多久又帶點焦慮地問著這群男性：「嗯……做得打紙炮了嗎。伊等還要過攤喔！」（嗯，需要放鞭炮了嗎，怕他們待會還得去別的地方啊。）且郎搶一步應話：「不怕，伊等沒咧，伊等等一下就要歸去屋家去敬咧。」（唉唷沒關係的，他們沒有要去別的地方了，他們待會就要回他們自個家去敬

了。）話才剛落下，女性往客廳外望了望，發現廳下的敬祖已經結束斟第三次酒，開始收拾東西了，遂退出聊天圈，回到廳下，將劉屋帶來敬外祖留下的禮物——紅粄，分給可愛的孫子吃。我也跟了出去，看了看剛剛羅伯伯所說的這棟有經過特別細工的夥房屋正身。[64] 雖然祖堂上另有供奉神明，但敬外祖時羅屋很知禮地只將香插在祖先那一側的香爐裡——這種習慣與福佬庄神明廳已頗為相近。

出聲邀請

依照風俗，敬外祖除了帶著牲醴到外家敬祖之外，另外一個必須有的重點在於「親自」邀請姻親家族翌日參與婚宴。所以在外家敬祖儀式結束之後，「出聲」提出邀請是一道必備的程序，少了就失禮。就像是彌濃庄有四個兒子的劉女士就說：「我兒子結婚時敬外祖我都有帶他們去唱喏喔，要去當面邀請阿叔佬、娌娘佬（嬸嬸）、他的叔婆伯姆什麼的都來吃飯啊。有帖子邀請，在敬外祖時，後頭還要再當面邀請喔！」彌濃街上的林師母說，兒子娶妻前一日她陪著去敬外祖，那種感覺「就像是回娘家一樣」，她也強調：「（陪著去）也要出聲說『黯晡夜要打八仙、打鬥敘喔』，說『來給我們請喔』」。

因此，對於五隻寮劉家來說，到阿媽外家以及阿姆外家的行程告一段落後，接下來就是跟姻親家告別時，堂舅與堂舅母趕緊出聲邀對方今晚去他們五隻寮吃晚餐。羅屋人說要幫忙帶兩個小孫子，隔天中午的喜宴再去就好了。這邊又說五隻寮夥房禾坪很寬的，不怕讓兩個小孫子跑來跑去，離這裡也很近；或者媳婦如果回來了，給媳婦自己帶就好了。對方又回應：「唉呀，我天光日再去啦，天光日我等係全家人都會去分你等請喔，今黯晡就不去咧。唉唷，細人仔就不知到

---

64 羅屋門對寫著「理學無雙仰素先，科名第一紹洪先」，「仲素」指的是唐朝時人羅公仲素，名諱崇彥，為宋朝理學家朱子的師祖；「洪先」則是明朝狀元。門對將這個家族的中原理學意識載明其上。我又重新望了望廳下，羅屋廳下已非如老祖堂那樣只羅列祖先牌位，在這從鄰鄉遷徙而來的夥房廳下，正中間供奉的是一幅繪有「桃園三結義」的畫像，左尊位為家族私奉神明，在三結義畫像的右側才是祖先牌位——這種方式明顯受到福佬人影響。加上神桌底下的土地龍神，這個廳下裡總共有四個香爐，這也是在彌濃地區較為少見的。

大。」（唉唷，我明天再去啦，明天我們全家人都會去給你們請，今晚我就不去了。實在喔，小孩子就是還小嘛。）經過十分鐘整理東西準備發動車子引擎時，劉家又再一次地微笑地跟羅家伯姆說：「暗晡夜來食飯！」（晚上來我家吃飯！）對方又說：「我天光日當晝再去。」（我明天中午再去。）劉家又再一次回應：「有煮喔！」這翻成白話其實就是：妳來絕對有可以吃的，有妳的份，不用擔心、不用客氣。

　　類似這種對話很有趣，一方要極力邀請，另一方要表現出極力婉拒，兩邊都要想盡辦法說出一個理由來，從與整地工人已約好時間、收紅豆大賣（批發商）從遠來無法異動時間，到媳婦不在家要帶孫仔等，都可以是婉拒的說法；不論如何，受邀的一方就是表現出有點勉強的樣子，要表示自己「很忙」、不是閒閒在家等著別人請客，也表示說自己是很知道分寸，不會白吃一頓，佔人便宜。在 Erving Goffman（1959）「臺前」、「臺後」的概念裡，這種在日常生活中的臺前演出，是必須確實遵守的，否則該被受邀者會說對方不懂禮數，或受邀者一下子毫不考慮就說好，也容易讓人覺得有佔親戚便宜之嫌。這種臺前臺後是經歷農村變遷之下的產物，過去傳統婚禮從二、三天前，親友鄰居就會開始幫忙，因此會有晚上這一頓；又因晚上有人要還神，傍晚就邀大家一起吃飯。現在農村婚禮的情境已有諸多改變，吃人一頓飯似乎覺得不再是那麼地理直氣壯。

　　在過去，敬外祖回來到還神（敬內祖）之間的小型辦桌，是主人家宴請當天的有功人員及鄰舍親友吃頓飯。飯後相互閒話家常，逗弄新娘公，這樣的一頓飯被稱為「打八仙」。[65] 不過，受到婚禮前一晚

65　就像是一般與宗教有關的傳統戲曲在正式演出前必然表演一段「吉慶戲」，民間俗稱「扮仙戲」，而扮仙戲的內容包括神仙戲與人間戲，前者內容為三仙、八仙、天官或各星君絡繹不絕前往祝賀的故事，後者則是與歷史人物功成名就、封官晉爵有關；其中《大醉八仙》內容更有台上眾仙在酒酣中暢快開飲，還會把餅乾糖果等丟給觀眾，喜氣滿分。所以婚禮前一晚的小型家族謝功宴在彌濃就被稱為「打八仙」。民俗專家林先生補充表示，「打八仙」就是感謝親友在婚禮籌備期的幫忙，包括看日子的、協助敬外祖的、幫忙很多的，邀到比較好的朋友來，大家盡興一晚上；其中有些人雖然不是去幫忙的，主人家還是會邀好朋友一起來吃飯，通常會到一、二十桌都有。現在倒是常聽到人沒有請八音團的，大家就

舉行還神的比例漸少影響，敬外祖當晚吃的那頓飯已經不再那麼「功夫」，現在還知道「打八仙」的人，亦多已是有點年紀的長者。我在田野中與鄰舍就著圳橋邊閒聊時，發現到已有人將婚宴當晚的「食新娘酒」與前一夜的「打八仙」誤為同件事。「食新娘酒」（又稱「食新娘茶」）是指早期在婚宴當晚（彌濃人習慣在中午宴客），會擺桌提供茶點讓新娘認識夫家的親屬以及地方長者，也是鬧洞房的開始。不管是「食新娘酒」還是「打八仙」，依例八音團都即席引導，甚至可彈性配合現場氣氛演奏流行歌謠或客家山歌（謝宜文，2007：82）；然而，這樣的氣氛在婚禮逐漸西化、簡化的風氣下，幾乎已經從彌濃銷聲匿跡，剩下的可能就是午宴結束後家族內的奉茶認親，由長輩準備紅包給新入門的新娘，比較細心的新媳婦也會回贈小禮一份。

由於彌濃的家庭規模縮小，認親過程一一被簡化或直接取消。也就是說，不僅是「食新娘酒」，包括喜宴前由新娘在女性親屬頭髮上「插花」（插頭花）認識女性親屬的風俗，同樣也極為少見了。長輩對於取消認親儀式的說法是：「不必辦啦，人家會以為我們要貪他們的紅包。」夫家長輩的這種「怕被人說話」的決定，直接影響的層面包括：新娘不再被期待要在認親之中進一步確認更多的親屬關係，另外，原本應該屬於新娘的「私睞錢」，也就是Cohen用了很多篇幅討論的女性經濟權的來源之一（見Cohen, 1976: 168），即被夫家以面子為由，擋在門外了。

搬一台伴唱機，很高興地唱一整晚。

第四章 承合族之創建：敬外祖的邏輯

What is essential is invisible to the eye.（本質是無法用肉眼看見的。）

——Antoine De Saint-Exupery[66]

　　敬外祖從儀式本身進行的程序來看，應可視為擁有漢人社會「祖先崇拜」特徵的一種延伸文化，然而它卻逸出了單純的父系敬拜，大範圍地在特定的區域方言群中，親至姻親祖先牌位前，隆重行獻敬拜。敬拜儀式扣結於婚禮之中，且婚禮本身目的即在締結新的姻親，加上敬外祖表達的正是對姻親關係締結的重新確認；因此，在彌濃社會，透過一場婚禮不僅聯結新的姻親關係，同時亦將新的姻親締結與上二至三代的姻親關係聯結在一起。

　　不過，另一方面來思考，強化姻親締結的方式很多，如透過日常的「走親戚」即可穩定跨代的姻親關係，何以會出現採用「祖先崇拜」的方式，備妥牲醴加上八音彩旗領隊，浩浩蕩蕩走進姻親家的祖堂上香？這是關於風俗「起源」的討論，缺乏歷史材料可以分析，而且就像是著名的法籍小說家安東尼所說的，「本質無法用肉眼看見」，因此上一章我們在感受當代敬外祖的實際氛圍中，找尋人們在實踐裡對於儀式本質的認知，這一章筆者將嘗試把梳敬外祖儀式在親屬關係聯結上的邏輯，並找尋它在下淡水溪客方言群盛行開來的可能原因。

眾聲喧嘩：「就是飲水思源啦！」

　　01.「我等彌濃人就說敬外祖是飲水思源，念起外家。」「飲水思源，念起水源頭。念起外家的阿爸阿姆，就去敬外

---

66 著名文學作品《小王子》一書的作者。

祖。」「食水要念水源頭，念起外家的阿爸阿姆，就去敬外祖。」（女性，我的家娘，1950年出生）

02.「敬外祖就是要飲水思源，認親的意思。客家人最會念起祖先，念母親之恩，所以去感謝外公。」（九芎林馮家新娘公叔公，76歲）

03.「敬外祖就是答謝外家的恩情。我們彌濃人這邊比較會念起頭擺，有人說我們彌濃的山形，比較會念起水源頭。客家人很有『恩情』這種感情就是了。」（男性，彌濃牛埔仔國寶級嗩吶手，1938年出生）

04.「我們這邊有敬外祖，就是尊敬女方的祖先；例如我要娶心舅了，當然我的祖先要敬，另外我太太的家的祖先也要敬。妳說敬外祖，就是說孩子是父母共同生的，只有敬爸爸的祖先，對媽媽過意不去，所以媽媽的祖先也要敬。」（男性，龍肚東角退休教師，1927年出生）

05.「外祖之所以重要，就是強調血統的意思。外家是很重要的，認識外家，就是對子子孫孫都要交代血統的來歷。結婚要注意對方的血統，血統要好，也就是說外家祖上的『種子』好。以前人常說『討心舅要取三代』，就是這個意思。敬外祖就是『水念水源頭』，不管是自己的祖先還是外祖，祖先自哪裡來的，一定要記好來，對子孫有交代。」（男性，龍肚北上塘退休教師，1920年出生）

06.「所謂敬外祖，與『飲水思源』有關。所謂飲水思源是說，去知道之前是跟哪個家族結親的，我按好才，生下男生現在要結婚了，所以到母方的祖先家去拜拜。怎麼可能說兒子要結婚了，沒有到母親家的祖堂去拜拜呢？這怎麼可以！像一般人就拜三代，超過三代的，我們認識的人就

很少了，所以也就沒有追究到公太、婆太那邊去了。」
（男性，社區大學客家類學術課程講師，1935年出生）

07.「敬外祖回我娘家的時候我很高興，像我娶心舅的時候，我也有陪著去呢！」（女性，擁有中學畢業學歷，傳統菸農，外家在竹頭背，1939年出生）

08.「敬外祖啊，就是重視姻親關係啊！為什麼要重視姻親關係啊？因為舅舅很重要呢。」（男性，果農暨素人攝影家，70歲，敬外祖去了龍肚朱屋及彌濃下庄宋屋，交通工具：貨車）

09.「敬外祖就是要敬母親的外家與祖母的外家，有比較『念祖』的有聽說敬到三代。有些地方，像『下庄』（屏東）並不是都是客家人，如果是客家人的話就都有拜外祖。」
（女性，九芎林籍裁縫師，1948年出生）

10.「為什麼要敬外祖？就『食水要念起水源頭』，家族得以繁衍，要感謝賜予女性身體的家族。」（男性，廟堂管理委員，63歲）

11.「（一直笑）嗯，我不知道耶，娶心舅就要敬那一頭，就這樣啊。妳們那邊沒有喔？」（女性，五隻寮堂舅姆）

12.「敬外祖喔，就要結婚的時候，答謝阿姆那一方的祖先。以前就這樣一直有在敬，不是現在才這樣的，是上一代一路下來都有，感謝外家的祖先，辦牲醴及金香去答謝。」
（男性，竹頭背籍後來搬到五隻寮的鍾阿伯，菸農，在敬外祖時協助當且郎，1937年出生，敬外祖有敬到三代）

13.「敬外祖喔，這就是頭擺傳下來的，就是念起祖先，我們客家人就是會去敬外祖。」（男性，龍山蕭先生，五隻寮

劉屋敬外祖時擔任接待，結婚敬外祖去了龍肚龍闕以及彌濃畚箕窩）

14.「以前小時候我知道啊，知道有敬外祖，不過以前沒有自己參與過，沒有親身體驗這種感覺啦，這是一個很好的風俗嘛，客家人流傳下去啊。」（男性，剛敬完外祖回到家的新娘公，1972年出生）

15.「妳問我為什麼對外家的祖先也那麼重視？人家說『食水念水源頭』喔！」（男性，高樹石岡上菸農，1933年出生。1955年娶妻，敬外祖去到高樹東振村以及六龜新寮村，交通工具包括轎子及竹筏）

16.「我的祖先是苗栗頭份搬下來的客家人，現在我們也跟這邊一樣都有敬外祖了。就感謝媽媽和阿媽那邊的祖先嘛。」（男性，南隆地區的有機農民，敬外祖時去了南隆童屋以及龍肚葉屋）

17.「敬外祖就是飲水思源。」（男性，54歲，吉東農資行負責人，敬外祖時去了彌濃林屋、南隆鮮水港、九芎林共三處）

18.「就念起外家的恩情啊。」（男性，專業農民，1973年結婚，敬外祖去了中門劉屋、彌濃宋屋，交通工具：計程車）

19.「當然要拜外祖啊，照理來說，他（新娘公）本來這個（外祖）就一半是他的祖先啊！」（男性，專業菸農，1948年出生，40歲結婚時到牛埔仔張屋及彌濃下庄宋屋敬外祖。）

　　彌濃人普遍相信敬外祖是流傳很久的風俗。起源雖不可考，但它

在地方人的心目中，就是彌濃人飲水思源與不忘本的象徵。

第一節　親屬制度的最基本單位

> 「就我等的看法，這係兩個人結婚降（生）的細人仔，兩個人
> 的貢獻一樣大啊，照理講兩片的祖先一樣大才係。」（男性，
> 菸農，高樹人，1947年出生）

祖先崇拜與敬外祖

　　在漢人的父系社會制度下，父方祖先與母方祖先並沒有一樣大的
道理，這是學理上的結論。彌濃人因為敬外祖之儀俗，某種程度地拉
高了母方祖先的地位，在漢人人類學領域中，這是一個奇特的現象，
此俗既不存在於彌濃人在廣東的原鄉，也不擴及福佬庄——除少部分
客閩混居區域除外，目前僅知其大範圍地盛行於臺灣南部六堆。

　　「敬祖／祖先崇拜」是漢人親屬現象一個鮮明的核心，它同時擁
有社會性以及文化性的本質，一方面凝聚團體確認地位（Freedman,
1958: 79-91; 1967: 102），同時也指認了在世子孫的義務（Ahern,
1973: 145, 153），更反映親屬關係中強調血緣親子與慎終追遠的精神
氣質（Hsu, 1948；李亦園，1986）。祖先崇拜除了作為人群組織法
則的源頭，它更是界定了親屬關係：人們以祖先為認同組成團體之
後，它便被認知為一種親屬團體，成員間便以親屬關係來對待彼此。

　　在人類學者研究祖先崇拜的共識之外，歷史學者 Patricia B. Ebrey
在一篇分析漢代以降氏族發展的論文中，透過大量貫時性的歷史材
料，就對人類學者提出了建議，認為應該要將祖先崇拜從祭典儀式研
究中「脫鉤」（"detach"）出來，如此便會發現在歷史上的祖先崇拜
儀式，有時只是家族對外建立合作的過程（1986: 16）。這種提示在
面對敬外祖研究時相當具有意義，尤其是敬外祖本身的選擇性舉行
（視姻親關係決定進行與否）的本質，突顯了這個不具祭祀義務與繼
嗣權利的敬祖行為，其儀式本身的目的與功能，與 Ebrey 所言即作為

「建立合作」的過程，可相互呼應。然而，歷史上出現的祖先敬拜儀式，基本上並未脫離一個擬父系血緣關係的思維邏輯，我們應該要如何來理解敬外祖？它究竟是逸出父系敬拜邏輯，抑或只是父系祖先崇拜的另外一種投射？筆者認為仍得回到人類學的理論知識，來幫助我們更細膩地理解敬外祖「如何」以及建立了「哪些」合作關係。

以一組儀式來強化親屬制度最基本單位

在彌濃，長輩耳提面命，表示「外家不是『外人』」，「外家有事應該要上前關心」。這種對姻親關係一再強調其「非外」，正反映出現代社會人們逐漸將姻親關係視為「外」的一種變遷。如果姻親關係「不是外人」，那麼它是什麼。放在漢人社會關係「差序格局」光譜來說，這種一再強調「不是外人」的心理，某種程度是要模糊化直系血親關係與姻親關係之間的那一條圈線，甚或是指出姻親關係作為「自己人」，它並不比直系血親關係來得「遠」。

如果把敬外祖的焦點放在至姻親家祖堂「敬祖」，放在祖先崇拜的儀式上，那麼我們就會忽略看到上一章在敬外祖細節裡，那些共同持香敬拜一個祖先的人，彼此的舅—甥關係。田野中採錄到「去舅舅家拜祖」的說法並不多，但在實際上它確實是如此。敬外祖的這位新娘公，他往往就是接待者的外甥，否則就是外甥的兒子，這種「舅甥關係」在 Levi-Strauss（1969）的婚姻理論中，就是親屬結構裡最重要的一環，若無它，親屬結構即無法存在；一個親屬制度裡的基本結構就是一種以交換婦女為根本的結構，親屬最小的單位不是父母加上子女這樣組成的核心家庭，而是必須加上一個「給出妻子的人」——亦即母舅，Levi-Strauss 稱之為「親屬制度的原子」，他甚至認為母舅是最關鍵的角色，沒有這個「給出妻子的人」，社會將永遠陷於單系繼承而無法與其他群體溝通，換言之，「社會」根本無法形成。因此，在他的「親屬制度原子」單位中，父子關係是舅甥關係的倒轉；而母舅與母親的關係又是夫妻關係的倒轉；這兩兩四對關係——父／子、舅／甥、母舅／母親、夫／妻，就聯結成三種社會裡最重要的親屬關

係——同胞關係、婚姻關係，與繼嗣關係。

我們可以理解讓舅甥關係處在親密的聯結關係之下，可以讓社會中三種重要的關係同時獲得強化，然而，敬外祖採用的方式是漢文化中的祖先崇拜，這在同樣具有強化姻親關係企圖的社會中，甚為獨特。不僅具備一般敬祖之牲醴，作為外甥（外甥的兒子、孫子）的新娘公，還必須盛裝乘轎，聘請八音團與且郎，沿途吹吹打打扛著隆重祭品，前往姻親家的祖堂。敬外祖形式的特殊點在於它逸出一般血親祭祀的既有認知，讓一個不同姓氏的族人，敬備了隆重牲醴進來自家祖堂答謝無直系血緣關係的「祖先」。牌位上的父系世系群象徵，在敬外祖的時空氛圍裡，祖先的定義與子孫的定義都同時擴大了。

人類學者過去對於敬拜「異姓」祖先的研究亦有相當貢獻，特別是相較於中國大陸，臺灣有較多的家庭存在供奉多個祖先牌位的現象，包括異姓祖先——尤其是在移墾時期的臺灣，有些人不幸斷絕後嗣、尚無後嗣即過世（倒房），有時候採取各種補救措施，例如收養養子、養女，為親生女兒招婿、為養女招贅、或是寡婦為夫家招夫等，都會形成供奉異姓祖先牌位的文化。不過，人類學者研究的這種異姓祖先牌位的崇拜，是牽涉到十分複雜的承繼財產與祖先地位的關係，屬於在父系制度底下的彌補措施（見陳祥水，1975）。相較之下，敬外祖對於「異姓」祖先（姻親祖先）的敬拜牽涉較多的反而不是財產與繼嗣，而就是我在田野工作中常聽到的：與姻親家的相互往來關係。然而，假如真的完全無關財產與繼嗣，何以要透過祖先崇拜這樣的文化形式來「象徵」或進行「實際」舅甥關係的聯結？

姻親關係的重要在許多人類學研究中都已有呈現，但並非每個社會都會選擇透過某種文化設計或刻意有限度的婚域選擇，來強化或鞏固姻親關係，在某些地方，姻親的關係反而是刻意疏離的，例如Rubie S. Waston（1985: 118-128）在香港新界廈村的民族誌指出了一種充滿沉默與避諱的姻親關係。相對地，在臺灣的研究目前多是指向姻親關係較為親密，都有著具有非正式政經結盟的特色（見Gallin, 1960/1966: 176-180; A. Wolf, 1970; Ahern, 1974; Pasternak, 1972: 61-64,

81-84, 1983; Cohen, 1976: 149-177），而這亦非臺灣之獨有特色，在中國東北下岬村的民族誌資料，也顯示活躍的姻親結盟關係（見閻雲翔，2000: 112-114）。在上述的田野研究中，姻親關係的活絡最常見的就是政治與經濟上的合作關係，也就是說，經由社會裡的合作，姻親關係即可達到某種程度的強化。敬外祖它顯然不是一個從這種邏輯底下出來的文化設計，它呈現的應該是帶有相當地方社會特性的特殊姻親關係。

第二節 象徵姻親聯結的另一種特殊形式：供奉神位

盛行於六堆的敬外祖，不是臺灣唯一一種透過祖先崇拜文化來表達重視姻親關係的例子。新竹縣新埔鎮有幾間家廟／宗祠，無獨有偶地在宗祠側廳設置供奉歷代姻親祖先神位。

新竹縣新埔鎮是北臺灣客方言群一個重要的聚落群與商業通衢，其發展與清末新竹內山地區錯綜複雜的拓墾過程有關。不僅有著不同族群間的合作與競爭，朝廷權力的介入、樟腦利益的影響、家族勢力在地方上的紮根等，都是客方言群得以在當地建立一定勢力的關鍵因素。文史學者黃卓權（1990: 18-19）指出，早期竹苗地區內山的拓墾激起土著的強烈反抗，漢、蕃衝突激烈，拓墾活動的風險亦提高，得使資金充裕且擁有私人武力的地方豪強——如陳朝綱、林汝梅、黃龍章等人，能有較佳的發展機會。

曾以新埔陳朝綱家族進行深入研究的何明星，認為新埔地區的拓墾有其特點：當地位處於漢墾區與隘墾區之間的平埔族保留區，因此，清代來臺後遷居的客家人，在墾拓的過程中必須與原居於竹塹地區的平埔族、高山族兩大先住民族群發生接觸。其中，埔、客族群大致呈合作關係，與高山族則呈緊張的衝突關係，因此，客家移民為避蕃害，經常採迂迴路線的方式進行開墾（2007: 67）。何明星對於他所研究的陳朝綱家族所興建的家廟有一段描述，他寫到：在陳家墾務的迅速發展下，陳朝綱作為地方頗具財富與名望的鄉紳，甚多平埔族

及單身漢，為避清廷官方苛捐雜稅，寄田陳朝綱名下，死後無嗣無後，其產遂為陳朝綱所有，致使陳家土地不斷增加；為使隱田者身後有祀，陳朝綱遂興建有稱為「百姓陳家祠」的「陳家祠」予以祭祀（Ibid.: 88-89）。[67]

新埔陳家祠

　　陳家祠位於新埔鎮中正路。據《新埔鎮誌》記載，陳家祠是由時任五分埔貢生的陳朝綱於清同治七年（1868）興建，並在三年後（同治十年，1871）竣工。坪數約195坪，「陳家祠所屬田產與地產甚多，所奉祀者為陳氏祖先以及隱田於陳朝綱名下同姓及異姓的靈位，故新埔陳家祠又被稱為百姓陳家祠」（新埔鎮誌編輯委員會，1997：427）。趨近來看，這個距今已超過一百四十年的宗祠建築裡，除陳氏列祖列宗外，祖先公廳右廂（以祖先牌位的方向）供奉兩塊牌位，一書「皇清誥授朝議大夫選用州同加知府銜欽賞花翎重建陳氏宗祠總經理陳朝綱長生祿位」，另一則書有兩列分別為「外氏歷代祖考妣暨一派尊姻戚之神位」及「八戶歸祠」。後面這塊祿位／神位牌，即與本書圍繞的命題：姻親祖先的敬拜有關。

　　目前尚無專論探討何以陳家祠出現供奉姻親祖先神位的設計，是否有其參照。何明星也用到「赫然發現這個較少見的現象」，來描述他剛開始看到姻親祖先神位時的訝異。然而他的研究中亦僅提供了猜測：「……究竟代表陳氏家族發展過程中何種特殊的意義？……照常理判斷，陳家的姻親對陳氏家族發展定有很大的幫助或資助陳氏宗祠的重建，才得以立長生祿位永享馨香」（陳朝星，2007：101）。但顯然的，在這個設於宗祠的祿位廳中，「歷代姻親祖先」是以「神位」受到供奉，而非「祿位」。或因特定之對象稱之祿位，但「歷代姻親祖先」乃是一個不明確的概念（先人群），因此以「神位」奉祀表達

---

67 陳家祠位於新埔鎮中正路。五分埔貢生陳朝綱建於同治七年（1868），同治十年（1871）竣工，坪數約195坪，所屬田產、地產甚多，所奉祀者為陳氏祖先以及隱田於陳朝綱名下同姓及異姓的靈位，故新埔陳家祠，又被稱為「百姓陳家祠」。參見新埔鎮誌編輯委員會，《新埔鎮誌》，頁427。

崇敬之意。

新埔林氏家廟

　　類似陳家祠之設計，在宗祠祿位廳供奉外氏祖先神位的宗祠，在當地不只一例。2006年，新竹縣政府正式公告新埔林氏家廟定為縣級古蹟，並開始對其展開古蹟修護工作。根據大正7年（1918）由林兆欽和林氏家廟管理人之間所寫下的契約，林氏家廟落成於大正6年（1917），族人（在祿位上職稱為幫辦委員）林兆欽將竹北二堡新埔街106番地土地，共計七毛七系及建物數棟，奉獻予林氏家廟，並要求讓林美山公外十五公之牌位晉龕享祀；契約內容還提到，在後來的四年先仍由林兆欽自己收取土地租益，並每年固定於八月初五交出拾元給林氏家廟管理人作為祭奠祖先之用等（見楊仁江，2008a: 47）。林氏家廟興建年代略晚半世紀，這份契約內容指出關於家廟奉祀的對象除了林美山公之外，另有十五公之牌位亦入祀；以前引何明星（2007）對陳朝綱公建造陳家祠的描述，我們或可立即相互參照，理解此與新埔地區特殊的發展歷程有關。

　　至今已近百歲的林氏家廟，在祿位廳側共設有六塊長生祿位，部分為建造當時所設，亦有民國47年（1958）重建時所屬店鋪的捐款祿位。目前共可見到三面性質上皆屬祿位的牌位。根據筆者在2010年孟夏時的田調記錄，當時正在進行古蹟修護中的林氏家廟，祿位廳置於中位的是「重建林氏家廟店鋪捐款祿位」，共刻錄42條名；其尊側為「本家廟嗣後有志樂施產業金品特殊效勞林先生暨長生祿位」；另一側則是「外氏歷代始太高曾祖考祖妣暨一派尊姻戚之神位」及「地基施主諡世昌諱瑞乾林公及派下裔孫長生祿位」（另外還有四位獻地施主之名亦上祿位，包括施主經理林象鼎／鵬飛長生祿位、施主經理林兆送／澄玉長生祿位），合載於一塊牌位上。然而，根據楊仁江的文字記錄（見2008a: 47-48），祿位廳供奉牌位之擺放，原是以「外氏歷代始太高曾祖考祖妣暨一派尊姻戚之神位」及「地基施主諡世昌諱瑞乾林公及派下裔孫長生祿位」置中，兩側分別

是「本家廟今後有志樂施產業金品特殊效勞林先生暨列表長生祿位」，以及經建經理、創建經理人、募集委員及幫辦委員等人之長生祿位。我們若援引林氏族人在祿位廳冬祭之祭文內容，即可確知林氏家廟之祿位廳實際上就是以「外氏歷代始太高曾祖考祖姚暨一派尊姻戚之神位」為最尊。顯然，筆者後來在田調時所採錄的，可能是在家廟進行古蹟修護過程中祿位牌被移動後尚未歸位的情形。

根據林氏家廟在進行大規模古蹟維護前的基本資料調查，林氏家廟提供了一份關於「冬祭」的祭文文書（見楊仁江，2008a: 67-68）。內容包括正廳一份針對「開林始祖殷商比干、肇林始祖周代林泉、閩林始祖晉安郡王林祿，暨列祖列宗」之祝文。另外是針對東廳的媽祖，有一份「祭聖母祖姑周歲時東廳之用」的祝文——天上聖母（媽祖林默娘）俗姓姓林，尊稱其為林氏之祖姑。西廳的祝文以「周歲時祭家廟西廳外氏施主經理祿位」為標題。我們來細究祿位廳關於「周歲時祭家廟西廳外氏施主經理祿位」的祝文，標題上似乎是指對「外姓」感揚其對家廟建造之功，但內文中這裡的「外姓」除指「非林氏者」之外，很重要的就是姻親祖先。〈祭文〉內容說明了敬奉「外氏歷代始太高曾祖考祖姚暨一派尊姻戚之神位」的原因，表達了對於姻親關係的感念：

　　　恭維

尊神檀越[榻]親歷累○之瓜葛然蘿[誼]記承合族之創建然

諾存莫非姻婭之締結而椒衍瓜綿何得喜[堂]基之寄附而

竹芭松茂乃陳即陰陽造端之則實棟宇起基之因詎能缺

一以顯是[共]作合[何]珍浩浩源泉蕩蕩○○廟貌○○廟祝

○念○落成周歲盛典儀文舉行於禮獻微意藻蘋在家在

○來格來賓俾廟之子孫鼎盛尊祖之典禮重新

　　　尚饗

從〈祭文〉中可讀到這是一份宣讀在林氏家廟落成滿週年時的祝文，特別表揚姻親家族對林氏在提供女性締結姻緣傳宗接代上的貢獻（承合族之創建，然諾存莫，非姻婭之締結，而椒衍瓜綿何得），以及他們在土地資金上的捐助（喜堂基之寄附……實棟宇起基之因）。由此我們可以感受到姻親在林氏家族整個在新埔的發展過程中，扮演的角色不僅在於作為外婚制下的給妻團體，而且還對穩固林氏家族提供物質與生產條件上莫大的助益。其中，由於感念對象不是幾個個人，而是「外氏歷代始太高曾祖考妣暨一派尊姻戚之神位」，應非刻意托古，或可能是母系繼承文化嫁接於漢文化祖先崇拜上的一種策略。

新埔張氏家廟

回頭看姻親作為給妻家族這個角色，他讓一個父系社會瓜瓞綿延的功能無庸置疑。這是新埔鎮上的張氏家廟祿位廳門聯所要表達的意義。張氏家廟俗稱張家祠，為新埔富商張雲龍所建。根據文獻，新埔張氏是在清雍正九年（1731）時，由張雲龍的曾祖父張朝欽、張朝鳴兩兄弟相偕，自廣東惠州府陸豐縣渡海來臺，墾拓於新埔旱坑仔一帶，成為張氏的開臺祖。張雲龍於同治七年（1868）歲末，捐佛銀二千大元，建造共耗費佛銀六千大元的張氏家廟，奉祀張氏歷代祖先，並於同治九年（1870）年底完工。《新埔鎮誌》記載張氏家廟為十九世紀末新埔鎮唯一兩層樓高的宗廟建築，之後在日治時期日軍盡毀新埔街，張氏家廟也毀於兵禍，明治35年（1902），才由張雲龍之兄張雲霞的兒子張德修所重建，明治38年（1905）竣工，成為現在一堂三橫五開間的格局。

張氏家廟與前述陳氏家廟同期興建。文獻提及其於同治年間建造的巍峨建築雖已無緣見得，然而仍可就其奉祀之牌位與祿位獲知早期概況。與陳氏、林氏宗祠都有所差異，張氏家廟在兩側均為祿位廳，而無供奉其他神明。據載（見楊仁江，2008b: 108, 114），張氏家廟在其左橫屋（東廳）奉祀的是創建與重建宗祠的有功者，即張公雲龍

及張公雲霞祿位。右橫屋（西廳）則是「外氏歷代暨列尊姻翁神位」，並在此廳外書有門聯，灰泥為底靛色楷書，上書：

（上聯）　　　　　禮及葭莩光二姓
（下聯）　　　　　祀同俎豆享千秋
（橫批）　　　　　篤於親

門聯大意指的是子孫綿延讓聯姻的兩個家族都光耀門楣，故以祭祀之禮讓姻親共享後代敬奉，並期待子孫們永遠如兄弟般友愛。說明了這個祿位廳最重要的功能，也隱含著透過祭祀行為感念姻親家族，要子孫永遠牢記這份恩德。這不僅把姻親的重要性突顯出來，還將之信仰化，呈現出新埔地區地方社會的特殊性。

敬拜姻親祖先的歷史劇本

為探討六堆客家方言群「敬外祖」婚俗的可能歷史過程，本章援引了新埔林氏家廟、陳氏家廟與張氏家廟為例，嘗試作為一種討論參照，因為無獨有偶地，新埔地區有其地方社會的發展歷程，但也有感念姻親的文化特徵。筆者非新埔史之專家，對當地的研究遠不及許多前輩學者，但為能完成參照之需，仍厚顏繼續做了以下淺論。

根據新埔地區的族譜資料，當地的重要家族共有林、劉、潘、范、陳、張、蔡、吳等八個姓氏，而新埔移民後裔的籍貫比例在日治時期也以惠州（46.5%）、潮州（30.0%）及嘉應州（23.0%），三分天下（蘇仁榮，1989: 16）。其中陳家祠由陳朝綱建於同治七年（1868），同治十年竣工（新埔鎮誌編輯委員會，1997: 427）；而張氏家廟興建時間與陳家祠幾乎同時，是由張雲龍建於清同治七年（1868），同治九年完工，而林氏家廟興建的時間較晚，是在日治時期的大正2年（1913）。這三個姓氏的祖籍地都不同，分別來自潮州府饒平縣、嘉應州鎮平縣，以及惠州府陸豐縣。

表4-1：新竹縣新埔鎮林氏、陳氏、張氏入墾時間（何明星，2007：121-122）

家族名稱	來臺祖	祖籍	遷徙路線	入埔年代	地理分區	人文分區	祭典參與	發展因素
下枋寮林家	林浩流	潮州府饒平縣	六張犁→枋寮	乾隆卅一年（1766）（臺）	溪岸	保留區	枋寮祭典區林六合	拓墾
五分埔陳家	陳任華	嘉應州鎮平縣	觀音→南崁→五分埔	嘉慶十一年（1806）	溪岸	漢墾區保留區隘墾區	陳茂源（五分埔祭典區）	拓墾、樟腦、鐵路、軍功、撫墾、捐納、經商（建和號）
旱坑子張家	張朝欽	惠州府陸豐縣	淡水→新庄→旱坑子	乾隆八年（1743）（臺）	溪岸市街	保留區	----	經商（雜貨、油行）

　　這種在宗祠之中以祿位聽奉祀姻親祖先神位的作法，筆者在粵東原鄉的田野中都不曾見過，可將之視為反映新埔地區地方社會的一種特殊文化。如前所述，上述三個姓氏的家廟，有兩者的設置時期在清同治七年（1868），當時的北部粵民社會仍處於大型武裝械鬥的威脅底下，拓墾者相互結為聯盟與聯姻，似乎是一種常態。例如，「同治三年（1864）戴潮春事件之後，北臺灣之諸多家族間更形緊密地結合關係，如陳朝綱與北埔姜家之聯姻（陳朝綱為北埔姜家姜殿邦之女婿），與張雲龍亦成為親戚，而張雲龍與竹塹林汝梅家又為姻親，彼此間網絡關係甚為密切」（何明星，2007: 127）。文史研究者認為大規模的武裝械鬥之後會對地方社會的姻親締結產生正向作用，政治聯姻可以促使原本即有力量的兩個大家族，構成一個在捍衛利益以及土地開發上的策略聯盟。

　　上述林氏家廟祿位廳的〈祭文〉明示了姻親在實業贊助上扮演的重要角色，這或許就十分趨近這種信仰化的可能根源。置於祿位廳即象徵其為「有功之人」，「藉由領養、過繼、兼祧與漢『蕃』通婚等擬制血緣關係，取得耕作之土地，應是客家移民拓墾本區過程中能和

平埔族竹塹社人和平共處，『埔、客』和諧的原因之一」（何明星，2007: 76）。只是，筆者以為，即便是頻繁相互聯姻，亦是械鬥社會底下典型的適應策略，但供奉歷代姻親祖先神位的方式，並沒有實際建立親屬聯結的功能，對於出現此類將姻親祖先信仰化的文化特徵，仍然無法提供解釋。筆者認為，這種在主祀父系世系群祖先牌位的家廟裡設置祿位廳的空間形式，可能相當程度地仿效著新竹客方言群重要的信仰中心——新埔義民廟。新埔枋寮義民廟最早建廟於清乾隆五十五年（1790），建造時相當多人捐贈水田予廟方，多成為建廟有功施主，義民廟祭祀範圍在道光年間（1830年代）原本僅在枋寮、六家等建廟有功施主的來源區域，新埔街上則是在光緒三年（1878）納入義民廟祭祀圈。義民廟不斷擴大其影響力，加上新埔特有的廟宇祿位文化（見王鈺涵，2008），有能力的大家族透過設置祿位廳納入姻親祖先以展現飲水思源之大義，或許是一個特殊的文化混成現象。

這種對於新埔地方社會特色與敬奉姻親祖先祿位關係的探討，若與下淡水溪敬外祖的盛行來進行比較，我們會發現其相同與不同之處。首先，開墾初期面對械鬥社會時同樣採用各種家族聯盟策略，姻親是其中一種。然而如前引研究所示，新埔與桃竹苗一帶漢人所進行的內山開拓，與保留部落意識強烈的南島語族的對峙意識，讓資金較為充裕且擁有私人武力的地方氏族（如上述陳家），透過通婚建立連結以獲得家族與土地發展的機會管道更為多元。相對地，六堆社會的形成並非建立在望族社會上，而是前文所述 Pasternak（1972）之強調跨族聯合（cross-kin association）更重於發展宗族的區域，這個差異讓即便沒有任何家族在此形成宗祠的右堆彌濃，仍能透過緊密的跨姓氏合作，成為擁有橫向緊密連結六堆中的一員——六堆人不僅掌握水系資源，且持續建構著與閩方言群對峙的族群意識與村莊武力。新埔人面對的是與南島語族群部落民的強烈對峙，平埔與福佬在其中似乎都是可選擇作為策略結盟的對象；相對的，下淡水溪六堆的對峙意識主要是面對福佬人（閩庄），且一如後文將說明的，六堆的生活場域就在閩庄與「蕃社」的圍繞之下，其姻親策略結盟在早期似乎非常高密

度地選擇客方言群自己人。

另外，供奉歷代姻戚祖先牌位與六堆人盛行敬外祖，雖然皆具有感念姻親祖先之意，但比較起來卻很不同。就儀式本身來說，供奉神位並無強化姻親關係的實際作用，但敬外祖是動態地「走進」姻親家祖堂。就感念對象而言，神位是敬奉「外氏歷代姻戚」，一個統稱，敬外祖則是明確地連結著以準新郎為中心，其父系世系群以上二至三代所建立的姻親家族。筆者認為新埔家廟群設置姻親祖先牌位於祿位廳的做法，在「表彰母方祖先」的象徵意義較敬外祖是更為明顯，而敬外祖所敬拜的「外祖」是明確的對象，因此具備的強化姻親關係功能較為實際。

換句話說，「感謝姻親」可能有著多重含義。從實質上的感謝母親個人到感謝給妻家族（姻親祖先／母方祖先），感謝的原因從「給妻」到「給嫁妝」或「給土地」，不同的地方社會可能呈現非常不同的詮釋與實踐策略。新埔家廟群的這種案例，也提供了筆者思考六堆敬外祖可能的歷史過程。或許六堆從拓墾社會走來，因對橫向連結支持的需要（見本書第五章）形成偏好，對於母方因帶來的實質嫁妝與社會資本（例如金錢、物品、土地、支援人力等有形與無形），對家族發展起了穩定作用，所以感念姻親家族的貢獻；擁有繼承資產家族的裔孫，結婚前向母方家族（姻親）敬祖表達「受禮」之恩，實不違背情理。但這並不意謂已婚（甚至未婚）女性擁有娘家財產繼承權，或擁有婚前分得財產之意，以筆者在彌濃的田野材料，彌濃女性無財產繼承權是當地默契，即便當代民法保障，女性仍會在娘家分家時被要求「主動」放棄財產繼承權（見第七章第三節、第八章第三節）。但另一方面筆者也獲知彌濃人若分家時家族中仍有未嫁之女，會多分一筆給已婚的兄長，提供給他作為為妹妹張羅夫家並準備嫁妝之用。曾聽聞領到這筆錢的兄嫂對妹婿要求的嫁妝表現吝嗇，日後沒有獲得福報的坊間閒言。回到敬外祖。若是六堆某個有名望的家族起了頭到母方家敬外祖，鄰里俱以為尊雅高尚且有飲水思源之美，成為一種流行而後約定成俗，或也就不難理解了。雖然，我們如果把給妻家族設

想為母系繼承的社會，似乎一切也能符合邏輯想像，且與漢人在臺墾拓史「有唐山公無唐山媽」的說法還能呼應，但六堆敬外祖的邏輯基本上還是以一個父系單系世系群為軸心來決定敬拜對象，且根據日治時期戶籍材料，像高度盛行敬外祖的彌濃，在平埔族人數上的記錄，不管是男性還是女性都相當稀少，比例不到0.5%（見溫振華，1997：1，7）。因此參照新埔史材料的推論，筆者缺乏直接證據，不意在此妄加定論，僅供想法切磋思考。

但不論是動態的敬外祖還是靜態的供奉姻親祖先牌位，這種強烈需要姻親聯結的墾拓移民社會特徵，似乎並非原鄉或海外移住地所能想像。近年筆者曾多次於各類客家國際研討會議中，以敬外祖為例就教於來自閩粵贛桂川等地、甚至海外星馬的客家研究者，期待在不甚充裕的時間裡，藉由學者們所累積的知識，嘗試找尋與敬拜外祖類似的文化風俗。但就像是踏上彌濃人的粵東原鄉，在那些已難見原貌的許多宗祠旁訪談的族人，他們總是疑惑著筆者帶去的問題，搖著頭說：自小不曾聽聞感念姻親祖先之事。

第三節　姻親關係的實質性聯結與象徵性表彰

經由上述分析，筆者對於新竹縣新埔鎮家廟群在宗祠側廳供奉姻親歷代祖先神位／祿位獲得更多理解。Cohen過去指出敬外祖的功能依序是象徵性的（表彰母方祖先），然後是實質性（建立姻親親族連結）（見Cohen, 1976: 153）。在本書研究脈絡下，筆者認為新埔家廟群的姻親祖先祿位較之敬外祖，其基本目的幾乎僅為象徵性的；相對地，敬外祖在強化「已建立過的」姻親連帶的功能較強。事實上，缺乏「走親戚」的姻親祖先祿位供奉方式，強化姻親連帶的實質功能可能並不具備。

換句話說，筆者認為敬外祖在「表彰母方祖先」的意義上是相對侷限的，因為相較於歷代姻親祖先祿位的設置，敬外祖所聯結的姻親對象是有限且特定，二至三代，姓氏與所在位置具體而清楚；新埔之

例的姻親外祖則是籠統含糊，涵蓋無限的姻親祖先，其中對於包括哪些地方的哪個姓氏，後代子孫未必可清楚勾勒。下淡水溪的敬外祖因為有限，實踐功效會大於象徵意義；新埔的姻親祖先敬拜因為無限，所以象徵意義將大於實踐功能。前者讓敬拜之禮形成一種動態的姻親聯結，姻親家族可直接感受到，後者在自家宗祠敬奉姻親祖先，主要是對後代子孫的提示，實際上姻親家未必真實感受得到。筆者認為，假若敬外祖重點優先在表彰母方祖先，邏輯上它或許可發展出較彈性的敬拜與回禮模式，盡量做到不分地域、族群「一視同仁」；然而就如本書接下來即將分析的——敬外祖實際上只盛行於有限的區域與特定族群之內，它的聯結是選擇性的。

具有強烈「選擇性」的敬外祖

從敬外祖的實際親屬聯結中，很明顯它在強調對既有姻親關係的重新再確認功能。筆者理解居民最後決定要去或不要去敬某個外祖的原因，通常與實際關係的生疏有關，像人們說「跟對方已經不親了」，表示不願「再」（透過敬外祖）與姻親接續前緣之意。換句話說，到姻親家敬外祖所直接表達的象徵與實質意義，都是在「仍希望」持續這種跨代的姻親關係，而且期待上一代（上兩代、三代）的姻親關係能夠繼續庇蔭這一個即將去建立新的姻親關係的家族。

在彌濃，相較內縮的通婚圈有其歷史過程、地理條件與勞力互助需求等因素下的結果，筆者認為這種相對距離較短的姻親範圍，提供敬外祖在執行與維護上獲得較佳的機會。然而，即便我們理解了客觀條件的有利存在，主觀條件（關係疏遠）顯然是最後決定性關鍵。姻親家族之間關係的淡微是直接反映在「沒去敬外祖」的表現上——而敬外祖對姻親方的族人來說，感受到的就是一種溫馨。圍繞在本書再三論證的這個命題，我們可以說敬外祖不是「強制」的，而是「約定」的，雖然結構上有邏輯可循，但具體實踐時卻不那麼要求一致與精準，而有著因人而異的偶然與任意。也就是說，敬外祖的執行與否並不涉及禁忌或懲罰，但準確架構在「心意表達」上。敬外祖這個風

俗的存在，是在遊說著家族後代，應將維繫姻親與遠親視為重要責任，因為儀式感念了母方，且表現出彌濃人飲水思源的族群意識。

屋下人講：「敬外祖就係一種『有來有去』、表現對『對方』的重視。」曾有遠嫁恆春的彌濃人特別歸來敬外祖，「那真係『有心』的人才會按用心。」族人們也說過不去敬外祖的原因，很多理由就是「阿嬤無在了」（祖母已過世）而「舅公該片我等也無去行了」（舅公那邊我們也沒有去走動了）。也就是說對於姻親家族關係的淡微是直接反映在沒去那邊敬外祖這件事情上。另外一種表示關係中止的說法，就是「伊等那邊我等無去敬外祖了」（我們沒去他們那邊敬外祖了），「沒包禮了」（婚嫁請客彼此不會發帖相請了）。相反的，若要表示跟姻親關係還有往來，其中一種表達方式就是「喔，伊等那邊我等還有去敬外祖唷」（啊，他們那邊我們可是還有去敬外祖喔），聽話的人若是在同一個文化脈絡下，從這句話就可以知道彼此還有聯繫，好事還會相請，此亦表示姻親關係仍然存在。

婚姻關係原本就是一個家族締結舅甥關係的過程，在外甥（家族）即將有子嗣結婚（締結新的姻親關係）的前一天，再次確認這個舊的姻親關係的存在與否，此亦顯示這個地方社會期待強化的，不是單純地由單次的婚姻關係所建立的姻親關係，一個家族內男丁的結婚，它肩負著強化上二至三代姻親關係的任務。而這個家族它通常會傾向再次確認那些還有在「相互走動」的姻親網絡，同樣的，因為經過再次的確認，這個相互走動的姻親關係可以延續個二至三代。

敬外祖與姻親關係的強化

在圖 4-1 中，Cohen 將敬外祖、完神（拜天公＋敬內祖），與阿婆肉三個婚俗放在一張有著四代人的系譜之中，指出上述三種環節，雖舉行的時間並不一致（敬外祖與完神是娶媳時舉行，阿婆肉則是嫁女時採行），但認為整合起來提供了一個有子有女的家庭，將可透過娶媳與嫁女，分別連結了八對祖父母。從這張圖可以明顯地看到 Cohen 所謂「八對祖父母」是扣緊於還神（完神）（聯結新郎的祖父），敬

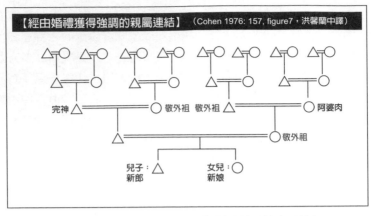

圖4-1：經由婚禮獲得強調的親屬連結（筆者重繪）

外祖（聯結新郎的祖母與外祖父），以及阿婆肉（聯結新娘的外祖母）這個概念所構成的。先在此補充一些「阿婆肉」目前在彌濃的內容形式與變遷。所謂的「阿婆肉」是指當一個家庭的女兒要出嫁時，男方應主動（或可向男方要求）一份指定贈送給女方阿婆（即外祖母）的禮物，地方上認為這是「感謝新娘外婆養育岳母大人」[68]。在彌濃，這份禮物相較於祭祖用的豬肉料要更為「可看」（約15至20台斤），並視阿婆夫家家族人數規模，斟酌其大小，務求「不失禮」。阿婆肉在婚禮前隨聘禮送至女方家，之後再由女方家族專程送給阿婆；若阿婆子孫已分家，則須把肉切塊分送給各房舅舅，[69] 而且比較有心的新娘家人還會自己另外備妥三牲到阿婆（舅舅）家拜祖。

這種指定給外祖母的禮物，在桃竹苗客方言群區亦有類似風俗，

---

68 古秀妃等編，2009，《六堆囍事：客家婚禮的六種祝福》，頁58（屏東市：屏東縣政府）。另有一說為「感謝外婆對新娘的養育之恩」（林育建，〈屏東六堆客家婚禮儀式〉，中央大學客家學院電子報第28期，2005/4/12）。彌濃退休教師亦為社區大學客家生活禮俗課程講師的林聯清先生，他對於「阿婆肉」意義的詮釋是「感謝阿婆的女兒嫁到這邊來變成我的母親」（洪馨蘭訪談）。

69 在彌濃進行田野時，就常常聽到村子裡的長輩笑著說，現在人都結婚的晚了，真要嫁女兒的時候，有些阿婆也已不在世。事實上阿婆肉那麼大塊，大部分也都是均分給各房的舅舅家；所以他們就說「阿婆肉」實際上是「阿舅肉」呢。

稱「阿婆菜」：包括雞一隻、豬肉一料、魷魚一條（其實就是祭祖用的三牲）。桃竹苗地區其客方言群的次方言體系較複雜，其中原籍嘉應州者稱祖母為阿婆【FM】，稱外祖母為姐婆，而「阿婆菜」則是內外祖母【FM】+【MM】都有，而且是有幾個內外祖母就要送幾份。另外新竹原惠州籍客方言群則是送「酒壺雞」，並析分成雞一隻、酒一瓶，致贈給女方的舅父輩或外婆家的長輩親戚每人一份，另外還要一份給女方敬祖，對方會回贈以紅包，並使酒壺填入米汁等而「不空返」。不管是阿婆肉、阿婆菜，還是酒壺雞，由於被視為聘禮的一部分，也考驗著男方下聘的心意與禮數。至今此俗雖在彌濃仍然存在[70]，但多以「折現」併入聘禮中，僅另附一紅包指明此為「阿婆肉」。[71]

Cohen 將阿婆肉（阿婆菜、酒壺雞）之聯結姻親的功能等同於敬外祖，並認為「這兩個儀式皆為這對新人的父母輩與其姻親關係的證明」。他將姻親關係的連帶往上推至第四代的祖先，也就是說在強化一個世代的姻親關係的同時，他認為所有被強化的姻親關係上推之祖父母相互關係也獲得了強化。之中涉及親屬關係從點到線到面的概念，也就是即便聯結的是個人，我們也要視其為一種點線面的聯結。

---

70 阿婆肉至今仍可見於彌濃婚俗，但通常要特別強調才會有。例如 2010 年 11 月某日上午，山下張屋家裡來了仁武街上簡家人來提親，欲迎娶 1979 年次的張屋次女。提親過程中最重要的部分就是由男方媒人向女方長輩確認聘禮的內容以及數量，以求對客家文化的尊重。女方母親說一切簡單就好，主要就是聘金的形式還有喜餅的數量，別讓她失了面子就好。她強調並不會要求聘金與喜餅的形式與金額，因為她可能也無法給女兒很多的嫁妝，但是——這大概是針對訪問詢問特殊婚俗部分的唯一回應——要請男方記得準備「阿婆肉」，其內涵包括一塊約十斤重的豬肉（即一料豬肉），折合現金即可。我看見男方家長趕緊拿出紙筆記下，而且一再確認是要附在小聘還是大聘還是另外準備紅包等等細節。翌年二月下旬文定之喜男方下聘完後不久，我又再次追蹤了這筆已折現「阿婆肉」之去向。因為準新娘的外婆已經過世，所以準新娘的母親表示，她已經將「阿婆肉」（現金紅包）送去給她的兄長，而且還自己帶了豬肉、雞、魚三牲，回去外家拜自己的祖先。

71 田野訪談記錄。陳運棟《臺灣的客家禮俗》一書中說到昔時嘉應州有「阿婆菜」婚俗，對象是女方的祖母輩，但無資料來源。田野訪談得知，近二十年間「阿婆肉」在美濃一地幾乎已改為「折現紅包」，甚為求效率而一併算入男方下聘時的聘金金額裡，媒人會特別告知某一筆款項是「貼」「阿婆肉」的錢，而未來的岳母代為「轉交」給阿婆。在筆者嫁入美濃（2000）之前後，沒見過有人真的是去買生豬肉來作為「阿婆肉」了。儀式味道淡化，且消佚很快，美濃年輕一輩多已不甚知之。

……分送「阿婆肉」，似乎是新郎家在和一個血緣上遙遠的家庭的接觸。雖然這是新郎家在結婚前提供的，事實上也是與新娘家之間連結關係的再確認。「阿婆肉」與「敬外祖」可連結在一起看，……事實上這兩個儀式皆為這對新人的父母輩與其姻親關係的證明。雖然這兩組儀式所牽連相關的親屬就如同儀式本身就是不同的，但假如這些與此兩儀式牽涉到的親屬畫成系譜，那麼就是從這對新人開始，往上三代，到第四代後共有八對祖父母，包括父親的直系祖先在「還神」時祭拜。當然，「阿婆肉」與「敬外祖」雖然不會同時舉行（稀有同時娶媳又嫁女）。這些儀式不是孤立事件；它們涵蓋風俗領域，另外亦提供了表達親族連帶的脈絡，一個美濃社會結構的面向。經由婚禮而強調緊密親屬網絡面向，並不是偶然發生的，而是婚姻讓更多的縷線被編入這張網內。（Cohen, 1976: 155-156，筆者中譯）

以下筆者想就圖 4-1 的系譜圖，補充關於「單場」敬外祖所直接且實質強化的關係，這對於我們來理解敬外祖的儀式有很大的幫助。第一，透過女兒的婚禮，阿婆肉很明顯地是一份有指定對象的禮物，阿婆家已經分家，此禮物亦指定均分給各房。即便分送阿婆肉時或許會伴隨簡單的祭祖，但這是婚禮的女方另外自備三牲表達心意，與阿婆肉已然無關。因此，透過阿婆肉所連結的姻親親屬應該只上溯至「阿婆」【MM】為止。第二，經由兒子的婚禮所舉行的敬外祖，雖然是到母方家的祖堂去祭祖，然而其敬拜的對象仍是母親（祖母、曾祖母）的父系祖先，因此在單場婚禮的敬外祖，獲得直接連結的關係是有「強度」上的差異。[72]

---

72 劉薇玲（2002: 115）曾在其關於六堆中區客家婚俗變遷研究中，透過【圖 4-1：新郎敬祖與謝恩對象之關係圖】，表達謝恩對象不及母系的概念。然而她也很矛盾地（且沒有註明引用出處）提及「敬外祖與敬內祖的對象，合計至少有八對內外祖」（Ibid.: 114），而她又未註明出處寫到「敬外祖儀式……是對母係〔筆誤，應為系〕祖先的榮耀」，我認為她完全將父系、母系概念混淆，且我並不認為其邏輯整理上

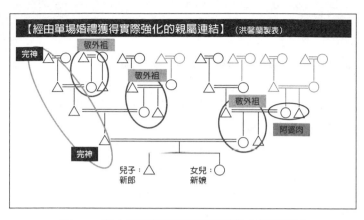

圖4-2：經由單場婚禮獲得實際強化的親屬連結

　　筆者刻意將獲得實際強化的親屬連結，以較明確的圖形標示出來，希望藉此讓讀者更為理解在這些婚俗的執行過程中，真正獲得連結的強度，實際上有著程度上的差別（圖4-2）。從中我們可以理解兩件事：第一，娶媳時連結的是多代的給妻家族，但嫁女時連結的不是一個家族團體概念，而是一名特定的年長女性，後者在對照前者背後所具有的意義時，筆者認為極可能是將特定女性（外祖母【MM】）放在母系思維底下的宗族長位置，因此在一名女子即將納入新女婿時，將一塊象徵性的豬肉作為稟報宗族長老的禮物。其形式雖然不是完神（敬內祖）的完全反面，但也可分辨出敬內祖乃漢人父系祖先崇拜概念的實踐模式，而阿婆肉則是某種非漢（非祖先崇拜）、非父系、且偏向部落頭人文化叢的某種殘餘。

　　第二，即便是父系社會底下，但在有的約定敬外祖的地方，家中有子有女才得以「完整」。一個家庭內同時育有男孩與女孩始可完成Cohen所指出的姻親關係強化系譜。沒有女兒即不會成為給妻家族，也不可能成為別人的「外祖」，當然也就失去了接待其他姓氏家族來

　　是完整且合乎己身論述，因此在本書並無討論。

敬外祖的「榮耀」。

第四節　彌濃人聯繫三代外家的基本結構

　　上一節我們分析了關於婚俗如何強化不同的親屬關係。文中筆者指出這樣的強化系譜圖實際上應該有粗線與虛線之分別，母系的親屬實際上並未如父系親屬那樣獲得直接與實際的強化。接下來筆者將從婚俗稍稍轉移到生育禮俗，提供讀者用另一種角度認識並理解敬外祖。本節採用的材料是在彌濃亦十分盛行的生育禮俗，它同樣具有強化跨代姻親的功能──「送雞酒」或「送薑酒」。彌濃人送雞酒常使用的口語是「挨雞酒」，挨，以肩挑之意，較「送」更生動且有畫面；但「送」則精準表達了雞酒作為禮物／食物的特性。因挨之客語漢字少用難造，本書遂採常用書面語「送雞酒」為文。以下先扼要簡介彌濃人關於送雞酒約定俗成的內涵。

送雞酒

　　彌濃至今仍盛行的「送雞酒」為生育禮俗的一部分。其定義是指男嬰出生後第十二日（或一個月內其他吉利的日子），由男嬰的祖母或父親將料理好的雞酒（米酒薑爆麻油雞）送至男嬰母親的娘家與男嬰祖母的娘家；若男嬰的曾祖母還在世，也會送至。姻親族人在收到雞酒後會將雞酒先置於祖先牌位前敬拜，再依照家戶將雞酒分配給族人，之後收到雞酒者理應予以回禮[73]，並由男嬰家人將回禮帶回。

　　根據民俗學的資料（見呂理政編，2006: 55），「送雞酒報喜」是臺灣民間普遍存在的風俗，又名「十二朝報喜」，即生育男孩之後

---

[73] 關於外家親戚各收到雞酒之後的回禮，包括糯米、米汁，甚至雞隻都有，皆為隱含讓尚在做月子的女兒（或女兒的媳婦／女兒的媳婦）有較為充分的乳汁。但由於當代女性生產完後無法親自哺乳者或因職進中止哺乳，都較之以往有更多的選擇與自由，所以現在外家的回禮也都有了很多的彈性與變通。我在田野期間即看到鄰舍女子生產完後，外家收到雞酒後的回禮是：婆婆的外家回贈紙尿褲一大箱，自己的外家則回禮現金紅包一份。

第十二日，送雞酒油飯給媒人，同時也送贈雞酒油飯給親家並燒金紙向親家祖先祭拜，秉告外孫來到人間，因此稱「報喜」或「報酒」。親家也會回送雞、酒、蛋、蓮子等賀禮，稱「送庚」。比較來說，彌濃人送雞酒就意義上應即為十二朝報喜的延伸形式，其特殊點在於彌濃人報喜的對象除了媒人以及男嬰母親娘家之外，還包括男嬰的祖母（或加上曾祖母）的娘家。住在彌濃街上的禮俗專家林老師，擅長為人擇日，他向研究者扼要說明彌濃人送雞酒是表示新媳生了兒了，因此要用扁擔挑著雞酒禮數周到地到媳婦（產婦）的外家和自己這一輩的外家，如果要送到母親的外家也可以；重要的是，對方通常會依俗例進行回禮。但不論如何，林老師特別強調，「送雞酒跟敬外祖共樣，要從輩份較高的外家先去」：

> 研究者：請問先生，核雞酒一樣要核三代嗎？
>
> 林師母：不識（不必），就自家的外家，還有心舅（媳婦）的
> 　　　　外家。
>
> 研究者：是不是類似「敬外祖」啊？
>
> 林師母：比敬外祖簡單啊。敬外祖敬三代，核雞酒核兩代就做
> 　　　　得（可以）咧……
>
> 林老師（插話）：**平常有來往的，也有人說會核三代啦，也做**
> 　　　　**得啦！**
>
> 研究者：核雞酒要帶著牲醴嗎？
>
> 林老師：就只有帶雞酒去拜祖公。有兜人過功夫（比較細膩）
> 　　　　就多了一些水果。
>
> 研究者：我看有兜人用大鑊仔（大鍋子），或就兩隻大碗公，
> 　　　　盡像也做得用大茶罐（大茶壺），將蓋子打開按樣拜
> 　　　　也可以。
>
> 林老師：系啊（是的），他們會 zat（壓）一些糖作回禮。
>
> 林師母：有兜人回禮會用糯米、洗米水。以前人就過重視米，
> 　　　　又感到食糯米會較多奶。還有蓋重要喔，要較長輩的

外家先核去喔，沒就會失禮咧。

彌濃十二間屋邱屋二十三世媳婦，也為我們解釋了關於送雞酒去外家敬祖之禮。已經當了六名孫子祖母的伯姆，不僅幫媳婦準備雞酒送至媳婦娘家外，她也準備了足夠的份量挑到她自己的外家。伯姆表示，彌濃人爆雞酒的作法類似爆麻油酒，一罐料理米酒配三隻雞，煮好後是整擔送去。她的娘家族人甚多，挑一擔就該有六隻雞的份量才夠分配。伯姆強調彌濃人送雞酒不是挑過去就好，一定要把雞酒拿來拜祖先。她說：

> ……去了以後毋係東西放咧就好，**要先拿來敬阿公婆**，講「我降孫子囉，我送轉外家分祖先唷」。過後將雞酒分做兩壺，壺口打開來，加上兩罐酒，斟酒，先拜祖先，唱喏。
> （送雞酒到外家之後不是說東西放著就離開，要把雞酒拿來拜祖先，跟祖先秉告「我的媳婦生男孩了，我送來雞酒給祖先分享」，之後把雞酒依較親的家戶等分，壺口打開來，斟酒敬拜祖先。）

雞酒挑到外家後也要領回姻親的回禮，這一來一往才算完成此趟走親戚的目的。昭和2年（1927）出生的鍾老師，是位承繼祖父與父親仕紳氣息的退休教師，溫文儒雅，描述細節時一絲不苟。長期在學校教書與演講的他，習慣用普通國語回答來訪者的請益。鍾老師說雞酒受贈者的回禮主要看心意，但傳統上仍有默契與責任：

> 送雞酒啊，是有生男丁才有。嫁出去的女兒生了男孩，會挑來薑酒去我們廳下拜阿公婆，然後雞酒就給我們。**我們也會回贈活雞一隻**。夥房內有幾家人的話，雞酒就會分給大家。假如雞酒分給五家人，可能就會有五隻雞讓他們帶回去呢。

我的家娘生有兩個兒子，到現在也有三個孫子。她在三名孫子滿月前，都各自準備好雞酒並贈至她的娘家。她送雞酒的形式承襲自她在中壇庄劉屋從小看到大的習俗，並告訴研究者在送雞酒報喜敬祖時，對方同樣要有人等著一起拜祖：

> 去外家時，外家與敬外祖**共樣要有人等著共下拜祖先噢**。我等該片習慣上將雞酒分作五碗放在神桌上，上香唱喏，跟祖先報告這是第幾多世的麼人，生了賴仔，看係孫子還是曾孫，講歸來送雞酒了。
>
> （送雞酒到外家的時候，和敬外祖一樣，外家那頭的親戚也要有人等著，在祖堂和我們一起敬祖喔。（我們那邊）都是將雞酒先分成五份放在祖先牌位前的神桌上，然後點香拜拜，跟祖先報告這是第幾世嫁出去的誰，或是第幾世誰的媳婦出了丁，看是孫子還是曾孫，回來給外家送雞酒了。）

如果生了兒子該送雞酒去的外家你沒去，會讓對方（姻親）以為看不起他們。文學家鍾鐵民老師曾跟筆者說過，不管怎樣都要懂這個禮：

> 把雞酒煮好送到舅舅還有阿姨，嫁出去的阿姨也要算在內，總量往往以一錫壺的薑酒為基本量，但一定要準備到足夠對方的人口分享；**對方也會回禮**，有時候是一隻雞，也有人回送兩隻雞的；如果沒有挑雞酒去，會讓對方以為看不起他們囉，所以**就算問也要問到要送去哪裡，沒送就會失禮**。

向三代外家祖先報喜的儀式結構

由上可知，彌濃人送雞酒不僅將雞酒送至外家，還與姻親共同稟告祖先，而且這個禮俗與敬外祖類同，亦具有「理想中」與三代姻親（三代舅甥）進行關係確認的結構。筆者在此嘗試比較該兩種習俗結

構。送雞酒跟敬外祖實際上是各自藉由「贈禮→敬祖」（送雞酒）及「敬祖→贈禮」（敬外祖）的形式，來達成二至三代姻親關係的（再）確認；同樣的，送雞酒與敬外祖相同，敬祖只是象徵性的，實際上強化的是「當下」（in the present）的特定姻親關係，並達成食物分享的交換機制。

若聚焦討論兩者在相似結構形式中的不同，可列出以下四點：

第一，送雞酒的結構是以新出男丁為基準，將雞酒送至母親（即產婦）娘家、祖母（產婦的婆婆）娘家，或加上曾祖母的娘家，做為禮物並敬祖；敬外祖則是當此男丁長大娶媳時，家族至他的母親、祖母，或加上曾祖母的娘家敬備牲醴祭祖，並留下牲醴做為禮物。

第二，送雞酒其意義以禮物為重，因此對外家有明確的回禮期待，敬祖時也僅以雞酒上香秉告敬祖，無明顯儀式特徵；敬外祖以敬祖為重，不僅有彩旗八音引導，還有且郎協助搬運牲醴，金香紙燭具明顯的祭祖宣告，鄰里皆知，除致贈且郎紅包以作為慰勞，外家收下牲醴做為禮物並無回禮的義務，通常就是隔日婚宴時包的紅包會比較貴重。

第三，送雞酒與敬外祖兩者儀式中的「物」，都同時帶有食物、禮物與祭品的特質。送雞酒的雞酒原本就是做月子的食物之一，送去外家當禮物前先成為祭品，而後是禮物均分給外家親戚（食物→祭品→禮物）；敬外祖的牲醴本即祭品，之後成為送給外家的禮物，而後外家要自行均分給有上前關心做事的房份親戚，變成食物（祭品→禮物→食物）。

第四，送雞酒的日期原則上是以女性生產完後的第十二天為原則，因此並非一個擇日的結果，除非與家族人熟悉獲知何時開始做月子，否則並不容易察覺送雞酒儀式的進行；但對敬外祖來說，雖然並非擇日的結果，但此儀式必然伴隨一個經過擇日婚宴大典之前一日進行，即便不知道哪家哪戶要娶媳婦了，但彩旗八音的引導加上紙炮聲響徹雲霄，敬外祖相對於送雞酒來說，在當地通常是十分正式且周到的拜訪姻親行程。

送雞酒與敬外祖儀式的啟動，各自始於一名男性的出生與即將娶妻。出生，象徵一個擁有家族繼嗣權力新成員的加入，結婚，意謂家族即將建立新的姻親聯結。垂直二至三代的姻親關係在這兩個生命環節中，都被賦予「重新確認」的程序，也意謂著姻親關係在一名男子從出生到成年擔任一種協同拉拔成人的責任。或也因此，這種循環確認的關係，讓彌濃很多村民都相信，一個小孩是兩個家族血緣的共同作品，甚至認為「母方的祖先也是祖先」：

> 敬外祖主要是「血脈」的因素，嫁出去的女兒所生的兒子，相同也是這個家族的種，也就是女方的血脈注入到男方家的血脈中，生下來的小孩是這樣的意思喔。

> ……如果說到阿媽（阿姆）的外家拜拜，就是尊重阿媽（阿姆）。雖然說阿媽可能已經過身了，也要尊敬她外家的阿公婆（祖先），因為她嫁來這裡傳下我們，傳下男性。

> ……總共講就是「飲水思源」，要知道你是哪裡來的，結婚不是只有一姓的，一定是有男方、女方，**兩邊都是我們的祖先**。

> （男性，社區大學客家類學術課程講師，1935年出生）

第五章 敬外祖與平原客家的內聚體系

一定總是有了兩個東西才能製造出一種相互差異的信息。

——人類學家Gregory Bateson

　　經由上兩章分析敬外祖的整個實踐過程，並分析其親屬聯結強化的邏輯，可以看到敬外祖最直接的社會功能，即在重新確認曾經建立的姻親關係，而所採用的方式，即是直接讓舅甥同時面對祖先牌位，實行象徵化的擬親聯結。另一方面，它同時也再現了Levi-Strauss認為人類普同的親屬制度的原子，並暗示了它在凝聚一個中國邊陲社會方言群社會的特殊角色。在象徵上，敬外祖突顯了母方血緣的重要／必要，而不論是家族內新成員（指男性）的誕生或成員即將成年結婚，都以特定敬祖之禮，秉告二至三代不同的母方族人，此亦再次彰顯在傳統彌濃社會中對於姻親這層關係的強調與重視。

　　「二至三代」這個數字顯然是一個有限範疇的聯結，並非一個無限延伸的概念；此亦是彌濃敬外祖與新埔家廟群供奉歷代姻親祖先神位，從性質形式到意義上的相對差異，後者對於姻親祖先的感恩是無限向上代延伸（「歷代」），接近祖先崇拜，敬外祖則「利用」祖先崇拜的儀禮，直接進行對特定親屬關係範疇的選擇性強化。本章將把這種有限的、選擇性的、侷限的、約定俗成（彈性的）的姻親關係連結，放在較大的共同風俗圈——六堆人之中，嘗試從民俗角度切入，思考六堆地方社會在族群認同或族群性上的特徵。

第一節　敬外祖與有限的婚域關係

　　彌濃，一個包含三大聚落群（彌濃庄、龍肚庄、竹頭角庄）及其

腹地所形成的山麓沖積扇盆地平原，本身就是一個小區域方言群內婚婚域。實際上在1960至70年代的婚姻，其多數仍未逸出彌濃這個範圍（例見Cohen, 1976: 42-44）。這從研究者近年密集觀察的多場敬外祖中，準新郎的母輩、祖母輩外家都在彌濃境內可勾勒出一個輪廓。前文曾提及彌濃作為一種內縮型的婚姻圈，大概在1970年代中後期開始出現相當的轉變，主要是因為彌濃青壯勞力大量且迅速地被吸附至都市或其邊緣，既有婚姻圈的內縮條件一一改變，加上未婚女性以貼補家用外出打工比例迅速攀升，彌濃的婚姻市場開始出現不平衡。然而，就現狀來看，跨族群與跨區域通婚已對選擇敬外祖，充滿不利的條件，但當代在彌濃的日常生活中，仍可見此俗繼續被人們所使用。或許，站在這個已經加入WTO直接面對著全球自由化下的彌濃農村，緊密的姻親關係與認親習慣依舊鋪在文化底層之中，彌濃人就常說「行來行去全全親戚，牽來牽去攏有關係」（走來走去看到的都是親戚，牽來牽去都有親戚關係）。一個在彌濃常聽到的幽默對話，聽起來背景是現代的，但內容就很典型地說明了這個情形：

> 某甲和某乙開車在彌濃街上發生擦撞，雙雙下車察看。其中一人先開口了：「你哪庄人啊？」對方回答：「就山下。」「山下什麼姓啊？」「姓宋。」「宋某某是你什麼人啊？」「那是我阿伯的叔伯兄弟。」「喔，那你要叫我表舅公。」

此類對話出現的機會非常之高。「牽親戚」雖有攀附關係的目的，然而在彌濃卻象徵一種個人與家族能力。當任何人遇上什麼麻煩事，你能「牽」上多少親戚，說得出來也動得到關係，那是一種非常之本事。事實上，因彌濃地方上集體地盛行敬外祖，加上平日各種互動與合作，彌濃人能認出與牽出的親戚，數目上都十分可觀。

　　本書在第三章與第四章討論了彌濃敬外祖的儀式細節與聯結姻親的形式特徵，已可見其並非一個隨意的敬祖行為。它不僅要擁有積極主動通知外家的意願，同時也需獲得姻親的高度配合。它要能在單日

內完成神明、伯公、外祖、內祖等敬拜行程,亦吐露所有的敬拜點皆相隔不遠。換句話說,近二至三代的姻親都是在特定一個小區域裡的選擇。這種「有限選擇」的支配性原則是:以產業經濟行為與核心社會活動相互為用的內在機制,來建構空間上的社會關係。它充分反映社會活動的有限範圍——如前文所述,超過這個範圍之外的親屬締結,在現實上沒有太大的助益。盛行敬外祖意謂著這種空間上的社會關係也許是框架在一個有限的地理範圍與族群關係內,相對而言,正因為有限的地理範圍與族群關係,使得敬外祖得以盛行不墜。

有限的婚域範圍

「有限的婚域範圍」是敬外祖得以盛行不墜的必要因素,其中任何一個條件差離可接受範圍,敬外祖就會必須面臨要不要或能不能操作的選擇。下文將分析敬外祖在有限婚域關係上的幾個特徵,即可瞭解「有限」如何定義:

第一,敬外祖跨越不了大山大海。由於敬外祖其日程的限定,越過大山(甚至大海)的姻親關係,都不可能在這組儀式底下順利地達成親至敬祖,所以在盛行二至三代敬外祖的地區,其長期的婚域範圍應該是被自然地理所侷限。在第二章曾論及彌濃自然地理的封閉性,三面環山、南邊是常年氾濫的荖濃溪,彌濃與周圍區域的通婚圈大概就在幾個山間盆地與荖濃溪鄰近兩側的村子。

第二,敬外祖跨越不了半日腳程以外。同樣來自日程的限制,即使沒有大山大海的阻隔,特殊原因締結距離較遠的姻親關係,相當不利於敬外祖的實踐。尤其敬外祖當天尚有其他必須在同一日完成的路程,據村中老人告知,舊時敬外祖隊伍除新娘公可坐轎外,其餘人皆為步行。因此一個適合敬外祖盛行的婚域範圍,甚至比半日腳程還要來得更小。

第三,敬外祖必然是一個異姓家族關係的再確認。客方言群嚴行「同姓不婚」,因此姻親關係的締結必然是兩個不同姓氏家族的結盟,不會形成特定姓氏強大的現象。而且習慣上已經在二或三代前締

結過的姻親家族，會採取迴避再迅速重複締結姻親的原則，就人類學分析角度來看，一旦婚域範圍相對較小，可選擇的家族也相對較少，敬外祖可說是一種避免觸犯近親禁忌的友善設計。

第四，敬外祖建立的可能是村內或村際的異姓家族結盟。六堆客方言群並非全然的村際通婚，有很多人選擇村內通婚。彌濃人從建庄時就是一個典型的移民社會，是由十多個姓氏合建一個村莊，雜姓村使得村內通婚既不致觸及同姓不婚的禁忌，女性的夫家也常常可方便取得由外家提供的勞力換工支援。

第五，敬外祖在跨族群間通婚的第二代之後，非常容易中斷。敬外祖涉及前往姻親家祖堂去拜祖，此中涉及非在此文化圈裡的族群，是否會「讓」別的家族的人跑到自己家來拜祖的問題。非於敬外祖文化圈下的家族，除非願意接受引導，否則通常無法理解，也不知該如何主持。牛埔庄的舅公曾向研究者提過一件事可說明這個情形。他說彌濃曾有人家即將娶媳，但這位後生新娘公的母親是旗山人（福佬人），因此當新娘公的父親在為兒子規劃敬外祖時，曾經問過長輩是否要去敬外祖。後來他說：「哀哉，對方係旗山的福佬人，聽都沒聽過敬外祖，我等問講說要去敬外祖嗎，伊等就一直講不識，我等也就無按大誠意堅持講一定要去了。」（唉唷，姻親是隔壁旗山的福佬人，根本就沒聽過什麼叫敬外祖，我們試探問他們說我們要去敬外祖嗎，他們就直說不用了，唉，這樣我們也沒那麼大的功夫說堅持一定要去。）換句話說，當娶進跨出這個文化圈的人時，考慮要不要去敬外祖還得先看對方姻親是否接納。

第六，由於六堆客方言群傾向同族聚居，因此在幾個大聚落的外圍，就是平埔與福佬的天下。有限的婚域範圍，也意謂著就是在客方言群間高度內婚。

從以上六點特徵來檢視「有限的婚域」，可較清楚看到包括「有限的地理區域」、「有限的（特定的）族群範圍」，以及「有限的家族選擇」。也就是說，「盛行敬外祖」反映出一種特有的地方社會特色：即在有特定區域之內的人們，選擇了與特定文化的人群締結姻親

關係；經由重複、多次地對舅甥關係的再確認與再締結，不僅強化了二至三代的跨地域跨姓氏合作，而且也迴避了過於密集內婚造成可能的近親禁忌。

這意謂著一件事實：在一個方言群高密集居住的這個區域，要讓敬外祖能夠代代相傳不致中斷，「區域方言群內婚」將是最好的方式。一方面特定地域內通婚不致造成敬外祖因太遠就中斷，另一方面族群內通婚也降低了因跨族群通婚而迫使文化中斷的危機。傳統上，要嫁多遠也很有限，而這也是讓敬外祖一直到現在至少在彌濃還相當盛行之故。

第二節 六堆「界限」的性質：從被包圍談起

跨族群或跨地域通婚會讓敬外祖的實踐難度加大，若將「六堆盛行敬外祖」這個前提放入這個前提中，一個擴大的人群普遍盛行敬外祖所反映的歷史意義是：下淡水溪客庄基本上都採行著在幾個特定區域內進行方言群內婚。幾個村莊透過較密集的婚姻聯盟，形成一個小的地域合作聯盟（例如彌濃的北方平原、東方平原與南方平原區各自擁有小的姻親地域合作聯盟）；而幾個小的地域合作聯盟，又形成一個中型聯盟（例如以彌濃為中心加上腹地）。本研究的看法是：原本以軍事為目的的臨時組織「六堆」在出現之後，因長期出丁參與維護地方治安的需要，地域化家族團體負擔起合資贊助特定區域內這個半軍事組織的平時訓練，此即為「六堆」區域逐漸被定著化的關鍵，但其中一個重要的歷史過程，就是「地域化家族團體」的出現，它不一定是「單一」家族在一個地區的壯大，更可能是一個透過地域內婚形成的地域跨氏族連結合作團體，而它（們）的壯大來自建立持續固結關係的設計。筆者目前並無法確定敬外祖是否出現於如此早的時期，然而本章要討論的是：即便敬外祖不是六堆人內聚力的必要條件，但它的出現以及延續，六堆人既存已久且不斷強化的姻親聯盟，絕對是盛行敬外祖必須擁有的歷史與社會載體。而敬外祖在提供強化姻親關

係的實質功能之外，不能忽略的是它也同時強化了「自己人」的內部認同。以下筆者嘗試把民俗放入六堆史論述中，看能否挖掘出另一種角度關於「六堆」的新認識。

　　建立在緊密姻親關係上的跨氏族地域化家族，有其歷史過程。不能忽略的就是下淡水溪客方言群所面對的客觀環境——與福佬與蕃社同在一條流域。歷史學者透過文獻材料，多描述六堆在其本質是一個在與福佬庄形成敵對關係中，所形成的半軍事化地域家族團練組織（石萬壽，1986: 81-82；施添福，2001；陳秋坤，2009；林正慧，2008；簡炯仁，2005: 294, 326-329；蔡采秀，1997: 213-249；陳麗華，2010）。目前無所爭議的是，這樣的一個軍事大聯盟的出現，直接導因於清康熙六十年（1721）的「朱一貴事件」。先是平定地方亂事起義自衛的「七營」組織，在事件告一段落後，與原本緊附鄰近福佬庄生存的關係開始變化[74]，組織起來的客方言群與福佬庄衝突不斷，冤冤相報。《六堆客家鄉土誌》寫到：「六堆」在面對持續的衝突下，因應團結的需要，把戰時體制的六營（七營）改為六堆（鍾壬壽編，1973: 86）。[75] 筆者採用 Philip Kuhn 之複合團定義，六堆作為地方武裝組織的定居化，也可說就是一個「擴大的複合團」：

> 在生活的全部領域裡，包括武裝組織，中國社會都被結合進親屬關係網，這種關係網從村莊擴展到鄰近的村莊，擴展到市鎮，擴展到縣城，以及更遠的地方。這種親屬關係表現為一定的傳統形式，其名稱在這一地區和那一地區有很大不同，但在規模和作用的許多方面都是一致的。（孔復禮，2004: 106-107）

---

74 根據《美濃鎮誌》（1997: 33）的說法，客方言群在下淡水溪開墾時，在溪流以西已全為福佬人的生活區域，以東亦有建立幾個大的福佬庄，而且除了這幾個村落之外，其餘地區又是素以強悍著稱的平埔族鳳山八社部落之傳統領域，「客家人只好依附於閩南人的村落邊沿奠基，再陸續向外開墾」。

75 《六堆客家鄉土誌》稱「六堆」的性質為「民團組織」（鍾壬壽編，1973: 82）。

地方武裝組織的基礎單位是單個的村莊，中國農村最小的防禦實體。……每個村莊並非在自然條件方面都能防禦，也不是都具有防禦所必需的其他兩個條件：有力的領導和多餘的財力。具備這些條件的村莊產生了最小的地方武裝核心：單一的「團」，或地方防禦聯合會。……但有時一個村莊也會成為附近一小群定居地的組織中心。……然而地方防禦的需要必然產生更大規模的組織，……由於這些原因，由二十個甚至更多的村莊組成的聯盟，有時稱為「大團」，是中國農村慣常的、實際上普遍存在的地方防禦形式，這種多個村莊的聯盟我稱之為「複合團」。……即一個聯盟少則十個或十多個村莊，多則有幾十個村莊。……像單一的團一樣，複合團也可以為共同的目的而聯合，成為「擴大的複合團」，其起的作用與組成它的複合團所起的那些作用是不同的，可以從一個廣大區域調動人力和資金，更重要的是，它的廣闊的財政基礎使它能夠在更高的軍事化水準上徵募和維持一支武裝力量：人員從村社中分離出來為獲取報酬而服役並趨向於職業軍事生活的模式。（Ibid.: 107-110）。

關於下淡水溪客方言群如何從「六營（七營）」變成「六堆」，這個問題引起地理學者的興趣，並指出「六堆」一詞是在林爽文—莊大田事件（乾隆五十一年，1786）時出現，在此之前，這個軍事組織都是一種流動的防守空間，並未形成今天地區概念下的「六堆」，並認為六堆史中有一個「失落的拼圖」，也就是在1880年前的一世紀左右，是「誰」或什麼樣的事件決定了堆屬與聚落的連結（施雅軒，2010）。[76] 目前並沒有文獻材料可以回答那個將「組織」黏著於特定的「區域」（土地範圍）的歷史過程，但參酌許多歷史學者已經發表

---

76 施雅軒（2010）表示，真正把六堆當作「區域」來看待的最早文本，是在光緒六年（1880）由宋九雲撰寫的《臺南東粵義民誌》的問世之後，該書對「六堆」區域內的村庄範圍，奠定了現代六堆的意象，也引發了六堆「組織」核心與「區域」核心的論述對抗。

的研究，筆者認為這失落的一世紀即為客方言群在下淡水溪定居化的過程，每個中型自衛聯盟開始有自己的出丁範圍，並就從該特定區域內的聯莊部落裡，推舉總理，以主防一個較小界限的社群為要務，必要時才「出堆」（出人至其他堆參與作戰）。

　　在人類學領域所說的「地域化」，或筆者在此使用的「定居化」，與歷史學者所說的下淡水溪客庄「村莊化」、「落地化」的概念有相近之處。陳秋坤（2009）以十八、十九世紀「閩主客佃」的社會結構，論述當時客方言群在基層社會組織已進入綿密發展，並凝聚著客居村落，國家在此時亦使用權力進行編戶齊民，意圖使流動人群逐漸「村莊化」，以便於管理自然資源及取得稅收。[77] 與此過程同時發展的是，下淡水溪住民與粵東原籍地原本緊密關係，逐漸減弱（施添福，2001），以來臺祖之名為首的嘗會組織，展現就地發展家族的企圖。

六堆的「孤立、封閉與被包圍」：歷史學者的觀點

　　施添福（2001: 77-81）曾對下淡水溪客方言群的發展歷程，表達其基本看法。他認為，清康熙至雍正年間，絕大部分這個區域的早期客方言群移民在墾區內並沒有自己的家戶，也無落戶生根的想法，他們是一群季節性或週期性移墾於墾區與原鄉之間的流動戶口，直到康熙末年，大陸沿海渡禁逐漸森嚴，與原鄉季節性往返越來越困難，這批候鳥型的客方言群人口或是偷渡家眷團圓，或正式申請接眷，逐漸展開落戶於下淡水溪的新生活。客方言群採用父死子繼「接力式土地耕作方式」，使得平原上的客方言群人口逐漸和緩增加，不過，即便到了日治初期，下淡水溪平原客方言群繁衍了七、八代之後，總人數仍不及六萬人。然而，此六萬人以「公業化」方式進行土地經營，而後事業有成者也在落地生根後組織嘗會或神明會，或以血緣（同宗或

---

77 關於「地域化」這個概念，陳秋坤採用中譯「落地化」的說法，並在論文中對「落地化」定義為：國家權力為求控制人民和自然資源而將移墾聚落「村莊化」，以便強迫人口定居在一定地籍上的宅園。（陳秋坤，2009: 3）

同姓），或以宗族或共同社會活動為基礎，集資置產組成合作團體，形成一個利害與共，家給戶足，財富分配平均的小康社會。

Cohen也曾描寫過這樣的六堆社會。他的研究呈現出清代六堆可說是在各種會份底下活躍的「股票社會」，擁有集資共股投資土地之風。若說這是原鄉既有之技術，這意謂著六堆為求一個強化凝聚的社會，她有意無意地選擇了透過家族或信仰、利益的公共投資，最後達成了其凝聚的結果。而且，重要的是，這種投資性事業，也強化了家族以及公共事業頭人的權威性，因為他們握有很大的資產權（Cohen, 2005）。林正慧以族譜材料也指出，清代臺灣嘗會盛行地區均為客家移民移墾所在，「組織嘗會投資土地事業，應是客家人於原鄉即已形成之慣習」，而且不僅僅是嘗，其他的神明會及與公共事務有關的會等等，在開墾土地上都扮演積極角色，更是參與社會事務的主體（林正慧，2008: 126）。除了各嘗會管理人帶領了六堆家族活躍的商業行為，國家（朝廷）的戶籍與地稅制度，是六堆人村莊化的重要關鍵；其中重要的關鍵人物是出現「管事」這個角色，並與各嘗會管理人共同領導著六堆，成為決定六堆社會與經濟發展的樞紐（陳秋坤，2009: 19）。

總而言之，六堆地方社會的形成有兩個重要角色，一是嘗會（民間企業），一是管事（政府／國家代理人），而他們之所以如此活躍並決定了下淡水溪的地域化過程，幾乎所有學者都指向這個地區在發展過程中具有特殊的地方性。例如陳秋坤曾援引鄭振滿的研究，肯定嘗會的發展確實有其原鄉經驗：「屏東地區客家村民將多數田業歸屬公共嘗會和神明會組織的現象，顯現大陸客家原鄉文化的傳承，但更大的因素可能是屏東地區的歷史環境所促成」（2009: 13）。陳秋坤認為這是邊區性格的歷史環境所造成，包括六堆這個半軍事化聯盟組織，亦是頻繁的閩粵械鬥與緊張的村際關係所促成的，「在村莊內部則由管事統籌土地稅務，監督土地買賣」，「家族組織則利用豐富的公業，提供租息舉辦崇拜祖先儀式，聯絡同宗共祖情誼；投資神明會和慈善組織，建立泛村莊的親族關係」，「家族嘗會公業，管事和六

堆聯盟於是集結族長、莊長和村莊菁英為一體的文化權力網絡，有機地凝聚客庄社會」（Ibid.: 24）。換句話說，這些能動者的舞台，是一個有著大小械鬥而一直處於村際緊張狀態的地方社會。這與人類學者先前為解釋為何六堆社會強調姻親連結所推因的"in fighting"（Pasternak, 1983: 161），不謀而合。

這種"in fighting"所構成的族群界限（ethnic boundary）究竟應如何描述，最為貼切？筆者不禁有些困惑。因為在歷史學者的筆下，六堆界限似乎是一個高度排外且封閉的樣貌。例如：施添福以《臺灣私法人事篇》32則古文書材料（時間在清光緒廿到卅二年間），說明十九世紀末六堆親族關係及其空間特性，提出清代六堆的生活環境孤立、封閉、團結，經過長期小地域通婚，建立起各種親屬關係，成為一個休戚與共的血緣共同體。他對於小地域通婚（也就是筆者在本書說的內縮型婚姻圈）補充說明了其形成很大部分是來自於周圍住的都是別的族群：

> ……客家地域僻處南臺灣近山一隅，外皆福佬或平埔的生活領域。因此，**落戶後子女的通婚範圍，遠較福佬民系為小**。為了傳宗接代，綿延家族血脈，有一部分返回原鄉成親；另一部分則只能在客家地域內部尋找合適的對象，**藉由長期的通婚和其他各種親屬關係的建立**，遂使屏東平原的客家民系，一方面繼續維持跟原鄉密切的聯繫，另一方面則**結合成一個休戚與共的血緣共同體**。……客家民系必須維持跟原鄉的密切聯繫，同時也強化了新鄉內部的團結和互助；清代屏東平原的客家社會，是一個**孤立、封閉、團結**，而內部單純的務本社會。（施添福，2001: 82-83，粗體為筆者標示）

另一筆材料也描繪了六堆「被包圍」的處境。在《臺灣土地慣行一斑》裡看到的六堆，處於福佬庄與平埔部落的包圍下時有利害衝突，「客家人為求團結一致，遂採取組織各類嘗會的方式置產耕墾」

（林正慧，2008: 127）。林正慧主張下淡水溪流域客方言群之所以建立眾多自原鄉經驗帶來的嘗會人群組織，其目的在於「求團結一致」，透過黃釗《石窟一徵》的材料，她指出客籍原鄉本在面臨生存環境威脅時，就會採取合作且習武自衛的生活方式，因此此風應也帶到下淡水區，加上「欲與官方結好之心理」，傾向以鄉團組織與官府結合，以求保衛鄉里及既墾結果（Ibid.: 161），「在分類意識形成後，為求自我防衛，故在各大庄中，常見有完固的防禦工事」（Ibid.: 190）。換句話說，普設並強化嘗會，是六堆人在面對械鬥頻繁所使用的適應策略，而此策略有其來自粵東原鄉的文化根源。連結上述研究，強大的嘗會（及其管理人）加速了六堆人地域化的成果，亦即不管是軍事組織、嘗會、還是定居化，都是 "in fighting" 這種地方社會性質（「因」）所產生的「果」。

陳秋坤（2009: 21）也提出近似的觀點，但他更進一步提到六堆人面對這種 "in fighting" 處境的心理狀態。他採用的是國史館臺灣文獻館收藏的日治時期檔案，引用一張末任六堆大總理在圍城抗日失敗後，被迫交出的手繪六堆圖，大總理以圖左為北，並於圖右上一隅小字寫上「左堆六庄相雜太遠未詳」，故此圖非六堆而是「五」堆聚落圖。圖中標示密密麻麻的客庄村落名，周圍若非「閩庄」就是「蕃社」（圖刊見陳秋坤，2009: 21）。陳秋坤認為該圖反映了繪圖者腦海中的六堆空間認知結構——即東邊（圖上方）山麓所遇皆為蕃社，南北交界處則閩庄蕃社雜處，西緣（圖下方）皆為閩庄。「在閩籍村民和『蕃人』的圍繞下，客庄形同被包圍的聚落」，「從在地人的觀點，可觀察到六堆領袖對於生存環境充滿被圍困的焦慮感」（Ibid.: 21）。分析者認為這再現了六堆人的緊張感，充分展現六堆人的外／內，與敵／我意識。

「地圖」上的界限

筆者用放大鏡仔細端詳該張由末代六堆大總理所手繪的「五」堆地圖。據此做了小小的統計與讀圖的工作。首先，圖中顯示了六堆在

十九世紀末時，在地理上似乎呈現的是「三個」地理區的狀態，分別是「北區」（右堆，下淡水溪上游）、「南區」（左堆，下淡水溪下游），以及「中區」（其餘四堆，下淡水溪中游），每區各自被閩庄與蕃社所圍繞。除六堆六個村庄（未繪入）之外，其餘五堆共計78個村庄；圖中，先鋒堆與後堆、中堆之間相隔一溪，中堆與前堆之間亦以溪流為界，右堆看來不僅有著大河與南岸其他各堆遙遙相望，蕃社與閩庄也散布在右堆與其他堆之間。也就是說，就圖上的布局可看出，不僅左堆因過於遙遠而選擇不繪入之外，右堆與南岸各堆之間似乎亦非一種「唇齒相依」的緊鄰感。

其次，圖上並沒有任何「防禦」性的人工設施。六堆防禦的基本單位是村庄，各堆或各區並沒有形成共同的、或說常態聯防的型態。換句話說，筆者認同歷史學者們對六堆的描繪，包括孤立、封閉、團結、排外、被包圍與焦慮感，但希望強調的以上特徵並沒有把六堆變成一個像是築起百里長城、挖起壕溝或堆成土牛的「封閉」體，而且這種 "in fighting" 也沒有讓六堆人夯起高牆土樓（例如閩西贛南或圓或方的大型土樓），還是用厚重高牆把整個族人民居都圍入城內（例如粵東豐順建橋圍），顯然軍事聯防組織發揮了作用，資本累積也多用於支持嘗會購地再佃予族人，因此建造高牆來面對不斷械鬥的狀態，不僅不符合經濟效益，某種方面我們也可以想像："in fighting"或許並非全然處於防禦狀態，較多是每每雙方會遇時，對歧視的對方無法壓抑的挑釁與鬥狠，因此，"in fighting" 也生動地表達出缺乏實體空間相隔的狀態，因為接觸得多，衝突也才會一直發生。故「雖不喜歡但卻常常不意相遇」的狀態，應該才是六堆邊界的實貌。

在這之後我們來重讀先鋒堆（萬巒）子弟鍾壬壽所編纂的《六堆客家鄉土誌》，他中肯地描繪了他對於早期六堆本質的理解。他解釋原本作為「組織」單位的堆，後來因冤冤相報形成團結，因此將「堆」定著下來變常設組織，之後堆仍以自治自衛為目的。堆既是人群組織，就不必然也不一定需要圈地設壘。「地形上不完全集結一地，有很多客家庄是點綴於閩南部落之間，地方制度不容易劃分」

（鍾壬壽，1973: 86）。然而，《六堆客家鄉土誌》卷首所繪製的「六堆部落圖」，卻沒能將上述這種「不完全集結一地」、「點綴於閩南部落之間」、「地方制度不容易劃分」的空間感，準確傳達。它作為許多人不斷參照模仿的圖版，把六堆畫得非常龐大、與行政區域重疊、甚至各堆相連一氣（見圖5-1）。二十年後由美濃鎮公所出版的《美濃鎮誌》所刊印的「六堆全圖」（圖5-2），雖然採用虛線來試圖呈顯六堆邊界的模糊與可穿越性，但為了標示各堆所加以套色的六種網底，依舊擺脫不了把六堆「封閉化」的再現錯覺。

圖5-1：《六堆客家鄉土誌》六堆部落圖 [78]

---

[78] 本書為呈現地圖之真實原本版本，本圖直接援引常青出版社1973年版《六堆客家鄉土誌》目錄頁後所附之地圖。原圖印製於A4大小紙上，本圖約縮小至1/4。見鍾壬壽（1973：無頁碼）。

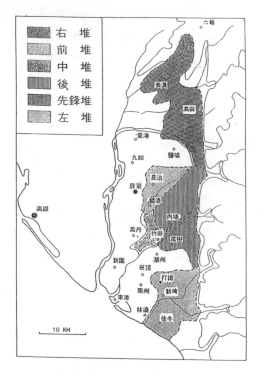

圖5-2：《美濃鎮誌》六堆全圖 [79]

　　就性質而言，正因為六堆的防禦基本單位是村庄，所以六堆的「界限」其實是由不同客庄的邊際線所虛擬延伸而來。不論是虛線還是實線，這條「線」在地理上並不存在也無法存在。但六堆的外圍仍然將這條「線」在心理認知上建構出來，成為他者與我群、外面人與自己人的認同界線。這種區別你我的認同，使六堆更有意識地在文化特徵上強調其差異性，包括語言、儀式、信仰、親屬連帶、重視禮教等實踐。本書認為，不單是指那不斷械鬥下劍拔弩張的對峙，決定了

---

79 因正文討論需要，本圖將地圖視為歷史檔案進行分析。故在此直接援引1997年版《美濃鎮誌》內附之六
　　堆地圖。原圖印製於略小於A4的書頁內，本圖約縮小至1/3。見美濃鎮誌編纂委員會主編（1997：
　　37）。

這條邊界，更是那些日常實踐與認知的方法，使「界限」產生意義。

　　當界限不盡然就是一條「線」，認同其實也不是那麼堅硬。作為認同概念建構下的界限，界限的穿透性較之排他性，或許更適合來討論六堆與周圍族群的關係。我們應該來思考這些界限（村庄邊際）各自出現的版本、為何建構、又是在什麼樣的歷史進程中，每個客庄（特別是接近閩庄與蕃社者）怎麼理解與成為六堆的「最外圍」，如此才能掌握那由許多「點綴於閩南部落之間」的客方言群認同面貌。小說家董啟章對於「界限」的一段描述，在其中也說到人們理解世界是透過「抄襲地圖」，而這一點也讓我們思考，人們「知道」的六堆是否也是「抄襲」了地圖而來，而忽略了地圖其實誤導了我們：

> 在一片毫無區隔和標識的山崗不毛之地上，如何才能知道已經越過界限？如何才能體驗越界的感覺？又如何防止越界的發生？如何製造越界的罪刑？無形的界限比實存地理形勢更有力而毫不留情地把同質的空間強行做出內外的分割。

> ……界限不但不是實存世界的摹描，它本身就是實存世界的虛構性塑造方式。在界限的制定和實行中，世界在抄襲地圖。……在地圖上訂立界限的先決條件，是掌控虛構的權力。[80]

小說家把界限的性質說得如此精準，界限的認知來自於人心中建構的內與外兩個世界。六堆的界限它也是一種內／外的認知界限，能被內聚的訴求所吸引並遵循規則的，就是「內」（自己人），而逸出這些規則的就是「外」。是「我群」和「他群」的概念，創造了六堆的界限，也就是說，這是一條認知的邊界，人群的邊界，而不是地理（區域）的邊界。

　　讀者應注意到另一個理解六堆的重要訊息：六堆在這個平原地區

---

80 這段話摘錄自董啟章的作品《地圖集》（臺北市：聯經，2011年6月）「理論篇：界限」。

取得的生活區域，實際上是相當好的水源位置（陳秋坤，2009: 16）。
六堆中區與南區的地底下，是屏東平原最豐沛的地下水層地帶，右堆
更在地形上是六堆裡最接近山麓丘陵地，也最接近下淡水溪上游，不
僅有柴薪取得之利，同時亦有河舟與溪流之便。就地理與自然資源來
說，下淡水溪客方言群雖錯落於福佬庄與南島語族部落之間，但它所
在的地理位置與所擁有的水源資源，實際上是佔優勢的。[81] 某種角度
來說，這樣的六堆界線是客方言群一種聰明的選擇，並有意識地在捍
衛。

關於界限上的傳說

下淡水溪客方言群聚落，以點狀方式如棋子般分布於屏東平原這
塊棋盤上。如前所說，其與鄰近的福佬語系，由於同屬漢移民，相較
於和南島語族群之間的界限，六堆與福佬語系的人群（漳、泉、潮屬
等）並不是處於築城相壁的狀態。在許多經濟生活或通衢河運上，務
農的客庄都還是要與從事商業的福佬人打交道，其中，潮屬在省籍上
與六堆客之原鄉嘉應州同為廣籍，其互動或比我們（包括當代六堆後
裔）想像來得親密（詳見下一章）：

> 福佬和客家也不是隨時處在交戰狀態，客家人雖然在武力衝突
> 時往往佔優勢，但並沒有趁福佬人全村外出避難而霸佔該村
> 莊；平時沒有打仗的日子，福客兩邊往往是唇齒相依，尤其是
> 普遍務農的客家人平日所需要的油鹽等民生用品，常得依賴福
> 佬商人輸入。（李國銘，2001: 173-174）

論述至此，本書將六堆建築特有文化特徵——堂號，納入討論。
筆者並非建築或空間專業，對此瞭解遠不及建築學者，在此僅是嘗試

---

81 關於這一點看法，李國銘曾在一篇描寫下淡水溪族群分布時，寫到：「……客家人 [在下淡水溪] 所佔墾
的土地不但不是比較差的土地，甚至是整個平原上水源最豐沛，也是最有利於稻作的肥美土地。」（李
國銘，2001: 169）

用人類學關注的點，把以下建築特徵放在關於六堆界限的討論裡。必
仍有不足之處，尚請見諒。

六堆至今有著非常明顯且特殊的堂號寫法，目前仍未確知其來源
究竟為何。本書第三章描述敬外祖流程時曾指出，彌濃人的夥房其祖
堂（廳下）堂號區額習慣採用「堂」字居中的寫法；這種作法普遍存
在於六堆，或僅有極少數例外。根據筆者的田野比較，六堆人的粵東
原鄉、甚至同屬粵東原鄉來臺但居住於北臺灣桃竹苗地區的客庄，都
不採行這種方式。筆者以此就教建築學者，約略歸納兩種可能：一是
作為一種盛行於六堆的潮流，另一則是有意識地作為區別。

建築特徵有時是在地工匠師傅的主張，來自適應當地習性、材
料、技術等，融合所聽所聞所學而逐漸發展出來的。一旦被採行，特
別是有錢的家族採用了這種方法，就很容易被其他新建祖堂所模仿。
這是上述第一種可能。只是究竟最早為何會「出現」這種形式，還是
值得深究的問題，也或許第二種可能提供了追尋答案的路徑之一。第
二種可能即與本章討論的命題「界限」有關，較之前者更廣泛流傳於
民間。村民傳說這是因為客庄與閩庄相鄰不遠，民居風格基本上羌異
性不明顯，一旦雙方衝突發生，遠近聚眾集結，在潰散或逃逸的過程
中，為避免「誤入敵營」，客庄採用了「堂」字置中的作法（例*河堂
清*）以與其他民居區別（例*堂河清*）。此種作法起源於六堆何處，無
從得知，但之後就如同前面所述，成為一種潮流與習慣，連非堂號之
門區（例最常見的*讀居耕*，即「耕讀居」）也都比照採行。

然而，若要作為敵我陣營的族群識別，插旗最為便捷，甚至也可
在建築上設計更誇張明顯的方式作為區別。在神聖空間的重要元素上
進行變化，就倫理上建築學者也覺得似乎並不單純。以筆者目前有限
的材料與學力推論，這與本書在第二章第二節援引的「雙姓堂」文化
特徵或可放在一起思考。堂字置中的作法是雙姓堂或多姓堂在堂號區
額上一致性的特徵，在彌濃也曾聽聞雙姓堂後代，在經濟條件支持
下，策略性變「回」單姓堂的故事。是否在這個過程中，堂字置中的
作法被保留或被突顯或被模仿，這因已溢出本書欲聚焦之議題，未來

再另文探討。

不論如何，堂字置中作為六堆人普遍採行的堂號匾額寫法，是不爭之事實。即便其起源或許不確定是來自於區別敵我之需，但它確實可以提供這個功能，不管是在過去還是當代，作為六堆人文化特徵，它默默地再現了人們如何「想像」屏東平原上的族群關係。也就是說，它反映出族群意識裡存在著界限的模糊特性，因此人們認為「需要」透過日常、可見且神聖的實質象徵，來公開展現家族的族群屬性——而且我們不能忽略的是，通常會進行族群特徵建構的，往往不會是較弱的一方。

正因為互動頻繁，衝突一觸即發，非我族類聚黨糾集，是讓清代一種充滿族群衝突的「六堆意識」（心結意識）持續的重要原因。日治時期因統治者強力禁止武力械鬥，界限上的行為被壓抑但在某些人心中轉化成意識，區別你我的意識仍舊濃厚，但缺乏實質械鬥的上演，六堆界限淡化為當代的一種「想像的共同體」（"imaged community"；見Anderson 1991 [1983] 概念）。

械鬥並非每天都在發生。讀者與我似已獲得以下理解：二百多年粵籍「客」在此平原地區完成地域化的過程，與比鄰而居的福佬人平日互通有無、唇齒相依，絕非處在一個全然封閉或排外的狀態。正因互動之需，才創造了衝突的可能。清代六堆在平原地形上展開的家園以及其文化特性，應不全然是被圍困下的選擇。人們在 "in fighting" 的精神性中，揣摩出哪些文化特徵可用於強化族群意識。這種建構的力量，即為下一節將討論的「內聚力」。

第三節 六堆「界限」的再思考：內聚力的本質

本節將回到敬外祖，嘗試以之詮釋六堆界限的性質。筆者認為六堆本身即存有一種強烈的自我認同與內聚意識，使得「團結」才可能是一種持續的、日常的狀態，而不僅僅是依靠此起彼落的械鬥事件。敬外祖所呈現的多世代姻親關係再確認的實踐與操作邏輯，與六堆內

縮型通婚圈互為表裡。前文對於這個內婚偏好雖有提及，但本節將再整理學者們的意見，對此種「選擇性偏好」做補充說明。

六堆客方言群的地域內婚體系

根據研究，清中葉時下淡水溪客方言群已相當盛行地域方言群內婚（見施添福，2001: 82；林正慧，2008: 197）。日治時期，右堆關於婚姻圈的材料，也呈現出本村或鄰村的短距離通婚（見 Pasternak, 1983；莊青祥，2008: 152-153）。即使在進入了勞力開始逐漸被迫轉移至城市工商業的 1960 年代，右堆龍肚庄大崎下這個小地名裡，較短距離的通婚對象仍較具偏好，且會盡量分散家中子女選擇的婚姻對象來源，使姻親關係呈輻射狀而非與特定村子結好（見 Cohen, 1976: 43-44）。

六堆這種短距離的、特定族群的婚姻選擇偏好，究竟是帶有原鄉文化的思維邏輯？環境條件的對應適應？還是族群關係互動下的產物？1964-65 年，帶著檢視 Maurice Freedman（1958）「宗族範式」來到臺灣進行田野的 Pasternak，提供了左堆打鐵庄的材料，間接說明了這種偏好與後兩者都有關。功能論者 Freedman 以東南亞華人家族的資料，嘗試解釋明清時期中國的地方宗族的形成；認為地方宗族的發展過程乃是透過水稻種作累積共有財產，讓成員運用親屬法則來建立組織、應付邊防，並興修水利來滿足擴大水稻栽種面積的需要等功能目的下的親屬團體——換言之，（1）邊陲社會（2）水利灌溉（3）水稻栽培，是決定親屬團體之所以盛行於中國東南沿海的重要因素（Freedman, 1966: 159-164）。Pasternak 想問的是：邊陲性是否與宗族的發展有「必然」的關係。透過在臺南六甲中溪庄（福佬人）及屏東新埤鄉打鐵庄（95% 為客）的比較研究，指出同樣屬於被認為的傳統中國邊陲社會，以福佬人為主的中溪庄，暨無大量水利建設且經濟條件也較不發達，但垂直型的家族力量強大，而跨家族間的區域聯繫似乎不及家族角色重要；相反地，同一時期，屏東六堆打鐵庄，在條件上同時具備 Freedman 關於邊陲社會、水利灌溉與水稻栽培三項條

件，但卻沒有發展出地方仕紳望族，而是出現了強大的跨氏族地緣關係網絡。面對這個田野調查提出的結果，Pasternak認為打鐵庄之例可歸類為中國邊陲地區宗族發展光譜上的「早期」類型——即地域組織強於家族組織；而中溪庄則屬於「晚期」類型——其地域組織弱於宗族組織。這種結果反映的並不是一種直線演化，Pasternak認為在稻作發展相對較高的六堆打鐵庄之所以如此發展宗族，是因為當地客方言群將其累積財富與興築水利的獲益，主力用於延展跨氏姻親共有財產與地域性公共事業；Pasternak補充說，打鐵庄提供了一個在獲得財富後大量支持跨族聯合（cross-kin associations）的例子（1972: 136-139）。

而就在Pasternak發表成果後，臺灣學者紛紛指出，在臺灣會出現發展地域化組織更重要於發展宗族，背後仍是反映邊疆社會上的需要，例如：莊英章（1974）提出臺灣早期開發時為防禦所需，宗族組織發展的重要性會被以「唐山祖」為象徵的超宗族組織所取代；而陳其南（1987）也認為，漢人宗族在臺灣的重要性，是遠不及祖籍認同和地域化分類組織。換句話說，作為人群組織的原則，臺灣特殊的邊疆性、拓墾性與族群緊張，事實上不只是在客方言群身上，在其他祖籍也會出現以信仰作為地域跨氏族聯合的趨勢；若在原本就具高度祖先崇拜的客方言群裡，發展具地域性聯合的唐山祖嘗會，即為一大偏好。然而，不管是神明組織或唐山祖嘗，內縮型通婚圈所意圖建立的較小地域合作聯盟，其策略是透過建立親屬關係，顯然這種文化它並非單純只是反映防禦或拓墾的需要，而可能是來自早期六堆社會家族發展過程裡，包括從佃戶、存錢、買地，再發展成家族，多數親屬團體缺乏足夠規模來面對各種來自環境或家族內部出現的「風險」或挑戰，生產關係親近的本村或鄰村家族，好的妻舅關係十分有利於在過渡時期予以支持，包括勞力交換。例如：

> 在某些情形下，姻親確實有著特殊的位置。……分家中的兄弟
> 往往各自有妻舅的支持，以對抗其他的手足，而且在分家以

後，每個新形成的家庭之間，關係上通常會有某種程度的衰減，但各別的新家庭與其姻親間的關係卻益形緊密。同樣的，姻親的重要性也反映在母系的聯繫。例如，一個男子的丈人死後仍有數個各自成家的妻舅作為他的姻親，使得這種親戚關係的強度不會突然轉變。（Cohen, 1976: 40，筆者中譯）

透過婚姻締結將使一個發展中的家族有較好的發展基礎，也比較不容易變成被虎視眈眈的落單肥羊。雖說過於親近的姻親也可能是家族和諧不穩定的外在因素（例見Cohen, 1976: 40，鄰近且緊密的姻親關係有可能使得分家過程充滿矛盾與衝突），但讀者將在下一章看到，人們透過要求女性應該有「不向娘家求助的骨氣」，對媳婦這個角色給予壓力與期待，從精神意識裡間接地平衡著這種內縮型通婚圈中存有的矛盾。

敬外祖：展現客方言群地域內婚的「偏好」

如果沒有經過比較，讀者可能會疑惑：難道透過短距離通婚來獲取經濟生活上的互助，只有六堆才有？事實上，小區域內婚在漢人社會也是常態，只是本書的基本看法仍舊是：目前在其他漢人社會中，除六堆外似乎尚無如此用心透過一套新創儀式，目的僅在維持姻親關係的風俗。

我們來看Bernard Gallin的「小龍村」研究。Gallin也在書中陳述了彰化鹽埔新興村對姻親關係的重視，但不管如何重要，確實沒有出現類似六堆敬外祖那樣，刻意強化且象徵姻親關係再確定的風俗。在1960年代的人類學者多注意到，早期關於中國社會組織的傳教士報導、歷史文獻或民族誌，殊少論及母系親屬與姻親關係對漢人日常生活的重要性，像是Freedman（1953）就說氏族以外的親屬關係因缺乏制度化，無法歸納足以涵蓋所有的規則，因此十分難以描述。事實上林耀華曾在著作《金翅：傳統中國家庭的社會化過程》（*The Golden Wing*）中，以1930年代為背景，描繪福建閩江下游黃村的兩個家族

故事，並聚焦於主角和鄰村族舅家族方面的經濟合作。但來臺灣做田野的 Gallin 覺得一個案例無法說明是否為普遍現象，因此他在新興村也特別關注了這點，他發現新興村人「不喜歡村內通婚而傾向跨村通婚」，不僅是有心理上不想讓彈性的親戚關係變成親族那樣過分親暱，而且是為了使得跨村的合作有更好的基礎。他認為多姓村缺少強而有力的全村領導和組織，使村人認清本村給個別家庭的支持有限，因此「親戚住在不同的地區，農業週期的距離比較大，經濟上反而可以互助，這是同村人通常辦不到的」（Gallin, 1966: 176）。「若是村人因為困難找不到必要的勞工來收割作物，他知道可以請些當時自己不在忙收割的親戚來幫忙」（Ibid.: 177）。在社會與宗教上，「通常每村拜拜舉行的日期不會同在一天，這樣許多親戚就可以互相串門子，參加別村的拜拜了」（Ibid.）。政治目的也是出自同樣邏輯，村級以上的選舉更需要整個選區的選票，因此跨村的親戚越多，政治支持的範圍就越大（Ibid.: 179-180）。作為泉籍後裔在彰化的村子，Gallin 的材料讓我們看到同樣強調姻親關係的漢人社會。只是這種鑲嵌於心理的、經濟的、宗教的、與政治上的婚姻聯盟，似乎並沒有相對應的維繫或強化機制，十分功能性地在因應生活中的種種需要。

這時回過頭檢視敬外祖的婚俗，就特別感覺它的存在與發展，反映的不僅是六堆人在橫向地域連結上的結盟，更多的是對「持續、穩定的關係」的渴望與需要。如前所述，多代穩定的姻親關係是一個家族垂直發展的重要支持力量，敬外祖亦讓這股對穩定的偏好，產生不過度重複締結關係的結果，透過提醒迴避與三代之內已結盟過的族親派下，支持家族擴大姻親範圍。

但是不可否認，客庄並不是自己畫地自限住在圍城之內。通婚對象在衝突較緩和的邊界與時代，是會因經濟、信仰或政治需要而出現彈性。這時候，女性就成為穿越這條「界限」的重要角色。實際上這個「界限」時常在跨越中，即便在緊張的客福關係之下，現實中仍多處可見著這個界限的可穿透性。透過跨群通婚與文化學習——尤其是當男性在族群存續責任帶著明確的敵我意識時，女性在文化會遇的歷

史情境底下，通常透過交換而成為穿越這條界限的人，它的穿越不僅存在於敵對的客福雙方，也在於將曖昧的、同為廣籍但語系偏閩語的潮籍人，透過結盟將之納為六堆之中。六堆內埔籍徐傍興醫師（1909-1984）曾以回顧式文章，述及六堆中區數個大家族，早期即不乏客籍男性與福佬語系女性通婚的情形（徐傍興，1973：無頁碼）。由於材料有限，筆者認為這種情形反映的或許是歷史過程，也可能是族群心性。潮籍居民在戶籍上與客籍同樣來自廣東，有祖先地域上的親近性，因此成為婚配選擇不喜愛「閩」人卻又想要擴大地域連結的選項；此根據學者研究過去下淡水溪平原客民多屬種地傭工，地主則多為閩籍不在地地主，另有其他閩籍村落雜居，取得土地的過程與通婚關係，一直都是臺灣早期土地經營史的主題之一，部分六堆人的來臺祖及後來數代或許透過通婚站穩了在這條流域建立家族的物質基礎，但之後雖與閩人交惡，卻也因客庄機動武裝實力強大又不陌生於閩方言，因此在拉攏同為廣籍的潮人上或佔有優勢，而夾在客福之間的潮人自然因人數較少且缺乏族群意識建構的歷史條件，逐漸隱匿於屏東平原的歷史空間裡。然而，潮籍人因語言偏向閩語，後代若無仔細查究或以「閩婦」視之，這也是徐氏一文中說族中長輩數人為「閩婦」的可能原因。

當我們放棄僅用「對抗」、「緊張」、「排外」的刻板印象來看六堆邊界，便能注意到相對於男性的聚眾械鬥，女性反而是一個可穿透邊界的介質（medium）[82]。上例是福佬語系女性進入客庄，也有客庄女性穿過邊界，進入到南島語族群的部落中。透過日治時期的材料，我們看到在六堆中區的萬巒、內埔、竹田、麟洛、長治等村莊，戶籍人口檔案裡出現不少由平埔族或排灣族部落家族收養客庄女孩的例子，研究者指出，她們被收養的原因並不完全反映漢人社會關於「收養」的價值觀，反而是在她們身上有的擔負著傳承南島語族部落歷史的使命（林淑鈴等，2010）。而進入南島語族部落的客庄女性之

---

82 物理力學上的專有名詞，在某些波狀運動，如聲波、光波中，則稱傳播的物質為這些波狀運動的介質。

中，若在成長過程中曾回客庄認親，當她即將娶媳時甚至也有聽說會敬外祖，讓兒子至自己客庄的原生家庭致意，以及養母外家、生母外家雙方也都包括。此例可見客庄在出養或收養的交換體系中，到了二十世紀時，南島語族並不是對峙的他者，而是可以被納入這個交換體系之中的一種選擇，而且客庄的文化（敬外祖）亦在這樣的「界限」上被實踐，作為養女的兒子也在這樣的儀式之中，理解到自己母親身上所共持的兩種身份文化。

六堆界限中與南島語族的文化會遇關係，位於六堆最北端的彌濃人也直接反映在文化特徵上。《美濃鎮誌》曾記載彌濃婦女不論老少都喜歡學著平埔女性嚼食檳榔（1997: 68-69），這種習慣甚至在當代年長彌濃婦人身上還能看到。我在彌濃生活的這些年，常常見到日治時期出生的阿婆們，每天清晨利用休閒時分兜個小凳就在屋簷下整理起她們要吃的檳榔。另一方面，平埔族人也出現采借了客方言群文化特徵的情形，例如：文獻上說在彌濃附近的平埔族人，服飾上「與彌濃人穿著逐漸趨近」（簡炯仁，2005: 120-121）。日治時期由於南嶺地區藍染業衰退，許多從業者因生計需求遠走他鄉，彌濃竹頭角九芎林因粵東客籍人遷居，帶來藍靛種植與印染技術，使日治中期的彌濃或因此成為重要的藍布衫的製造地。鄰近如此發達的印染布業區域，穿著上逐漸趨近應有理可尋。然而，同一時期新竹州（桃竹苗地區）卻已因西洋布的大量使用，使得因招佃關係南遷至彌濃南方石礫灘地開墾的這些「臺北客」，對於身著靛藍古布製成的藍布衫、嘴咬檳榔的彌濃女性，莫不產生極大的文化震撼。來自「臺北客」的一首打油詩這樣說：「下南妹仔靚係靚，著個藍衫齊腳掌；上頭梳個麵線髻，下頭含個檳榔水，看到鬼也驚。」（美濃鎮誌編纂委員會，1997: 68-69）「鬼看到都怕」，描寫了早期新竹州客籍移民對彌濃河兩岸女性那種又「古」又「蕃」的外貌無法接受的感覺。這個時候的彌濃人也因自閩粵文化引進紙傘技術，與其他客庄在文化特徵上產生了差異性，包括了藍布衫、嚼檳榔、撐紙傘。因為龜山堤防的興建，彌濃人與六堆其他各庄之間的交流受到阻隔，這種融合著六堆邊緣性與原鄉

直接輸入的文化特徵，於是乎就在地理封閉性的偶然條件下，被保溫了很長一段時間，敬外祖也或許是在這樣的客觀條件下，目前以較完整的方式仍呈現於彌濃山下。

在本書第二部分的最後，筆者總結關於從敬外祖看內婚偏好再到六堆界限這個話題。Annn Salmond（2000）說，界限或許並非僅代表一個「分離」的地方，而可能更是一種帶有「結合」意義的特殊時空。而正因為有這種穿透性，盛行敬外祖則更可以看到這個地方的客方言群，對於與較小地域內同方言群內婚、這種「有選擇性的偏好」之強烈。因為在平原上需要更多地域姻親的結盟，來合作經營事業與形成凝聚界限的團結力量，敬外祖的盛行意謂著客方言群傾向挑選自己人。亦因此種選擇性偏好，六堆建構了以血親、地緣、姻親的三維立體網絡，目的在經營穩定與較長久的互助共同體。這種結盟雖也有軍事功能，但衝突也侷限在生存地域附近，非為有民族主義或抗爭之目的。在被殖民政權強力解散之前，六堆並沒有進行版圖擴張性質的侵略行動，僅僅鞏固在下淡水溪最有利於農田耕作的小小地盤。

第三部分

敬外祖裡的性別與我群意識

第六章 敬外祖裡的客家意識：性別觀點的方法論

我們應從該世界的內部觀點提供對它的理解，並且反映出這種理解的
知識論基礎。

——G. E. Marcus & M. J. Fischer（1999: 26）

　　本書在第二部分論述了敬外祖在六堆地域方言群內婚體系中的運
作邏輯，並指出六堆的界限展現的是客觀的圍困危機以及一種文化偏
好下的結果。看到它在建立一個新的姻親關係的同時，還對世系群之
前曾經建立的姻親關係進行確認，並鼓勵家族即將結婚的成年男子，
去對舊有的姻親締結做直接的認親。敬外祖反映的另一個層面，是社
群對於同在一個生活地域之下的合作期待，包括共墾土地或共管水
源，以及對於地域內資源的掌握期待更大的結盟來形成一種力量。這
是下淡水溪客方言群地域化的過程，人們對於建構一個生活環境的整
體性（信仰、倫理與技術）有其偏好的方式。而當落地生根開始進入
家族化之後，透過與村中或鄰村同方言群但不同姓氏的家族通婚，建
立地域結盟力量，共同累積生存資本，而且當面對衝突時，高效率的
村際支援，其反映的亦是平日建立在地域姻親合作關係上的親密性。

　　以下進入本書的第三部分，將從六堆地域化的歷史過程回到當下
的生活現場，落在較為個人的、社會心理層面的議題，以彌濃的田野
材料為主，探討這種具有文化上偏好的歷史心性，如何藉由敬外祖儀
式的實踐，作用於社會與性別層面，建構出在界限以「內」偏好的人
群特質。

第一節 當代客家研究中的女性

　　啟動敬外祖的關鍵角色是：擁有子嗣的已婚女性。其中女性、已

婚、擁有子嗣是一個女性讓她的原生家族祖先，獲得敬外祖的三個必要條件。一名女性，會因為讓她的外家祖先獲得多次享用牲醴敬奉，而被視為是一種「孝順」的表現。例如，下例為研究者個人的田野筆記摘錄，記載彌濃一名女性品評著另外一名女性長輩，在嫁出之後生養多位男孩，因而在男孩（及男孩的小孩們）紛紛成年結婚之時，女性長輩的外家祖先獲得多次的敬外祖機會，鄰里皆稱說（稱讚）這位女性長輩「蓋有孝」（真孝順）：

> 九芎林馮屋來到山下張屋敬外祖，這裡是新娘公祖母的外家；他的祖母共有四個姊姊以及三個弟弟，其中這五姊妹分別嫁到竹山溝、埔頭下、金瓜寮、山下，以及九芎林。她們的兒子及孫子在結婚的時候，依照彌濃敬外祖之俗，全部都是要回到山下這個祖堂來敬外祖。張屋人在接待馮屋來敬外祖後，很有成就感地說著：「我等的阿公婆蓋有好食！」（我們的祖先有很多[機會]可以享用牲醴！）即祖先很有福氣，子孫（外孫）眾多，敬外祖機會多，牲醴祭品總數也就跟著多了。張屋人之後又接著說，這也是女兒很有孝啊。

傳統漢人社會重視「不孝有三，無後為大」，相對的意思是，「有後」成為表達孝順的第一優先，然而「有後」常常無法單靠一夫一妻通過生育完成，因此社會設計了許多文化性的補救措施來使得「有後」（有孝）成為可能。在發動補救措施之前，女性在這種生養責任中仍被視為是一個重要的載體，「她」被期待（被迫）認同其文化性的祖先（夫家），而身體則被期待（被迫）交付與生育工作。上述的例子中，顯出敬外祖儀式「外」的那名重要女性，當她完成傳宗接代的工作時，她不僅協助夫婿做到對祖先有所交代，也因為她自己的努力，她在外家頭（娘家）的心中，更是一個有孝的女兒。

在1960年代臺灣女權運動與節育醫學未興之前，敬外祖裡呈現的性別意涵有很多重，第一個是「男大當婚」，第二個就是「食到老

降〔giung，生（小孩）〕到老」（活到老，生到老），越是子孫繁衍，敬外祖文化將製造越多的儀式機會，不僅提供姻親雙方的重複認親與確認，還強化著這種「孝道」的實踐；在生育男丁壯大世系群的同時，也藉著機會去穩固更多的既有結盟。然而換一個角度進行批判的話，敬外祖在強化特定父系世系群姻親結盟的同時，它也強化了女性被功能化為生育機器的被剝削地位。本章第二節要在這種文化詮釋與批判觀點之間游走，看看那些未曾經歷解放觀念也沒有被剝削概念的末代傳統彌濃女性，她們怎麼詮釋與理解敬外祖中的內外關係與生養責任的自我價值。

客家女性研究回顧

回顧過去關於客方言群女性的研究，不管是針對傳統女性或現代女性，幾乎都無法避免圍繞在她們勞動刻苦的性格特質（徐正光，2001: 297）。若粗分討論客方言群女性（客家女性）角色和地位的相關研究，在華人世界約可分成兩種研究取徑。其中，在原鄉客家的研究社群裡，因深受羅香林的源流考及女性美德說之影響，強調的是女性勤奮乃為其本質的說法。例如研究者們在思考勞動為何成為這個方言群女性的特徵，便有一說，認為這是客方言群在原鄉生成的同時，受當地百越族「女勞男逸」之風所影響（見吳永章，1991；劉佐泉，1994；蔣炳釗，2000: 353-354；謝重光，2005）。以謝重光的說法為例，他認為這種文化傾向，是宋明理學、生存環境加上南方少數民族文化，共同造就而成（2005: 141-205）。此說似乎傾向認為加諸於女性身上的勞動美德，是在特定歷史過程中「混成」而來的文化特質，成為「客家女性」顛撲不破的形象。

本質論後來受到女性主義觀點的批評。Nicole Constable（2000）曾表示：在1980年代前關於客家女性的描寫幾乎都是男性觀點，許多論述對於「客家女性」常常是「存而不論」，而父系繼承的系譜書寫，又多是將女性停留在描述其勞動形象，因此缺乏了系統性、女性觀點的研究。臺灣在1980年代受歐美女性主義的啟蒙，對於女性在

傳統家族中的角色建構，有了更多敏銳的詮釋，同時也獲得了批判的工具。在女性主義眼中，客家女性勞動特質的天性說與美德說，不折不扣是一種男性建構下的結果。在1990年代，女性研究在臺灣發展出具女性主義與新史學的批判觀點（見張翰璧，2007），其中多藉建構論以批判那些歌詠客家婦女勞動形象之作，實為父系中心主義的對客家女性過於浪漫的建構；在讚詠女性勞動美德的背後，女性真實面對的是將女性作為生育工具的壓迫以及嚴酷的社會壓力（夏曉鵑，1994；鍾秀梅，1994；張典婉，2004；邱彥貴、吳中杰，2001）。這類觀點很受都會女性接受，認為此說為客家女性從傳統中解放出來，提供了支持。帶著馬克斯主義人類學批判論的主張，對許多亟欲從窒息的「傳統」中出走的女性而言，提供了昂首闊步邁向自己人生的內在鼓聲，理解何謂選擇權（right of choice）──選擇自己要做何種人、過何種生活的權力。

然而，在家娘那個世代，她們確實很努力在完成某種對生命的「理想型」實踐──雖然，在讀書人的「理性」裡，那套實踐似乎落入同時剝削著他人與自我的宿命，但疑惑的是：既是研究者又是客家農村媳婦的我，內心想的是該如何去「詮釋」她們想借此表達的聲音（voices）。Marshall Sahlins（1998）曾指出，對於「過去」的反省，如果是立基於現在而非舊時的脈絡，很容易掉入現代主義極度樂觀的進步史觀的邏輯裡，認為現在是比傳統越來越好，也越來越自由，但這很可能是個陷阱。上引之批判觀點已成功地將「女勞男逸」視為必須被解構與顛覆的傳統，而放在女性主義客家研究上來看，批判傳統的說法或許正也暗指下列情形：即傳統下的客家女性被壓迫得如此厲害，而且在龐大的父系思維底下，她們無法理解與拯救自己。蕭鳳霞（Siu, 1990）曾以其在珠江三角洲的女性研究提示讀者們，莫在西方觀點制約下不知不覺陷入「對『進步』的迷思」，她反對人們理所當然地認為中國婦女就是受父權壓迫的看法，她認為這樣的婦女形象，其實也是在城市知識份子的有色眼鏡下投射形成的。因此，現在的性別研究更強調研究者要進入女性自身的文化脈絡，來理解其社會角

色、經驗、情感、生活特質和社會觀。同時要在女性意識及權力觀點上，重新解釋／解構不同社群的文化現象，把研究性別的問題意識，也置於政經社會甚至國族的脈絡下，跟主體、社區、族群及國家等認同議題進行對話。

然而女性的聲音在客方言群裡也是有權力之分，我們位於書寫與閱讀論述位置的，基本上都是掌握詮釋權的強勢角色裡。簡美玲（2010: 623）就主張，在研究方法上要盡量讓女人的「聲音」不僅被聽到，而且也要被聽懂。研究者認為這種研究取向，亦呼應Constable（2000）的主張：從女性角度有屬於女性的客家意識，研究者應該要積極地呈現她。這種方法論目前正在客家研究中慢慢摸索形成，因為女性在過去長期處於被「消音」的狀態，她們也還在學習如何「有」自己的詮釋，我們在研究中必須依賴「浸得夠久」的聆聽，才能發現她們的聲音，並經由我們的書寫，整理這些聲音背後的女性意識。

本書仍相當肯定90年代建構論者對客家女性勞動特質的批判，但期待本書能在新的研究取徑上，突顯人類學研究者須用女性自身脈絡的話語，來解釋她們心中對於自身處境的真實感受；並重視她們在參與地方文化與社會的角色與過程。建構論知識確實提供了壓迫的客觀事實，但人類學則更進一步嘗試理解，女性如何在此壓迫下，繼續完成屬於她們自己的生命以及人觀。

如何「是」一個「客家」女性

在聆聽彌濃傳統女性「聲音」的時候，研究者非常小心翼翼地在理解一件事，就是她們怎麼定義「是」（being）一個「客家」「女性」。相對被問話者的身份，研究者這種從「外面」進來的媳婦，敏感地感受到被期待在夫家「被社會化」過程的出現，也就是得學習成為（becoming）一名「有責任感的婦人家」。

人類學者曾指出：人並非一出生就屬於一個群體，而是必須靠著實踐來成為群體的成員，亦即人的身份，除了屬人主義與屬地主義之

外，另外包括行為上的自我聲稱（Jocelyn Linnekin & Lin Poyer, 1990: 8; Rita Astuti, 1995）。在此理論底下，一名女性即使父母皆為客籍且戶籍落於客庄，但她要是個客家婦人家，是必須透過實踐與學習來取得這個身份——她得表現像個客家女性，換句話說，她得把客家女性做出來。這不僅牽涉到其教養過程與社會化，同時涉及她認知有一套規則，而後還能在規則以內完成期待。雖然在「是」（being）的過程中，女性未必知道這樣做就是「客」〔hak`-ngi，客人〕，但研究者明確觀察到彌濃女性的客家認同十分明確，尤其當她們脫口而出一些串仔（諺語）前，常一開口就是「我等客人有講——」（我們客家人說——），讓你無從懷疑她們擁有著明確的客家意識。

女性如何意識到她們身為客家女性的命運，這牽涉到彌濃當地的人如何理解「性別」。重點是，要研究性別概念，就得先研究客方言群是如何認識「人」，而後再看女性如何成為「客家女性」。原則上，客方言群在人觀上與華南漢文化群差異並不大，較為突出的往往都指向其更重視祖先崇拜的這一個面向上，其具體的表徵就在於一般的民居合院，往往是以純粹供奉祖先牌位的神聖空間，作為合院的中心（李允斐等，1997: 244）。在這樣的父系祖先崇拜文化叢中，一名客方言群的女性，她要能理解她自己如何成為一個文化中可接納的、完美的「婦人家」，一直以來她們的理解就是「四頭四尾」。在敬外祖這組儀式結構中，女性作為締結姻親關係的介質角色，會被放大與強調，而她婚後是否協助維繫姻親雙方的良好互動，也突顯於儀式實踐中。敬外祖提醒了我們要將之放回六堆地方社會的脈絡中思考，因為有敬外祖的實踐與強化，這個地方社會中的女性，正在用文化所給予的方法，為她這個族群提供不同面向的貢獻。

第二節 共構六堆地方社會的打造者——「我覺得很光榮！」

過去的民族誌資料對於女性的角色曾有討論，認為一名女性在成

為母親時責任加重，成為婆婆後權力加大，丈夫過世後甚至可作為家族的象徵（Cohen, 2005: 265-266），女性的角色較為強調其在夫家體系中的位置與功能，此亦受到漢人社會將已婚女性視為「夫家人」的觀點所致，故而對女性與其本家（婚後的外家）在情感上如何繼續牽帶，則較不被強調。然而，後者就是敬外祖對女性做的工（the work on hakka women），這是一種人生功課，也是一門功夫。

　　研究者曾拜訪在竹頭背出生的靜妹伯姆（75歲），當孫子結婚前到她竹頭背外家去敬外祖時，她的感覺如何？平日屋前屋後勞動不落人後的靜妹伯姆，竟然有點害羞地笑著說：「嗯，要樣仔講呢？就很歡喜，蓋光彩，」然後又非常典型地站在父系社會思維底下補充了一句：「哀哉，『敬外祖』是要去拜我等外家的祖先，不係我的功勞啦。」靜妹伯姆這樣的答案並非特例，她心裡認為敬外祖的敬拜對象是「祖先」，而非她個人的貢獻──雖然在後輩這個現代女性心裡，多麼希望她能認為是因為她很用心地扮演好傳宗接代的使命。

　　這種「感謝姻親家提供能傳宗接代的女性」的敬外祖儀式，從這種角度看，似乎只是再次證明了Levi-Strauss在 *The Elementary Structures of Kinship* 書中所言，外婚制（exogamy）是社會結構的基礎，人類依靠女性交換的「象徵遊戲」，從生物之人過渡到文化之人，且因為這一層的交換得以結合成社群的第一層次：親屬體系，因此女性的交換一方面是擴大親族群體，另一方面其實是安頓人類身心。一般亦認為：在漢人父系社會中，也將女性在婚姻中的價值與意義，著重於其生物上的功能，取決於她是否能在夫家「有所出」。如果認同敬外祖的實踐目的乃女性強化生養男丁之責，無可諱言這套文化設計明確地正在共構甚至強化著父系思維，而女性生養的重責被上綱到儀式層面，被工具化的網絡綁的更緊，但女性真實的感受在田野拜訪中，卻又展現出「自己被重視」的喜悅。這一點必須正視並納入思索中──例如，生育機器與養育責任必須分開來看。

在強化「生養功能」以外

事實上，敬外祖確實強化著女性的生養功能。然而，重點在於「生養」這樣一件事情，在人類社會的價值究竟何在，而性別角色與生養功能之中的嵌入關係又是什麼，客方言群如何意識以及詮釋生養功能的意義。

費孝通在《生育制度》一書中提到，供給新的社會份子是生育制度的任務；社會份子指的是一個能在社會分工合作結構裡擔負一定職務的人，這個能力並非天生，而是須有長期的教育，所以生育制度是包括著生和育兩部分（1998 [1947]: 115）。因此，站在社會的立場，問題比較嚴重的是在生育的角色分工，以及父系制度底下重男輕女的問題。筆者認為，敬外祖對於重男輕女的強化是不符合當代人權價值，但是其本身對於姻親表示答謝並再確認相互聯結合作的基礎，在過去為了強化地域方言群內聚團結的設計，它突顯了女性在建立姻親關係中的重要性。

其次，敬外祖強化甥舅關係的本身，就 Levi-Strauss 的觀點，那也是一種父子關係的轉換，對一名男子來說，那就是他的生存資源。所以由此觀點來看，敬外祖同時也提高了男性的生存條件，提供一名成年男子他的一組可作為靠山、幫手、智庫的妻舅網絡。

第三，敬外祖只是一個單日的行程，但它背後包含著一個父系世系群與其多代姻親家族的日常網絡，平日除了經濟政治與社會等合作關係，各種人情義理該有的送迎往來，往往是讓負責這類工作的女性，必須在大腦中精細地計算親疏遠近與互動層次，一方面看似加重走親戚的責任與技巧，另一方面那亦是她的人脈資源；不管是要私錢投資，或是協調村際糾紛，或不平等的妯娌關係，她與外家的關係通常也會變成她的靠山。而她的外家也需要她在夫家做好「功課」，以繼續讓兩個家族之間的合作聯盟關係，處在有事可以相互上前支援的狀態下。

確實，女性在父系權威底下成為一種婚姻的交換物，在漢人社會文化結構裡，兩性的地位與角色一直尊奉著男女有別、男尊女卑的模

式。正因為男女有別，因此在傳統禮制的集體思維底下，男性與女性的教養模式也有很大的不同。以彌濃人最常面對的另一個方言群——福佬人來說，同樣認同「女子無才便是德」的大傳統價值，福佬社會更強調一種在「家內」對女子進行「三從四德」的養成教育，更由於受教權的被剝奪，女性一般就只能透過口語傳誦的俗語，來進行其社會化的過程。游淑珺曾針對「臺灣俗語中的女性」為主題進行研究，她認為透過常識性的性別知識教養，男女兩性的區隔愈形嚴厲，性別差異現象也愈見顯著，女性僅能在家戶空間內，在女學的道德規箴下，模仿著賢妻良母所需具備的形象，「從」然後等著「歸」入夫家，一次又一次被視為生育的工具（2010: 104-146）。

相較下來，客方言群強調女性要有「外」的能力——戶外田間耕作、與娘家保持有點黏又不會太黏的關係——就顯得是一種文化特質了。例如傳統客家研究中對於女性勞動特質的描寫，即相對擴展了客方言群女性在公共空間出現的正面肯定；而敬外祖所反映的強化姻親關係，更直接表達女性作為建立一個家族的「外」部親屬關係，所處的一個關鍵性角色。正是因為這種強調女性要有「外」的能力，或許其展現的是客方言群有異於一般漢文化社會的特殊氣質。

女性有著自己的天地，也參與社會的創造

本書嘗試將這種對女性具備「外」之能力作為一種文化特質，將之與批判社會學中指出客方言群女性同樣身處被剝削角色的思考，進行對話。確實，能夠啟動敬外祖的女性，在整個彌濃社會來說已躍上「成功者」的位階，她們透過達成生養要求，進入另一種階層。相對來說，一名僅生有女兒的女性，她除了有機會享有「阿婆肉」之外，她的娘家要能享有敬外祖，則必須依賴其他「補救性措施」來讓她確認獲得子嗣。無法生育的女性一樣可以透過補救方式取得後代，而獲得啟動敬外祖的機會。也就是說，由於敬外祖並不強調「親生兒子」（與送雞酒的差異亦包括此項），單純地強調「傳宗接代」的文化性功能，因此不能僅將敬外祖視為強化女性作為「生育機器」的被剝削

角色。她可以透過生育跨入門檻，但她也可以因為一種胸懷，而完成這項文化上的期待。

研究者在彌濃敬外祖的場合，看見了不同於刻板印象的女性。也或許是因為敬外祖並非一個充滿繼嗣權利義務而帶有爭權計較的場域，女性自然表現的多為一種喜悅與自信。田野中發現不少女性長輩在有媳婦協助準備牲醴祭品或家中有其他成員可以幫忙看家時，會開開心心地「陪」著兒子或孫子回去自己的娘家敬外祖。另一方面，出席接待敬外祖的家庭大多也都包括家族成員中的女性，前前後後張羅泡茶、接待、收下牲醴等細節，十分熱絡。當外家主祭者唸著「今晡日按好彩」或「某某某（嫁出女性之名）按好彩」，都表示出一種因為女性的付出所達成的一種圓滿。費孝通曾說過：「生育，是損己利人的行為。」我的家娘也說，兩性在爭取人權的同時，如果沒有共同思考怎麼繼續扛起生養責任，「以後誰要來種稻子給大家吃？」她沒有唸過很多書，但在她的話語中，似乎讀出忍辱負重般努力扛起族群繁衍責任的決心。

女性擔起族群延續責任的壓力，卻也在其中累積其人際網絡，強化自己的生存條件。在敬外祖時，那位啟動敬外祖的「關鍵女性」大多只能以陪同角色出現，甚或留在家中繼續張羅隔日婚宴之事，但在低著頭忙碌的背後，這個在親屬制度核心單元中的關鍵角色，是有一種「意識」在其中支撐著她們。女性雖然在這組儀式中忙裡忙外，本書在第四章也看到，在聯繫、採購、張羅，布置好整個儀式的「前臺」，女性在「後臺」的表現，實際上呈現著她在社會網絡中的一種優勢。

許多研究支持 Michelle Z. Rosaldo（1974）的結論，認為在大部分的文化中，一般都是由男性控制著「公共領域」，並在其中獲得表達與管理公共利益的權力，而普遍來說，女人則被限制於「家庭領域」，掌管著她們自己小小家庭的幸福（見 Ortner & Whitehead, 1981: 7）。Thoman H. Eriksen（2001: 129-131）在文章中辯論著女性的被支配與被從屬觀念，實際上有很多是人類學者或社會學者自己創

造出來的，他們假設人人都想要平等，但許多民族誌裡描寫的人，似乎又堅持地認為：性別不應該是平等的，而應該是互相補充。Eriksen 舉了 Joyce Riegelhaupt（1967）對里斯本外圍的 Saloio 的葡萄牙地方社區所做的研究為例，那是一個法律賦予男性支配權力的村子，但是因為男性被固著在田裡勞動，女性只能留在村子裡，將時間留給家務勞動、照料小孩、部分農活，以及去市集採買東西，偶爾也必須去城市賣東西，但這樣就可以發展出村際的人際網絡；相反的，男性的角色很少能相互接觸，因此具有廣泛社交網絡的女性。Riegelhaupt 的民族誌裡面提到，有時為了說服村長等處理一些像是修路等事情，甚至是依賴女性間的社交網絡，讓她們成功地經由村長的妻子去遊說她的丈夫，做出適當的允諾。換句話說，不能小看女性在經營人際網絡上的功能。

回過頭來看敬外祖。雖然女性也是在「幕後」，但許多親戚網絡的維持，依靠的往往都是這些每日在家務與田裡勞動之餘，透過各種芝麻綠豆大小事與這些姻親們的走動來完成。筆者認為：雖然敬外祖並非明顯針對女性進行「直接」表揚，但女性在執行敬外祖這個儀式時，是可以感覺到自己的「貢獻」是關鍵。尤其，當外家方面熱絡的接待，更展現了她把「做親戚」這件事做得很有個樣子。

敬外祖是經由女性來傳承的

敬外祖因女性為夫家完成傳宗接代任務而啟動。當一對夫妻若夫方無敬外祖之俗但妻方有，則敬外祖會繼續實行，但相反地，夫方有而妻方無，則敬外祖中斷之機會甚大。以下兩個例子或許可以用來驗證這個看法。

在本書第二章述及彌濃發展史時曾言，彌濃周邊乃是一多族群的界限，許多靠近界限的區域與異文化會遇的機率就很高。例如隔著荖濃溪的對岸是高樹鄉，其中 19 個村子裡有 4 個為客方言群聚落，餘則以福佬庄為多，以及少數的南島語族群部落。早期當地客方言群內婚比例相當高（莊青祥，2008: 152-153），但在產業逐漸變遷之後，族

群間互動頻繁，通婚相對於彌濃亦較為普遍。例如，研究者曾在龍肚大崎下遇到一位來自高樹的新朋友，他帶著家裡種的香茅送給一位以陶藝創作為業的友人。原先從其語言的流利程度初判其為福佬人，但他對於陶藝師和研究者之間的客語對話又多能聽懂，這或許是常往來於客庄與福佬庄的高樹人通有的能力。聊天中途我忽然岔了原來話題用客語問他結婚前一天是否有「敬外祖」。高樹人愣了一下以福佬話追問「是不是『拜祖』」。筆者點點頭又補充表示「就是去媽媽家拜祖」。這時他馬上又用普通國語說：「喔，有啊。因為我媽媽是客家人啊。」這句話轉動筆者的思考——有沒有敬外祖似乎取決於母親的方言群類屬，原來這是重要的關鍵。另一例是遠嫁至屏東南端福佬人家庭的彌濃女性，兒子結婚前一天仍然領著準新郎，風塵僕僕地返回彌濃來敬外祖，並直說這就是「我們」的風俗，一定要做。親戚知道了紛紛傳頌這名女子有情有義，但繼續聊到她到孫子結婚時是否她的娘家祖先仍能吃到敬祖大禮，人們就說難講了。

站在已婚女性娘家的角度來看，敬外祖是「外姓」姻親子弟帶著牲醴走進我們的祖堂來拜我們的祖先，如果不是在同一邏輯的文化圈之內，這種崇拜之禮或許令人匪夷所思。這個儀式要能夠被傳承，若「外家」就是在這個文化圈裡（客方言群），那麼即便對方是何族何氏，只要舉著敬外祖或送雞酒之旗，這套儀俗就能被實踐。相反地，假如是此文化圈的男性娶文化圈以外的女性（即便同是客方言群但無此俗者亦同），外家不在這個文化圈內，對於如何回應此儀俗就變得非常尷尬。本書第五章談及外祖敬拜的邏輯時已做過分析，而這裡要再次強調的是，在跨族群與跨地域的通婚例子裡，如果母方為客方言群，那麼儀式會有機會保留；但如果母方不是，即便父方是客方言群，其中斷的機會大過於前者。

因此，本書認為女性不僅是啟動敬外祖與送雞酒的關鍵，同時這套具有二至三代結構的儀俗，也是透過女性傳承；只要這名女性（的外家）仍在這個文化圈裡，仍實踐著這套儀俗，那麼她仍然有機會透過自己的生養能力，為自己的娘家（祖先）帶來福份與光榮。

第七章 當代彌濃女性的日常與本家／外家關係

> 我們的日常生活是一種不停的交流，與我們周遭的日常景象彼此交
> 流，……然而我們有可能突然間、意外地、最常是明昏瞬目之際，瞥
> 見另一種有形秩序，跟我們的秩序交會卻又無關。
>
> ——文化藝術評論家與詩人John Berger

　　這句話來自John Berger在他2001年 *The Shape of a Pocket* 作品中的一個片段。具有馬克斯主義色彩的Berger，那本出版於1972年討論社會關係與藝術的經典之作：*Ways of Seeing*（《觀看的方式》），是社運界青年人手一冊的自修讀本。他告訴讀者如何運用藝術凝視的方法，來凝視我們所身處的社會。即是我們要學會停格、屏氣凝神地觀看，讓自己的意識與社會關係進行對話。

　　敬外祖的社會關係在儀式進行的當下，我們可以將之停格，就可以看到接待的一方展現著對於已嫁出女性的情份，以及身為外家仍願意給姻親的穩定關係。一般婚俗中女性出嫁時所潑出的那盆水，說是象徵著她即將成為覆水難收的「外人」，但在彌濃，人們卻說潑水代表這場婚姻「越潑〔bod〕越發〔fad〕」。由於敬外祖同時象徵著與外家關係的親密遠近，因此一名女性在婚後如何透過日常，延續原生家庭的情分關係，將成為敬外祖會否被執行的其中一個關鍵。其他的關鍵當然還包括與外家在各種社會層面上的合作過程是否愉快，或某些相互的送往迎來是否合宜，而不互佔便宜，但這些關係實際上這名嫁出去的女性仍是很重要的角色，她是否能在兩個家族之間做好穿針引線、隱惡揚善、權衡利弊得失等，考驗著這名女性「做」親戚的技術。

　　過去在漢人人類學的研究中，婚姻中的女方角色曾多次被研究者提及，主要對焦在婚儀中女方親屬的角色（如M. Wolf, 1972）或農村

婦女非婚姻角色下的鄰里群體（如 E. Ahern, 1974）等。在當時（1970年代）採用的理論取徑有個特色，通常會將女性與娘家的互動往來，視為是在父系親屬關係之外的關係。然而，我們從敬外祖可以看到，這組婚儀它是發生在一名女性已嫁出的多年以後，她在文化上所歸屬的家族，再次「回」到她的娘家確認並強化相互往來的關係，女性與娘家的互動往來，同時再現了父系親屬關係在垂直發展（傳宗接代）以及平行聯結（建立跨族聯盟）的能力，它所帶來的凝聚效應不僅是女性個人的情感訴求，而是同樣被賦予作為一個父系親屬團體的延續與發展責任。一名女性在這套婚俗底下，被支持並肯定去強化她與自己娘家的關係，從這個觀點來看，亦展現了與一般漢人父系意識型態的規訓與理學教養之外。

本書在以下這章將停格在幾個與女性有關的儀式與日常，以及權利與義務的畫面，透過幾個生命經驗的例子，吐露彌濃已婚女性如何在女兒／本家關係之中，穿越內／外（夫家／外家）的界線，維繫著自己的努力與家族的命運；而外家頭可經由什麼樣的風俗與界線，對待已嫁出的女兒、女婿，聯繫著跨代的姻親關係，我們將在這些例子中，窺見部分彌濃傳統女性的幾個心理剖面。

第一節　與本家的關係：「好女毋識爺哀嫁衣」

敬外祖讓一名已婚女性與其原生家庭間的關係，並未因「嫁出」而就此斷裂了權利義務；在象徵上，敬外祖也考驗著姻親兩家的友好關係，當一方不前往敬外祖時，就是被認為是一個不在乎與不重視雙方關係的表達。相對地，若原本關係不緊密，可以因為有「行前」（走動），讓兩造家族獲得一個重新加溫的機會。

很有趣的，雖然早期彌濃「不喜歡」（在某些已經連續多胎女性的情形下，甚至是憎惡）女性的出生（見 Pasternak, 1983: 163-165），然而，當這些女孩們都各自嫁出又讓孩子們回來敬外祖時，做為外家頭，還是會表現出那麼一點點的得意。像是彌濃街上的林先

生，他在自宅樓上建了一個分支廳下，只拜他這一派的直系祖先，也因此從他以下的子孫，大概就不回到總廳下去祭拜；他表示，妹妹們的小孩加起來，他共有十一個外甥，作為他們的母舅，林先生挺起胸膛用手指著地板說：「所有這些外甥要敬外祖時，都是要回到我這裡來拜祖的！」筆者聽到當下隨即出現非常彌濃式的念頭：啊，林先生的阿公婆也是「蓋有好食」（可以享用很多子孫送來的祭品），而他的姊妹們也會因為外家這樣的熱絡接待，讓她們的小孩在阿舅的帶領下敬祖。一如第四章第一節所分析，作為姻親雙方家族中介的女性，通常在良好的舅甥關係中都努力做著被人稱許的角色扮演，有時當這個女性角色消失時，舅甥關係可以直接越過女性，成為另一種父子關係。舅／甥在敬外祖共同持香敬祖的那個當下，也象徵著一對父／子關係的強化。

選擇締結姻親關係的家族

女性在夫家的表現，直接決定了姻親雙方的互動品質。筆者在彌濃的參與觀察，就常聽到地方長輩強調，「討親要取三代」（找對象要選對方的三代）、「嫁妹仔愛看對方三代」（嫁女兒要慎選對方、研究對方三代）。以女性從一個家族移動到另一個家族的過程（即婚禮）來說，傳統彌濃女性在這個被決定／被選擇的生命轉折中，實際上亦在上一輩的主導下「選擇」了對方。在社經狀況允許之下，傳統彌濃在建立姻親關係前，都會進行一個慎選的過程。在家世之外，彌濃人還會務實地確認對方的人品與經濟條件（收入來源及穩定性）。

一名女性在婚後會有兩對父母，一個是生物上的父母，一個是文化上的父母。她的娘家對她這生中最重要的事情，就是為她找到一個「好的」文化父母。英妹從中壇庄嫁出的時間是民國58年（1969），根據《美濃鎮誌》來自臺灣菸酒公賣局屏東菸葉廠的統計數字，美濃鎮在58/59年期共許可了1,582筆菸草耕作戶，正值菸作的高峰期。英妹那位住在牛埔庄庄肚的舅舅，在她嫁出前三年甫當選美濃鎮農會理事長，而後數年又當選了臺灣省菸葉耕作事業改進社總社社長，是

美濃鎮橫跨政治與農業的重要領袖人物。英妹的娘家有這樣強大的姻親關係，這是一個典型地方名望家族的特徵。

　　在那個傳統上重男輕女的父系思維下，對這個中壇庄的大家族來說，英妹僅是一個核心家庭裡那個被期待協助家務田事的次女。在她十九歲已入適婚年齡的那年年頭（年初），做媒人的（媒人婆）打聽到山下有位適婚年齡的男性正在找對象，遂與男方家裡長輩商談，約了時間計畫去女方家「看細妹」。後來男家頭（男方）的父親沒有同去，而是由他的劉姓妻子與她外家的嫂嫂一同前往，這位女性後來成為英妹的家娘（婆婆），她也是來自中壇庄，是衙門（派出所）旁那個「大夥房」[83] 出來的人，對挑媳婦的眼光有著大家族訓練出來的本事，因此「看細妹」的工作就由她全權負責。她們那天要去看的細妹（女孩）是在劉屋「大夥房」上片（上游）另一個劉屋夥房裡將滿二十歲的女孩：英妹。英妹回憶說，媒人帶著她們就走進家裡，她整了整衣服被叫了出來，端茶給她們喝；而當天男方家砒〔*zag*`，壓〕了百二銀（120元），這個意思就是「中意了」。只是，這個才快滿二十歲的農家女孩，她還不知道自己未來的丈夫是長得什麼樣。

　　英妹在中壇的外家畢竟也是個大家族，對於未來要結親的對象，還是會秤秤斤兩。當曉得男方應了媒人哪天要來「看細妹」，她的父母前一日已經先去對方家裡走走，看看合不合條件。這是彌濃習俗中的「邏家門」——即有可能結親的雙方，女方先到男方家探一下。昔日邏家門時，女方還會刻意留下來吃中飯，想看看對方的態度以及能端出什麼樣的東西上桌。相對於英妹外家的規模，她未來的夫家住在山腳下的寮屋，這門親事對男方來說算是高攀。英妹父母依俗到男方家邏家門；回去後英妹母親表示不同意，但英妹的父親盡說男方好話，要妻子不要太挑。做母親的見勢只好安慰女兒說，那個要訂細妹（娶妻）的人，「在公家食頭路，有穩定頭路，無食菸酒也無賭」。

---

83 請參閱第一章彌濃發展史中，對於「大夥房」的說明。

研究者：講親係不係當日就會知這門親事有結成無，係麼？
　　　　（「講親」是不是當天就會知道這門親事有沒有成功，
　　　　對不對？）

英妹：前一日要先去探〔hiit〕對方，看有合我們的條件無，
　　　不合的就不要讓他們來了。頭擺我姆媽就說有頭路就
　　　好，有飯吃就好，有頭路就有錢啊；男方就有職業啊，
　　　就按奈就定咧。（前一天要先作勢探一探對方的底，看
　　　是否符合我們的條件，不適合的就不答應讓他們來談。
　　　以前我母親說有工作就好，有飯吃就好，有工作就有錢
　　　賺；男方就是有工作啊，所以就這樣定下去了。）

研究者：那時節這邊的家庭樣仔呢？（那時候這邊的家庭是怎
　　　　麼樣的？）

英妹：唉唷，那時節這片還係「穿鑿屋」喔，壁係用篾做的！
　　　我爸就講「蓋透風」、「蓋涼爽」，我姆媽來探過一下
　　　後就無麼介肯。（唉唷喂呀，那時候這邊還是穿鑿屋
　　　喔，牆壁是用竹片稻稈糊上去的！我父親就說這樣「很
　　　通風」「很涼爽」，我母親來探了之後就直搖頭說結親
　　　不好。）

研究者：過後呢？（之後呢？）

英妹：哀哉，後來我姆媽在我出嫁的時節就說，細妹仔人要曉
　　　得——好子毋識爺哀田地，好女毋識爺哀嫁衣，有賺就
　　　有好食，就食這種志業……（唉唷，後來我母親在我出
　　　嫁的時候就說，女孩子自己要知道「好子毋識爺哀田
　　　地，好女毋識爺哀嫁衣」，有去工作就有飯吃，就吃這
　　　種志氣啦……）

　　「有頭路」（有工作）、「有錢賺」、「有飯吃」在彌濃是很務
實的一個條件，在許多長輩的心裡面，個人的努力有時比起家世背
景，更有利於生存。1960年代的彌濃對於女婿條件的要求，普遍就

是「有頭路」，即便是山腳下的寮屋，如果子弟捧的是公家飯碗，還是願意讓女兒嫁過去。甚至還殷殷告誡自己的女兒，「好子毋識爺哀田地，好女毋識爺哀嫁衣」，有才氣的男兒不必依恃父母留下田產，有志氣的女兒也不必依恃娘家給好嫁妝，這種「不靠父母一切靠自己」的說法，英妹認為是她外家給她的無形嫁妝。

無形的嫁妝

家娘在婚前與她娘家的關係良好，從她的嫁妝可見一斑。她小學三年級就開始跟著父母在田裡工作，割豬菜餵豬，幫忙帶弟妹；雖然不是長女，僅讀過小學的她也知道自己未來的志業是必須從田裡種出來。結婚那一天拍了一張照片，從娘家帶到山腳下穿鑿屋的嫁妝有：

> 一部兩萬多銀（兩萬多塊錢）的石橋牌的エンジン〔*en´jin`*，摩托車〕，一個企櫥（立櫥），還有一組時價數千元的膨凳〔*pon den*，沙發〕，加上食飯用的圓桌、竹椅、マシンに〔*min´xin`*，裁縫機〕、雙葉牌的ラジオ〔*la´li`o*，收音機〕

從大家族嫁入人丁單薄的小小家族，這樣的嫁妝在當時屬相當高級。當然，很現實的，嫁妝象徵著外家社經地位的殷實，她們要讓這個山腳下的小農家知道：我們這個女孩可是欺負不得。

有形的嫁妝可以清點，無形的嫁妝嵌印在這即將出嫁女孩的身體上。婚後家娘又繼續把自己往田裡鑽了進去，開始她口中「*kai*這個家」（扛起這個家）的歲月。家娘知道她的本事就在田裡，終年辛勤耕作，幾年間就把夫家多數已抵押給銀行的地，一點一滴地透過存錢與標會，還清了貸款，更為夫家建了紅磚夥房。在長子出生的那一年，為自己跟丈夫的這個小家庭另外蓋起一棟水泥平房。而這棟房子在她次子完婚前夕，建造完成第三層樓，並搭上一個由鋼製浪板鋪設的斜屋頂。家娘所掙來的田地，分為五、六坵，而她的青春歲月幾乎都投擲在這些地裡，長年的生活路徑單調到幾乎只在彌濃，別說隔壁

鄉鎮，連彌濃南邊的南隆地區她都不怎麼會去到那兒。而對這樣的生活，家娘也不是那些小說裡常說的「甘之如飴」，她這個世代從夥房裡出來的女性，抱怨功夫之一流令人瞠目結舌。例如，她曾經內心指責晚輩對於她開口提出的要求不予搭理，就對著電話那一頭的女性好友大聲抱怨：「我同某某講要摻手，伊 *lin`* 仔都無甩我一下」（我跟他說該怎麼幫忙，但他完全不予理會），用的是粗俚的詞彙。然而，困難就在這裡，抱怨歸抱怨，娘家給的無形嫁妝還是讓她一身充滿傲骨，最常跟子女說，當她遇到在婆家受了委屈時，她從沒有回外家討救兵──她最常說，做人要有骨氣，做細妹一樣要有骨氣。

　　不管男人還是女人都要有骨氣。在俗諺中習得許多古老人智慧的女性，不輕易回娘家告狀，這並非家娘一個人的特例。她娘家夥房出來的幾個姊妹、龍肚山凹的老伯姆、彌濃街上的裁縫師傅，都曾在聊天過程中提及：即便外家就這麼近，但對娘家說夫家的不是，將會弄壞兩家的關係。家娘說：「有志氣的細妹不會這樣做」。這種破釜沉舟令人又敬又畏，像是壯士斷腕的態度，是自幼種在彌濃女性的精神氣質裡的。

骨氣，不要依恃父母？

　　這種客家女性應有的骨氣，跨世代的女性有不同的看法。在北客也有類似的老古人言（俗諺）：「好子毋使爺田地，好女毋著嫁時衣」[84]（好男不必爹田地，好女不穿嫁時衣），有志氣的好男好女，不必依靠祖先餘蔭，即可自立自強持家有成。這句俗諺彰顯的「骨氣」，不管男女，就是一種精神氣質（ethnos）的建構。然而，當研究者第一回記錄在紙上時，邊坐在灶下的餐桌上對著家娘說，此言正面聽來是要子孫有志氣，但為了姻親雙方的團結，在情感上刻意的與娘家保持距離，為什麼會是這樣？作為家娘的長媳，長期以來研究者

---

84 海陸腔方言群的這句俗諺收錄於《一日一句客家話：客家老古人言》（臺北市：財團法人寶島客家廣播電台，2000），頁19。

面對的就是一個異文化的世界觀；那些在臺北都會成長求學所習得的生存技巧，遇到從家娘那一世代傳統女性所散發出來的精神氣質，所受到的衝擊不僅僅是世代的差異，還包括福佬與客家、城市與鄉村、讀書人與耕田人、甚至是個人主義與家族主義這種接近意識型態與立場上的不同。我向家娘說著，對那些家無恆產或沒什麼嫁妝的人來說，這句話就是一種阿Q勝利法，但對家裡有點積蓄的人來說，這不就是要這些嫁出去的女兒別指望分得娘家的好處，而且還要女兒來「肯定」這種價值觀？語畢一會兒，就發現自己正帶著都市批判的眼光，自以為「理性」地分析俗諺如何共構著傳統社會裡不平等的階級性問題。

確實沒有得意多久，家娘很快就用話開始挑戰這種「理性」。她再次強調，當初嫁入小家族時，嫁妝一點也沒有少，也沒看不起人家，所以這句話的重點不是只有在於有志氣的男女不要依靠家裡給的東西，而是強調要靠自己的努力，創造比娘家能給你／妳的東西還要好的未來。她說，外家不是讓妳討救兵用的，外家與妳的關係是一種情分，妳如果有情妳就會「行前」（上前），沒有的話，就算大家都在敬外祖，不回外家敬祖的人還是有的。

回不回外家敬祖對女性來說，就是一種情分的延續或割離。除非有什麼深仇大恨——這是牛埔庄已屆七旬的林屋人講的——否則，男人疼惜婦人家的最好方式之一，就是跟她的外家保持良好的互動關係。不過，林屋伯姆也進一步詮釋，她說習慣回外家討救兵的話，會造成兩家的不合。如果在這個角度來思考，「好女毋識爺哀嫁衣」這句話或許可以被視為具有穩定姻親關係功能的諺語。尤其，在姻親雙方距離並不遠且家族規模差異不大時，女性若過於與外家親近，或動輒招來外家勢力介入夫家家族事務，對夫家來說壓力不小。因此，除了直接象徵一種骨氣之外，這句諺語在彌濃女性的解讀與實踐下，在姻親關係相對鄰近且緊密的地方社會裡，它源源不絕地傳送著對穩定家族內部和諧的訴求。

第二節 落地生根後娘家就是「外」了

「不要看見女孩的臉」？

　　彌濃社會裡之重男輕女用一句常聽的俗諺也可解釋：「情願看細賴仔的屎胐，也不肯看細妹仔的面」（情願看到男孩的屁股，也不要看見女孩的臉），女性在這樣的集體意識下被生出來，而後又用這樣的意識型態面對她們的媳婦。這種生命經驗的不連續，在無法改變命運的年代裡，傳統彌濃女性的作法就是，讓自己有骨氣承擔這種不連續。「骨氣」會讓一個女性想要在重男輕女的環境之中，找到自己的生存之道。就像是彌濃邱屋娘家姓劉的裁縫師伯姆，她在家中九姊妹（七男二女）中為長女，她跟村中許多認識的長輩一樣，在成長過程中都曾經為爭取讀書而有過短暫的抗爭。伯姆的骨氣讓她選擇創業，這在她那個年代是不得了的事情：

　　……我媽媽生了七個兒子，兩個女兒。我排第二，上面一個哥哥之後就是我，所以我沒有得讀書。我還在讀書的時候就要 *zong`*（看顧）兩頭牛。我的老師就一直叫我去繼續讀書。還去問我的阿嬤、阿公、還有阿叔，問他們要不要給我去讀，他們就說：「沒有啦，沒有要給她讀，她哥哥要讀書啦。」就說，細妹要讀書要幹嘛，要跟人相告啊，不然要讀書做什麼。我盡想要讀，爭取不到，我就（只好）讓給我哥哥讀。我的個性很強，我就想那就「讓」給我哥哥讀。哥哥就在家啊，啊我們不知不覺就被人家賣出去了，就算了。喔，給人嫁掉了，就是賣出去了；家裡有領聘金的呀！

　　……我二十二歲才嫁。那時候很多人都很早就嫁了，也有很多人來做媒人，我說我不要嫁。人叫嫁，阿姆你自己嫁。我就一直罵我媽媽，我說你讓那麼多人來做媒人啊，那妳先嫁啊，之後我再來嫁。我媽媽就說，我已經嫁了啊，所以現在要輪妳了

啊。那妳沒又要嫁，妳幹嘛接受別人說要來看呢，妳女兒又沒有要嫁，妳又強強要她給別人看，那不然就妳嫁啊。我跟我媽媽吵架啊，我就討厭她啊。我的個性像男孩子。我討厭妳（阿姆）啊，妳書又不給我讀，我就跟我爸爸媽媽說，我沒讀書，我要去學個手藝來，我要去學做裳褲，我才有飯吃啊，我被老公趕走的時候、被家娘趕走的話，我到外面才有飯吃啊。我後來就去做裳褲。所以我二十二歲開始幫別人做裳褲，二十二歲才嫁老公。

　　伯姆的創業最初的動機在於抗婚，這在彌濃社會裡，像伯姆這樣的例子雖時有耳聞，但成功者並不多。她由於家中小孩眾多，重男輕女的傳統讓她心中充滿不平衡，對父母的怨造成她決定離開村子到最熱鬧的彌濃街上習得一技之長，要自己養活自己，不想靠婚姻取得一張終身飯票。後來伯姆真的創業有成，進而嫁入彌濃街上的大家族內，而她爽朗海派的性格，結識多方友人，中年以後每天夥房內門庭若市，教出來的學生也多常回去探望她。

　　本書的看法是：即便這樣與娘家鬧翻到自力救濟，伯姆在談及敬外祖時，仍然很開心地說到，她幾個小孩結婚時，她都有帶他們回去敬外祖。那條牽著血緣之情的絲線，還是沒有斷，而她也在敬外祖中，展現了她作為女性，自己爭取了事業與子孫滿堂的成就，這一點絕對不輸給她的兄弟們。

落地生根後還是想著娘家

　　這是2009年的初春。1971年次的彌濃人林生祥與他的創作夥伴大竹研，在已閒置不做上繳菸葉用途的美濃買菸場，為他們的音樂創作專輯《野生》在臨時搭設的音樂台上，做首場的發表。林生祥曾入圍並榮獲多座象徵臺灣音樂創作最高榮譽的金曲獎獎項，且創作詩詞多由同為彌濃人的詩人鍾永豐完成。《野生》是繼《我等就來唱山歌》（1999）、《菊花夜行軍》（2001）、《臨暗》（2004）、《種

樹》（2006）專輯之後，生祥和永豐合作的第五張專輯。相對於得獎豐富且引起社會話題的前四張專輯，《野生》是一張表面安靜卻充滿內心躁動的創作，主題扣結在彌濃客家女性的生命史。鍾永豐說，這是他們（兩位彌濃男性）嘗試理解客家女性的一種努力。

　　筆者開始投入這個研究命題時，《野生》流洩出來那帶著民謠風的吉他旋律，聽起來就像是女性有些嗚咽的呢喃。翻開歌詞小冊，字裡行間流洩的是創作者們自幼成長於彌濃夥房所看見的女性生命史。鍾永豐對他個人創作這張專輯的心路歷程曾說到：因為製作《野生》，讓他回到童年記憶的核心，讓他從一個三合院家族小孩的眼光來看家族史，尤其是看到家族內女性角色的感情特別敏銳，不僅是年長的女性，還有夥房內同儕的女性。他說，他總是能在喪禮中看到女性有著最多的情緒變化，女性必須哭、唱，而且不管是哭還是唱，都被要求要做到極致。[85] 聆聽，讓筆者回想起返回彰化海邊參加祖父母喪禮的記憶，體會得出那種在喪禮裡的哭與鬧，真的不是每個人出生就會，那是一種學習的過程，有著藝術層次。喪禮本身就是一種表演，是一種社會戲劇，一種文化劇，而女性在其中所傳遞的意思是相當深刻且值得揣摩。一個在傳統夥房裡長大的女性，她從小就要面對她在夥房內該怎麼表演才適當，而這套技能包括從女性長輩身上習得如何相罵，如何爭權，這些技巧將能讓她在夫家存活下來。

　　一名女性的娘家可以給她的教育，很多都是上述這種在家族生活中的生存本領，包括如何參與內部與外部的鬥爭，以及話語上絕不輕易被打倒的精神意識。劉女士亦是如此，她在大娘姐（丈夫的姊姊）的喪禮上所做的表演，給了她的長子一個震撼教育。他的長子慢慢體會到，在傳統家族中認為女性「應該要會」的本領，沒有下功夫揣摩研究且不斷「練習」，是不可能達到的：

---

85 關於此段鍾永豐對於製作專輯表達的意見，為在參與《野生》專輯在2009年4月18日於美濃菸葉輔導站（美濃鎮中山路一段25號）發表演唱會後，對於鍾永豐所發言內容之速記。若與其本意有所出入，概由筆者擔負全責。

……聽說，母親之前本來一直都在帶著孫子想著領紅包這件事，有說有笑，講一些跟喪禮沒關的事情，當女族都來跪她的時候，目汁馬上就流出來，顯出哽咽的表情說著「妳等蓋有用」等鼓勵安慰後輩的話。這確實是很屬害的演出。這種訓練一定是經歷過、看過很多類似的場面後，內化到身體裡，或許是在她還年輕時在夥房裡就鍛鍊出來的。母親的農民生涯是在小時候就開始了，而這種家族之事，即便身為女孩，她們仍然可以從各種家族活動中，近身觀察到女性長者的日常生活，包括禮儀之事、以及相罵的技巧。她們細細觀察，在那樣的環境裡，她們知道該用的時候就會拿出來用，因為這些都牽涉到她們如何「能」在家族生活中「生存」的本事。那種在如此緊密關係夥房裡長大的人，所訓練出來的耳聰目明，本身就是一個很開放又有效率的學習機制。傳統的農業社會，一個十歲的女孩就要開始像個母親一樣，揹著弟妹在田裡工作，甚至在國中那樣的年紀，就要到外頭去工作，那時候女性在家庭責任與心智年齡的啟蒙與實踐，都是相對早熟的，而我們現在已經很難想像。

　　林生祥與鍾永豐的《野生》，就是透過一個夥房小女孩的眼睛，來看「她」自己以及夥房裡長輩的生命故事。在專輯中第一首曲子〈野生〉裡，講的就是在重男輕女社會中，即便被視如敝屣卻得到野放經驗的女孩，心中所帶有的骨氣。〈野生〉由鍾永豐作詞、林生祥譜曲，詞意描述望子心切的家族長輩們在終於盼得新丁誕生之後，百般疼惜呵護，但過度寵愛，小女孩對此很不以為然，反倒覺得野放天生天養，將對未來的命運更有韌性：（以下詞文刮號內為普通話翻譯）

【野生】　　作詞：鍾永豐　　作曲：林生祥　　主唱：林生祥

(一)
瓍仔惜命命　　（兒子疼如命）
望佢命靚靚　　（望他命亮晶）
惜啊寶貝瓍　　（惜啊寶貝兒）
栽培好前程　　（栽培好前程）
爺哀省省又儉儉　（爺娘省省又儉儉）
望子壁又慶　　（望子優又精）

(二)
瓍仔惜命命　　（兒子惜命命）
翼胛生毋硬　　（翼翅長不硬）
惜啊寶貝瓍　　（惜啊寶貝兒）
落食打青驚　　（覓食打心驚）
爺哀望望又盼盼　（爺娘望望又盼盼）
加續過倒鼎　　（反而越不幸）

(三)
望想男丁興　　（望想男丁興）
哀哉妹落地　　（哀哉妹落地）
要蓄是加揀　　（要養是多餘）
想送毋落心　　（想送不放心）
自顧自大像放生　（自顧自大像放生）
命運自家擔　　（命運自己擔）

(四)
在家是零星　　（在家是零星）
出外像野生　　（出外像野生）
外背風景惡　　（外面風景惡）
看天不由命　　（看天不由命）
躅來躅去毋使驚　（闖來闖去不用驚）
野生過耐命　　（野生較韌命）

　　專輯裡的其他曲目，也都分別用不同的角度描述著夥房裡的女性。〈分佢跈〉（讓我跟）則是小女孩求著夥房裡的叔伯兄弟也帶她到處玩的一種心情。改編自客家傳統童詩的〈莫噭〉（不要哭），則把鄉間男孩女孩情竇初開濃縮在兩三個農村場景裡。〈分家〉用連續重複的幾句詞：「妹仔無名無份／無權過問」、「兄弟分家硬過鐵／夥房分割冷過冰」，講述著女性旁觀著夥房分家時的冷酷鬥爭。〈姆媽莫驚驚膽膽大〉是林生祥的詞，描述他自己專職豬農的母親，在面對著濃溪離牧政策後，往南尋找出路的無奈。同樣是林生祥的詞，〈歐巴〉（姑姑）是他講一位遠嫁至屏東車城的姑姑，在快樂的童年過去之後，「感覺／女兒沒嫁好像生不了根」，想著過去出嫁時的淚眼汪汪。鍾永豐在〈轉妹家〉這首歌中，用一個名為「來娣」的姑婆，在夥房裡即將氣盡之時，回溯其生命史的方式，將這首歌寫得非常動人，包括姑婆嫁出去之後，丈夫早逝，作為妹家（外家）的這一頭總是表達相當的關切，能幫多少就是多少，辛勤一輩子都沒享受過快樂，最盼望的時候就是回娘家時，鬱悶的心情得以獲得安撫；就在姑婆臨終之時，似乎聽到她呼喚著她弟弟的名字，要他帶她回娘

家。[86] 到〈轉妹家〉中來娣姑婆那樣呢喃著想回娘家的時候，我們終於還是看到一個女性與外家那一種切不斷的血脈親情。

女性與外家情感的不易割裂，也是相對於在夫家的陌生與疏離。一直要到符合社會及家族的集體期待順利產下男孩之後，心理上才會有那種落地生根暫時找到位置的安定。研究者猶記得2001年懷著第一胎時，鍾永豐正在創作一首描寫新移民女性懷了孕的〈阿芬攞人〉（阿芬懷孕）；他從大崎下夥房打電話到山下，閒聊式地問起我從異鄉變成彌濃媳婦又懷有身孕的心情是什麼。詩人的功力就是能把綿密細膩的感受，簡單地用幾句話就吟唱出來。歌詞中「像花生種土中／生根又發芽」，把那種嫁入三代同堂家族中的女性，如何等待著陸的不安，寫得絲絲入扣，而背後新移民女性與我的相似背景可能就是那一點──娘家都在比較遠的地方：

【阿芬攞人】 作詞：鍾永豐／夏曉鵑 作曲：林生祥
　　　　　　主唱：林生祥・黃慧明

我介細人仔 汝會踢我耶　　（我的孩子啊 你會踢我了）
先下攞著汝 （我）頭那一等暈　（早先懷你時 我頭非常暈）
像坐飛行機 暈暈雲肚裡　　（像在坐飛機 暈暈雲霧中）
毋知落地後 命勢壞也好　　（不知落地後 命勢壞或好）

我介細人仔 汝又踢我耶　　（我的孩子啊 你又踢我了）
這個新所在 （我）冇根又冇底　（這個新地方 我無根又無底）
這下汝踢肚 伸腳又伸手　　（現在你直踢肚 伸腳又伸手）
（捱像）番豆種泥下 生根又發芽　（我像花生種土中 生根又發芽）

嘴嘟嘟，食豆腐 嘴扁扁，食麵線　（嘴嘟嘟，吃豆腐 嘴扁扁，吃麵線）
嘴圓圓，食肉圓 嘴長長，食豬腸　（嘴圓圓，吃肉圓 嘴長長，吃豬腸）

娘家距離太遠這對彌濃社會來說，是一個全新要面對的人際網絡

---

86 我個人認為《野生》這張專輯到了第七首〈轉妹家〉時到了情緒的最高點。之後的三首〈南方〉、〈木棉花〉以及〈問南方〉（皆為鍾永豐詞、林生祥曲），屬於專輯中的第二部分，談的已經不是女性生命史的故事。因此就不在此簡介。

模式。實際上，彌濃人還沒有真的學會要如何與遠距姻親保持和以前一樣親密的互動網絡。這亦反映出整個敬外祖原先所欲達成的姻親關係，在當代社會已經失去了它的價值，也因為跨距及跨族群的通婚，讓敬外祖在逐漸中斷的同時，也正式失去了它的功能。

在那個地域方言群內婚體系仍運作的「傳統」裡，一場出嫁儀式在女性離開娘家時，一樣會有潑水的程序。我曾經在小姑出嫁當天的工作分配中，被要求擔任潑水的任務。[87] 那個過程是：當花轎（轎車）一旦啟動離開夥房門口時，把一碗（或一小盆）清水往車頂上潑去，口中說「越潑越發」（潑與發在彌濃客語發音各為 *pod`* 及 *fad`*，象徵新人興旺），然後同一個人拾起新娘子從車窗內丟出來的摺扇，立即將折扇上的紅紙圈拆開，張開摺扇對著自己搧風，還要一面說「蓋涼、蓋涼」（很涼、很涼）。大家都注意到在這個家族詮釋這套儀式時，已經沒有象徵女性嫁出如覆水難收之意[88]，並已轉化成為一種現代性的祝福。但這種轉化需要在地知識的支持，這種與原生家庭的關係，在女性嫁出後並沒有真的像「潑出去的水」般，灑落在車頂之後蒸發於空中。實際上，這位彌濃女性很快地就會以「外姓人」的身份回家作客，努力建立夫婿與自己兄長的姻親關係。

第三節 「今晡日來去轉外家」

本節將描述幾個與「轉外家」有關的故事，場景皆在彌濃山下。從中可見得一名已婚女性在不同的生命階段，娘家與自己的關係及情分。敬外祖基本上是兩個父系世系群的關係締結與強化，女性也在這個文化中，獲得了與外家繼續保持友好的權利與責任。以下這些例子

---

87 一般來說，「潑水」是要由「好命婦」來擔任。因為家族小，家娘認定我育有二子，丈夫與父母俱在，可符合「好命婦」的標準，遂要我做這項工作。

88 客家婚禮中的三個特色是「帶路雞」、「掛尾蔗」以及「潑面盆水」，其中「潑水」這個動作在客家以及福佬婚禮中都有出現，其意思一般咸認為「覆水難收」，指嫁出去就不要回頭（不應離婚之意，亦取期待白頭偕老之意）。

讓我們看到外家對女性的關係，看到一種不能割捨的情分，以及不盡然完全呈現一種「內／外」嚴明的區分。雖然，彌濃社會裡還是有著多元性，這些例子不代表整體，但我們還是可以從以下描述中，管窺一部分仍在傳統中扮演著「好外家」、「好女兒」角色的努力。

（一）故事一：年初二的封肉料理

舊曆大年初二這天妹仔（女兒）與婿郎（女婿）一起轉外家（回娘家），這在彌濃是約定成俗的。不過，年初二對於外家頭來說，有個特殊的義務。

通常，留在夥房裡的人[89]年節前後為了打掃環境已疲憊不堪，年三十與初一兩天的敬拜行程，從事先向市場上的肉販預定，到取貨、清洗、川燙等，和籌備各類祭品一樣也不能少。年初一是彌濃人一年當中除了天災人禍之外，「唯一」可以光明正大不必上田裡，也不用洗衣服的日子（一定要洗的話，得曬在屋簷下或室內）。然而，因應大年初二，有女兒嫁出去的家庭，初一傍晚就開始忙了起來。

為了接待婿郎與女兒回娘家，做母親通常會自動將自己轉外家的時間延後一日。如果母親已過世的，就由哥嫂負責接待老妹婿（妹婿）與老妹（妹妹）。有時相約時間會變得有些複雜。例如林伯姆她的家娘已經過世，她照例在年初二要接待夫婿的三個妹妹與妹婿，所以她已經多年都是初三才轉外家。後來其中一個妹妹嫁了女兒，所以年初二妹妹要接待婿郎，因此她年初二也就不能轉外家。這樣一來，林伯姆變成就考慮是不是她變回初二轉外家，妹妹也在初二接待婿郎，然後她再於初三來宴請妹婿們。無法度轉（沒辦法回娘家）將是情感上的遺憾，而且做外家頭的這可是面子與義務的事情，而早點確定哪一天自己要叫女兒回來，這牽涉到的是作為外家這一頭，得好好準備一頓「封」之料理。

---

89 家族中有些人結了婚就搬出去，也有尚未結婚但形同住在外面。留在夥房裡的人除了要負責各類灑掃庭除之外，相關家族事宜通常都必須擔負下來。

彌濃的年節氣氛雖然逐年降低，但相對於都會，彌濃人還是覺得這是一年當中可以好好小賭一番的日子。初二很多人選擇找家餐館小宴返來的女兒與女婿，到飯店（街上的合菜館）叫一桌菜，「食人煮的」（吃別人煮好的）；有的甚至女兒女婿們已經出國玩，初二也聚得不齊。就算找餐館，受到觀光潮的影響，年節的旅遊人群把彌濃街上的餐館各個都擠得水洩不通，常聽人說吃頓飯也會受氣。不想隨著潮流走的人，就會在家裡煮上　頓。接待女兒與女婿的料理中，一定要有大封（大塊五花肉）、封冬瓜、封高麗菜等慢火燜煮的典型地方菜。

據說這是彌濃人的傳統。我打聽了很多人，也很訝異家娘竟真的如此遵照風俗。「初二，就係愛燜大封分妹仔吃。」（大年初二就是要燜封料理給女兒吃。）家娘秉持她從大家族裡習得的傳統，年初一晚就彎著腰蹲在大腳盆（澡盆）旁，戴著老花眼鏡，拔除那塊肥厚五花肉上的細細豬毛，初二一早大約不到清晨五點，後院響起了整理草堆的聲音。清晨六時，也是依俗年節家裡要播放喜慶音樂，因此她準時走到客廳裡按下光碟機的播放鍵。在簡單地整理客廳之後，回到後院為中午的料理忙碌起來。這時我向外頭望去，隔壁的異姓堂兄（母親招她他隨父姓）也蹲在後院起著柴火。家娘在屋旁藉阿叔的休耕地起了一爐灶，並大聲吆喝著也住在家的男人（們）起床幫忙掌火（掌看火勢）。「我起好了，你等就保持火繼續有著就好咧，」（我火升起來了，你們就繼續保持火勢就可以）家娘經驗老到地在一大錫鐵鍋下堆上了一個小火場埔（火堆），要兒孫幫忙顧著爐火不滅即可。

「你（堂）哥很認份喔，一早就夯起來（起床）準備，他們家姊妹多，」家娘對著在後院稍事整理薪柴的我說。堂哥他們家今天回娘家是鐵定熱鬧的，嫁出去的姊妹通通回來，長輩頗有年事了，近年這些東西也多要由堂哥以及原籍越南的新移民嫂子來擔待；但嫁出去的堂姐以及堂姊夫們也甚體諒，常常提早回來幫忙切菜烹肉。而我們家這邊，雖是三代同堂卻是到了去年才開始要為出嫁的女兒準備回娘家。去年因為田裡太忙，農事抽不出身，今年家娘特地依照傳統，初

二特早起薪柴要滷一大鍋的冬瓜封、高麗菜封，為此她還從鬆軟的土上撐起一支大陽傘，擋風擋小雨，也擋那近午的冬陽。

家娘將一隻全雞放入這道「封」料理內做鍋底湯頭，而後是前院現採的高麗菜和冬瓜，高麗菜清洗之後對半切，冬瓜則是削去毛茸茸的外皮以及長滿種籽的果肉囊，同樣切成大塊，蓋上大鍋蓋開始小火燜煮。我問她為什麼要這麼忙呢？年節的菜也準備了很多的。她說，「我們客家人年初二就是要準備封肉這些，給歸來的妹仔吃，這就是我們客家人的傳統。」為了這個「傳統」，加上封料理所需時間甚久，婆婆對於隔壁獨撐家族的堂兄為此起了個大早，剁肉、起灶，不斷稱讚地說：「他很認份。他對姊妹蓋有情（很有情意）。」

「這就是年味啊，女人在灶下忙進忙出的。」家娘正在廚房裡切蔥切蒜，年節氣氛似乎正是在女人們的忙進忙出裡傳承了下去。年初二的「封」之料理，是因為對嫁出去女兒有情，才會這樣辛勤地依俗燜上一鍋封菜封肉特別要給回娘家的女兒們吃。

（二）故事二：掛紙時返家掃墓的女兒與女婿

彌濃人的風俗是習慣在正月十五（上元節）以後，陸陸續續進行家族掛紙（掃墓）。以前常聽人說，過年時節家族夥房還沒這麼熱鬧，多是小家族或家戶圍爐，不過到了掛紙的時節，一旦輪到掛遠祖的墳塋或家塚，子孫繁衍的大家族，動輒數百人齊聚一堂，中午時分席開數十桌，蔚為家族盛事。由於祖塔（家族墓園）在彌濃並不盛行，掛紙時大多仍然是一世、一世的墓這樣掛。

彌濃人稱一塊墓地為「一穴」，每年掛紙時節到來，彌濃人相互打招呼時都會問到「今年有幾多穴要掛」（今年要去掃幾個墓）；必須奔波多處的就會說，「今年按多穴要掛，要分兩日（三日）來掛咧。」（今年有很多處要去掃墓，要分成兩天或三天來進行唷。）越久遠的祖先墳墓按理就越多人掛，但因為子孫繁衍的同時，祖先的墓也越來越多，所以後來連掃墓都用分配的，例如哪一房就固定掃第幾世、第幾世、第幾世的墓，另外幾房又分配各自掃哪一世的墓。尤其

是有些墓地為求地理風水有利，往往闢設在沒有路的半山腰上，每年掛紙前幾日先去撤草，草早已蔓過墓園，看不到墓也找不到路，聽聞有後代已經爬上山腰了，竟然連著三趟都沒找到，急壞了。

又如彌濃街上一個較晚來臺依親的林屋，來臺祖是十八世，現年六十五歲林先生的是第二十三世，經歷了六代約一百八十年。由於早先是依著開基林屋而建的房子，在日治時期大多被充公作為彌濃公學校用地，家族成員只好四散到各處，也就沒有一個共有的祖堂，各房頭自己蓋祖堂的結果，這個家族現在有六處廳下。來臺祖的墓由四大房輪流祭祀，用嘗田收租的費用，給輪到的房去主事，各房下面子孫繁衍又將掛紙義務分派下去，這位林先生的父親要七十二年才會輪一次，而他本人則要一百多年才會輪到一次。

做為女性，掛紙在一輩子裡是一種跳躍的生命經驗。小時候掛的是娘家姓氏的祖先墓群，婚後掛的是夫家的風水墓群。在漢人思維裡，如果「正常」且「幸運」的話，女性從出生就注定是應該要去拜她文化上的祖先，而非血緣祖先。女性文化上的祖先在結婚之後才會出現，小時看到的只是血緣上祖先。文化上祖先的出現與確認，意謂的是維繫父系社會嫁娶制度背後的文化邏輯——人要有文化上的祖先，才能被這個文化視為「自己人」。彌濃女性在這方面並沒有逸出其限制，但在進行田野時，我拿自身的福佬庄文化跟彌濃一地做比較，忽然驚覺還是有些不同。

福佬庄的文化在成長於都市的我身上刻得並不深，雖然可以直接參考別人的研究，但這個時候想到的是家父。家父是彰化芳苑鄉工業區旁一個離海不遠的洪氏單姓村子弟，農專畢業之後決定棄農離村，流浪到都會落腳，但心懸家鄉，二十年前開始投入撰寫族譜，他是他家族中第一個著手寫族譜的族人，而那時父親也參與了在村子外圍做墓園的進度。作為他的女兒，我在婚前因在外地求學與工作，加上女性的身份並沒有被「期待」一定要返鄉掃墓，因此對家族墓園的情感一直沒有被真正建立起來。嫁出之後，更是沒有聽到父親邀我返鄉掃墓，但就在進行這個研究的同時，因見我家娘每一年都回娘家掛紙，

遂決定撥一通電話給父親，詢問已嫁出的女兒是否可以回娘家掃墓。父親在電話的那一頭有些遲疑，他說他得問問村子的老人家。結果是，先回去村子再說，如果村子覺得不妥，就留在三合院裡別跟去就行。到了掃墓那一天，我清晨五點半從彌濃出發，先與兄長在第三地會合再一同返鄉。兄長提醒，「依俗」是不歡迎出嫁女兒回娘家掃墓的——這與目前相關的民俗學研究結論都是雷同的，就是認為女兒會把娘家的福氣帶走。不過，後來家父說族人同意可以跟著去墓地，但兄長還是提醒說可以拿香但不可以一起燒金紙。這我表示理解，只是心裡卻感受到對於自己娘家的血緣祖先來說，原來真的已經是個「外人」。姑姑們結婚以後可以回來掃墓嗎？家父大笑回答：大家掃墓都同一天，姑姑她也必須在夫家掃墓啊，沒空回來的。

其實彌濃人有一部分仍堅持不歡迎嫁出去的女兒回娘家掛紙的。但我好奇的是另外那部分。歡迎女兒回娘家掛紙，通常認為那是一種有情分且飲水思源的表現。家娘的娘家就是後者。每年家娘都會主動打電話詢問娘家掛紙的日期與時間，特別是自己父母親的墓穴，她還會主動打電話叫兩個妹妹以及妹夫，要記得回娘家掛紙。某一年我跟著家娘一起「回去」，舅舅表示歡迎：「妳姆媽介爺哀也係妳介阿公阿婆啊。」（妳婆婆的父母也是妳的外公外婆啊。）過程中我可以持香也可以燒金紙，還讓我帶了很多紅粄回家。回到夥房後，上片宋屋的阿玲妹從臺北回來，跟她姊姊一起騎著腳踏車從水圳邊經過，兩個都已經出嫁，這一天也是回娘家掃墓。由於她們的父親已經過世，也入了祖塔中，所以她們自然而然是連同宋家祖先都一起敬拜了。我騎著單車去彌濃街上找那位常在大樹下聊天的伯姆，她不在家，說去街上買金香紙燭，隔天要轉外家掛紙用的。

我問家母她可否回去娘家（臺南東山）掛紙？母親遲疑很久，說她聽聞女兒回娘家掛紙是要分財產的意思。後來家父說他幫忙「到處請教」的結果是：出嫁的女兒是不能回來掃自己父母的墓，原因就是自己的兄嫂會阻止，怕姊妹回來分走福氣與財產，但如果是祖父母或祖先，「應該」就沒關係，因為對於祖父母與祖先而言，財產早已析

分，所以也就無差。至於彌濃女兒回娘家掛紙是否意謂無財產析分的問題，或許也有人會這樣解釋。但家娘跟彌濃街上的伯姆一點也不同意這種說法。伯姆後來講：「回娘家掛紙是有情分的表現，外家祖先一定會更加保佑的。」家娘也說：「我們彌濃人最會念起水源頭（飲水思源），妳看我們彌濃的山形就知道。」這似乎也表示著，回去掛紙就是念著舊情，女兒早就跟娘家的財產沒有關係了。

（三）故事三：路祭是女兒與女婿的責任

初春時分，歐巴（日語，姑姑）終於還是沒能躲過命運之神的召喚，病逝於山下的夥房內。她們的夥房就在鄰舍，我們這邊算是歐巴的外家頭。女性長者過世，她的兒子迅速來到隔壁「報外家」，外家這頭目前主事的是孝子的舅舅【MFByS】，我隨夫稱其歐吉（日語，叔叔）。歐巴家很快地已經找了彌濃街上的葬儀社來全權辦理喪事事宜，決定在幾日之後的正月二十八出門（出殯）。

現在所見到的出殯送葬儀式都已經相當簡化。這一天外家頭出四個男人，第一個拿謚法，是最重要的，跟著壽棺走在最前面；第二個是銘旌，接下來各需一名外家男丁執兩盞燈籠。女方（張氏）這邊因為出的男丁不多，家娘臨時趕緊從她娘家的外家頭，即牛埔庄張屋（與喪家外家頭同姓，且有遠房姻親關係）找來一名未婚男丁執燈籠。銘旌基本上意謂著這位過身的長者有六十歲以上，且有孫輩，而持銘旌象徵著在路祭時跟鄰里昭告，這人子孫輩出。家娘解釋說：

> 要享有銘旌表示要有內孫，如果沒有的話，就要跟婿郎「借」
> 來當作準內孫，連訃聞上的都是要以內孫的身份寫在上頭，這
> 就是借，而且主家要包紅包給這個被借的人。如果喪禮想要做
> 比較大（比較隆重）的話，就一定要借。關於謚法，男人過世
> 的話是由孫叔（本族裡的長輩男性）來提謚法，由孫叔來揹謚
> 法；女人過世的話，由外家頭來提、揹。「婦人家就要跪外
> 家，男仔人就要跪孫叔」。

之後，對彌濃人來說，在出殯儀式中有「路祭」，則表示過身的人有婿郎，彌濃人說，如果與外家關係不好的話，連「路祭」都不出來的都有。竹頭背鍾屋玉妹伯姆解釋：

> 有的人與外家有糾紛，不只不去敬外祖，甚至完全都不相往來的都有。關係不好的時候，連「路祭」都不出來的都有。傳統上，嫁出去的女兒就在橋上或是路邊祭，雖然現在聽說有的人都在禾埕辦家祭，女兒女婿就一起拜，包禮就是了，可是我們彌濃的風俗還是在路上祭喔！就是大屋（靈柩）要出去廳下了以後才算喔，在廳下的不行算喔，廳下是家族祭，既然已經嫁出去了，就一定要在路上、在外背 [no boi] 祭喔。我講的意思不是說一定在馬路上，就是大屋從廳下扛出來的時節才可以。**我們這種風俗在彌濃還在喔。所謂的路祭就是妹仔同婿郎辦豬羊祭阿爸、阿姆，拜丈人老〔cong´ min´ lo`〕、丈人哀〔cong´ min´ oi´〕，這樣，這是伊等的責任，規矩就是這樣，現在這種規矩還沒有消失喔！**

彌濃對於女兒與女婿必須為逝去的父母（岳父岳母）在外頭辦「路祭」，仍視為是重要且不能省略的事。彌濃人認為「這就是女兒與女婿的責任」，而且這與女兒女婿參加家祭是不一樣的，也不應該用「包禮」（給奠儀）來取代。所謂的路祭，又稱為「排香案」，彌濃人說「做外祭」。根據學者研究，自唐代以降，此俗一直沿襲下來，盛行於明清，是指出殯時逝者的諸親朋好友在沿途設供物致祭，而過去章回小說《紅樓夢》第十四回就曾描寫過秦可卿死後出殯時路祭的壯觀場面，而路祭的規模也意謂著其社會地位與名望。然而，路祭現在在臺灣許多農村已經消失了，在彌濃雖然仍保留，但其意義似乎也有了轉化，它變成了向村子裡的人「展示」這位逝者是有婿郎（女婿）的。關於路祭的規矩就是「路祭一定是由婿郎來辦」。家娘解釋：

路祭一定是由婿郎來辦，假如沒有婿郎的話就沒有。不過，這個跟姪女婿借也可以，就是由姪女婿來準備路祭。但路祭也不是見人都有，還是要有上數（有一定的年壽、有孫仔，通常是指六十歲以上）才有，而且有上數的才可以用四字諡法，沒上數的諡法是兩個字。

歐巴出殯這一天，他的兩個婿郎都為她「做外祭」。其中諡法與銘旌在做外祭的時候要放在外祭地點，外祭結束後才會記得繼續拿著。路祭就是擺一張竹椅象徵給逝者坐，相片就放在上面，然後一定要一張桌子，前面就看用豬頭還是用豬羊擺上去，然後由婿郎拿的「相 *bang´* 旗」以及諡法即靠在竹椅上。作為外家頭長輩的家娘表示，因為人數不多，路祭也就沒有在外頭路上，而是僅於夥房外的圳橋邊。以前的路祭有時會在出殯路線上村子的一個轉角處，辦完路祭後大家才上車。路祭照理說就是在出殯的半途中，讓整個出殯隊伍停下來專給婿郎拜，婿郎先拜，拜好了女兒也跟著拜，所以路祭亦非見人擺得，要有婿郎、孫輩的人才可以「辦路祭」。

路祭的目的在彌濃是突顯婿郎這個角色，不過實際上年紀更長的人會說：「有路祭才有好轉擺（休息），才不會那麼急！」此話是指昔日壽棺都是用人力扛，路祭可以讓大家喘口氣。現在大概是不管婿郎有幾個，全部都集中在一處，因此，壽棺離開夥房廳下之後只會短暫地停放在中途停放一回，婿郎須依一套規矩行禮如儀，重複兩次；女兒就只需要用手唱諾及跪拜。現在大多在出了夥房沒多遠就進行路祭──像年前六龜里新民庄的姑丈出殯也是如此，就在他們住家旁邊一點點的地方辦外祭，而姑丈的女婿又更多，有六個，外祭所擺放的祭品更多了。

（四）故事四：外家頭為家族女性做的最後一件事

九十多歲的姑婆前些日子安詳地過世。姑婆離去前身子仍相當硬朗，常見她仍秉持早期農村習慣，在屋旁路邊磚砌的小灶，用蒐集來

的枯枝廢木，煮著一鍋又一鍋的熱水。偶爾看到姑婆坐在路邊矮牆屋簷下曬著冬陽，我們經過時還都會把招呼聲喊得親甜，然後便見到她嘴角揚起的微笑。

我們是姑婆的外家頭，算起來是相當親的。這一晚，幾位長輩到家裡聊著姑婆的後事以及相關辦理工作。交談之間，我聽到大家開始討論著要如何擬姑婆的「諡號」。長輩們輪流回述著姑婆一生中令人印象深刻的一些事蹟，而一個女性的「蓋棺定論」就定在這幾個字上，而根據村子裡的傳統，這是外家頭的權利與義務，而依禮對方是會給一個紅包表達感謝。然而因為現在喪禮委包給禮儀社已相當盛行，往往連諡號都一併算在其中，外家頭要參與甚至沒了機會。這天外家頭這裡不曉得姑婆夫家那邊怎麼打算，但仍是依傳統，在對方報外家之後趕緊舉行家族會議，想著該給姑婆哪四個字的諡號。

所謂諡號，一般是指有一定地位的人過世之後，人們根據其生平事蹟以及品德修養，給予一個正面肯定性質的評價。根據我們這裡的傳統，姑婆以此長壽福祿，足以享有「大諡」的資格，也就是一般的諡號為兩個單獨的字組成，大諡則可以是四個字。這個意思就是說，我們要從姑婆的生平裡找到符合其美德事蹟的四個字，來組成其諡號。但這四個字要選擇哪四個字？根據一項田野調查記錄，在高樹鄉老庄的女性諡法前五名的排字，分別是「勤：修為不息」、「慈：惠愛子孫」、「操：善持家務」、「淑：德行善良」、「順：和從無違」，而學者也說「儉：守約不奢」的比例也很高：

> 從高樹老庄女性諡法的分析中可以發現：傳統客家社會對婦女的要求標準是擁有四美型的健婦，第一本身是要「勤勞不息」，就是客家人俗語常說的四個頭尾的婦功——「家頭教尾——即要內外灑掃，勤勞儉約，上伺翁姑，下育子女；田頭地尾——即春種秋收冬藏，耕田蓐草蒔菜；灶頭鑊尾——即割草打柴，膳食料理烹飪羹湯；針頭線尾——即紡織縫紉裁剪刺繡」等「四尾」，或取其諧音而稱之為「四美」的要求。其次

是要求慈愛子孫，並且要善持家務，這跟客家男人的長年在外打拼的生活有關，第三的要求就是個性要善良和順，融入大家庭的家庭生活。……常被世人所稱道是傳統客家婦女的勤儉精神，是安定及維繫客家家族的完整與傳承客家傳統精神的最大支柱。（曾坤木，2005: 160）

　　諡法是有規則的，而且男女諡法的要求不同。「男無勤、女無篤」，男性的諡號中不可以出現「勤」字，女性則不可能用「篤」字（曾坤木，2005: 160），這個田野資料的意義可以這樣理解，這兩個字有相當嚴格的性別歸屬，篤是專屬於男性，而勤是專屬於女性——它是一種嚴格的性別氣質。因此，研究諡號表現的除了是對已逝的女性祖先的生平論定之外，我們也可以從中看到客家人對哪些品性特別重視且強調；換句話說，哪些行為操守在傳統的客家社會會被視為美德，更重要的，是這些屬於女性的美德，在傳統客家社會其「排序」如何。正因為這套規則一般鄉民並不全然都懂，因此「給諡法」這件事便逐漸讓渡給禮儀社裡的喪葬專事人員一併安妥了。

　　家娘從家族會議那邊回來了。她要我幫忙想想。這下換我緊張了；要論斷一名女性一生的品德情操與貢獻，這是如何重要的大事。「家族中妳較有研究，妳膝手（幫忙）想一下。」我看了看家娘，她可不是說笑的，我趕緊拿了紙筆，請家娘就姑婆的生平還有性格以及她覺得姑婆是什麼樣的人，我來摘要記錄。家娘說，姑婆嫁出去沒多久先生早逝，她獨自面對著兩個妯娌，卻都能和平相處，三子嫂（三妯娌）共同撐持著家族，她甚至願意讓自己委屈一點，讓其他子嫂得到較好的權益；到了年歲漸長之後，姑婆仍養生有方，幾乎沒有讓奉養的子孫擔煩過。家娘表示，用彌濃人的標準來看，食到九十多歲的姑婆，她的人生可以說是相當完滿的。彌濃女性的完滿，在姑婆那個世代，就是成就自己子孫滿堂，並完成一個「家」的完整性，而這個過程是要透過勤勞於家戶內外美德不斷地自我內化與自我肯定。也許她不會將「四頭四尾」這樣文學性的字眼掛在嘴邊，但我知道後世子

孫看到祖先牌位上的諡號將會記得她對家族的貢獻。

思考了好一會兒，在一張計算紙上寫下「勤操貞惠」，然後交給家娘。讓她拿去家族會議提供外家頭這邊對於諡法的建議。這件事到最後，出殯那天當我們看到子孫揹著諡法，再仔細看那上面寫出來的字時，就知道我們外家頭是沒領到這個紅包了，因為──「給諡號」已經被禮儀社包走了。

第四節 婆與媳：身教與言責

敬外祖中很有意思的環節就是一名即將（或已經）做人家娘的女性，她為她的兒子即將到來的敬外祖，與她自己的家娘（或再包括家娘的家娘）外家親戚，發送紅帖糕餅與聯繫敬外祖之事。這段描述中共有三組「婆媳」，而婆媳關係雖不直接反映在敬外祖上，但敬外祖卻突顯了不管是家娘還是媳婦，她背後都是一組姻親家族關係的締結，敬外祖讓婆與媳的外家同時都獲得牲醴感恩，也意謂著一個女性她不僅要好好建立自己娘家與夫家的姻親往來，同時也要照顧到婆婆那一世代（或更上一代）的姻親關係。

Cohen 在 1960 年代的大崎下民族誌曾指出婆媳衝突與分家之間的關係，似乎無法看出彌濃人的婆媳關係與臺灣其他地方是否有特殊的差異。本節想從婆媳意識來看，女性從娘家到夫家之後，她與婆婆的關係是建立在什麼樣的意識型態上。之後也會談到在彌濃的田野注意到，為了避免姻親關係過於親密可能導致家族內部和諧的撕裂，人們如何在文化設計裡放進婆媳權力的制衡機制。

「降女過家娘」

彌濃有句諺語：「降（生）子過學堂，降女就過家娘」，也有人說「細賴仔過學堂，細妹仔過家娘」，都是指同樣的意思：男孩就是要去給先生（老師）教，昔日女孩沒有上學堂的機會，所以誰讓她學會做人處事，那人就是她的婆婆。換句話說，男孩是在學堂裡社會化

「轉大人」，女孩則是在婆家社會化「學做婦人家」。

　　彌濃長者女性常常表示很不習慣福佬人說幫自己的女兒做月子，她們會表示除非是說自己的家娘身體不好或說已經沒了（已經過世），否則不管怎樣，沒有人說讓媳婦轉外家做月子。好幾次聽她們聊到這方面事情的時候，那種氛圍與情境，言下之意好像是幫媳婦做月子這不僅是家娘「必要的責任」，而且還有一種對媳婦擁有「主權」的感覺。會聽到聊起這件事，一定又是哪家細妹仔嫁人之後，堅持要回娘家做月子，因為現在彌濃人也常聽到這樣的事，所以街坊耳語就又散開來：「細妹仔要有骨氣啊，不管嫁到什麼樣的家庭，就係要給家娘做月子啊。」「不是我不幫她做（月子）喔，唉唷，是她不要我給她做（月子）喔！」兩個媳婦中其中一個給家娘做月子，另一個就堅持回娘家做，那位家娘很委屈地向鄰居訴苦，說她又沒有對她不好啊，是她自己不要。「不要什麼？」我很好奇，心裡想的詮釋是「不要認同這個家娘對媳婦的主權關係」，這位做人家家娘的伯姆想了一會兒才忽然冒出來一句話：「哀哉，不要給我做也好啦，樂得輕鬆。」

　　媳婦若有自己想法的，與婆婆的關係通常會比較緊張，畢竟陌生的兩個女性在見面不到幾回，就注定了權威關係的歸屬與「施教」和「受教」的相對關係，受氣不了的就回外家訴苦；被人指指點點說對媳婦不好的家娘，也覺得滿腹委屈，像是反倒被媳婦欺負。

　　然而，很有意思的一種關係出現在對敬外祖的觀察。敬外祖在儀式上是一個以男性為主的敬祖過程，然而就像是大部分敬拜神明、伯公、敬祖的事情多由女性來負責，敬外祖事前的聯繫、牲醴的準備等，也有很大部分是由女性去張羅。包括送帖子的時候，順道向姻親家告知敬外祖事宜。換言之，當一個女性自己的兒子即將進行敬外祖時，這名女性她除了自己的娘家之外，她也要通知她婆婆的娘家，甚至她婆婆的婆婆的娘家。她對於相同嫁入這個家族的另外兩位長輩女性的外家，一樣要有這樣的熟稔程度，並且這種熟稔還須表現在平日各種送往迎來的禮數都不能失禮。這種功力在傳統的女性身上，如根

深蒂固一般張開了這個綿密的親屬網絡。相對來說,在田野觀察看到男性對於如此親戚的熟悉,「反應」上沒有女性那般快速,雖然還是一樣理解自己的親屬網絡。

女性認親與插頭花

作為一名「外面嫁來」的媳婦,家娘總是會利用婚喪喜慶之時,想辦法為我「加強」這種親屬網絡的重要性,並對姑娌對這些事情「不行前」(漠不關心)表達屬於她個人的不滿與不屑。第一次聽到家娘談及「包禮」一事時,注意到她特別強調了幾次跟「外家」有關的事情。以下摘要了她所說的內容,再追憶一些當時她就在廚房裡一面炒菜一面說話的語氣。家娘說:

> 包禮喔,都是我去包耶。光妳竹山溝的姑婆,就妳阿公的姊姊,她就七個小孩耶,七個小孩下去又還有多少耶!埤頭下的姑婆還十二個咧!

> (我搞不清楚咧,姆媽,汝再跟我講一擺好麼。)

> 從年長算下來,竹山溝一個姑婆,埤頭下一個,金瓜寮一個,這邊山下一個,九芎林一個,又玉妹姐她爸,又屏東一個叔公,又加上妳阿公,妳阿太一共有八個小孩。又還有妳阿媽那邊的(筆者註:即我家娘的家娘),又還有伊姊妹的外家喔,一個李屋、一個劉屋、一個廖屋,這樣就三個了。細妹仔時阿媽有嫁過又招過,所以竹頭背有一個阿姨,我嫁來時還有在行;還有一個阿姨在善堂邊,已經過身了,還有鍾某某他阿媽也是妳阿媽的阿姐,另外石橋又一個,那個喔,又一個傅屋、一個鍾屋喔。又還有喔,這邊阿媽外家,又還有五兄弟,那頭的還有很多親戚咧。像舅公過世後圓七還有來講,我們又還有送禮過去喔,分年來講,我們又辦牲醴去,做對年又來講,我

們又辦牲醴去，全部都是我在負擔！沒有那麼簡單喔！以前也有很多人「曬譜」，沒有包禮去喔。哀哉，有人說，有些關係沒有包禮也可以啦……

（既然沒有包也可以，那為什麼還要包？）

要曬也還要面皮啊。我就是有念起阿公阿媽（有念起祖先），所以這些包來的我就要還啊。哀哉，就像我媽說的，「$in\grave{}$ 包 $in\grave{}$ 來」（一直包就會一直來），就兩家人不會較苦啦。

（頭擺彌濃人對這些親戚關係，還有外家的親戚關係，樣仔都搞得那麼清楚？）

唉唷，搞得清楚！就是按樣來來去去相請，就搞得清楚！

　　以上引用的這段對話，精彩的地方在於家娘如何「描述」她的親屬網絡，以及在對媳婦的應答中，刻意彰顯她對於這張大網的熟悉。在這張親屬網裡，特別的是包括她的丈夫祖母的外家頭，若有喜事送帖，她也必須一一上前包禮，這邊有喜事同樣也要發帖給她們。這種「發帖」的哲學牽涉親屬網絡中的互惠計算，失誤不得，我多次（包括小叔娶妻及兩位小姑訂婚時）被指派分工進行「寫帖子」（在紅帖外寫上收帖者姓名），家娘會拿出我嫁入時她所記錄的禮金簿，一一說明這些來包禮的人與我們有什麼關係。其中甚多就是這種遠近不一的姻親親屬，即便用黑色簽字筆在紅帖上寫上的都是男性的名字，然而這些名字背後與我們所牽連的那條線，都是一個個女性。透過寫紅帖的過程，家娘正傳授那些認親的本領給她的媳婦。
　　另外一個重要的場合就是結婚喜宴當天「插頭花」。Cohen（1976: 149-192）曾描述過一場婚宴，並曾指出新娘「插花」（又稱「插頭花」）所領到的紅包，往往可以做為女性的私房錢。一般來

說，「插頭花」是由夫家年長好命的女性領頭，在婚宴開始之前，帶著新娘一一認識族中女性親戚，並在對方頭髮別上一朵粉紅小花。這個習俗很有意思，當插頭花儀式結束之後，整個喜宴中可以看到頭上有小紅花的，就是這個新娘在婚宴中初次「認親」的成果。當年嫁入山下的那一場婚宴，由於夫家頭家族小，家娘又忙著招呼喜宴大小事，被家娘委託領著我去「插頭花」的人，是家娘的妹妹（我隨夫稱阿姨）。也就是說，是夫家的姻親帶著我去認親。這考驗著阿姨她對於她姊姊的夫家以及她自己娘家頭到場女族親戚的辨識程度。我們穿梭在喜宴辦桌棚下幾個主要圍坐著親戚的桌次，手上拿著一把小紅花，依著阿姨的指示：「這個妳要喊伊舅婆。」我叫了聲：「舅婆。」然後把花插在她的頭髮上。阿姨順順利利地完成了這個任務，而在我身旁伴娘的提籃裡也多出了十來個紅包。「插頭花」象徵著對女性的重視。這個習俗強調了女性與女性之間透過家族必須建立相互關係。女性也在這個過程中，在原先娘家既有的親屬網絡基礎之上，再加入夫家的姻親關係。

我一面聽家娘說話，靜靜地在桌上虛擬地畫著她口中所說的那些親屬網絡，她認為弄清楚這些複雜的關係，是一種充分表現一個女性「明理」與「念祖」的作為。弄清楚並活絡各類血親與姻親關係，是女性的責任。家娘這樣教導著媳婦，而這從嫁進來的那一場喜宴就已經開始。

「我還真惜你呢」

婆婆對於媳婦的第一種姿態就是「教」。除此之外，還有第二種姿態，是「罵」。「罵」帶有神奇的靈力，對於「罵」的人以及「被罵」的人都同樣具有殺傷力。也是來自於一次吃飯前的對話，我向家娘「懺悔」地表示很遺憾自己是個不會徒手殺雞的媳婦——那天她正為隔天準備掛紙要用的牲醴，在後院挑了一隻雄壯威武的閹雞，親手結束牠的生命。由於殺雞拔雞毛等需要一點時間，我蹲在一旁陪著家娘，雖然眼睛就是沒膽望著那隻幾分鐘前還在後院跑跳的生命。家娘

她忽然說起鄉野間的一些婆媳的故事。某壯年男性在過身（過世）之前，就常任性地對著旁系晚輩開罵，罵到最後晚輩的母親出來維護了，就說：「你們再說啦，再說啦，看未來啦！」言下之意似乎是看誰會有報應啦（報應通常表現在「走」的好或不好）。結果這位男性後來不知何因猝死於後院田裡，就被鄰里私下傳為口德不佳所致。所以，鄰里間會教導妳，在夥房裡若被長輩或平輩誤會開罵，要忍住，不要直接罵回去，對方說「我真恨妳」的時候，妳更要回說「我還真惜你呢」（我還真疼你呢）。

「罵」的巫力也使得婆媳關係會出現某種恐怖平衡。聽聞有位常對媳婦開罵，罵到什麼壞聽的話都講盡的長輩，「所以呢，」我問家娘，「結果啊，她的心舅妳看，身子就不好。」然後，家娘又聊到她與自己家娘之間的往事，從相互的不滿與爭執，到做月子時家娘僅燙份茄子給她吃就算了，她說她嫁到山下做人媳婦，該做該扛的都接下來，不僅把在銀行抵押的田贖了回來，之後努力耕田的積蓄還能再多買幾分地，也為小叔娶門媳婦，很多事情也都是她在善辦。她說還是能忍則忍，即便她主觀上認為婆婆是誤解她了，但她也沒有回娘家搬救兵。她家娘在去世的時候，即便生前再怎麼樣地偏心另一房，但最後嚥氣之時對她還是讚許的。而她認為，這種從家娘臨終前沒有說她一句壞話，對媳婦來說就是一種造福。

「罵」會變成一種「咒」。罵別人會對自己不好。但若是死前罵人，則變成一種詛咒。彌濃人相信，若家娘臨終前盡說些對媳婦不好的話，這個媳婦未來的日子將不好過。也許讀者覺得就是個念頭，但由於這些話語牽涉到生死，還是覺得有些敏感。這意謂著一名女性在臨終前，對自己的媳婦具有一種施咒的力量。聰明點的媳婦若意識得到這點，怎麼樣就不敢過分忤逆婆婆，唯恐那種具有巫力的話語評價將對自己不利。但行使「語言巫力」的機會將隨著身為婆婆者的離世瞬間而消失，換句話說，一名女性到何時才能較為自在地在夫家表現自己的情緒，與她和婆婆之間微妙的關係非常相關，而個人認為在彌濃，那種壓力的抒解並非在自己「熬成婆」之時，而是要追求在婆婆

臨終前獲得讚賞，或至少不要被罵，如此，一名女性在心理層面上才真正可以鬆一口氣。

第八章 敬外祖與彌濃人精神氣質的建構

……它[刻板印象]是一種認知的策略，其固定性和還原性同時也是一種讓巨量變遷和多樣性得以概念化的方法；個體的認知之所以趨向刻板印象，是因為後者是一條形成秩序的捷徑——雖然無可否認，也會產生多種數據、人和事物的歪曲。

——Nigel Rapport & Joanna Overing, 2000，筆者中譯

　　在上一章，筆者把重點放在探討敬外祖啟動的關鍵之一，「已婚女性」，從這個角度描述女性從未婚到成為「夫家人」的這個過程。這一章思考點將移到敬外祖啟動關鍵之一的「傳宗接代」，並看這樣一組儀式實際上它試圖讓人群經過何種社會化過程與集體意識的洗禮，並強化哪些對特定的性別氣質偏好，與突顯不同性別的社會責任。其中，無可否認這種集體意識中的精神氣質是一種刻板印象的建構，然而，刻板印象它在當前全球化的趨勢之下，卻扮演了一個弔詭的功能：人們透過刻板印象，試圖在已經扁平化的生活世界裡，找到一個立體的、具有個性的特色，在這樣的小眾裡，找尋自己。以下即就彌濃敬外祖關於精神氣質的建構，思考它如何對客方言群的形成以及個人的生命依循有所貢獻。

第一節 精神氣質作為族群意識的內聚力特徵

　　論及客方言群的精神氣質或是特徵（character），羅香林在《客家研究導論》已詳列許多。然而，將精神氣質作為探討族群性建構的研究主題，梁肇庭在1980年代的研究是一個重要的起點。在客家研究中，梁肇庭對於族群性的論述十分具見解，1985年他發表了 "The

Hakka Chinese of Lingnan: Ethnicity and Social Change in Modern China"一文，論及客家人族群性形成的歷史背景，探究十九與二十世紀客家族群精神與族群意識的形成，和客家民族主義高漲之間的關係。

客家族群意識在原鄉中心地的形成

梁肇庭的客家形成論述，採用西方社會學理論進行分析，以Orlando Patterson 與 Frederik Barth 對文化和民族的定義，提出「族群性」概念。透過Barth的族群建構論，梁肇庭認為客方言群在贛閩粵三省交界（客家中心地）早期認同的形成，並非起因於居於弱者（弱勢）的危機意識，從歷史過程來看，反而是因為一群有開創性並具冒險氣質的人們，進入了「他者」的既有領域，激起這些原本即住在該地的土著，產生負面情緒與危機意識，進而對客方言群進行烙印與污名化，因此激發客方言群團結起來的自我意識。

關於這個歷史過程，梁肇庭以歷史材料說明（見Leong, 1998: 69-75），他認為客方言群移民湧入嶺南地區之後，在山多田少的限制下，往往成為當地原有住民的佃農，然而此並非代表這群後來者就因此成為弱勢，反倒是「客」用心地提高土地利用價值，且積極另覓新地開墾，連畸零地也不放過，這使得從溪谷到山丘都有他們的蹤跡。「土」（先住者）「客」之間的心結變成衝突，造成當地住民鄙夷這群四處佔地開墾的人，甚至在心理上不願承認這群人，認為「客」就是野蠻人，與受禮教的漢人不同。梁肇庭認為，「客」亦對當地人充滿敵意，這使得土客兩個群屬間的深溝不斷加大，甚至發生了「反客為主」的佔田衝突事件。

梁肇庭認為，客方言群的族群性便是在這種衝突下，加上地方政府有選擇性的立場，因此一種激發出來的團結意識逐漸形成（Leong, 1998: 75-81）。在地方上的族群衝突中，當地政府傾向保障原居民的利益，但客方言群發展出一條透過科舉，晉升入仕的出路，而且在某些與當地居民混居的府縣，反倒擁有特別錄取的配額。這種在土地資源的競爭與考試配額的爭議與矛盾，讓原居民與客方言群（土／客）

常常產生程度不一的衝突，梁肇庭也說，此是日後「太平天國」興起的原因之一。他認為，在火線（battle line）上的各種衝突，激發客家人團結起來的自我意識。換句話說，火線就是族群界限的一個引爆處。為了建立身份認同共識，客方言群內的讀書人寫出了像是源流或語言習俗等的作品——例如 1799 年進士徐旭曾所寫的《豐湖雜記》，就成為二十世紀客家研究的先鋒之一。而在十九世紀末《嘉應州地名辭典》裡，客家的族群精神已經被識別出來，而客家也成為識別某一特定類屬人群的標籤。

我們看到梁肇庭將客家族群性的抬頭，歸因於和當地原居民之間的文化會遇，而這個會遇的過程顯然是極度不愉快且充滿道德譴責，也拒絕將對方的個體差異（例如一個社群裡一定有「好人」與「壞人」）納入考慮。相互給予刻板印象的結果，就是想辦法高度均質化一個特定社群（包括面對他者與我群都是一樣）。我群就利用對他者的刻板印象，一方面用來增強我群的內聚力、界限和個人的自我理解。例如挪威籍 Thomas H. Eriksen（2001: 264）引非洲馬達加斯加東南方模里西斯（Mauritius）克里奧人（Creoles）為例，說明飽受歧視的克里奧人傾向將他們自己描述為「誠實而大方的」，但他們會描述當地印度人為「小氣的」；反過來說，印度人覺得自己是「勤勞而有責任感」。Eriksen 就說，刻板印象會變成自我應驗預言（self-fulfilling prophecy）（Ibid.: 265），也就是說那些描述會真實地應驗在社會關係裡。所以，刻板印象就為社群界限提供了意識型態的合法化（「不要和他們中的人結婚！」），同時加強了群體的內聚力（「我們都不喜歡他們是件好事」）。一旦涉及階層利益，刻板印象傾向於支持並鞏固它。

Eriksen 的觀點呼應著 Erving Goffman 在半世紀前關於烙印（stigma）的研究。Goffman 在 1960 年代提出「烙印」這個概念，指出那是一種透過訊息控制、團體結盟與個人認同，給予他者一種負面評價的身份認同，而這種「烙印」的過程亦提供我們認識族群中對特定身份（角色）的負面評價，是如何被建構起來。事實上，社會上的

所有成員都在日常生活中彼此烙印著，藉由污名化對方（將對方負面烙印），我們同時也識別了自己。Goffman強調，每個人被識別出來的「特質」往往即是來自於他所屬團體的性質，而在他討論到「內團體結盟」時，提出一個可供我們對於客方言群六堆與彌濃族群性的另外想法。他提到：在一個團體中受污名的人，非常可能會倡議一種鷹派或沙文主義的路線，甚至偏好分離主義（separatism）路線，出現誇示刻板印象的行為，這是受污名者的典型反應（1963: 112-115）。客方言群在族群性上不斷強調己身的中原意識與血統主義（「純正中原漢族後裔」），不斷自我聲稱且將之訴諸一種相對高貴的姿態（「比較尊敬祖先」），這種意識的出現，本身就會形成一種族群界限，並不需要特定的戰爭，在心理層面上那條我群／他群，以及內／外的分野就已經劃了出來。

下淡水溪客方言群族群性的歷史過程

按Gregory Bateson（1979）的說法，一個單一的群體是不會產生族群意識的；兩個文化上迥然不同的群體，若其各自成員沒有接觸的話，是不會也不能產生族群劃分。經由互動之後，造成／發現彼此的差異時，才真正區分出我群與他群。所以，前述梁肇庭所說明的族群意識的產生以及其特質，正是一個在異文化包圍、且產生激烈經濟利益衝突下一種相互的挑釁與防衛——越是接近界限、越是與他者接觸頻繁，越是有護衛自我認同與族群利益的動機。

個人以為，客方言群在嶺南地區以及下淡水溪流域發展族群性的背景，與刻板印象以及去污名都有直接關係。下淡水溪客方言群從一個佃戶階級要不斷往上攀升的過程裡，強調自己更原鄉、更中原、更正統的心理動機，直到二十世紀70年代出版的《六堆客家鄉土誌》中依舊明顯。實際上，臺灣南部下淡水溪流域的生態環境與原鄉贛閩粵三省交界，是處在相當不同的生存條件下，前者是水資源豐沛的平原，有利人口發展，後者山多田少，滋生人口必須向外討生活，然而卻出現類似的族群界限，與周邊族群產生強烈的我群／他群分野，為

此在缺乏自然屏障且不易防守的下淡水溪平原，形成了半軍事的防禦組織六堆。這之中不禁讓人疑惑起，客方言群是否從原鄉到移民社會，實際上有著類似的族群歷史心性。

陳秋坤曾舉過一個例子非常適合作為這個討論的開場。他以世居臺南府城而在屏東平原為一大租戶的盧家，說明客方言群如何是一個有高度內聚意識的存在。道光元年，一場為期十年的大洪水，致使在隘寮溪兩側的所屬土地遭到氾濫災難，而後近鄰的客方言群便逕入洪患區域開墾，但因土地不良與地方動亂，盧家撤銷佃墾。即便放棄了十多年，但在明治34年（1901）殖民政府要求所有人登報產權時，盧家又找上了這些人要求申報己屬所有權，但已開墾多年的客方言群，認定此為己所開墾之地而拒繳大租，盧家甚至為此進行訴訟。「盧家與粵佃的爭執，一方面固然是盧家為不在地業主，無法親身監督佃人，另一方面可能是客庄的集體意識，抗拒荒地回復的地權認定」（2009: 4-5）。陳秋坤認為，客方言群因為清初政府獎勵墾戶政策，以佃戶身份向福佬籍業主墾戶接洽，形成租佃生產關係，之後即運用投資工本改良土地途徑，轉化為田主階層，進而完成落地化的過程（Ibid.: 1）。這裡面提及的「運用投資工本改良土地途徑」，即是我認為的族群性，這種群性致使了客方言群從原鄉到移民社會產生了歷史重演的效應。

從梁肇庭對客家中心地的佔田衝突，到陳秋坤提出的大租戶盧家向官府申訴之例，我們或許會注意到客方言群在一個地方社會的形成過程中，從中國原鄉到臺灣下淡水溪，似乎都沒能擺脫這種被歷史上的「他者」描述為「佔墾」的歷史事件，而且族群性的激發或多或少也都與此有關。以下筆者想站在非官方（非文獻記載）的角度，從我在彌濃觀察到的這種「用力提高土地利用價值」的作為，來思考客方言群自己如何理解。

「佔墾」或「侵墾」基本上都是站在既得利益者（或官方）的角度的一種描寫，基本上是負面含意的詞彙，被視為是對別人既有權力的剝奪，事實上，現在的物權、地權等概念已經與清代大不相同，我

在彌濃常見某種小規模的開墾，就「法」來說似乎亦是侵佔公有地的作為，但村子裡的人對這樣的作為，大多認為那不足為害，反而是很有本事與相當勤快的表現，在集體心理上是支持這種努力生產的精神。

例如，最常見的就是鄰近村民利用一些閒置中的公有畸零地，或在利用水利會將水圳上游水閘關閉時的圳底泥灘，開闢出一畦一畦的菜園，種著高麗菜、吊菜（茄子）、包黍（玉米）等。我見過最經典的是在剛鋪好卻鮮少車輛通過的產業道路上，看見一旁居民挖起一隅瀝青，就瀝青底下的礫土種起小白菜。與此相比，利用公共溝渠裡的淤泥種菜，看起來比較可以接受。利用水溝沿淤泥較厚的那一側，種起一整排的芋仔。用棚架跨越水圳，在棚架上栽種瘦瓜（絲瓜），直接「生」出一塊「田」。彌濃人不放過任何一塊「看起來」可種出作物的「閒地」。村民會說「好好的地」不拿來利用的話，是一種浪費。這種當代的場景放在清道光後盧家與客佃的衝突，似乎提供了歷史情節的推想：地主長期不在，該地在氾濫之後原招墾計畫撤銷，鄰近客民不忍心見地荒蕪因而入墾，而久墾之後，「生母沒養母大」，認為把田開墾出來的人，比擁有田的地主還要有權力。「生母沒養母大」這句廣傳於彌濃人之間的俗諺，或許也說明了客佃何以那樣理直氣壯地「集體佔墾」。

筆者在此希望說明的是：有能力到低開發區去拓墾（「佔墾」），田野中的村民對此通常是較為正面的評價。鄉民社會採取精神上讚許的方式，鼓勵人們爭取更多的土地資源以累積財富。這也挑戰了一般咸視客方言群較為保守的刻板印象。我們看到包括贛閩粵客家中心地與下淡水溪邊區社會，客方言群都有著或隱或顯的社群集體潛意識，對開墾有極高的動力。這或許也可以用以思考客方言群至南洋地區務墾致富的歷史過程。然而，即便如此，客方言群手腳俐落搶先一步，取得水源豐沛的土地，與鄰近的福佬庄必定產生相當的衝突，相互烙印必激發我群意識，方言群間在精神氣質上的差異會被放大、誇飾，用以凝聚團結。

回到歷史心性的討論。這裡援引歷史人類學家 Sahlins 的研究來說明。Sahlins 曾以西元五世紀的希臘內戰（Peloponnesian 戰爭）為主題，將它與十九世紀斐濟內戰（Polynesian 戰爭）進行比較，論述人類引動戰爭其實背後有相似的文化邏輯，即便是在不同的時間、不同的地點、或不同的民族。Sahlins 指出「歷史」（以發生戰爭這樣的事件為例）並非偶然，它們呈現的是人類思維邏輯下的不得不然。之所以如此，是因為人類在意識之中普遍存在一種互為主體的分裂傾向（「分裂主義」，"schismogenesis"），使歷史無可避免地朝向「合久必分」的路途走去。另外，Sahlins 也認為發動歷史事件的縱使看起來是個人，但個人或個體的權力及其實踐，實際上是嵌在歷史結構的系統裡，依著文化秩序（cultural order），也就是社會以其本身的文化結構，賦權（empower）給特定人物，因而決定了歷史的走向（Sahlins, 2004）。從這個觀點來思考，人類的文化思維結構將決定歷史（事件）的發展走向。若說客方言群在原鄉成為（being）「客」的過程中，即在意識中鑲嵌著「運用投資工本改良土地來取得生存用地」，那麼這種文化邏輯就會形成客方言群的文化秩序，產生能動者，讓能動者在特定的時空下，依著這種心緒，重演著歷史（事件）。所以，下淡水溪客方言群的族群意識，或許早在原鄉時期就已經構成了其文化結構，包括形成六堆、「佔地」、敬外祖、甚至反水庫運動，這些「事件」其實都是文化思緒結構運作下的「不得不然」。

社會分類、刻板印象與現代性

文化思緒結構有明顯的祖先崇拜特徵，這是六堆人不爭的事實。在彌濃的田野中，人們常說祖先崇拜是「中原的傳統」，是彌濃人「不忘本」的表現。鑲嵌於祖先崇拜儀式內涵的敬外祖，即是把對母親的感念、對姻親家族的重複結盟，透過祖先崇拜的儀式實踐出來。彌濃人認為這是「禮教深厚」的表現。

我們應該不會忘記六堆在清代是帝國邊區，更是夾在福佬語系與

南島語族群之間的邊緣地帶。人類學者說，有時越是接近底層與外圍，越是充滿著建立「禮教正統」的企圖心（科大衛，2007: 52）。下淡水溪客方言群採取地域內婚的選擇，其我群與他群的意識實際上即已建立，以祖先崇拜的儀式來重複確認姻親關係，也讓「重視禮教」作為自我認知而不斷自我強化，或說在他者的心中鑲嵌成用以比較的刻板印象，並形成圈內／圈外（inclusion / exclusion）的區分。換句話說，在下淡水溪流域，客方言群的每一種文化特徵，都可解讀為一種自我宣稱。客方言群藉著呈現「比別人更飲水思源」的儀式，強調他們是「擁有自己的歷史」，與外面人「不一樣的」（是更為尊禮重道的）一群人。

族群區別不必然具有衝突的含義。族群區別可以用十分平淡無奇的方式來表達——例如，通過日常情境定義、通過印象管理、用宗教崇拜或其他和平的策略。人類學者說，從日常互動到兩相爭戰，族群的區分可以在不同層次中被識別出來，且並非文化差異越大，族群識別就越重要。「事實上，族群區分往往在文化接近並且定期地進行相互接觸的群體之間才是最重要的」（Eriksen, 2001: 262）。這句話同樣可以用以解釋沒有明顯界限的六堆及其周邊族群的關係上。我們可以這樣思考，在現代化與全球化致使文化差異逐漸變得模糊不顯時，族群身份和自我意識就會越來越重要；當人們越來越相似時，意謂著人們將更關心如何保持相互的差異與獨特性。

當差異特徵被突顯且當離開脈絡時仍然鑲嵌在特定人群的身上時，社會學者就會跳出來批判這種「刻板印象」對人群造成以偏概全、甚至偏離事實的嚴重問題。他們認為刻板印象會對多元展現形成阻礙，可說是一種「集體」對「個體」的箝制。然而人類學者也提醒我們，有時正是刻板印象的存在，不同的身份認同感才會被認為是存在的；通過假定不同的刻板想像的存在，個體和群體才能抱持他們的歸屬感。在刻板印象的誇張之下，自我與他人之間的差別就會變得十分清晰（見Rapport & Overing, 2000: 346），而這正是在全球化下的人們所需要的。換句話說，在全球化的影響下，從大眾媒體、跨國企

業、到長途旅遊，人們逐漸被編結在越來越「一致化」的生產鏈上，「發展」、「進步」讓個體必須趕上集體的節奏，在推理和概念上，人們最後還是會更強調刻板印象的重要性（Ibid.: 348）。在此情形下，刻板印象或許不該再被認定只有愚昧和蠻橫，或是對交流與禮貌充滿威脅，也不該總是被當作是一種想要造成「偏見」以支配他人的工具，更非證明人們仍以舊時的、集體的話語來進行思考，「（刻板印象）是個人賴以在一個多變的、日益複雜的世界裡，快速地計畫和建立一個安全的個人歸屬的方法」（Ibid.: 349）。這種看法讓筆者勇於重新思考在敬外祖底下所呈現的性別氣質——即便，那些對其他研究者來說，只是「刻板印象」。

鑲嵌在彌濃人身上的「刻板印象」並不等同於六堆人的刻板印象。但以下要討論的兩組形容詞，基本上是六堆人與彌濃人都擁有的。這是兩組「精神氣質」（ethnos）。所謂精神氣質，是在族群發展的歷史過程中，因族群互動相互烙印而激發出來的關於性格、態度、思想、行為、信仰等描述，某個角度來說，它是指具體行為背後的思維邏輯。精神氣質的出現有其歷史性，並反映當時的他者／我群關係。當離開歷史過程之後，精神氣質就會變成刻板印象。例如下文我們將要討論在彌濃常聽到的「耕讀傳家」與「四頭四尾」。

第二節　敬外祖與彌濃男性的精神氣質：耕讀傳家

經過上幾章的討論，我們應該不會輕易將敬外祖描述成是一套父系社會祖先崇拜的延伸。「祖先崇拜」有時是一種建構工具。Ebrey（1986）以其研究表示，祖先崇拜儀式有時只是家族對內與對外建立合作的過程，不見得繼續複製著單純的父系繼承或理學傳統這類意識型態，而是作為一個「想像的共同體」——家族／宗族，甚至是擬血統主義的民族的一個建構工具。在此理論底下來看敬外祖，一名準新郎敬備牲醴持香敬拜母親與祖母的娘家祖先，或許就是一種擬血親關係的實踐，目的在於透過祖先崇拜這個「工具」，讓跨氏族的合作關

係繼續延續且持續穩固。

祖先崇拜作為客家血統主義所賴以複製的載體，對於承繼這套意識型態的男性而言，其所擁有的權利義務是極為顯性的，甚至規範並賦予了男性在該社會運作中的合理角色。男性敬祖的對象除了是自己的祖堂之外，在文定時也會在準妻家的祖堂與未婚妻共同敬拜，即將結婚時又隨父執輩前往二至三代母方外家的祖堂祭祖。在他為人父親之後，他也將因為自己有多名男孩，重複多次地帶著他們浩浩蕩蕩且表達飲水思源地，前往妻方與母方家祖堂拜祖。敬外祖雖然啟動者是一名育有兒子的已婚女性，但實際站在祖先牌位前執禮上香的，是擁有承先啟後實權的男性。

敬外祖讓一名男性確認其生存區域與資源

對一個即將結婚的成年男子來說，除了婚姻儀式賦予他傳宗接代的使命之外，敬外祖當天的所有行程就是他對未來依恃生存資源的重新確認。敬拜土地伯公象徵的是對土地、財產、地域界線等物質世界資源範圍的確認，屬於物質文化的內涵；敬拜地區神明則是對於未知世界統合的一種祈佑，屬於精神文化的寄託；敬外祖與敬內祖則是對於人間裡可供連結的社群網絡畫出認知概圖，這即是倫理文化的範疇。[90] 一個即將結婚的成年人，這一天的一系列敬拜活動，是家族長輩告知要扛起家族承先啟後、頂天立地，與建立起以他為中心的一個小宇宙差序格局。而這個以一名家族成年男性為中心的小宇宙，結合這個地、天、人的關係，最後凝聚的一個精神中心點落在「敬內祖」──即家族廳下裡的祖先牌位。

在理想上敬外祖敬三代的彌濃社會，男子結婚前一天依序要進行四個堂祭，其中包括三處姻親家祖堂以及一處自家的祖堂。跨進廳下門檻向著他姓祖先敬備牲醴行香敬奉之禮，自己作為子孫後輩應承先啟後的精神延續，不言而喻。客家祖堂這個空間，在堂號、聯對、棟

---

90 物質文化、精神文化、倫理文化此文化的三個層次概念，參考李亦園（1995）。

對，和羅列於神龕銘刻著密密麻麻的祖先諡號名諱包圍之下，以高密度的文字展演，訴說著一種以理學為中心的血緣倫理觀，建築本身從建材到設計展現的又是家族的社經地位，產業規模，軟體與硬體所呈現的即是這個家族在「讀」（學問仕途）與「耕」（經濟地位）上的成就。

敬外祖複製著耕讀傳家的使命

耕讀之風在學者的研究中，它可以是促成某一姓氏人群迅速發展成宗族的直接原因。莊英章與陳在正（1996）曾以閩西南地區南靖龜洋莊氏宗族之《莊氏世系族譜》進行研究，討論耕讀家風與宗族發展之間的關係。他們對耕讀家風的詮釋是「邊耕邊讀分工，也包括買土地，租人耕種或課僕耕種，是傳統社會重農務本的經濟思想與重讀書、重仕進的文化教育思想的結合」（莊英章、陳在正，1996: 11）。根據族譜材料，祖籍粵東的莊三郎（1296-1354）在元朝末年時，入贅至閩西南地區的龜洋朱家，後來成為龜洋莊氏的開基祖，至六世開始致富後，因努力提倡耕讀傳家家風，成就族人知識水準。莊英章與陳在正認為，在龜洋這個多姓氏的環境之下，莊氏得以發展成一頗具規模的宗族，最重要的原因在於莊氏提倡的耕讀家風，培養出一批具儒家思想的秀才、貢生、舉人、進士等文人，而在這些讀書人的倡導下，經由修族譜、建宗祠、修祖墳、置祀田，建立共同的祭祖活動，因而直接促成了宗族的高度發展；其中尊祖敬宗、詩禮傳家以及榮宗耀祖等儒家禮教思想，他們提出這正是龜洋莊氏宗族形成的精神支柱。

「耕讀傳家」同樣也是彌濃人的理想性格。在彌濃，當人們從大家族出來另外建造自己的宅院後，若未分家正式供奉祖先牌位之前，有時並不會放上正式的堂號，常見即以「耕讀居」為名。「耕讀」確是客家中心地盛行的一種家風模式。例如，清嘉慶年間粵籍進士徐旭曾（1751-1819），在目前被稱為最早的一份客家研究文本〈豐湖雜

記〉[91]，描述粵東客人為「出而負耒，入而橫經」，並指出耕讀兼營的生活即客人之精神生活。他寫到：「客人以耕讀為本，家雖貧亦必令其子弟讀書，鮮有不識字、不知稼穡者。日出而作，日入而息，即古人『負耒橫經』之教也。」徐旭曾筆下的這種耕讀之風，以文字建構了一種人生理想範式。但這種建構是有性別性的，那是對於男性生命理想型（ideal type）的描述，畢竟，舊時只有男性才有讀的權力。

上一章論及長者去世之後的諡法原則，即曾提到「男無勤，女無篤」（見曾坤木，2005: 160），此意謂著勤與篤這兩種精神氣質有其專屬的性別，而「篤」即專屬於男性。「篤」，切實、忠實、厚道之意。這其中都有腳踏實地、務實務本的意涵。也就是說，在傳統上，一個理想上有利於家族發展的男性，他不該好高鶩遠，而應該務實地累積家族的經濟資本（耕）與社會資本（讀）。而客方言群社會將這種切實嚴明的期待與要求，具體反映在祖堂這個空間裡：

> 客家民居的正廳（堂）都奉祀著歷代高、曾、祖的祖先牌位
> （又稱阿公阿婆牌或家神牌或祖牌），因此，正廳的建築高
> 大、莊嚴、肅穆。……客家民居宅院的核心，是突出廳堂，這
> 種結構與北方常見的四合院民居有著很大的差別。北方四合院
> 的主體是庭院，……客家民居由於庭院相對狹小，而廳堂都高
> 大寬敞，……客家民居之所以刻意突出廳堂的地位，顯然是為
> 了適應家族制度的需要，……為了顯示它的權威和尊嚴，……
> 房舍也根據「長幼有序」、「男尊女卑」的習俗，分別依次安
> 排在適當的位置上，從而使客家民居建築的主次層級顯得格外
> 分明，進一步體現家族內部嚴格的等級觀念。（李允斐等，

---

91 〈豐湖雜記〉一文收錄在《徐氏宗譜》總譜‧卷二，為徐旭曾於嘉慶乙亥年五月回答豐湖書院院生「何謂土與客」之所感。徐旭曾，字曉初，廣東省和平縣下車興隆鎮人。嘉慶己未姚文田榜第六十七名進士，官至戶部四川司、福建司主事，後加一級，封奉政大夫，曾四任順天鄉試、京都會試外簾官。告老返粵後，曾先後掌教廣州粵秀書院、惠州豐湖書院。雖《徐氏宗譜》並未出版，但〈豐湖雜記〉全文可於網路上閱讀（走進客家網 http://hakka.0753.org/）。

1997: 254-258）

　　當一名男子在結婚之前，到姻親家祖堂、自家祖堂，進行多次的敬祖活動，這件事在「演出」的同時，正不斷複製著「祖堂」這個文化空間所傳遞的話語。在敬祖流程中，一名成年男子將重複地拿香、向（不同的）祖先牌位上香、敬拜，他會有一些不是很熟的長輩姻親出現，鼓勵他祝福他，而後他也會看著自己的父執輩如何地與那些姻親，活絡地交談並交換農業或地方政治訊息。他必須學習，而且知道姻親是必須重視的親戚關係，這是他將來要帶著自己的兒子再次踏上的一條路。在姻親家族的夥房裡，他會有一種被陌生環繞、被不同姓氏的人所注目的畏懼。他會瞄到不同祖堂裡不同的氣氛，感受到某些姻親家族因為經濟條件較好或客家意識濃厚，祖堂的設計布置還有牆上的文字等，都充滿濃厚的家族感，他會比較到自己家的廳下似乎很寒酸，以後自己的姻親子弟來家裡敬外祖，見到如此的祖堂恐怕會被看不起。如果他是長子，他知道他未來的責任就是讓家族能在地方上被看得起，而建造更好的廳下，它需要的是家族的人丁興旺，有人就會有財，而有人也會有才。[92]

「耕讀」意象的當代理解

　　在彌濃山下這個區域，有族譜的家族並不多，筆者曾借到幾份當代的族譜，其編修內容多在記錄後裔子孫名字與現居地，已甚少提及家風或家訓。我個人相當好奇：在二十一世紀的當代，在下淡水溪客方言群裡的這群彌濃人，他們如何繼續「做」出「耕讀傳家」？如何理解那曾經烙印於族群意識中的身份認同特徵？「耕讀」是否仍為當地人的理想生活企盼？

---

[92] 這段男性的觀點，主要整理自許多位男性報導人的回憶。要補充的是，這些感覺通常不是敬外祖當天的心情，大部分男性敬外祖當天的感覺都是「很累」，所以這些想法是幾位年紀稍長的阿伯，請他們回想敬外祖時，自己在「看」了些什麼、「想」了些什麼，而後我將這些來自不同人的想法編輯成這一段話。

彌濃當地創刊於民國71年（1982）的旬刊報紙《月光山雜誌》，前發行人邱智祥對於以上這個問題或許曾經回答過。《月光山雜誌》自創刊後至今未曾停刊，其性質傾向作為美濃的鄉情通訊，接受旅居海外鄉親的訂閱，稱只要有美濃人的地方就有《月光山》，其影響力擴及社會運動，為臺灣平面新聞界的傳奇。《月光山雜誌》與美濃愛鄉協進會合作編纂《美濃鎮誌》，而邱智祥即曾參與許多篇章的編纂與文稿工作。根據《鎮誌》書末資料，其中〈教育篇〉就是邱先生所寫。他在《美濃鎮誌・教育篇》中這樣寫到：客家人重視教育之風承襲原鄉嘉應州的文化，而在美濃，更是一脈相傳至今；在清代出了一位進士、五位舉人，日治時期則一度出現全高雄州第一大公學校，光復後更是博碩士頻出，大學生不可勝數；較諸六堆其他地區，美濃人對子弟學業的要求似乎更為深切。[93] 這段描述顯示彌濃人十分自豪於祖輩與子弟們在「讀」方面的優異成果。

同樣來自邱智祥的撰稿，他另外在〈菸葉與美濃〉[94] 一篇專稿中，重新說明了當代客方言群在彌濃的「耕讀」意象：

> ……菸葉的種植明顯地繁榮了美濃農村的經濟，也直接或間接**強化美濃農家子弟接受較高教育的基礎與動力。**……美濃輩出高等教育人口的直接原因，是因為美濃農村經濟力量的許可，培育一位大學生起碼需十六年以上的長期投資與花費鉅額成本，若是純然以經營稻作或其他作物維生，根本沒有充裕的剩餘財力提供子弟接受較高教育的機會，……其間接原因，則是因為美濃農村的菸農苦夠了，苦怕了，父執輩的菸農因菸葉纏

---

93 邱智祥在《美濃鎮誌・教育篇》中，指出彌濃人在清治時期一直到日治中期一直都有學堂（私塾）之設置，清治時彌濃庄街上就有林屋學堂及宋屋學堂；日治初期最少還有八位分別在彌濃庄、柚仔林、九芎林等八處漢學私塾。見美濃鎮公所，1997，《美濃鎮誌》，頁400-404，421-422。

94 〈菸葉與美濃〉一文在《美濃鎮誌》裡被編輯入【第十篇・專案文稿】裡，其他的專案文稿還包括〈社會運動史〉、〈美濃學〉、〈婦女篇〉、〈外籍新娘在美濃〉、〈美濃第一街──永安路〉、〈五〇年代白色恐怖與美濃〉及〈社區報紙與美濃〉等。邱智祥，1997，〈菸葉與美濃〉。收錄於《美濃鎮誌（下）》，頁1180-1192。高雄縣美濃鎮：美濃鎮公所。

身而不得解脫，連累在學的兒童也不得不成為農忙時期的勞動人口，全家上下同時感染勞累之苦，**要如何方能徹底脫離菸葉之苦海的？唯有讀書一途。**

……因此，「牛角掛書」勞動不忘讀書，讀書不忘勞動，是美濃農村子弟平常的生活寫照。如此共識下產生的教育理念，當然促成了普遍的讀書風氣，一幅耕讀圖像也帶動了非農子弟輸人不輸陣的心理。他家沒有田可耕，沒有菸葉可種，沒有充裕的財力可供其念大學，但退而求其次，能念師範或師專以後做個老師也不錯，**總比輟學做學徒強**，何況美濃客家族群文化源自中原，士大夫思想觀念原本深濃，「萬般皆下品，唯有讀書高」，因此，以師專師範為求學目標者大有人在，美濃輩出老師教職人口，與此關連頗大。

從邱智祥的敘述中，他認為那些在〈教育篇〉中提及的知識成就，實際上有一定程度來自努力耕作所奠下的經濟基礎。也就是說，並不是這裡的客方言群特別聰明，而應該說是特別好學，並且會視家族財力狀況，務實地選擇走上唸書之路。這種用耕來累積經濟資本以換取社會資本的方式，實際上與前段談及閩西南龜洋莊氏的「耕讀家風」的背景，實有某種程度的差異。

　　如前所述，龜洋莊氏的耕讀之風是在經濟厚實之後的一種社會位階攀升的策略，而後回過頭來促成宗族的高度發展；然而，在彌濃，即便耕讀二字仍在，彌濃人所繼承的已經是「以耕換讀」，「讀」的目的在於脫貧，進而成為「離農離苦」的遁身之徑。邱智祥是讀書人，他理解這種被期待離農的眼光，是因為臺灣的農業政策並沒有給予務農一個正面的評價，他的筆下讀書是一種翻身的取徑，甚至是族群意識中，對於士大夫觀念的一種具體實踐。這種觀念到現在仍然存在於彌濃人的心中，根深蒂固，而這亦使得我們在下一章提及的「返鄉讀書人」是如何地「克服萬難」回到農村，實際上是有相當的張力

在其中。

在此以一名彌濃農民他心目中的「耕讀傳家」補充說明以上觀察。材料來自張騰芳先生口述訪談集。張先生在商專就讀期間，因當時臺灣政治不穩，被迫中途輟學，返回美濃承襲家業務農。由於自幼就在農村裡，它有相當濃郁的「客家意識」，尤其表現在他曾任菸葉耕種改進社總社社長長達十年，對此曾說能在以福佬人為多的全臺菸農社群裡備受肯定連任社長，是因為他有意識到自己作為一個少數族群，需要比別人更為謹慎且公正的表現。在他的口述記錄中，張騰芳自己描述，客家傳統人生觀骨氣義節一直是他之所以能完成使命的背後支持，包括重視人格道德、愛惜錢財不貪不取、家和萬事興、愛鄉念土、飲水思源、修建祖堂、珍惜文物資料等（曾慶貞等，2004：119-120）。除此之外，他也明確地提到「耕」支持「讀」的條件，在訪談中常引用美濃俗諺「菸草樹頭下出大學生、出博士」來表示菸草耕種事業對於美濃鎮子弟教育上的貢獻（Ibid.: 80, 105-107）。

事實上，大部分耕讀傳家的本質其實是「以耕養讀」，家族裡一部分的人努力耕作，累積讀書人的經濟基礎，因此晴耕雨讀之風在「耕」「讀」分工之後，就變成彌濃社會裡的兩個不同階層。在過去很長的一段時間，這種分工帶有相當濃厚的性別分工意涵，女性一律被劃歸為「耕」的一方，男性則分成能讀與不善讀的兩類，而不管能讀或不能讀，男性逐漸遠走高飛的比例總是比女性來得更多，傳統上，真正繼承家庭責任與文化傳承的，是那些繼續留鄉「耕」的人，包括所有的女性以及部分男性。一名男性將會知道對家族來說，自己的離農離土將被期待是一種不歸路，「歸」不見得是好事。「耕讀」之風對男性來說也是一種殘忍，許多曾在城市裡受挫的男性，這種性別氣質與族群意識的蔓延，讓他的返鄉之途路遙遙，而只能流浪在外地，或忍受家鄉長輩的揶揄與不解。[95]

---

95 鍾永豐與林生祥的創作〈秀仔歸來〉以及〈臨暗〉，都表達了這種包括在城市的受挫以及返鄉的困難。請參考《我等就來唱山歌》（1999）與《臨暗》（2004），大大樹音樂。

彌濃人在長期的平實的小農生產中，並不鼓勵人們從商，而世代務農且務實的觀念下，對「不會讀書的人」會在口語上表現得特別歧視。那個時期的彌濃子弟面對的就是一個彌濃社會被「淘洗」的過程，整個彌濃或說就是每一個夥房家族都被整個淘空，當時到外面讀書的彌濃子弟只要從城市回去的時候，面對的家族與社會，就只有一片孤寂。

　　耕讀之所以從一個能夠落實家族發展、轉換社會位階的族群性，轉變至今天這樣令人尷尬與不堪的情形，筆者認為問題的癥結不在於族群性的本身，而是原本應該同時發展的「耕」與「讀」（耕還排在讀之前呢），人們已經忽略了其並行發展的重要性。即便現在文人筆下還談著耕讀之風，或小鎮觀光化後，解說員對著「耕讀」兩字的懷舊（nostalgia），這種屬於傳統男性的「理想型」，已不復存在。另一方面，社會重商輕農，也已打擊到曾以「耕讀」作為理想人格的彌濃。其實更久之前，彌濃人對於「耕讀」的想像，早已受到臺灣整體社會在「以農養工」時代棄農政策所影響，對於「耕」的強調遠遠不如對「讀」的讚頌。然而，「耕讀傳家」這個集體的族群精神仍然扎根扎得夠深，在早期彌濃人身上鑲嵌的耕讀意識以及背後的士大夫情結仍然濃重，具體表現在對彌濃社會「讀書人」仍有某種崇高位置[96]。只是，不僅「耕讀傳家」在當代彌濃已「做」不出來了，很遺憾的是似乎不知不覺地還助長了文憑主義。然而，它的淡微與削弱，似乎並沒有因此解放了男性，反而也因為遺棄了耕讀之風，年輕的彌濃人早已忘記該如何耕田了。

---

96 以下幾件事實都是很有趣的觀察點：第一，《美濃鎮誌》登錄了截至1996年所有已獲得博士學位的美濃子弟及其父母姓名，共計141名；第二，「臺灣地區美濃博士學人協會」於2001年3月份成立，以「飲水思源，回饋家鄉」的目的，挑戰「愈會讀書、愈會走遠、愈不孝」的既定印象，為美濃爭取更多的發展資源；「美濃博士學人協會」會長（現為中山大學楊弘敦教授，美濃大坪頭人）在協會五週年專刊上，即以「愈會讀書、愈會走遠、愈不孝？」為題，刊登其參加協會的心情，期待協會的運作，「在鄉親面前扳回一點『會讀書，也會有孝』的顏面」；第三，2001年春為了支持由鍾理和文教基金會承辦的高雄縣第一所社區大學在旗山與美濃地區成立，美濃博士學人協會鍾昆原教授（時任高雄縣社區大學榮譽副主任，主任為鍾鐵民老師）牽線，以美濃子弟為主的「高雄縣客家籍校長聯誼會」特別進行餐會，捐款製作「社區大學創校紀念書包」，蔚為地方美談。

第三節 敬外祖與彌濃女性的精神氣質：做家與骨氣

耕讀家風，是客方言群在敬祖儀式中傳遞的男性精神氣質，然而，女性在耕讀家風中的貢獻，卻少有人提。前文曾提及一篇關於閩西南龜洋莊氏宗族發展的論文，該文或許受早期族譜材料的侷限，完全沒能看見女性在家族發展中的位置與貢獻。對於家族成員女性的忽略，或許是漢人人類學曾經很長一段時間由男性觀點主導下的結果，後來更多的人類學者相信，即便女性在這樣濃重的父系意識型態下，女性在族譜中亦非「沒有歷史的人」。過去的研究會針對出女性在家族內權力之提升與其升格為母親、婆婆、或擁有私自的財產、或擁有自己的工作等的關係進行分析，然而研究之結果都不意味著這位已婚女性「她」的血緣獲得重視。然而，即便漢人社會裡「不孝有三，無後為大」將子嗣的養育列為孝道的最高標準，若我們分析送雞酒與敬外祖兩組儀式，從完成子嗣之「生」與「養」的重要評斷點，到前往母方家報喜秉告姻親祖先，這似乎意謂著子嗣的再生產是姻親雙方共同的責任與共享的喜悅。女性作為「母親」這個角色，被儀式所肯定、放大，同時也意謂著社會壓力的加重。

費孝通說，供給新的社會份子是生育制度的任務；而社會份子指的是一個能在社會分工合作結構裡擔負一定職務的人。因為一個社會完成生育的再生產，是包括著「生」和「育」，送雞酒和敬外祖可視為是表揚生與育的功勞。然而，此意謂著一名已婚女性對社會（非只有家族）的責任不僅在生出（或收養）男丁，還包括養育子嗣之責；另一方面，所從出的女性在夫家的育或養的能力表現，也直接展現在母方家族這邊的阿公婆是否「很有得食」，還是零零落落姻親沒什麼理由上門。換句話說，敬外祖的設計，讓我們理解到：一個家族要獲得他姓子孫敬拜牲醴前來拜祖，必然是從這個家族給出了一名女性，而且，很重要的是，這名女性為他的夫家帶來了繼承者並養育成人。女性以其養育「承先啟後」的男性之責，成為兩姓姻親強化往來的重要連結點。

生養能力或爲夫家獲得子嗣

　　然而，生養能力在彌濃社會代表的又是什麼？村子裡的人怎麼描述它？我在彌濃開基伯公大樹下跟一群到那裡唱喏拜伯公的老婦人閒聊，她們見我獨自一人，又是少見的「後生仔」，幾個陌生頭回見到的伯姆就問是哪個夥房裡的（人）。「（就）本山下。」（就住在這個山腳下）。她們又問家官是誰，我說家官與彌濃街上公井旁的張屋有親戚關係。這樣一牽，大家似乎就「親」多了，連連問著有幾個小孩，在哪裡工作等等。她們對於自己的媳婦們現在不太想生育都有一些埋怨，「哀哉，我等嫁人就係要降，這下細妹仔講不要降又理由一大堆，按無志氣唷。」（唉唷，我們結了婚就是要生小孩，現在的女孩們都說不要生又理由一大堆，實在沒有志氣唷！）她說的這些讀者應也能理解，我們都知道「少子化」在整個社會目前結構性問題下的結果。接下來她們如何繼續描述這件事就很重要了。「我同汝講喔，莫講降咧（細人仔）無錢好畜，懶尸啦！頭擺人無錢還不係畜大咧按多細人仔！」（我跟妳說喔，別說生小孩沒錢好養，懶惰啦！以前的人生活貧困還不是養大了那麼多小孩呢哪！）叔婆有些埋怨她剛娶進門的城市媳婦，只想住在都市裡過「自由自在」的日子，她說媳婦每次回來，「我就念一擺分伊聽」（我就嘮叨一次給她聽）。叔婆說來還有點得意的表情。

　　伯姆們七嘴八舌地比較著各自媳婦的好與不好，聽得我都不好意思起來，因為聽她們那麼一講，我這個到現在拜祖的牲醴都還要家娘來善辦的媳婦，還「真識懶尸」（真是懶惰）。在她們的想法裡，生不生小孩是意願的作祟，用她們的話是「沒志氣」。如果說一個傳統的彌濃男性的志氣是要表現在能否取得仕途上的成就，那麼一名女性的志氣是該經由生養這件事情來展現。如果沒有「意願／志氣」，選擇不生育在彌濃女性長者的眼中其實就是一種逃避，「非不能也，不為也」[97]，所以就是懶惰，當地客家話為「懶尸」。在論述這個問題

---

97 語出《孟子・梁惠王上》。

之前，以下一段我的田野筆記或許可以再補充一下關於志氣、懶尸與生育之間的關係，其中包括了一些傳統與當代觀點的衝撞，以及反覆理解女性口中的「使命」是「誰」的使命：

【田野側記】2010/10/8　關於 "giung"（降，生）與 "nan´ sii´"（懶尸）的討論

……（略）這種「抱養」的事情，似乎在過去每一個夥房裡相當盛行。往往是因為「沒降到有」（沒生到男孩）。家娘說，「頭擺人蓋注重這個傳宗接代啊，」不像今的人，生了一胎就說不要生，「頭擺的人過有使命感，今的人過沒使命感了，」家娘用國語說出「使命感」三個字，「沒麼介上代下代咧，淨配合自家（只配合自己），懶尸咧」，「頭擺過有大人儕的『義務』，今過沒咧呀，」家娘一面切著蘿蔔，清脆的沙沙聲配合著她的某種感嘆語氣。「頭擺沒麼介像外國人in` lai in` ziu`（意謂到處遊山玩水），今的人全部都變成西洋人咧。」

我問家娘，不會覺得過去那種傳宗接代對女性的壓力太重了嗎。家娘認為，如果不能生（生不到）就沒有辦法，所以會娶了三個、四個，婦人家自己若想到自己不會生也沒辦法。她認為現在科學較發達了，生育應該比起以前來得有機會了。我繼續追問，傳統上把女人當傳宗接代的工具，這樣好嗎。家娘的回答頗妙的，她說：「斷真按認真（如果真的那麼計較），那就毋識來做人了嘛（何必來當人呢）。做到人來就要拖啊，就按奈。」我問家娘會不會想當男性，她說會啊，但既然已經做女性了，就認份做啊，「不然就變成遊民囉，」家娘回答。（嗯，變成遊民？）「就是要去做啊，好食懶做，麼人要撿你食呢（誰要弄給你吃啊）！」

我說現在女性已經受到女性主義的影響，對於生養價值有相當不同於傳統的看法。家娘認為，以前條件那麼不好，大家還是這樣做下來，現在條件越來越好了，女性反倒沒有那種精神。（「精神」，這裡的精神指的是「傳宗接代」的家族意識與使命感。）家娘認為我們是沒有到那個年紀，自然都是以自我中心為主，到了一定的年紀，自然就會覺得這樣「不對」，**生養不是「沒什麼了不起」的事情，生養是很重要的事，不是單純地生物性行為，其社會性意義是要到一定的年紀、擁有一定的歷練、當然也是扛起一定的社會責任時才會深刻體會**。「要是妳兩個兒子都是這個樣子自我中心不生小孩，恐怕妳會氣死喔，」家娘的意思是這樣的。（「可是不能只有單純要女性來扛啊！」我又頂撞了家娘。）

家娘認為客家人比較**刻苦耐勞**。我笑說，這也是家娘她們這個世代從小到大經歷的「**社會化**」，長輩就這樣一直教，要認命，**客家人就是「得」**（need/must）刻苦耐勞。家娘認為沒有「十足」的命（沒有十全十美），家庭完滿就是最好的。家娘說，「國家要是大家都這麼懶屍的話，國家全部的人都生存**毋得喔**！國家就要滅掉的喔！一個家庭也是相同的。」

家娘說：「頭擺人就講，『不孝有三』，第一個就係『沒後』，像那樣怎麼做得呢！」沒有傳下去就是失責了。我跟家娘說，現代人還有多少人在講這個「**孝**」了呢，既然不注重孝了，當然也就不覺得有這樣的責任了。「是嘛，現在的書教的都不相同了呀，」家娘很諷刺地說著，她說所以現在到處都是「**毋做人**」的，不是嘛，都是「流浪子」，家庭不會興，國家不會發達，到處都是會害人的人。這算來是什麼人類的未來？家娘說：「**越國際化，越沒有頭擺人講『中國人的精神』**，如果沒有以前的人這樣努力，現在我們哪有按好彩有這樣的生活

呢？」家娘那個世代對於過往的歲月，似乎覺得甚苦，但對比現在的價值，似乎卻又肯定過去傳統的價值。

我覺得家娘一直嘗試讓我理解，作為一個人，沒有什麼事情比想辦法傳宗接代（不管是用什麼方法完成傳宗接代）更為重要，而這並不單純是女人的責任，男性要有才情（以及經濟力）娶到一門媳婦，女性要有才情（以及勞動力）生養小孩，兩種性別需要的能力不一樣。如果不這樣，何必做人？

「如果大家都不生了，誰要納稅啊，沒人投票了，沒有總統好做了喔，」家娘說。「**這個做母得退化掉啦，麼介都做得退化，這個做母得退化啊！**」

　　從上則婆媳對話中，婆婆站在「國家／家族」（父系社會）的位置上，對媳婦曉以大義，她認為男女就是有別，本來就是要分工。我覺得她似乎表達的是生育這件事不是為了鞏固父權，而是一種「集體的」使命，女性既然在「集體」裡面，就應該有這種遷就個人而成就集體的「骨氣」。顯然她並沒有意圖去了解在傳統社會中，「集體」其實是「男性的集體」。我並不清楚在她的想法中有沒有「平等」或「合理」分工的概念，但她就是肯定家族的穩定延續比個人的自由任性還來的有價值。這是一種屬於她的「集體主義」與我身上「個人主義」之間的對話，與我大約擁有類似經驗的女性，通常可能對話沒幾次就覺得疲憊而放棄，而我在個人的生命抉擇中，其實也走的正是個人主義這一條路；可是，我個人卻依然非常期待，去理解像這樣從傳統中一路走來的女性，她到底如何「言說」並且「繼續深信」她的性別價值。尤其是關於生養責任，這幾乎是她們認定攸關族群生存的大事。對於自己扛起「一個家族之興亡」，在疲憊又充滿哀怨的語氣之下，我感覺那並非一種自怨自嘆的哀傷，而是有一種傲氣在身上，她認為子嗣無論如何就是不能斷，但方法可以有很多種。

女性的世界觀與她們的小宇宙

　　生養這件事情對於一個期待性別解放的女性主義者，或許是個剝削，這個部分過去已經討論很多。這裡希望詮釋性地理解，彌濃女性是經過什麼樣的過程內化了這種自我剝削，甚至還賦予並相信了它的意義。

　　在參與觀察敬外祖的過程裡，看到伯姆們從田裡趕回來張羅敬祖要用的東西，提醒著出門去敬外祖的隊伍，那些東西是怎麼收納的，又提醒著自己的先生和小孩，什麼東西是要怎麼擺，哪些東西要留給外家。那種汗流浹背低頭咬牙忙進忙出的形象，應該十分貼近傳統上稱女性美德的「四頭四尾」。

　　走進「美濃客家文物館」的展場，「四頭四尾」仍是至今用以描述客方言群女性集體特質中，最常見的說法。不過，生活在農村客方言群裡，實際上我在田野中甚少聽到這四個字從一般人口中說出來，甚至在我逐漸學習成為（become）彌濃媳婦的這段時間裡，這四個字就一直只出現在白紙黑字或解說看板裡。它幾乎不會出現在一般女性長輩的談話裡，而我們通常必須經由對日常生活的行為進行解讀，才有機會「看」到它的存在。

　　相對於四頭四尾，其實彌濃人口語上用「做家」（或「做」）這個概念，就涵蓋了四頭四尾的全部意涵；感覺上四頭四尾不過就是「做家」的文學性的延伸詮釋。若仔細研究，就會注意到四頭四尾的順序並非任意排列，它具有重要與次重要的分別。以下是作為媳婦在家娘身邊長期觀察與對話的經驗，將家娘關於「做家」的幾個範疇整理成下表。這些內容反映的或許正是傳統彌濃婦女所繼承的一種人觀，也就是一個彌濃客方言群女性的理想型（ideal type）。

四頭四尾	媳婦的詮釋		家娘對媳婦的近身教誨（2000-2010年間）
家頭教尾	重視倫理	承先啟後具生育力	擅於辦理親屬家族事宜；曬衣服要有男尊女卑的空間觀念；下一代就是最好的投資；不是有生就好，還要生好的（娶來作種的）；不生就是懶尸

田頭田尾	手腳勤快	四肢健全體適能佳	主張女性要確實對家計有所貢獻，因此對於「家庭主婦」會有不屑的話語；認為「只」在家當家庭主婦的女性是沒有志氣的
灶頭鑊尾	五穀要分	理性計算開源節流	對於料理要有勤儉持家的概念；菜煮不好是對於食材的浪費；節儉是「做家」的最高表現；要精於計算（包括記住自用、分人、情分、互動、交換等）
針頭線尾	心思靈巧	整潔感性少即是美	要會簡易的裁縫，善用剩餘布料；要勤於換洗衣服，保持清爽與整潔，不做不需要的妝點；灑掃庭除保持屋前屋後的整潔；聆聽長者的智慧諺語（串仔）；不做奢華之舉；家庭水電、醃製蔬果，若能養雞養鴨，就不需要處處依恃別人

註：本表格由筆者根據本研究田野調查資料整理製成

　　「針頭線尾」被放在最後，我認為它背後是感性層面的一種要求。透過女性對於裁縫多多少少的學習，許多廢棄的布料或甚至是將參加喪禮告別式所領回來的毛巾，都可以經由裁縫變成新的用途。像我在做月子的時候用來包裹小嬰孩的大面帕（大浴巾）就是家娘用八條一般大小的面帕（毛巾）組成的百衲被。破損的床單修改成遮陽的窗簾；在後院種入幾個竹篙椿再從水電行買回一大捲塑膠紗網，就能圍成一個雞圈；在農舍裡添購烘穀機，就可以自己控制烘穀的時間與品質。「針頭線尾」它強調了一種「動手」的美學，凡事盡量若能自己學著點做，就不必處處依靠別人或得要用錢請人來做。「不依恃人」是我聽到彌濃女性對於「好命」的定義，以下是九芎林嫁到彌濃街上劉女士的說法：

　　　　研究者：……在您這個世代的人，講一個婦人家蓋好命是什麼意思呢？（……在您這個年歲的人，說一個女性「很好命」是什麼意思呢？）

　　　　伯姆：蓋好命就妳降較多細人仔，妳的家庭很好，不會去外背

食麼介苦，不識來為人做細，妳就可以待在自家屋家，料理屋家事情就好，按樣就蓋好命喔！不識按可憐〔coiˇgo〕出來去做細喔，做自家的細（事情）就好咧！（很好命指的就是生比較多孩子，家庭小康，不必去外面吃什麼苦，不用受雇於人，可以留在自己家裡做家裡的事就好，這樣就是很好命唷！不用那麼可憐去外頭為人做工，做自己家裡的工就好了。）

研究者：「做自家的細」的意思係不係就做自家的田細就係咧？（「做自己家裡的工」是不是就是指做家裡的田活呢？）

伯姆：不係，自家有田就喊人來做工啊。無錢就為人做工，有田的人就不識啊。我有飯食啊，有錢買菜啊，不識去為人做細啊，就係這個意思。（不只是這樣，家裡有田也可以叫人來做啊，只是說家裡沒錢又沒田的人只好去幫人家做工，家裡有田的話就不用，幹家裡的活就可以有錢吃飯有錢買菜了。）

研究者：這個意思係講，自家有田，就算做得蓋苦，只要不識出去做細，就是好命。（這個意思是說，自己家裡有田，就算做得很辛苦，只要不必出去做工，吃人頭路，就是好命囉。）

伯姆：係啊，就盡好命。還有啊，妳降盡多細人仔也就蓋好命，無降盡多細人仔就不係很好命。（是啊，這樣就很好了。還有啊，妳如果生了很多孩子也就很好命，沒生很多小孩就不能說很好命。）

研究者：這個「盡多」，係多少安到盡多呢？係講降了盡多都係細妹仔，恁呢？（這個「很多」的標準是什麼呢？如果生了很多都是女孩呢？）

伯姆：降了盡多攏係細妹仔，恁呢就比較無按好。要有賴仔又有妹仔，合共下，恁呢才係蓋好命！（生了很多都是女

孩的話，這樣是比較沒那麼好啦，最好是有兒子又有女兒，合在一起，這樣才真的是很好命唷！）

在劉伯姆的價值觀裡，一名彌濃女性要符合兩個條件才是「好命」，一個就是她的生育能力，最好要有很多小孩，而且有男有女；另外一個條件就是「自雇」，自己家裡有地或有事業，不必到外面受雇他人，聽命於人，這樣才真的是「好命」。後者強調的正是前面所說「針頭線尾」裡提到的「不必依恃他人」，有骨氣有擔當做自己的事業。就像是上段跟我聊天的伯姆，當她在自家夥房天井所闢出的花園一隅跟我談起自己的往事時，她就認為不依恃別人、不管是男女也該不依恃父母，這就是一種骨氣。

林瑋嬪曾透過在臺南鹽水萬年村的田野調查資料認為，透過親子義務的實踐，漢人的「親屬」所蘊含的不僅是父系傳承的意識，且包括了另一個文化價值——「好命」——的完成；也就是說「親屬」的關係不僅是由生育而來，這關係更必須透過日常生活中親子之間持續的互惠養育，以及對祖先的看顧祭拜而能有更深刻的意義（2000：23）。彌濃人對於「好命」的定義顯然多了一個與勞動生產相關的變項，這也意謂彌濃人對於「親屬」在社會關係中的位置，與林瑋嬪的例子是有某些面向上的差異，我認為這指涉了彌濃女性在其生命意義中，經濟生產與生育是必須同時扛起的責任，而且同樣是彰顯其角色與能力的兩個面向，女性的責任不再只是單單地傳宗接代（即便那是勞動的最高價值，但擁有生產力的女性，社會依然會給予一個相當正面的評價。

然而，就如同「很好命」的定義不是只有生計上的獨立自主，即便是獨立自主也必須懂得開源節流。我在彌濃的生活裡，感受到「灶頭鑊尾」主張理想的客家女性要懂得料理三餐、畜養家畜、開闢菜圃，其背後的含意也是一種「儉」之哲學，這些家庭裡每天要用到的、吃到的，若能自己生產，不僅不必依恃市場，同時這些家裡的生產也可以作為與鄰里親友互通有無或做為贈品之物。「省」之美學是

要靠後天學習的，有時它表現出來的型態也很像「骨氣」。

　　舉例來說，彌濃人耕田有種習慣，相當善用畸零地以及行水區的泥灘地。在山下有著錯綜複雜的水圳支流、引水及排水幹道，以及山流溪澗等，都有豐水期和枯水期。由於地質關係，這些從水電廠下來的餘水都有著一定的含沙量，一旦在農業用水節縮時節（尤其是冬季枯水期時），這些圳道整個水平面下降，就會露出一些不規則的泥灘地。住在圳道附近的人家，算準上游短時間不會放水，就非常勤快地在這些畸零泥灘上闢出短期蔬菜園，最常見的就是白菜、高麗菜、麼仔（A仔菜）、茄子，甚至連成長期較長的包黍（玉米）都能種到收成。由於泥灘較濕，更是種植芋仔（芋頭）的好地方，所以在一些行水區溝渠旁種植一整排芋頭的景象，幾乎遍及彌濃。很有趣的，像是彌濃很多婦人家就很看不慣在早餐店點芋仔粄（芋頭糕）或蘿蔔粄（蘿蔔糕），「家裡有芋頭，自己研究怎麼做就好啦。」如果說哪天心血來潮買了一份外面的小吃回來，聽到的也多是「有閒就自己研究怎麼做」。

　　或許，這種「回家自己做做看」並不是彌濃女性特有的風格，舉凡在早期社會中心思細密的女性都會想到這一層。在這裡要強調的是，似乎集體的彌濃人都認為這種「研究心」的背後強調的是要懂得運作「省」的概念。自己做並不是說想學得一手好手藝，提供家人舒適的衣服或料理，或是單純地享受那種研發的樂趣，重要的是：學了之後就不必花錢再去買外面做的。舉凡看到小孩愛吃牛肉麵，就硬是到市場自己挑選牛肉自己花時間熬煮，口感雖然不盡美味，但就有理由叫小孩別到外面去吃了。投資買一部小貨車，從此家裡的農產在田間與農舍之間的交通，就自己吸納成本，不必再讓割稻代工一併賺去。

　　這種「省」的功夫並不是彌濃人特有。但這裡想要強調的是，彌濃女性她同時忙碌於田事以及家庭勞動之中，每天拖著疲憊的身軀，但卻依舊會把心思放在這種小細節上，有時是相當具巧思的。例如已經短到不好握的鉛筆，就拿一支壞掉或斷水的原子筆，把筆心抽出，

留下筆桿，然後把鉛筆與筆桿「嵌接」起來。又如吃完飯後在洗碗之前，會斟入些許白湯茶（白開水），輕搖一下後又把白湯茶喝下肚，這是因為碗裡還有些微的菜飯油渣，千萬不可浪費。如果不能理解這個脈絡的人，就會出現像是吝嗇這樣的刻板印象。

不過，這種「省」的計算邏輯不見得就是完全符合經濟理性，裡面屬於非理性（意識型態）的文化邏輯還是看得出來。個人經歷過最能說明的例子是，一位婆婆因為媳婦酷愛黑豆漿，自家也有種植黑豆，她索性投資買回一部半人高、非常重、但既能碾米漿又能碾豆漿的製漿機，只說「這樣以後就不必花錢出去買豆漿」。事實上此種中型的製漿機並不便宜，且搬運裝置清洗等流程費工又費力，還佔空間。只因自家的工不算錢（無償勞動），就覺得這應該是個好決定。這種計算成本的「標準」，是彌濃小農的思考慣習（*habitus*），以為這樣就是「省到、賺到」，輕則自我安慰，狂則自我剝削。此類例子不勝枚舉。在這樣的慣習背後，它訴諸一種能力：要會斤斤計較，要會計算（外部）成本，要知道怎樣對家計的量入為出有真正的助益。與人交工也要計算，才不會別人的老工換自己的壯工，絕對不合算；該是自己權益的，也絕對會想盡辦法，軟硬兼施獲得，不使家庭（或自己）在利益以及顏面上受損。能想到這一層，才是有骨氣的人，才符合「灶頭鑊尾」的要求，才是真正的會「做（家）」的人。

要懂得怎麼省、怎麼節流，是彌濃人「做家」能力的指標之一，另一品評「做不做家」的指標則是開源；而那正是「田頭田尾」要求一個完美客家女性要學習與表現的能力。在彌濃女性的意識裡，家務勞動本身的原則是「儉」，用最少的氣力與金錢做到最多的事；縱然我在彌濃所見所聞，那家務勞動——包括灑掃庭除、前院種菜、後院養雞、圳上養豬，以及降養子女、侍奉公婆、照料先生等，原則上都屬家務勞動——其所耗費的力氣是相當驚人的，這在當代女性研究亦已提供足資參考的數據證明。因此要用「儉」的方式來完成這樣大量的資本累積，其背後必須有「勤」的精神成分。「勤」在謑法原則上，是專屬女性的精神氣質，然而「勤」的背後不僅是勞力的付出，

實際上還是一種意識型態。不過，若僅勤快於家內事務是不合格的，要能有對「外」張羅的能力，才是貫徹「勤」的基本精神。

　　彌濃社會對於只在家務勤快節儉的女性並非那樣「滿意」，如果按照那位常出現在伯公下（伯公壇）的老伯姆所說的話：「細妹仔沒騰手諾背的細，樣做得啊？！」（女孩不幫忙外頭的田事，哪看的過去啊？！）付出家內奉養公婆、前庭後院大小事情「以外」的田間勞動，不是僅為了獲得讚許，實際上那是一種「不能不做」的社會壓力。在彌濃人整個意識型態中，所有勞動的目的就在培育家中的珍稀資源：即一、兩位看似能帶領家族從泥土翻身的讀書人，但要運作整個家族的日常生活所需以及負擔田租畜糞肥料等有形無形成本，它所需要的是不分男女老少的傾全力投入。從在田間與屋舍協助零工的童年，到已為人公婆揹著孫輩騎著摩托車上集市買幾塊豆腐和幾尾海魚，女性的工作性質龐雜且零碎，無法專心致意於某項更為精準或更需體力的工作，而那些則是男性主導的勞力範疇。

　　在彌濃的後農業社會裡，嫁妝的意義仍是很務實的。傳統上嫁妝就是女方家族對於一名適婚年齡女孩對家族貢獻的一把尺，不單單只是捨不捨得或祝妳幸福這樣浪漫與現代的意義。由於家庭收入全靠農事或農村經濟在1970年代開始出現劇烈變遷，農村家庭轉型為「兼業農」的比例大增，一般家庭幾乎已經不是單靠農業收入來養家活口，或多或少都有一些到外面食頭路的成員，尤其是進到加工出口區生產線擔任作業員的女性。她們將錢帶回家被視為是「有用」，即便因在外工作較之以往負擔了較少的家務勞動，但她對家庭的貢獻還是多多少少會反映在她的嫁妝上。例如曾旁聽過一場男方提親，男方徵詢女方依俗要多少聘金才不失禮，女方家長細說過去她從鄰里親友打聽到大致是多少，然後又說她娶兩房媳婦時給對方的聘金又是多少，甚至還特別提醒對方自己曾經投資多少在這個女兒的學業成就上。在大致讓對方瞭解自己對聘金的原則與期待後，女方家長又用自言自語、又好像刻意輕描淡寫的語氣說到，這女兒從畢業在外面工作之後，家裡也都沒有拿她什麼錢，所以女方這邊可能沒有多少嫁妝給

她。此話一出，兩位分別在1970年前後出生的男女朋友，在這種近似「論斤秤兩」的話題中，表情顯得十分尷尬與不知所措。

如果說一名具有勞動能力的女性，因某些特殊原因「晾」在家裡只做家務勞動，很多時候你會偷偷地聽到家裡人或別人說「真打爽」（真浪費）、「按無用」（真沒用）、「盡懶尸」（太懶惰）來描述這種情形。本人的經歷也是個尷尬的例子。曾經，受到坊間親職教育書籍的鼓勵，選擇辭職在家專心餵人奶（餵母乳），還利用育嬰假之風，當起全職的家庭主婦，偶爾兼差接下幾份外面的研究專案或專稿撰寫。儘管如此，彈性的工作性質讓我在外頭看起來還是一付「窩在家裡」的樣子。由於對照養小孩經驗不足，一些小朋友的小病痛不知道怎麼面對時，會帶到彌濃街上的小診所請醫師看看。等待叫號時舉目望去，候診區像我這樣年齡的女性、在這樣的大白天、自己帶著小孩去看醫生的人，實際上一直都不多；絕大部分都是阿公阿媽或阿婆帶去。醫師看到我笑了笑，看多次了也會聊個天，他就問說：「啊，妳不用工作喔？自己帶小孩來。」或許對方要表達我「好命」？但我卻直覺上對照他的表情，覺得不太像是說真好命，反倒是有點開玩笑的揶揄。這個直覺是被訓練出來的，特別是當妳聽多了像是這樣的對話：「伊喔，好手好腳地，淨在屋家裡渡細人仔，蓋打爽喔。」（唉唷，好手好腳的人只在家裡帶小孩，真浪費。）「每日沒頭沒路，在屋家掌屋，又毋要出去尋事情做，懶尸唷。」（每天沒工作在家裡看家，又不出去找點事情做，很懶惰喔。）

所以，兩頭燒的職業婦女是符合彌濃人對女性「田頭田尾」的定義，相反的，好好細心照顧家人的家庭主婦卻是不被理解。一名辭去工作想要全心準備考公職的初婚女性，就被自己娘家的母親帶著氣憤數落：「樣仔就按呢放來寮哪！」（怎麼妳就這樣閒著不做事呢！）山下來了一些新移民女性，由於尚未取得身份證又面對陌生的異鄉，一時之間也都是以在家生養小孩為重，但她們仍然會被彌濃社會期待家裡的事情要多少騰手（幫忙）。女性不管自己該做些什麼，看到其他家人在田裡工作或正在整理後院舊豬圈等，「應該要行前騰

手」就是那個繫在額頭上擺脫不下的頭箍。沒身份證不能工作？「那就去田裡啊。」只照顧先生小孩的事？「太沒用了。」一次次地聽到這樣的話。

彌濃社會喜歡諷刺一個不投入「應該」付出的勞動力之人，是「懶尸」（懶惰）之人；怎麼勸也勸不動去付出對家庭有貢獻的勞動者，村子裡就說這人「無用」。在彌濃，先秦思想家莊子之「無用之用，是為大用」這句話是不成立的，無用之材（包括人）它的意義就是「浪費」。一名男性不去做能提升家族社會地位（求取功名）或經濟地位（努力掙錢）之事，就是「無用」；一名女性若無法擔起提升家族社會地位（生養子女）或經濟地位（協助家計）之事，也是「無用」。也就是說，一個家族延續所需要的「工」，包括社會經濟以及生命的再生產（reproduction），每個成員都有其需做的分工，做好自己「分內」的工，則是「做家」。過去就已經存在的「女勞男逸」之風，在鄉間裡最常見的就是男性以各種名義逃避自己該做的「工」，而逃不掉的女性在擔負起更多的工的同時，又變成寵壞縱容丈夫與兒子的女性。然而，女性卻逃不過「生育」的責任，以致於女人為難女人，我最常聽見身為家娘的人說自己的媳婦「沒用」、「懶惰」，原因是：不生小孩。

生養小孩最終也是被放在這個廣義的勞動人觀裡面。「才降一個就講不要降了，哀哉，懶尸啦。」（才生一個就說很累不要再生了，唉唷喂呀，懶惰啦。）生育這件事情不僅是家族承先啟後、瓜瓞綿延的責任，它也攸關女性是否符合勞動人觀／勞動美德，而更是勞動價值的最高一層，即「四頭四尾」排序最前的「家頭教尾」。如同前面提到，傳統彌濃女性認為生養小孩其實是有沒有骨氣的問題，即便大環境再怎麼不利，再怎麼窮苦，帶孩子再怎麼累，教育費再怎麼高，結構性的問題不是小農家可以解決的，但彌濃女性就該那個志氣，要在這樣的環境下讓家族的命脈生存下來。為此，女性要經歷多次生育這生命難關的考驗，顯然女性的骨氣比男性還要來得傲與韌。

長輩女性認為這無關家庭權力在男性或在女性的問題，而是整個

區域裡的性別精神氣質突出的特別性就是這樣，不屬於自己的不會去爭，因為「沒那麼沒骨氣」，屬於自己的就要去討、去搶，因為「做人就係要有骨氣，毋要分人看衰小」（做人就是要有骨氣，不要被人看扁了）。不管屬不屬於自己的，都要有骨氣把自己的「家」做起來。

某年掛紙時，在一面準備牲醴的同時，家娘回娘家掛紙的墓地，偷偷地問了阿姨，有關娘家分家產時的過程。想觀察她描述那件事情的語氣、表情，以及態度。阿姨說以前在分家的時候，女性當然是沒有權利的。我跟阿姨討論時，用比較偏向性別平等的語氣表示，或許這只是一個過渡期，女性對原生家族的付出應該被看到，不該說是給了嫁妝就像是賣掉了這個女兒。於是又問：既然法律已經保障了女性的這個權利，一旦娘家當時在分家時，做女兒的只被兄長通知，以一筆特定數量的現金換取一張放棄繼承聲明的簽署，整個過程可能都只有兄弟們在私下決裁。為此，她是怎麼想？

Cohen 在大崎下在觀察到這樣的事情時，他寫到：

> 由於這樣的地方性習俗與現代的財產繼承法衝突，問題的合法解決之道就是讓女性在出嫁時，或在父親終老時，簽字讓渡所有的財產權。土地之登記在男性家庭成員名下，及女性之讓出土地繼承權，兩者均已成為極為標準化了的手續。在某種意義上來說，面對強調個人主義及兩性平等繼承財產的現代法律系統，對於傳統習俗所造成的威脅，上述的手續業已成為一種回應性的慣例。（Cohen, 1976: 83，筆者中譯）

李允斐、鍾永豐、鍾秀梅等幾位在1990年代返鄉進行研究的彌濃子弟，站在女性主義的立場，面對這樣的事情也表達了批判的看法：

> ……我們因此明白——在財產關係及其相關的法則中，美濃客

家社會明顯否定了婦女的法律身份：她們至多作為男性身份的代理而暫時擁有發言權，一旦財產關係的重組過程結束，她們的法律身份迅即消失。而婦女在法律身份上的空無，直接延伸為社會身份的被否定。據此，傳統客家婦女不管在族內或族外的公共事務中，均被視為「無物」，也就不足為奇了。（李允斐等，1997: 133）

阿姨說著，就是因為政府法律給了女性可繼承財產的權利，結果造成家庭不和的事情越來越多——以前就兄弟子嫂（妯娌）彼此會相奪，現在是婿郎（女婿）也加入了戰爭。「我跟你說，沒錯，女兒是有貢獻，但是不是所有付出都可以或應該用錢計算。」在這句話的背後，我思考的是關於當代人群開始追求「個體化」（individualization）的過程中，關於「解放」以及「異化」之間的矛盾，當人們從「為他人而活」進而找尋「為自己而活」的時候，許多原本不是用金錢衡量的事物，後來都變成以價格來決定其價值。這些逐漸原子化的個體，在追求解放的同時，實際上也瓦解著某一群人原本賴以安身立命的價值觀。然而，這是個不可逆的過程，因為「把社會成員鑄造成一個個的個體，這是現代社會的特徵」（Beck & Beck-Gernsheim, 2001: xiv）。

同樣的一件事，問了一位在公營事業單位工作的彌濃女性，現已退休，她能在年輕時就考入公家單位工作，可謂是新時代女性的標竿。就在她工作地點不遠處的老聚落夥房內，和她的妯娌一起陪著聊天。講著講著，又說到以前人「情願看男生的屁股也不要看女生的臉」這件事。她們苦笑著以前還有家娘很討人厭，聽到媳婦生的是女兒，幫媳婦做月子時甚至還煮老鼠肉、青蛙肉、蝸牛肉應付了事。如果女兒一出生就面對這樣拖累母親而遭到被嫌棄的命運，這些女兒長大又怎麼能對自己的娘家有所感情？到分家產時若法律有保障，要不要極力爭取？我很委婉地提出了一些看似很「讀書人」的問題，但問話的方式很委婉——相信旁邊的那些花花草草都可以證明。只是長輩

們還是覺得「妳真不會想」。

「哀哉，我跟妳說，妳說的這些（爭財產）是因為國民政府來了之後，有了那些規定，才開始出現爭執，不然，以前女兒出嫁之後不就變成是外姓人了嘛，放棄繼承也是很天經地義的事啊！」這兩位比家母都年長的彌濃女性妳一句我一句地說著，講到「天經地義」四個字的時候，還把坐在椅子上的身子坐直了些，用普通話「強調」給我聽。其中，自公營事業單位退休的阿珠姐就說，她不覺得以前那種叫被迫放棄，因為其實她自己也願意。我問為什麼不爭取？「我等毋會按無志氣，自家頭家又毋係無才情，做麼介要外家的財產？」（我們才不會那麼沒志氣，自己的丈夫又不是沒有才情，幹嘛要娘家的財產？）

阿珠姐的說法，與家娘的說法如出一轍。就在養著雞鴨的後院，我悄悄問家娘她以前什麼時候放棄繼承娘家財產的。她連想都沒想就說，在她父親過世之後，夥房內的男人們就主張要開始討論分家，然後「依俗」要女性自願放棄繼承。我有點作怪問了家娘：「真識係……自願的嗎？」（您……自願放棄的嗎？）邊問還邊偷偷瞄了一下她的表情，希望別激怒了她才好。

「哀哉！細妹仔不好恁無志氣，要靠自家。」（唉唷，女人家不要太沒有志氣了，要靠自己啊！）家娘打開雞圈出入通道竹篙上用鐵絲纏成的卡鎖，在她自己精心規劃出來的近十隻土雞、珍珠雞，以及合鴨和綠頭鴨群之中，一面引水到嵌入泥地底下的大水缸內，一面又把被蟲咬到剩下菜梗的高麗菜葉丟進雞鴨堆裡，然後頭也不抬地繼續說：「一個男人淨靠祖先留下來的財產，自己無去打拼，到背尾也係敗淨淨啦，我等客人講，凡事要靠自己啦，自家要成就自家，妳知麼。」（一個男性只靠祖先留下來的財產，自己不努力到最後也是敗光光，我們客家人就說，凡事要靠自己，要自己成就自己，妳知不知道。）

「自己要成就自己」，這句話十分耳熟。後來注意原來這句話也在陳凱歌導的《霸王別姬》電影中出現過。語出那位梨園老師傅正教

導著小學徒們，要成角兒就該要有「自己成就自己」的決心。一樣的，家娘也像那位梨園老師傅，用種種方式「教」著她的媳婦：想成為一個被認為「有用」的人，靠父母給祖產是沒效的，妳自己要有骨氣想做這樣的人。我拿著掃把在後院裡掃著回收堆，一面繼續著我那「細妹仔過家娘」的過程。

骨氣

述及至此，應已注意到潛藏在彌濃女性勞動特質背後，有一股精神氣質就是「骨氣」。沒生到男孩，可以認養，認的養子在結婚的時候一樣也會敬外祖。沒生到男孩，讓丈夫討第二房，二房生的男孩在結婚的時候，大阿姆（大娘）的外家一樣要去敬。生養能力作為「四頭四尾／做家」的最高價值，做為女性要很有骨氣擔當地承擔下來，這整個都是「勞動美德」的一部分。

過去客家女性的研究太過於突出勞動特質，以致於看到的都是無怨無悔的客家女性；然而，事實上女性當然有怨有歎，傳統上甚至都很希望來生要當男性，但這輩子已是個女孩了，就得認命咬牙堅持下去，撐住這個「家」也要成就自己。背後的強烈動機以及貫穿的意識就是「骨氣」。這種「骨氣」與羅香林指客家「氣骨」，是有些差異的：

> 客家男女，最富氣骨觀念，雖其人已窮促至於不可收拾，然若友人無端地藐視他或她的人格，加以無禮舉動，則其人必誓死抵抗，或者竟因是便發憤自立，終以挽弱為強，轉衰為盛。（羅香林，1992 [1933]: 178）

羅香林的「氣骨」較像是傲骨、傲氣、自尊。但彌濃女性所散發出來的「骨氣」，有異於所謂氣骨的「誓死抵抗」，較像是「做給你們看」，盡全力扭轉他者的印象。年近九旬的老阿婆坐在搖椅上，看著鄰舍正集體幫忙某戶調理與分級乾燥菸葉時，還能自我嘲諷地說：

「菸仔啊，我以前做到每日黯晡骨頭痛淨眠在眠床上直喊直叫，屋家人還想講我係在唱山歌哪！」（菸葉啊，我那時候做到每天晚上骨頭痛地躺在床上哀嚎，家裡人還以為我在唱山歌哪！）就是這樣的骨氣，面對無償勞動比其他農作都大上三、四倍的專賣菸草種植，加付在女性身上的千斤擔變成了萬金擔，但是女性還是會務實地說：「嫁給有工作做的總比去幫人家做事好。」

在今日，研究者大概是不可能說出「客家婦女，表面上勞苦極了，然其內在的精神，確比外間婦女尊貴得多，幸福得多」（羅香林，1992: 242）這樣的話，在民間衛生條件和國民生活禮儀已推動數十年的臺灣，事實上亦難區辨是否客方言群仍是「最愛潔淨……實較一般漢人留意」（Ibid.: 243）。然而，羅香林在1930年代的總結「客家是最喜勤勞的民系，無論男女，皆以勤勞為做人唯一本義，遊手好閒不事生產（廣義）的青年男女，雖就有錢有勢，在客家社會也是沒人看得起的」（Ibid.: 243），若抽去「最」這樣的極端推崇，這些描述至今在彌濃社會依舊可以成立，而且基於縱容男性的風氣，鄉間更常看不起甚至開罵揶揄那種無法符合勞動期待的女性。這對於身為青壯年的女性來說，「當一名客家女性」容易感到壓力，認定那是個自我剝削、沒個體性的「傳統角色」。然而，我們也看到，在那些無償勞動的底下，過去無法透過讀書翻身的傳統女性，她們內心生出一種內化價值，說服自己接受這樣的安排。那種說服，與文人總是透過讚揚美化客家女性是否有關，我們很難去證明。但女性們內心世界的建構，不是透過羅香林等人的作品，而是透過那些不斷複製著「何謂是客」的各種儀式與文本。

第四部分
當代彌濃社會的社群特質

第九章 敬外祖與彌濃社會運動的魔幻寫實[98]

南方，一場起於土地最不平凡的音樂革命。客家嗩吶鑼鼓乍響，村野眾聲烙出了這張運動再生產專輯。現在，邀您與我們共同來參與實踐這部進行中的——魔幻寫實。

——交工樂隊《我等就來唱山歌》封底文字[99]

　　彌濃這個社會，從傳統中國社會的一個縮影，再經歷文化與社經結構上的變動，那個想像卻又無比真實的彌濃人，一方面似無可抗拒地被主流社會逐漸同質化，另一方面仍不斷在社群內部摸索各種調適策略。個體與社群的命運都在與大社會博弈中。一路跟著彌濃人走入二十一世紀，明顯感受到在這過去的十多年裡，彌濃的「傳統」出現了許許多多的變化；包括敬外祖，也抗拒不了現代化的潮流，逐漸在彌濃社會中被時代洪流給稀釋與淡化。

　　然而，即便種種「傳統」都在適應這種劇烈的挑戰，曾經被「傳統」型塑過的彌濃社會，它似乎仍能保溫著某些文化思維與行為邏輯。當面對新的事件或局面時，揉和著許多「傳統」的思維邏輯會策動著能動者，從文化中發展各種適應策略。筆者一直關注幾個問題：這個思索路徑來自大貫惠美子（Ohunki-Tierney, 2002）研究的啟發——在「歷史」中哪些行為與象徵會被選取成為促成具有歷史意義的行動？哪些人能夠成為歷史的創造者（history-maker）？文化的動能

---

98 大溪地與拉丁美洲的文學表達一直有一個特色，即戰後的知識份子往往會採取社會寫實的手法，從神話、傳奇或是魔幻的傳統中，找尋文學書寫的意象與再現方式，利用「魔幻寫實」的策略，將魔魅的想像予以通俗化和精緻化。參閱廖炳惠，2003: 155-156。

99 洪馨蘭撰寫。此封底文字為交工樂隊《我等就來唱山歌》最初由串連有聲出版所印製的版本。之後由大大樹音樂所重新出版的新版本，則無收錄這段文字。

（agency）又是如何被建構的？

本章將會是一個魔幻寫實。筆者嘗試將美濃反水庫運動視為一個放大版的敬外祖。也就是說，社會運動本身是寫實的，但它背後的敬外祖邏輯則是魔幻的。敬外祖並沒有直接導致或誘發這一場社會運動的誕生，然而，我們卻能在這場運動的持續性裡，看到與敬外祖類同的思維與行動邏輯。正是這一套歷史心性、文化思維以及行動事件，它們構成了一組社會文法[100]，讓這場從街頭走回社區的新社會運動，在空間觀、時間觀與人群觀、在族群性的強化與展現上，與敬外祖的思維與行為邏輯，呈現出相似的軌跡，就像是事件的重演。

第一節　「一場起於反水庫卻永無止境的社區運動」[101]

現代國家發展主義進入彌濃社會

彌濃在日治時期劃歸「美濃」這個行政區，成為今天美濃地區早期居民的成員之一。從興築茌濃溪圍堤、興建小型水力發電站、獅仔頭水圳之開發，到徵引北客佃農進入日資南隆農場，後來日本教育深入鄉鎮，彌濃這個共同體開始直接面對第一波殖民資本主義式的「國家」力量（見Chung Hsiu-Mei, 2006: 117-129）。彌濃人的祖先崇拜與親屬關係表面上沒有受到嚴重質變，但親屬稱謂中的日語採用，如

---

[100] 所謂社會文法，指的是社會裡具有一種規則、一套社會內在的思維與運作邏輯，隨著環境變遷與議題而生成，並且依照其文法邏輯不斷地進行再生產；也因社會文法的存在，使得在該社會中的社群，擁有應對問題的能力和視野高度，同樣的，只有擁有自己的社會文法，才能避免對問題單純地適應或自外於挑戰，進而具有帶出更多前進力量的動能。「社會文法」這個詞彙徵引自李丁讚教授。我在1996年於清華就讀博士班第一年時，曾至研究室造訪李老師，並談到那幾年我在美濃的生活和相關社區運動的發展。這是我第一次聽到李老師談到「社會文法」這個概念。2010年我在這個研究的田野期間，李丁讚教授親訪美濃，又再次聊到他的社會文法概念，而那時我對這個概念就更為清晰。本書作者以此詞彙嘗試做為分析概念，若有與李丁讚教授之原意不同，在此均以此註之說明為其義。在此亦感謝李丁讚教授給予的啟發，與慨允筆者使用這個詞彙。

[101] 這句話根據美濃愛鄉協進會早期專職工作幹部透露，是李允斐所想出來的。後來在印製一份美濃愛鄉協進會宣傳墊板時，印製於背面並詳列1995-96年間愛鄉所進行的各類社區工作。我亦曾於國立中央大學客家研究中心《客家文化研究通訊》第四期以「一場起於反水庫卻永無止境的社區運動：美濃在地的培力團隊——美濃愛鄉協進會」為題，撰寫文章介紹美濃愛鄉協進會及其工作概要。見洪馨蘭，2001。

歐巴（姑姑）、歐吉（叔叔）一直延續至今（見黃莉萍，2007：表2-1 [美濃客語親屬稱謂詞表]）。

因南隆農場夾在彌濃眾部落與其他六堆客庄之間，彌濃人與六堆的連結從聯合抗日失敗之後，殖產政策讓彌濃在地理上形成一個封閉的自給自足體系，彌濃人以自己的「傳統」再生出稍異於其他六堆客庄的發展路線。前文曾論述過彌濃能成為一個臺灣菸葉生產王國的原因，即是彌濃的封閉性使其相較於下淡水溪中下游的客庄，保留較多的勞動力來源，那些接鄰屏東市或鳳山市的地區，因受都會化影響，勞動力被吸進城市的質與量都來的較彌濃相對劇烈。

然而，即便暫緩遭逢劇烈的城市化衝擊，國家發展主義直接越過區域經濟對農村地區的人文地景改造，舉著經濟大旗直接盯上這個已經從「菸葉種植王國」走下坡的彌濃。由於菸草種植一律按照專賣法規進行，因此彌濃人對於在「依法行政」背後所代表的國家威權，已領教了一甲子以上。[102] 彌濃的農村面臨劇烈轉型，「外面」的世界已經換了一個面孔。1980 年代的臺灣，處於政治、經濟、社會與文化等各個層面都進入激烈解構和再建構的關鍵年代，被稱為「強控制解體」的年代（見徐正光，1991: 7/1994: 7；楊渡，1987: 17-34；蕭新煌，1989a: 59-65；杭之，1990: 227-236），蓄積的「民間社會力」開始在各方面撼動著正處於威權宰制的臺灣社會。從消費者保護基金會在 1980 年底成立開始，「組織化社會運動」起步，統計在 80 年代所生出來社運議題共有二十種，蕭新煌即提出該十年堪稱為臺灣社會運動「黃金十年」（2011: v）。在這個時候，彌濃仍處於封閉狀態，還沒有太大地感受到整個大社會在變，對彌濃人來說，那是最後

---

102 1987年公賣局開放洋菸（含成品煙與原料菸葉）進口，臺產菸草庫存壓力致使全臺種菸面積大幅縮減，原本擁有眾多依賴菸草勞動收益的美濃鎮農民，直接收到中央政策裁減面積的命令。作為國家專賣制度下的契約農民，菸農相對於其他作物的農民，對於政府（官方）的「面孔」並不陌生，每一年從七月份的申請許可開始，到菸葉廠輔導員在各菸區巡視檢查有無違規，包括種子的管制、農業資材（農藥化肥燃料等）的貸配，到隔年三月至五月由菸葉廠派來「買菸組」至各菸區收購菸農「上繳國庫」的原料菸葉。「公務農」（洪馨蘭，1999: 149-150）在美濃鎮農業史中，其「正式」隊伍即佔農務從事者的二分之一強，而透過換工及請工機制所捲入的更接近七成。

一個風雨前的寧靜之夜。

彌濃人與「美濃反水庫運動」

　　長期在政府專賣政策下受到「保護」的農業美濃，對於發生在都市的社會改革完全沒能直接體會；然而，因為菸葉種植而送出去外面求學的子弟，卻有人在社會運動十年裡獲得知識與組織上的養分。美濃愛鄉協進會第一任總幹事鍾秀梅就是一個例子。她在1990年前後返回美濃，協助進行一項農業與家族社會調查研究，而也就在調查進行的過程中，她與兄長鍾永豐及好友李允斐聽聞了「美濃水庫」案的消息，相當震驚，他們遂透過社會調查時所累積的人脈，徵詢著仕紳們的看法。而也就是正當臺灣社會運動要走入下一個十年時，中央政府以提供大高雄用水為由，在彌濃山腳下（美濃鎮東北角的喇叭口地形）設置「美濃水庫」的計畫曝光。根據美濃鎮愛鄉協進會（以下簡稱愛鄉協進會）第三任總幹事張正揚在任內時的記錄，美濃鎮民是在「無意間」獲得這個消息，但卻相當迅速地即集結了群眾。張正揚作為返鄉青年隊伍的一員，他在二十八歲那一年辭去在國營事業體任職滿兩年的值班股長一職，返鄉專職從事反水庫運動，並於1999年底接任總幹事（見張正揚，2010）。他曾以側面記錄的方式這樣寫到：

> ……1992年底，美濃地方人士曾文忠、鍾鐵民、宋永松、朱邦雄、邱瑞岳、傅錦忠以及返鄉青年第七小組成員李允斐、鍾秀梅、鍾永豐，中學教師宋廷棟、劉孝伸……等，於無意間得知，中央政府計畫於美濃雙溪河谷興建一座高達147公尺的大壩。在美濃人的印象中，雙溪是美濃地形上的最高地，在地理上具有重要的意義，且該地地質鬆脆，集水區遍布的泥岩與頁岩，浸過水後即可用手捏碎；其中最荒謬的是，當地並無水源，水庫的蓄水將引自荖濃溪，無人能想像在條件如此惡劣的地方，竟然要興建一座五十層樓的大壩。12月10日，美濃鎮公所以及地方社團，憤而聯合於鎮公所自行舉辦一場美濃水庫公

聽會，兩百多名與會民眾第一次獲知美濃水庫興建的內幕，受邀與會的專家學者及美濃鎮民，分別從安全、程序、生態與社會衝擊……等不同角度，質疑水庫政策的正當性，最後並作成反對美濃水庫計畫的決議。此後反水庫的隊伍越集結越大，在議題與地域上，從美濃逐步向外擴張，綿延十年而未終止，創造臺灣環保運動史上，第一樁有規模的反水庫運動。（張正揚，2001: 271-272）

從這段描述可看到，彌濃人在地方人士、返鄉青年、中學教師帶頭下，第一次知道原來政府也會有「錯得離譜」的時候。半世紀的「菸草公務農」們先是遲疑，看到地方仕紳與讀書人一個個走出來質疑政府的政策時，這些擁有著共同文化脈絡的彌濃人們，有些人開始被說服，有些人更起而加入行動。筆者曾於愛鄉協進會聆聽早期幹部回憶當時過程，理解到這個「說服鄉親」的過程，其實並不容易，走上質疑政府的路子，是必須花費極大的重新學習與努力。1992-93年間為了集結北上請願的力量，返鄉讀書人們透過各種管道拜訪地方仕紳，爭取里長支持在各里舉辦說明會。最初，來聽的人常常比工作人員還要少，消息悄悄地在彌濃蔓延，但純樸的彌濃人，聽政府命令種植了半世紀的菸草，大家都想不到如果真的「反對」了政府（政策），會有什麼下場。

真正的轉折點是在龍肚籍的鎮長也站出來之後，才開始有了比較大的進展。對水庫政策的質疑，獲得鎮長鍾新財的支持，並在第一次的公聽會即達成請願的共識。1993年4月16日，在獲得當時高雄縣長余陳月瑛簽署反對興建美濃水庫之下，彌濃人在鎮長的帶領下，四部遊覽巴士北上立法院進行請願。張正揚寫到：「（那時）在勞動生產過程中扮演重要角色的客家婦女，在立法院前穿著藍衫一字排開，撐起油紙傘以嘹亮山歌驅走城市的疏離感。」（2001: 275）這次請願獲得立法院經濟預算委員會刪除美濃水庫二十億元預算中的十八億元，留下兩億作為評估替代方案的經費。

1994年4月份，美濃水庫興建預算又敗部復活，彌濃人第二次北上立院，為了節省住宿經費，所以五部遊覽車是在半夜時分出發，繞過幾個重要村口後，在深夜的高速公路上奔馳北上。而這種心情後來被「交工樂隊」寫成《夜行巴士》。這次請願同樣獲得立法院全院聯席會的正面回應，刪除美濃水庫工程預算十三億二千萬元。然而，「反美濃水庫」的階段性勝利，卻使得魯凱族人暴露在「瑪家水庫」的威脅之下。7月，屏東縣霧台鄉魯凱族五百多名族人，身著傳統服飾拜見屏東縣長伍澤元，卻在9月份，台邦‧撒沙勒被控違反集會遊行法遭起訴而收場。但反瑪家水庫的議題在全國綠色團體的相繼聲援下，「南臺灣的護水運動正式宣告成為財團與弱勢族群原住民、農民的對抗」（張正揚，2001: 285），與此同時，彌濃人為了不讓反水庫力量瓦解，在1994年4月正式成立美濃愛鄉協進會。

　　從1994-97年，彌濃人在「美濃水庫案」斷斷續續的評估動作中，不敢鬆懈。97年4月份，行政院再一次宣布「美濃水庫」將在一年內動工，而鎮內另有部分支持開發案的彌濃人組成發展協會，配合官方以密集的文宣遊說民眾，被政策單位作為「彌濃人也有支持水庫」的代表。然而，1998年5月來自各行各業的鎮民成立了「美濃反水庫大聯盟」，在編組多個小組之後，以民調目的依在籍名冊挨家挨戶進行反水庫連署簽名。1999年4月15日，美濃15部加上屏東三部巴士，再度夜行北上立法院；4月29日，在立院外監督經濟委員會開會，當天委員會以17票對14票通過「全數刪除美濃水庫預算」，議程送入二讀。5月10日，美濃人民三度北上。5月28日反對美濃水庫的美濃人，帶著全鎮佔66.7%的反水庫簽署第四度北上，監督立法院全院聯席會投票結果。期待一戰終結此案的美濃人，在風雨之中隨著地方仕紳們跪在立院側門外，院內則發生執政的國民黨團強行翻案成功。跪求無效的鄉親在立院外發表反水庫備戰聲明，隨即南返，當晚與交工樂隊在美濃國小禮堂舉行的「高雄縣文化節」音樂會，誓言守衛家園。隔天，北上請願團召開記者會，宣布成立「反水庫保衛家園自衛隊」。而這場反水庫運動又再次「回到社區」，重演著六堆祖先

們守衛家園的歷史。

第二節　敬外祖與空間觀：家園的捍衛與擴展

本書在第八章曾分析敬外祖對準新郎而言，是族群將責任複製在他的身上。透過整天的敬拜行程，男子複習著他必須面對的世界：包括信仰界的神明、環境界的伯公，以及社群界的姻親與自家親屬。敬外祖是他建立「地方感」（見段義孚，1998）的重要時刻。在他即將擔負起家族與另一個家族締結姻親聯帶的時候，他在長輩的帶領下重新確認了他必須熟悉的各種關係，並從中取得安全感和歸屬感。敬外祖透過地方感的重新確認與再次建立，它提供了一種地域與人群界限的概念，並相信因此獲得與這個地方相對應的歸屬感與安全感。人們藉此對「家園」鑲嵌得更親密，透過敬拜神明土地，對生存領域的概念也就更為明顯。

捍衛「家園」的意識

在美濃反水庫運動裡，人與地的關係表現得最突出的就是對地理風水的信仰。彌濃人相信這片山水的山形地理絕對是祖先應許給彌濃人的寶地，是不能隨意被外界人為力量所摧毀，因而認定「美濃水庫」將是破壞地理風水的大怪獸。對於「美濃水庫」預定在月光山系（彌濃庄北方）與東部茶頂山系（龍肚庄東方）的東北交界處興建。彌濃資深勘輿師張博節就說：

> ……雙溪口水庫之位，於中心崙精華內堂局，其中有蝴蝶谷、原始森林生態，有地形墩阜，日月、石門、羅星、排衙、秀星，所有山川秀氣，低結水流兩旁。**水庫高百米，水源短無深山水，築高壩，陰陽落差失衡，忽然上升**，低處自然生態及秀氣奇珍全面淹沒。且中堂美濃，受天高之壓煞，濁氣急流下侵，即成陰陽錯亂，立即見禍，水高秀氣散發，水流局外他

鄉，水庫引茬濃水斬入水庫，洩洪破東勢屬水源頭，穿淺旱河，另一條破六秀溪，穿接杉林枋寮河，論進水與出水不連一貫，財水不歸路，據水利專家評斷極為反常。依勘輿學說，主山兩肩斷，水高暗流外局，山水陰陽不相會，美濃河水枯，暗泉斷流，美濃聖河即將死亡成死河，水不通冀堆成山，臭氣滿天，**美濃將臨瘟疫，山荒惡水，美濃客家人，再度淪落走他鄉。**……（張博節，1997: 252-253）

地理的完整性是彌濃人自尊與自信的認同依靠。例如傳說中龍肚在龍關尚未崩塌之前，龍肚與彌濃之間的小山丘蛇山是相當具有孕育帝王相之風水。後來在雍正末年遇大水沖垮形成龍關（也就是龍莊里社真官所在位置），即有神話傳說是被當時皇帝派人破壞的結果。[103] 張博節以勘輿之說論「美濃水庫」預定壩址之荒謬，對於一向相信正是彌濃山的靈氣孕育耕讀成就的彌濃人來說，此言尤其對老一輩人來說，相當有影響力。

人地關係讓彌濃人對於「家園」的概念不僅是一種鄉愁，它是有具體的山、具體的水，具體的鄉里關係，加上世代務農對於土性的瞭解，這種土地性格透過農作鑲嵌於身體中，更鑲嵌於意識裡，相信這樣的一個地方就是可以久居的家園，而這種相信就是地域社區意識的基礎。

美濃反水庫運動最直接的衝擊是壩址所在的美濃雙溪黃蝶翠谷與實驗母樹林園；而在壩址五千公尺內的聚落將受到嚴重威脅；美濃鎮中心與壩址直線距離僅 12 公里，實際上就是在頭頂上。除此之外，由於離槽水庫的設計是將茬濃溪的水在豐水期時引進水庫中，對於其下游的高屏溪河流生態，以及平日即依靠豐水期灌注的屏東平原地下水層，都會受到衝擊。

---

103 關於龍關崩塌的過程有不少版本，其中多以神話傳說形式出現。相關資料可參考美濃鎮誌編纂委員會（1997: 531）、洪馨蘭等（1999: 7-9），及〈龍庄古紀〉。

反建水庫的彌濃人，在他們心中的「水庫怪獸」，是臺灣政府長期以來「以農養工」、「棄農養商」下的產物。而工業化與都市化的廢水、垃圾問題，造成土地與水資源嚴重污染。下淡水溪（高屏溪）下游的污染問題，催生了1994年「保護高屏溪綠色聯盟」在高雄市成立。1995年「高雄市綠色協會」亦正式成立運作，隨即舉辦「世界河流會議」，主題報告者包括來自英國、美國、丹麥以及臺灣的水資源專家。1998年，南臺灣的綠色團體，包括高雄市綠色協會、屏東藍色東港溪保育協會、保護高屏溪綠色聯盟、美濃愛鄉協進會等，聯合高雄市建築師公會，舉辦「國際人工湖與地下水補注會議」，包括荷蘭、美國等國學者針對人工湖與地下水補注提出國際經驗，提供給在地質條件上適合進行地下水補注的屏東平原參考。

維繫屏東平原的地下水源與水質，最大的受益者其實是傳統六堆的客庄。本書在第二章曾說明彌濃人的地理環境，其中包括彌濃人因位於河流中上游，因此其地下水層不似六堆中區以及左堆那樣豐富。即便如此，十年前彌濃街上有好多地方在馬路邊的水龍頭，不斷冒出水來，即當地的自流井。然而，地下水層遭受污染、超抽形成的枯竭與下陷，是屏東平原棘手的問題，如果再加上高屏溪上游的支流——不論是荖濃溪（美濃水庫）還是隘寮溪（瑪家水庫）的源頭被截流或引流至水庫，原本屬於地下水重水源就會益形枯竭，而這亦是上段提到在高雄市舉辦地下水補注國際會議的重要背景。

上下游同心：反美濃水庫運動與復活高屏溪運動的合流

作為屏東地下水最大的受益者，「六堆」人以「不惜出堆」舉起大旗，挺身保護右堆彌濃人的宣誓大會。在1895年隨臺灣成為日本殖民地之後，六堆地方社會的軍事功能遭到瓦解，客方言群聯盟象徵忠義亭地位迅速沒落，在日治時期的土地、教育、經濟及法律的統治之下，六堆逐漸被整合進一個整體的臺灣社會裡，嘗會運作與祠堂文化找到空隙即繼續發展（陳麗華，2010: 13），但六堆最後還是在現代化中變成一個以歷史記憶來運作的想像社群。然而，因為美濃反水

庫運動所催動的家園感，這個「想像的共同體」竟能在二十世紀末，重演歷史上六堆「出堆」的場景，這顯示了歷史心性仍具有能動性（agency），而「出堆」的行為與象徵依舊具有促成歷史意義的行動。

1998年5月23日，當時許多在學學生從收信軟體中收到群組來信，標題為〈[愛鄉會訊] 六堆鄉親祭恩公〉。這是一封由網路志工協助美濃愛鄉協進會，轉寄一份當天關於一場動員的新聞稿。內文表示美濃水庫案激憤了六堆人，比照過去「一堆有難、六堆起義」的精神，組成「六堆反水庫義勇軍」，呼籲大家共同對抗可能摧毀家園的「敵人」（參閱【附錄三】）。我們看到，過去六堆的敵人主要是騷擾地方治安的資源爭奪者，而這一次六堆新的敵人則是「國家發展主義」，而「美濃水庫」只是其中一個具體而巨大的實體。這份文稿藉古論今，而當日誓師的畫面，由各堆推舉地方領袖代表，高舉各堆的堆旗，至今看來仍相當震撼。

從前述彌濃之於六堆關係上的淡微，而後到這場事件六堆人的上前支援，這之間的轉折與意義，我去找了鍾鐵民老師（當地返鄉年輕人都尊稱他為鐵民先生），他是最早帶領美濃反水庫運動的地方領袖之一。鐵民先生曾將上述「六堆反水庫義勇軍」的組成經過，寫成散文〈六堆〉，並賦予「新的六堆精神」概念。在〈六堆〉一文說到，「新的六堆精神」要捨棄狹隘的族群械鬥，學習的是過去六堆人團結的精神，召喚六堆人曾共同捍衛族群界限、爭取生存家園的那段歷史。（見【附錄四】）

在〈六堆〉這篇寫於十多年前的舊作，鐵民先生非常扼要地說明了他的「六堆意識」發芽的過程，同時也是1960年代以前出生的彌濃子弟們的普遍經歷。大部分彌濃人生命中的「客家意識」甚至「六堆意識」，都是在生命中遇見「他者」之後才出現的。彌濃相對的封閉事實，使得在此環境長大的小孩，在成年之前幾乎沒有接觸過「諾背人」（外面的人），沒有電視廣播，沒有福佬籍同學，沒聽過福佬話；即便就像是從閩庄搬至彌濃南端居住而後嫁入大崎下的張粟伯

姆，她也立即入境隨俗講得一口流利的客話（見洪馨蘭編，1999:
183-184）。

　　彌濃長期與六堆的關係疏離，使得六堆意識在彌濃逐漸失去扎根
的土壤。然而，這裡說的是，「它」即便淡微卻仍然存在。當一個大
型水庫計畫從天而降時，由於其涉及荖濃溪流域上游之水質水量與水
資源開發問題，牽一髮動全身，整個影響的其實更包括整個下淡水溪
中下游流域，而傳統六堆所在的地域正是這個直接受衝擊鄉鎮。這場
由仕紳與讀書人階層所發起的「新的六堆精神」，除了企圖喚起「六
堆」人的團結，另一方面，對那些生命經驗中不曾有六堆人意識的人
來說，給了一個集體記憶重建的機會。

「家園」的擴大

　　生存地域的確認，是敬外祖一個重要的儀式象徵。實際上在進入
現代社會之後，面對國家發展主義的進入，美濃要繼續保有生存地域
就不可能只是侷限在一個小範圍裡，它必須擴及區域。美濃反水庫運
動所形成的地域主義，一直呈現出跨區域串連的特色；從最早與高雄
市及高屏溪綠色團體的城鄉合作，而後串連高屏溪進行流域合作，到
社區運動時期，建立區域內跨族群合作成為另一個目標。

　　就在美濃反水庫運動於1991年發動後的第一個十年，主要由彌
濃人組成美濃愛鄉協進會，在經過將近三季的辯論與企畫之後，決定
標下高雄縣政府委辦「高雄縣社區大學」計畫，並擬辦一個在農村裡
的社區大學。此舉一反臺灣其他社區大學皆設置於區域都心或近郊的
慣例，將校本部設於遠離鳳山與岡山人口稠密區的旗美高中（位於旗
山與美濃兩鎮交界），定位為立足農村、服務農村的農村型社區大
學，主要學區為旗山美濃及其鄰近共九個不同方言群及南島語族群鄉
鎮。草創之初隨即就要面對「跨出美濃」之後，這原本以彌濃人為主
的經營團隊，如何以「美濃經驗」邀請這諸多「他者」的贊同與支
持。

　　社區大學所執行的是建立一個跨鄉鎮、跨區域的成人終身學習平

台，面對的將不再是同方言群、同地方感、或同樣理念的居民與既有地方社團，在拿捏參與或介入的過程中，既有情結的排擠效應隱隱若現，一觸即發。日後此團隊逐漸調整專職人員之族群比例，課程開設從原本高度依賴彌濃鄉親支持的課程，往更多彌濃以外的鄉鎮開展，並從社區組織交流平台會議裡，協助培力（empower）具有地方感的當地團隊如杉林、甲仙等愛鄉協會的籌組誕生，並藉由開設公共論壇與農業課程，促成旗美與高雄市內的都會社大，合手推動農村體驗、共同購買、農民市集等項目。（洪馨蘭，2007b）

從捍衛家園界限到跨出彌濃擴展新的家園社群，這場「重返美濃」的社會運動，它除了一方面像是重演敬外祖一般一再透過各種活動，確認自己對於空間領域的掌握與自主權，然而卻也利用著這種界限感，從建構「美濃意識」到建構「農村意識」。家園的定義不再是單純的族群界限，而是開始挑戰「以農換工」政策以降，城鄉二元對立所帶來的新的「敵人」。

第三節 敬外祖與時間觀：迅速到位與不拖延

敬外祖裡要在一定時間內走完所有的行程，其中要求的效率也是相當高的。而彌濃人非常自豪自己的「準時」與「不拖延」的習慣，在本書第九章時曾說明傳統彌濃人重要的生存哲學即是「省」與「儉」，這種在過去屬於消極累積資本的精神氣質，也反映在對「時間」的態度。再現於美濃反水庫運動中，就是「迅速到位」的積極性。

在美濃反水庫運動中，其高度效率一直令人印象深刻，表現在請願前的集結，甚至是對於當日新聞事件的即刻反應並寫成新聞稿發出，這種必須迅速做成反應並執行的工作文化，往往與彌濃人的農務經驗很有關係（見張正揚，2010: 56-57）。所以，即便是在深夜，一輛輛的巴士集合在反水庫大聯盟門口，指揮者和參加者約好午夜子時從鎮上出發北上，這些平日都早睡的農家人，僅僅比預定時間遲三分

鐘，所有車輛即已緩緩移動離開，沒有拖延。

　　敬外祖中對於「準時」、「不拖延」有十分的要求。主要在於它不僅必須時間內完成行程，還牽涉到千萬莫浪費或耽擱到姻親家既有的日程。我們在第四章描述敬外祖細節時，曾經數次提及外家一頭不斷提醒著別耽誤敬外祖隊伍「過攤」，這是外家頭的細心，這也表示敬外祖實際上並非一個可以悠閒的互動，它有很強烈的「目的取向」，為了不要耽擱其他人的時間以及自己的勞動作息，敬外祖以及其他相類似的鄉間民俗，在彌濃都有這種「迅速到位」也「不拖延」的特質。這一節將以掛紙、敬外祖、登席的時間觀為例，說明這種特質的某些背景。

掛紙與敬外祖

　　由於交通工具的便利，現在除非在相當偏遠的山丘墓園，否則一般要抵達分散的祖先墓地，對彌濃人來說並不會太遙遠。2010年的掛紙季，夫家依往例須掛三處，掛紙時從抵達到放紙炮（結束）所使用的時間，分別為53、67、52分鐘（見表9-1）；2011年，夫家掛紙利用的時間則分別為60、50、58分鐘。我隨家娘回去跟著舅舅們與阿姨們掛其父母的墓時，使用時間為54分鐘。近些年在彌濃參與的墓祭，一般時間從正式開始到結束大約都在50到70分鐘左右，若有家族繼續聚會，則另外回到家中再敘。在此一個小時之中，原則上要貼上紅紙，斟酒三道，唱兩擺喏（點兩次香、拜兩次），燒完金紙，燃放鞭炮、分配紅粄，通常子孫可能還會請教長輩關於一些家族的故事。這樣的時間對彌濃人來說是很「省」的，重點在於配合彌濃人的農業作息，大部分非外地返回的彌濃在籍農家，通常在掛紙前或掛紙後都仍有既定的農序要完成。

　　敬外祖也反映出這種講求效率與不拖延的時間觀。要特別強調的是，現在我記錄到的敬外祖已經是在有機動車輛之下的「高效率演出」，過去步行的時代，很難想像外祖家在河的對岸，新郎公坐在轎夫抬的轎子裡由竹筏送過去，到底要如何完成這樣「多禮」的行程。

表9-1：2010年夫家掛紙時間表

2010年3月27日 夫家掛紙（兩天） 墓祭		
順序	行程內容	時間記錄
1 53mins	出發（貨車）	07:51
	抵達並開始（第一處）	08:00
	唱喏	08:07
	燒金紙	08:25
	離開（打紙炮）	08:53
2 67mins	出發（貨車、步行上山）	07:25
	抵達	07:36
	唱喏	07:48
	燒金紙	08:16
	離開（打紙炮）	08:43
3 52mins	出發（步行）	09:35
	抵達	09:40
	唱喏	09:45
	燒金紙	10:19
	離開（打紙炮）	10:32
註1：墓祭的時間計算從抵達開始算起，而非自出發。		

再舉2010年旗尾宋家敬外祖的時間表為例，這一家人從敬拜神明、伯公，到敬外祖與內祖，每個地點正式敬拜的時間為25至35分鐘（見表9-2），而例如前文中提過的五隻寮劉屋敬兩代外祖，自抵達開始算，阿媽外家為34分鐘，母親外家為49分鐘；九芎林馮家至山下阿媽外家來敬外祖前後為30分鐘。以上幾個例子其實也說明了一件事，在訪談時村民常說有時候敬外祖隊伍難得來到，大家都會想要聊一下，但是因為要「過處」（有下一個行程），因此一般都不會過分久留。但原則上停留半小時到一小時之間，一定會完成，甚至為了更有「效率」完成這件事，現在還有人特地購買品質不錯但比較細的

香，燒得比較快，意謂著可以比較快就去燒金、斟酒等程序，加速唱喏的進行。

表9-2：2010年旗尾宋家敬外祖時間表

2010年1月9日 旗尾宋家敬外祖（全天） 神明、伯公、外家祖先牌位		
順序	行程內容	時間記錄
1 33mins	抵達	09:07
	唱喏	09:13
	燒金紙	09:35
	離開（打紙炮）	09:39
2 28mins	抵達	09:52
	唱喏	09:55
	燒金紙	10:09
	離開（打紙炮）	10:20
3 25mins	抵達	10:41
	唱喏	10:46
	燒金紙	11:01
	離開（打紙炮）	11:06
4 35mins	抵達	13:42
	唱喏	13:51
	打紙炮	14:01
	離開	14:17
5 35mins	抵達	14:25
	唱喏	14:30
	打紙炮	14:48
	離開	14:50
6 25mins	抵達	15:02
	唱喏	15:07
	離開（打紙炮）	15:27

登席與包禮

由於彌濃人幾乎都選擇在中午宴客（晚上宴客的非常稀少），因此當地習慣說帶著錢參加喜宴為去「包禮食晝」（包紅包吃午餐）。這種包禮食晝的宴席大致分為「粗席」（家常宴席）和「幼席」（細緻宴席）兩種；早期菜色偏向家常菜，稱為粗席，經濟較為寬裕的民國 70 年代喜宴就出現菜色與選料都比較像是飯館料理的幼席。現在彌濃人結婚都訂幼席，賓客包禮也多依關係與行情，較為慎重。另外，若是神明宴（神明生日、新年福或滿年福）就說是去某某地方「登席（食晝）」，必須事前「落名」（登記姓名）而後宴席當日繳費完後，「對『名』入座」。這類「登席」依慣例皆為粗席，所以在 2011 年 1 月 2 日彌濃開基伯公滿年福登席食晝中，每條名繳納 300 元，每桌指定九人入座，登席的人要自己找到名字被寫在哪一桌上的紅紙，依照安排坐入。要特別注意的是（彌濃人已經很習慣），不管是粗席還是幼席，帖子上寫幾點開始就不會延遲。除非是「對名入座」的伯公下或媽祖廟登席，一般喜宴在開席前十分鐘，無指定桌次就已坐滿。

以下以 2011 年初的開基伯公登席，說明時間觀作為彌濃一種特殊的邏輯展現。這天登席總共的用餐時間僅僅 40 分鐘。以下（表 9-3）是當天桌次第 30 號所記錄到的菜色順序以及上菜時間，由於近兩年社區小學贊助表演節目，因此在第一道上菜之前稍微等小朋友表演有一段落才開始。

在表 9-1 中，白飯會用錫桶放在數桌中間過道上，村民們就會事先去舀好一碗白飯回到桌席上，管理委員會稍事報告後，上第一項菜「滷雞」（12:14）。一直到第 11 項「冰品」上桌時（12:54），總共僅 40 分鐘，平均每道菜間隔 4 分鐘。一樣是在彌濃開基伯公的滿年福登席，2010 年 1 月 3 日，12:00 鞭炮聲準時響起，白飯（12:04）與圓粄（12:05）上桌之後沒多久，第一道菜「小封」（12:08）馬上引起大家激烈的食慾。最尾一項菜是「薑絲炒豬腸」（12:54），吃飯時間總長 46 分鐘，平均每道菜上菜間隔為 4.6 分鐘。並非僅伯公下登席

如此快速，我亦記錄過2009年4月18日福安里天后宮的天上聖母聖誕登席（見表9-4），同樣依據相機時間記錄，12點整鞭炮聲響起，第一項「小炒冬粉」上桌（12:02），到最尾項「炒芹菜」（12:32）之間僅僅30分鐘，平均每樣菜上菜間隔為3分鐘。

彌濃人吃粗席的速度非常「精準」，通常伯公下登席超過30分鐘後，你就會聽到同桌或鄰桌的老伯姆唸唸有詞：「做麼介啊，出菜出到不知幾慢的，沒人按閒的唷！」（幹什麼呢，出菜這麼慢，誰那麼閒啊！）像福安媽祖廟登席那樣每道菜間隔3分鐘，其實並非我在彌濃吃過速度最快的一次；在必要的時候，連一般喜宴辦桌「包禮食晝」的速度，也可以加快到半個小時完成。

另有一次難忘的例子是在1998年初農曆過年前的一場喜宴。那是彌濃進入冬季裡作採收菸葉工序的時節，許多彌濃人也趕在舊曆年

表9-3：2011年彌濃開基伯公登席時間

2011年1月12日 彌濃開基伯公滿年福登席		
順序	菜色	出菜上桌
0	【飯前甜點】 甜湯圓粄（甜湯圓）	11:50
0	【白飯】（用錫桶放在數桌中間過道上）	12:00
1	滷雞	12:14
2	大封（燜三層肉加筍乾）	12:18
3	豬肉絲炒鹹菜絲	12:20
4	薑絲炒黑木耳	12:23
5	川燙泡開魷魚切片涼拌	12:25
6	鮮羊肉湯	12:32
7	小封（醬炒三層切塊豬肉）	12:37
8	薑絲炒豬腸	12:42
9	酸菜鴨肉湯	12:48
10	清蒸鱸魚	12:53
	（發油紙袋開始打包）	12:54
11	冰品：枝仔冰	12:54

表9-4：2009年福安天后宮登席時間

順序	菜色	出菜上桌
--	--	--
--	【白飯】	12:00
1	小炒冬粉	12:02
2	大封	12:03
3	冬瓜高麗菜封	12:05
4	滷雞	12:06
5	羊肉鍋	12:10
6	泡煮魷魚	12:13
7	辣炒鹹菜	12:15
8	清蒸鮮魚	12:19
9	黃瓜炒鴨爪皮	12:22
10	下水湯	12:27
11	炒芹菜	12:32
	（開始打包）	12:36

2009年4月18日 福安天后宮登席

底最尾一個「靚日」，來完成子女的終身大事。阿明姐帶我去她母親的外家村鄰舍吃喜宴，地點在龍肚柳樹塘，主人家請來外燴，在夥房外村中主要幹道上搭起人字棚架，也有伴唱音響及主持人在台上暖場。抵達辦桌地點時，我初見到許多婦人家套著靴筒（雨鞋）就來參加，頭上斗笠掛在摩托車突出的後視鏡上頭。那時我相當納悶地又不好意思地問著阿明姐：「嗯，大家都沒回家換件漂亮的衣服來啊？」阿明姐說現在農忙，很多人忙到剛剛就得趕來包禮了。話才剛落下，正午12時準時燃放鞭炮，頃刻間第一道菜（綜合冷盤）與第二道菜（肉羹）同時端上來。我瞄了一下圓桌上的菜單，一共列有13道菜。沒過兩分鐘，第三道與第四道又是同時出現。十分鐘內桌上已排滿了菜，每盤都才剛開始吃，完全來不及品嚐。之後維持兩道、兩道地上菜，而這一桌「幼席」在面前「疊床架屋」，令我這個外地人真

是大開眼界。此時僅上到第八項菜，大家絲毫不受影響地，邊吃邊吆喝著拿起桌上早已擺放好的油紙袋，熟稔地問著同桌的左鄰右舍誰要什麼。

「我感覺」（似乎其他人都不會）時間變得很緊張。在約12:17時（距離開席僅17分鐘）介紹人證婚人陪著新郎新娘上台向大家敬酒，而整場喜宴新人們也根本「無暇」沿桌敬酒，因為他們從台上下來之後，馬上就準備走到入口處端起糖果盤與香菸盤，為送客做準備。當人們起身準備離開時，舞台主持兼唱歌的藝人才剛準備開放現場點唱。我印象最深刻的就是這一刻。當同桌伯姆拎著一包菜對大家說「再來聊啊」（再見啊）時，我低頭望了望手錶，12:22，無法置信這場喜宴僅22分鐘就算結束了，連凳子都還沒坐熱。而剛剛走出棚下喜宴的伯姆，斗笠一戴，踩下手排機車引擎踏板，將穿著勞動用靴筒的另一腳跨過機車另一端坐穩後，我猜她應該是先繞到家裡把菜給冰了，然後直奔她要去的田。

受農業作息影響的時間觀

經過多年居住當地，登席每天都在上演，掛紙和敬外祖也帶著彌濃人走過春夏秋冬，這種有效率、不拖延的時間觀，究竟是哪一種「傳統」。我一直是到嫁入當地之後，從家娘的農務作息身上，才逐漸體會到那是彌濃人受到菸草採收上工時間的制約，因而產生的時間文化。彌濃一年四季都能種植作物，農人表現勤奮的最佳舞台都在農地裡，其中農曆年節前後就是菸草採收的時節，極盛時期全鎮不論男女老少都籠罩在菸草交工的勞動作息之中。依照工序每天傍晚前得採收一定的菸葉以準時封窯，因為冬季日頭短，要趕在天黑之前完成，採收小組都是在中午12:30集合上工。這對於早已形成慣例於午間宴客的彌濃人來說，一旦遇上菸草採收季節，也要順應農業作息，讓一個喜宴在短短不到半小時內即告結束。不知文化的外來貴賓，或許慢點到連喜宴都已經散場，而這麼短的宴席時間，也考驗著選舉時政治人物的跑場技術。

然而，現在因為菸草受廢耕衝擊，不再是彌濃冬季的重要作物了，而彌濃的「省」的時間文化——不將可勞動的時間用來吃吃喝喝——也因彌濃離農人口比例大增、青壯勞動人口外流，加上留鄉人口老年化而有所改變。另一方面，彌濃近十年出現多處宴席餐廳，而選擇在餐廳裡宴客的新人比例亦有所增加，就我所知，連過去專辦婚宴外燴的總舖師，兩年前也在街上某海鮮餐廳異主時頂下營業，而且也因為族群間與城鄉間互動頻繁，來客對於彌濃人的時間觀並不那麼瞭解，通常主人家會要求出菜不用太快，要提供新娘三套換裝以及新人敬酒足夠的時間（在餐廳裡已經有兩個小時長度的喜宴）——不過因應彌濃鄉親的習慣，即便在餐廳宴客，準時開席的「傳統」依舊可見。雖然婚宴的幼席已經不太可能再出現半小時結束的情形，然而，這種對於時間的態度，仍然完整地保留在粗席裡，而且內化在彌濃人那種迅速到位的工作時間觀中。

　　這些年這場社會運動逐漸走向社區運動，有許多與國外社區交流的機會，而社區留鄉青年也有機會到鄰近的國家參訪學習。其中，日本的農村工藝技術以及傳承，深深地吸引著同樣在農村裡進行家園保衛的年輕人，大家紛紛交換許多可能的方案。然而，這種在農村中深化農村工藝在臺灣是有相當挫折的，在彌濃也是一樣，其中最大的問題就是彌濃人（尤其是女性）是個精於務農的隊伍，一年四季都可以種植作物，似乎除了颱風天，沒有什麼可以阻攔她們到田裡去。這使得人們無法「閒」下來留在家裡製作或創造一些農村手工藝品，因為這些手工藝品在其他國家的脈絡裡，它們通常是在「農閒」（或冬季下雪無法種植）時的副業。可是彌濃人太「忙」了，幾乎沒有農閒的時刻。這種對於可以農作的時間的「精耕細作」，實際上也是「省」的具體反映。

　　這種時間觀決定著當代敬外祖的節奏，而在社會運動中，也像敬外祖般再現著這種「省」與明快的時間觀。而在這時間觀裡的文化心性，還帶著一種「精耕細做」的熱帶小農性格——一種多元開展的文化精耕。這場運動在進行街頭抗爭的同時，彌濃人透過各種不同的活

動，從文化中捲出各種新的可能，包括音樂創作、農村運動、文化資產保存、新移民女性、單車慢遊、居民解說、在地美食等等，這就像是在一塊有限的時空之田，在文化上以精耕細作的方式做工（working on culture）。

第四節 敬外祖與人群觀：用走親戚的邏輯來做社會運動

敬外祖是一種儀式性的走親戚，在姻親關係緊密的下淡水溪客方言群社會，親屬網絡相對密度較高，而各種民俗喜慶活動的相互來訪，甚至包括田間勞動的換工，都是在「走親戚」。走親戚的邏輯就是把相同理念的人（團體）當作親戚，凡事「行前」（上前關心）建立關係，並透過行前，把既有的關係加深、加重，建立互信感。

敬外祖走親戚的形式透過共同敬拜祖先的策略，隨著一名男子的即將結婚，舊的姻親關係也將與新的姻親關係，組織成一張更大的親屬網絡。反美濃水庫運動在我的想法中，它也在試圖放大其差序格局網絡，只是它的網絡原則是當代的、議題性的、認同的，與傳統中親屬的概念並不相同，然而，經由對舊的議題網絡人群（如水資源運動）的不斷確認——尤其是「美濃水庫案」每幾年又會「復活」一次，再與新的議題網絡人群（如農村、反污染、歷史建築保存等）串接起來，敬外祖所運作的強化人群連帶邏輯，在美濃反水庫運動中不僅再現著，也擴展了現代意義。

走親戚是一種交換體系

美濃反水庫運動或許很多人會歸結於彌濃人本身的團結力大，認為傳統鄉民社會時期即已是個高度內聚的社會。然而，一個社會不可能出現均質的團結，即便如美濃水庫議題，挨家挨戶徵詢願意出聲反對興建美濃水庫的比例，也僅有六成七。我們在媒體或論述中所看到的「團結」其實只是一種印象，換句話說，彌濃社會內部多元且不均質的聲音與意見一直都是沸沸騰騰的，為了達到內部的團結以及與外

界團體的持續合作，彌濃人在這段過程中不斷地對內與對外建立「對話」機制，參與會議、進行議題串連。

不僅是關心水資源議題，彌濃人同時從老街保存、農業與農村、新移民女性、閒置空間等，工作人員花很多時間在辦公室外進行「串連」，並不斷地建立互信關係。例如，美濃愛鄉協進會以團體名義，從2009年開始至今都是彌濃開基伯公的福首之一；龍山與獅山地區面臨小型焚化爐的威脅，大家行前協力組織「美濃環保聯盟」；由彌濃街上著名醫師召集的「美濃自行車協會」在籌備時期，讀書人也都有積極行前參與企畫。以上等等都是「行前」的一種作為。而我認為這就是「走親戚」的一種轉化再現。

然而，關係要能透過「走」獲得一種聯結，很重要的是怎麼走、誰在走、跟誰走，尤其走親戚的邏輯在社會逐漸分層分化的當代，它變得需要不同的人，走不同的「親戚」。過去走親戚很多是由女性完成，偶爾是帶著後院剛產出的蔬果，到親戚家拜訪，又帶回親戚剛醃製好的蘿蔔角。這種互換（拿什麼互換）是一種交換體系，有時候必須聰明得預想到如何讓這樣的交換雙方都滿意。在這場社會運動裡，它面對的交換體系更為龐大，不僅是農村裡的人際社會，還包括農村以外的國家體制、地方政府、友好團體，同時也涵蓋農村既有的農民、小企業主、公務員等新的人際類屬。

走親戚要先得出東西來交換。美濃反水庫運動一開始即拿出了那種在家園認同底下的文化創造力，讓人們相信這將會是一場不單是街頭請願的環境運動。第一屆「美濃黃蝶祭」利用1995年的某個夏日，在返鄉教師的策劃之下，成為臺灣第一個向環境說道歉的「生態祭典」。對當地居民來說，黃蝶翠谷的潺潺溪水是兒時校外郊遊的清涼經驗，若水庫興建則變成深不見底的超大型蓄水池；而對來參加祭典的外界友人，她／他們從祭典中看到的是仿地方伯公三獻禮設計的祭儀，以及反對在此興建美濃水庫的呼籲。自95年開始，每年夏季美濃黃蝶祭的例行舉辦，已經讓它成為社區常態的暑假活動，一種帶有抵抗政府發展主義、提出社區永續發展的「創發傳統」，每屆的活

動規劃都會同時考慮到地方居民的感性經驗以及外地朋友的理性收穫。

要「走」的巧妙，需要經過設計並且相當理解人與人之間的溝通藝術。用鍾永豐曾說的話即是「創造性的溝通」。這是一場讀書會的精彩分享[104]，鍾永豐以四個「對話偶」來說明這種溝通（交換）的藝術，包括「批判性的詮釋與詮釋性的批判」、「領導組織與組織領導」、「自我與他者」、「必然性與偶然性」，他強調讀書人要不斷地透過對話去自我修正，領導是一種行動而非一種姿態，因此要學習「帶頭而不出頭」，並透過把自己他者化，才能看清楚自己可能被慣習所制約的盲點，最後他也很感性地認為，對偶然的判斷力是一種品味與賭注，把前面的工作做好，就會有很好的偶然出現；所以偶然不必然是偶然，而是來自必然的努力，也為必然性做累積。在她們領導愛鄉會的時期，與地方仕紳相當良性的對話互動，是這個「社會文法」得以形成的一個重要基礎。

要讓「走」的人充滿多元性，並且各具所長。在美濃反水庫運動中，我們可以看見非常多不同類型的人，用他們的方式和外界「交換」。其中扮演最為關鍵角色的，我認為初期還是以留鄉仕紳、旅外鄉親，以及返鄉／留鄉年輕人為最重要。彌濃社會在臺灣農業「現代化」政策底下，在1950-60年代已經是個僅留農民與殘存仕紳的邊緣社群，現代化教育只有教人離開，卻沒有教人留下來。留鄉仕紳在這場運動中扮演相當大的支持力量，他們提供舞台給返鄉／留鄉年輕人發揮，而旅外鄉親則催化了家園意識內外一體的氛圍。早期留鄉從事反水庫運動之時，鍾永豐即曾表示，那種「留在夥房裡」被動地守著家園的情景，使他在性格上變得疏離以及孤僻，只好透過大量閱讀翻譯文學來填補心靈，而這日後也成為他作為詩人的能量來源。相對地，另外一位返鄉青年鍾秀梅則是全力投入「外面」的社會運動。當

---

104 該讀書會為旗美社區大學進修課程系列，時間為2009年2月17日，進行地點在台南縣北門社區大學辦公室。以下關於鍾永豐之談話，為本書作者之側記，若有偏誤，個人概負全責。

她返鄉開始帶領反水庫運動時，在她夥房裡的書房中，散落一地的書堆疊於水泥地板上，她閱讀的方向是偏向後殖民研究、世界體系、依附理論。

地方仕紳對於讀書人的態度亦給予相當大的空間，他們對於這種具有「高度自省力」的讀書人給予尊重，在我長期參與觀察中，很少看到明顯的資源或光環爭奪。關於地方仕紳的分類，由於彌濃社會崇尚耕讀，地方仕紳主要分為兩類，一種就是較為早期的讀書人，後來成為校長、教師、文創工作者、公務員、社會事業帶領者、小資企業負責人等，另一種就是鄉民社會裡的傳統仕紳階級，例如民代、里長、農會或菸葉改進社幹部等。在這場社會運動中，地方仕紳與返鄉（留鄉）讀書人之間的良好對話（創造性溝通），使得一個具維持力的社會文法有機會慢慢發芽。

關於地方仕紳對返鄉讀書人的影響，以及那種「對話」的形式，以下我將舉一個在田野這一年所參與記錄的例子，看留鄉知識份子如何透過不同的形式，對返鄉知識份子造成影響。

串連、共識，和親戚一樣，都是「走」出來的

文學家鍾理和先生的父親是高樹大路關人，彌濃尖山是他投資開闢的農場，日後成為鍾理和先生安身立命寫作的地方。理和先生的作品描繪了當時農民在土地上掙扎的身影（彭瑞金，1994），一名讀書人對當時的農民充滿理解與同情，敘事裡深刻傳遞著對於農民何以再怎麼耕種都仍吃不飽的抗議，對比當時政府強調如何照顧農民，形成極大的諷刺。[105] 鍾鐵民先生是理和先生的公子，後來亦步上文學之路，在旗美高中擔任國文老師直到退休。

1990年代初，二十四歲的永豐以徐正光先生研究助理的身份，返回家鄉協助進行家族與產業調查，與他一起的還有他的妹妹鍾秀梅（後來為美濃愛鄉協進會第一任總幹事，任職期間1995-97）以及前

---

105 見古秀如〈鍾理和與他的弟兄鍾浩東〉（http://203.68.192.50/huanyin/mofa/c/mofa_chungliho_11.htm）。

一年剛取得建築學碩士的李允斐（彌濃人移居高雄第二代），三個人以一名助理的薪水，一同返鄉進行這個調查。沒有多久就遇上美濃水庫與建案的爆發。鐵民先生開始與這些年輕人互動，其中鍾永豐回憶到，當他那時在做田野調查的時候，雖然仍未有機會仔細閱讀理和先生的文學，但卻和鐵民先生在反水庫運動過程中有了許多工作上的接觸。他開始從對鐵民先生的觀察中，去認識理和先生是什麼樣的人。鍾鐵民老師在與返鄉青年的互動中，一直保持著一個開放且具長者氣度的精神。

在美濃反水庫運動期間，文學家透過與文友之間數十年往來的情誼，從理和先生到鐵民先生，不管是閩籍還是客籍的文友們，跨越了族群與地域的界線，在後來的保護客庄運動中都義挺到底。作為一個擁有豐富客語詞彙的文學作家，鍾理和先生的日記裡，可以看到每天都在記錄農民講了什麼話、什麼節氣、唱什麼山歌、說什麼串仔，鍾永豐認為，理和先生事實上也是一個很勤奮的人類學家與社會學家。「理和先生教我們的就是『如何做一個有機的知識份子』，要隨時注意你腳下這個世界產生的事情，隨時做好各種對話跟連接的可能性。而這正是理和先生給這一輩、下一輩在農村工作的知識份子，一個最大的資產，」我在田野筆記裡速記著永豐與這位長者的對話。[106]

「有機的知識份子」是社會運動中重要的能動者，要將「走親戚」（行前）走得好、走得有效，還要保有自己的主體性，這是一種再社會化的過程。「有來有去」創造了親密感，而擴展新的議題讓交換網絡更為多元，則也避免了對單一體系的依賴。當代的彌濃人仍然強調，親戚是走出來的。這樣龐大的交換體系的運作，其實很重要的是這個社會運動它善用了彌濃社會已生產出來的讀書人，透過家園意識的催化，讀書人返鄉把這整個交換體系給勾勒出來，並研擬各種可以使用的交換手法，來徵詢、取得、說服人們，在特定的議題上，當

---

106 這個對話是 2010 年由鍾理和文教基金會與大大樹音樂共同製作發行的《大地書房》音樂專輯的首映座談，地點在鍾理和紀念館。鍾永豐為專輯製作人之一。

自己的親人，和自己站在一起。每一種文化再生產（寫作、音樂、繪畫、明信片、活動），都在這個交換體系底下。

人群組織：彌濃社會為「NGO型」社會

實際上，彌濃社會對於「交換」一點都不陌生，而且為了共同目標集結人群的經驗更是相當充足。根據我在1990年代後期初次造訪彌濃的經驗，那時候這個地方已經擁有為數不少的「社團」，其中包括在救國團體系下支持的同好團體，像是客家民謠研究會，或是直接參與社會服務的扶輪社、獅子會，抑或是帶著理念的社區團體，像是八色鳥協會、美濃愛鄉協進會等，在那個「社區總體營造」尚在開始扶植社區團體的時代，美濃鎮內登記有案或各類志工隊或文史工作室，為數眾多。很遺憾我已經遺失了一張很有意思的宣傳海報，那是在第三波反建美濃水庫最激烈的1998年左右，邀請美濃鎮內各社團負責人蓋印表態保衛家園的一張A3大小傳單。白紙黑字加上朱紅色的印章，傳單上洋洋灑灑列著社團名稱，都不是「一人社團」，其每個名稱背後都是一群身份類屬或理念相近的鎮民。「把人組織起來」這件事在當地似乎不是很困難的事。

彌濃人有組織人群豐富的經驗，來自從原鄉到地域化的過程中，人們一直從眾多的嘗與會，看到也親身參與著組織人群的方式，理解共同做事有訣竅也有對於失敗的退場機制。[107] 事實上，在鄉民社會時期，盛行嘗會組織的客庄已是一個關注社會事業並擁有組織人群共同投資的「NGO型社會」，即一個社會被高度NGO化，許多與日常生活相關之公共事務，民間有能力先進行意見以及行動的集結，官方力量相對被期待弱化，或傾向支持較少依賴威權控制且對民間社會和善的小政府。

我們要理解的是，一如 Pasternak（1972/1983）與 Cohen（1976）

---

107 彌濃人常用俗諺「合字不出頭」來強調合作的困難，但也對於合作之後的失敗表示本就不該放太大的期待。

所描述，這樣一個擁有嘗與會的地方，實際上也是一個擁有強大姻親組織更甚於家族組織傳統的地方社會。姻親締結與重複確認，讓這樣的關係趨向穩固，從共同利益的合作（會）、農業生產的合作（交工／換工小組），彌濃社會的人際脈絡構築在地緣、血緣、姻親關係之上，這一點沃養了反水庫運動擁有「走親戚」的本事，也讓「走親戚」成為返鄉青年再社會化的課題。

第五節　從鄉民社會走向公民社會：一個「社會文法」的形成

　　受美濃反水庫運動長期抗爭的形象吸引，除了運動中實際參與的核心幹部以及年輕成員，陸續以運動的不同面向撰寫學位論文之外，另外亦吸引了國內外研究生的關注。單就以「美濃反水庫運動」七個字嵌入論文題目，而收錄於「國家圖書館全國碩博士論文資訊網」供全世界查閱者，即有七筆之多。[108] 另外，美濃愛鄉協進會前兩屆總幹事鍾秀梅、鍾永豐的學位論文，都是與美濃反水庫運動有關，並以英文寫作發表（見 Chung H. M., 2006; Chung Y. F., 1996）。東京大學地域文化研究博士生星純子（2009），選擇以反美濃水庫運動作為其探討臺灣社會運動與地方社會的重要討論案例，她認為美濃反水庫運動在挑戰國家政策「黑箱作業」「亞政治」的同時，還參與了鄉鎮地方政治，美濃經驗展現出其同時挑戰兩個政治的企圖與能力。另外，在香港非政府組織進行城鄉發展工作的王潔清（Wong Kitching, 2002），自英國倫敦大學人類學取得的碩士學位，論文亦以美濃反水庫運動為分析案例，她關注運動裡的掙扎與挑戰，認為這場運動是一種「從差異中謀合作，從團體結盟到族群文化重整」的過程。

　　除了人類學的學術論文，1999 年時，媒體對於美濃反水庫運動及其後續「回到社區」的過程，曾給了「小鎮敵國」這樣引人注目的

---

108 http://ndltd.ncl.edu.tw/cgi-bin/gs32/gsweb.cgi/ccd=E0_zu_/search#result 2011/5/23 查詢。

標題，[109] 一言道盡彌濃人槓上國家政策長達十年的骨氣。十年之後，亦即我在本書田野進行中時，2010年5月8日的英國倫敦《金融時報》（*Financial Times*）刊出記者 Harry Eyres 到訪美濃後所寫的 "In Place of Globalization"（替代全球化）一文，報導「選擇返回農村的一部分人已經看到城市的匱乏，並決定反向遷移」，Eyres 認為，「這個『反向遷移』（重返美濃）的歷史原因，來自的正是一種既定的宿命……美濃水庫興建案對這個田園投下的巨大陰影。然而也正是這個反對興建美濃水庫的過程，使得這個小鎮獲得了挑戰全球化的生機。」[110]

　　許多研究證明，多年下來深受美濃水庫案折磨的當地人，並未從街頭運動之後即解散，陸續在農業、非營利組織與非政府組織中，創造青年留鄉的平台，加上幾個分進合擊的組織，各自與農會、鎮公所、縣政府、環保團體等保持密切互動。這些經驗提供了許多帶有內部觀點（曾於當地 NGO 團隊擔任幹部者）的學位論文研究，如從「返鄉青年與青年返鄉」（Chung Y. F., 1996；黃鴻松，2005）、「反思開發主義與國家政策」（Chung H. M., 2006；張高傑，2000；鍾怡婷，2002）、「回到社區」（詹蕙真，2002；宋長青，2002）、「文化資產保存」（鍾兆生，2005）、「農村成人學習與社區發展」（張正揚，2010）、「產業與地方學」（洪馨蘭，1998；鍾鐵民、洪馨蘭，2009）與「地方歷史」（蕭盛和，2005）等。另外，在2004-2006年間，經由行政院客家委員會補助美濃愛鄉文教基金會，邀集鎮內各界菁英共同討論的「美濃文化造鎮總體規劃案」，最後共同提出美濃未來整體願景定位為四大面向：自然環境、人文生活、農村產業，和社會照顧，[111] 從期末報告書的各項數據以及論述來看，反水

---

109 也就是在1999年5月份，「美濃水庫」預算在立法院遭強行通過，彌濃人在立法院前宣示返回社區誓死保衛家園。隔年，由中華民國社區營造學會發行的《新故鄉雜誌》，以〈小鎮敵國：從美濃出發的衛土護水戰爭〉為標題，報導1991年至1999年之間美濃反水庫運動的始末。

110 Harry Eyres 為 *Financial Times* 所寫的全文，可於網頁上點選閱讀：http://www.ft.com/cms/s/2/cd87ab36-595c-11df-99ba-00144feab49a.html#axzz1NEDlaLHP（2011-05-24 摘錄）。

111 參閱行政院客委會《美濃文化造鎮總體規劃案期末報告書》，2006.3.31。（未出版）

庫運動所持續發展的社區力量，試圖在環境專業、文化專業面向，展現其已具備關照區域規劃的能力。

　　這場在臺灣社運史上著名的美濃反水庫運動，至今仍未終結。2011 年 5 月 6 日再次因為經濟部水利署利用標案「美濃溪水資源規劃檢討計畫」中包含「美濃水庫可行性規劃報告」、「壩區空拍比對分析」、「築壩材料料源評估」、「水庫運轉方式規劃」等，美濃愛鄉協進會現任理事長劉孝伸即對著媒體表示，「此案等於是讓沉寂多年的美濃水庫計畫死灰復燃」[112]，而許多就像是劉孝伸這樣在二十年前以返鄉青年身份站上街頭的人，相當無奈地對著擴音器說，過去二十年已提出了各項永續方案，何以夢魘仍無法消失。「我從一個細妹到現在都已經『中年發福』了，還是得在這裡訴求著同樣的一件事，何以國家的政策都沒有進步，」已經在大學任教的第一任總幹事鍾秀梅對著群眾們說。

　　不過，第三任總幹事張正揚有著相當有意思的觀察。他現在是高雄市旗美社區大學的校長，同時也是「臺灣農村願景會議」的主要發起人之一。他說，相隔十年再次北上，有老面孔也有新夥伴，在巴士抵達臺北街頭之後，大家已經十分純熟地各自領著旗幟，有經驗的就立即上前指揮人們誰站哪裡，拿標語的要面向何方，非常迅速且沒有慌亂。我認為，反美濃水庫運動走到今天接近二十年，從議題引起轟動，到請願前的籌備、支援團體的串連、撰寫新聞稿、爭取巴士費用的贊助，從呼籲女性朋友身穿藍衫，到事前做足相關議題的功課、設定請願時的工作頭銜、設想官方答覆的多種版本，以及最後再發布一份請願後新聞稿說明對該結果所蒐集的民間意見，居民們已經將這種「能力」鑲嵌在身體裡，具備了在公民社會裡捍衛權益的基本能力，而那些在請願運動中不斷受到洗鍊的人，當他們返回社區時，他們就是一批帶著彌濃人從鄉民社會走向公民社會的重要領袖階層，美濃後續的社區工作，正是這個長期「自我培力」（empower themselves）的

---

112 當天報導的媒體有許多家，此處引用中央社記者施宗暉之報導。

結果。

　　本章以美濃反水庫運動為例，看到一個原本似乎「天高皇帝遠」的鄉民社會，它如何在經歷了「國家」（日本統治與國民政府統治）之後，從其內部產生了一種社會文法慢慢變成「公民」的一個過程。從社會文法概念的角度來看，彌濃人在空間、時間和人群集結的當代呈現，具有鄉民社會慢慢轉型過程中的文化底蘊。即便過去曾有許多運動面、社會面、政策面、敘事研究、行動研究等學術成績，然而這樣一場社會運動的延續，最終依靠的還是持續的身體實踐；即不斷透過社會文法形成新的行動，讓後浪推向前浪時有其依循。我認為，美濃反水庫運動所形成的社會文法，最重要的核心即在於濃重的家園意識，迅速反應議題，以及擴展串連平台的意識與努力。

　　這種社會文法雖然是在美濃反水庫運動期間形成，然而其文化根源卻是同時包含著十八世紀的原鄉「傳統」、十九世紀的六堆「傳統」，以及二十世紀的菸草「傳統」。那種對於讀書人的重視，自原鄉即帶來的耕讀傳家思維，六堆時期所提供的地域方言群內婚體系，加上強化姻親網絡的人際信任，還有菸草種作對於提供讀書人出外獲取學位取得公職，延遲彌濃社會瓦解使得在外的年輕人於反水庫返鄉時「有家歸得」，這些都是形成今天社會運動在美濃仍繼續以多元型態存在，其社會文法的文化根源。

　　「親戚」是什麼，在彌濃它通常和工作、生活、鄰里混在一起，你不能忽略「親戚」的重要性，甚至如果要能享受並體驗作一個彌濃人，我們得學會「做」出親戚來。筆者想分享田野中的故事：當我是個「他者」第一次落腳彌濃時，結識了很多一起從事社區運動的彌濃朋友，常常一起圍在桌子邊吃著剛從街市拎回來的一大鍋面帕粄。對我而言，一起工作共同生活的感覺，是那個臺北都會公寓裡長大的鑰匙兒童所沒辦法想像的、一種相互信任的親密關係。就在自己主觀地覺得成為彌濃媳婦在適應上「應該」沒有問題時，其實我周遭的「世界」已經出現了很大的改變——有個盤根錯節的姻親親屬網絡正鋪天蓋地把我緊緊包住，而且學會去辨識、把關係「做」出來，正在後面等

著考驗我。

有天家娘忽然「提醒」我，那個在工作上屬於前輩的好友兼計畫長官，「那是同妳阿媽外家共夥房的人，算妳舅公的叔伯兄弟的兒子」，所以比我長一輩，有親戚關係。在老街美化案最幫忙的美術家，家娘說「他家待在花樹下曾屋夥房，算妳阿公他頭擺共夥房人，就上庄張屋有一個招進來的曾屋人，老師應該就係那人的姪孫」，所以與我也可算有親戚關係──但我們認識很久都不知道這層關係，家娘還是提醒了我，下回別忘了先跟藝術家「聊點」親戚。後來一位年輕的工作夥伴從溪埔寮嫁入五隻寮，婚後某日帶了工作上的新朋友到家裡來坐，家娘馬上應說，「我同妳家官在中門係共夥房人，妳應該要喊我歐巴（姑姑）喔……」話才剛落下，坐在一旁的我已經被「訓練」出馬上得想：那她該叫我什麼呢。

結論與討論

　　彌濃作為臺灣南部屏東平原最北端的區域,其社群性格的形成不僅有著當地文化中關於自我與他者、內聚與衝突、日常與非日常、思維與行為模式的特殊性,也同時反映著下淡水溪客方言群在地方社會型塑過程中的內在普同性。過去歷史學者盡心盡力從文獻與檔案中,將此地域的人群史做了梳理,並曾經揭櫫其墾拓與衝突的緣由及本質。本書則期待採用民族誌取徑,深描這個下淡水溪客方言群的人群形成的歷史過程及地方社會。

　　正如前言所提,本書自盛行於六堆的「敬外祖」婚俗切入,並以位居六堆最北端的彌濃人,作為田野調查與民族誌書寫的主要對象。全書在緒論與結論之外,分為九章,皆圍繞在敬外祖與地方社會的關係。從彌濃這個社群範圍的相關討論,到敬外祖作為一種姻親關係強化的內涵、意義與實踐過程,並進而圍繞敬外祖探究與之相關的拓墾歷史、生活領域、性別氣質、族群界限等等,最後扣結至當代,探討思維邏輯與族群意識如何再現於從鄉民到公民的社會運動中。現在到了結論部分,筆者嘗試總結本書的幾項重要研究特點:

　　首先,本書的方法論是從一個不甚引人注目的婚俗儀式,發展成為思考地方社會形成的議題。從點而線而面、從村落到鄉鎮到區域。筆者分別探討了個人、彌濃、與六堆,每個範圍與敬外祖風俗之間的相對意義。這種研究與書寫方法,它提供筆者學習到如何透過一個同時性的儀式田野報告,展開為一個貫時性的、以探討地方社會歷史生成的課題。

　　其次,本書補充了過去對敬外祖儀式細節描述的不足。筆者在撰寫時亦嘗試將相對應的時代對文化變遷,一併予以觀察記錄,並和過去研究再進行比較思考。透過儀式內、外、人、事、時、地、物的田野觀察,本書爬梳了與敬外祖相關且相對完整的素材,對未來思考漢

人社會親屬關係與地方性等議題，提供新的基礎。

第三，本書為性別觀點首次被放在與敬外祖相關的討論。筆者嘗試補充過去在有關敬外祖的描述中皆忽略的性別面向，包括女性在儀式中的角色、姻親連帶與女性的關係、社會性別如何在儀式中被建構與強化等。從性別視角來探討敬外祖，可以細究這個婚俗反映的不僅是個人的、家族的情感，它對於建構人群連結、性別氣質、甚至族群性，都具有潛移默化之功。

第四，本書是透過民俗社會的角度，以婚俗為切入點全貌觀地關照一個漢人社會地方社群的成果。筆者將民俗視為社群思維結構的反映，主張民俗有其力量成為歷史能動者的養分。透過重新思考彌濃人自十八世紀以來的「傳統」及其根源，分析文化特徵中的特殊成因，並究其何以「能」成為當代公民社會社會文法的推動力量，從中觀察「舊」的鄉民社會特質如何成為一個社群為求安身立命進而發動長達二十載自力救濟的文化根源。

James Clifford 在 *The Predicament of Culture: Twentieth-Century Ethnography, Literature, and Art* 一書的前言裡，曾表示傳統上對「文化」概念是有問題的，那種認定其為純淨（pure）地在一個界線清楚的地域裡發展的假設，太過於把「文化」與「地域」間的關係變得不可切分（Clifford, 1988）。他認為，任何村落的文化並非根著了就不變，文化應是人群流動的邂逅（Clifford, 1997）。本書從這個角度來看，彌濃社會地方性的型塑，它即是原鄉傳統、文化會遇以及生態適應之下，一個多元文化在不同時空下，彼此相互開放、流動與對話的過程。只是，其中縱有再多複雜的歷史過程，或許仍能找到一些屬於這個「文化」底下的人們，所依賴的、也與生活地域（家園）相關的認同意識。本書於是以拉出敬外祖這條民俗絲線的方式，論述姻親關係對當地人的意義，並藉此挖掘過去相關研究尚不曾細細討論的歷史心性。

至此我們看到了一點成果：姻親關係在以往的漢人民族誌中，通常只是一個小部分，當我們嘗試將它整個展開之後，發現其所織出來

的親屬意義之網，把許多細微的社會、族群、歷史關係都織了進來。至此，也許人們會想知道：走到了當代的彌濃人，是以什麼樣的心情在面對這張網的迅速變遷？所以，筆者選擇在結論最後，回顧從田野工作裡所看到的文化變遷——包括敬外祖的式微，與在民俗變革的潮流下，「傳統」正面臨著要積極呼應普世人權，並在最後卷尾提出一個思考與期許：「敬外祖」能否繼續為當代社會所用？

一、敬外祖與地方社會特徵的型塑

「敬外祖與彌濃地方社會的形成」這樣的題目顯然有個前提的假設，即彌濃地方社會的形成與敬外祖有關。然而題目中未界定其時間點，意謂著我認為敬外祖在不同的時間，對彌濃這個地方社會有著不同的型塑方式。而副標中將彌濃地方社會定義為「一個臺灣六堆客方言群」，也表示本書同時觸及彌濃作為六堆一份子的這種關係。因此，這樣一本討論敬外祖議題的研究論文，它面對的「地方社會」是包括彌濃和六堆這兩個層次。

在方法論上，本書暫時捨棄了透過族譜或民間宗教等人類學的慣例，來進行對於上述兩個層次地方社會的探討，而是藉由村落裡人們的敬祖活動、日常生活作息、認知語彙、性別與勞動等風土民情面向，去累積一種近似「世界觀」的觀察記錄。這種方法論某種程度呼應著漢學家 John Lagerwey（勞格文）近年的觀點，他在1990年代主持「中國鄉村社會的結構與原動力」主題計畫[113]，經過十年的累積並完成一個階段後，曾撰文表示希望修正他的方向，將從單純研究宗族與宗教的「傳統社會」，轉向從「民俗」角度探討傳統社會裡關於文化接觸、歷史變遷與社會認同等面向（勞格文，2005a: 1；2005b: 491）。就研究方法論來說，要從「民俗社會」的角度思考地方社

---

[113] 勞格文教授曾在香港主持過的一個整合型大型研究計畫，彙整客家民間文化、家族與宗族組織、宗教信仰與儀式，以及墟市與地方經濟等材料，試圖從比較研究中找到客家社會的結構，探討客家傳統社會的原動力，最終帶出歷史研究的重要性（勞格文，1996: 17；Lagerwey, 2000: 22）。

會，即相當需要文化人類學民族誌方法的投入。

　　為了在這本民族誌中能具有見微知著的成果，並避免瞎子摸象的片面侷限，本書在撰寫時盡量讓彌濃的材料處在與六堆歷史持續對話的狀態中。幸運的是，彌濃畢竟是敬外祖儀式在實踐上與集體記憶裡，在六堆中目前算是保存相對完整的地方，加上筆者盡量適時地參酌彌濃以外六堆客庄由友好人士或團體所提供的訊息，這將使得這樣一個在村落民族誌規模上、又擴及下淡水溪區域社群的討論，或許仍具有某種解釋力。

　　基於以上方法論以及書寫脈絡的說明，本書思考的「界限」、「自己人」、「他者」、「族群性」、「傳統」等概念，都具有這種「地方」的雙重性，但卻在不同的章節脈絡裡，它有時是單純地在指涉彌濃或是六堆。為了使背景的脈絡有所連貫，本書分別在第一章和第五章，透過不同的故事引線，拉出關於彌濃和六堆的歷史過程與人群定義的討論，但細部材料還是聚焦於彌濃。

　　似乎每一種社會結群，都會在資源競爭下設定界限來排除他人，並在狀況改變時，以改變界限來造成群體的認同變遷（王明珂，1997: 40）。王明珂分析，需要強調族群文化特徵的人，常是有族群認同危機的人；因此進行族群邊緣的研究，不僅是要將族群當作一個集體現象，也將之擴及於現實環境中個人的經驗與選擇（Ibid.: 35）。雖然當代我們已經很難感受到彌濃或六堆界限的存在，但我們還是有機會有方法來思考：彌濃或六堆這種「高認同」的現象，究竟是要將之看成面對被包圍的弱勢危機反應，抑或其反映的實際上反倒是界限的不夠清楚，才更強調內部特徵以尋求團結？界限如何「看」與如何「知」，似乎決定了我們如何詮釋一個地方社會特質型塑的過程。

　　本書從敬外祖來看彌濃與六堆的界限，就是基於敬外祖盛行下淡水溪客方言群的這個事實。筆者認為如此訴求姻親（跨地域跨氏族婚姻結盟）關係強化的民情風俗，它相當程度地可能是反映了這個社群在需求（want）面向的渴望，而不是為了生存而需要（need）的內

縮。Cohen（1976: 41-42）認為彌濃的這種婚姻型態並非獨獨反映族群因素，而是包括正面地增添家庭勞動力、建立家族社會安全、提升家族政治影響力等動機，而且是受到環境地理、經濟地理與人文地理三者交互作用所形成的牽制性影響（李允斐等，1997: 135），而Pasternak（1983）透過日治戶籍資料對於龍肚的人口學分析同樣支持以上說法。另一方面，Pasternak（1972）也以左堆新埤打鐵庄（客庄）與臺南六甲中溪庄（福佬庄）做過家族發展比較研究。當我們用他對於打鐵庄的描述與上述他針對龍肚庄的研究進行比較時，這兩個同屬「六堆」的客庄，雖然在環境與生產經濟模式上有相當的差異，但兩處的客方言群卻都同樣有著對於姻親關係的高度重視現象。

　　Pasternak（1972/1983）的研究吐露一個訊息：即Cohen（1976）在龍肚民族誌中認為族群選項並非強化姻親關係的單一重要目的，實際上很可能還是一項重要且具決定性的因素。本書以敬外祖的儀式結構分析，看它具有一種建構或維繫人群（族群）界限的特質，尤其是一旦脫離有限的婚域之後，敬外祖即無可再完整執行的機會；它具有界定界限與型塑認同的功能，因此幾個鄰近卻有限的婚域很有機會形成一個中區域的通婚範圍（如各堆），在互相串連集合對抗敵人的共識與經驗下，再以較大的認同訴求而形成了一個共同體（六堆）。

　　要描述以上的這個過程，本書先從中區域的通婚範圍談起，也就是彌濃。第一章與第二章即是先說明這樣的一個中型通婚範圍是如何地形成，也就是「彌濃人」型塑自六堆、粵東特質，以及稻作、蔗作和相當重要的菸作文化的過程，而這些累積的「傳統們」（traditions）在不同時期都型塑過彌濃社會的不同面向，其中敬外祖屬於民俗面向，另外還有其他包括語言、信仰、民居、親屬稱謂、換工組織等，都有各期文化「混成」（hybridization, *creolization*）的痕跡。做這樣描述的目的，在於這些「混成的傳統們」在彌濃人的一場公民社會運動成為催生社會文法（social grammar）的基底（見第九章），而關於那一場社會運動，過去從未有文化根源的相關探討。

　　本書以人類學的「社群」（community）概念來分析彌濃人，同

樣的「六堆」在這個研究中也是一個社群——即我強調它的人群概念而非地圖上的地域概念。筆者將六堆的界限性質提出討論，並從敬外祖有限的婚域關係，看見六堆客方言群在「選擇性偏好」的結果，是同時捍衛了族群的界限以及水資源界限（見第五章）。這種討論將把六堆從一個原本居於弱勢或排外的刻板印象進行扭轉，可以看到的是這個人群不僅具有Cohen論及活躍嘗會與契約生活的積極性，同時也有意識地安置了界限的穩定性，六堆並沒有成為一個對外擴張的嗜戰人群。

二、敬外祖再現了姻親締結與族群地方性

為了充分說明上述關於地方社會的界限性格，本書用了相當的篇幅細節地描述田野工作期間對敬外祖的參與觀察（見第三章），並且透過人類學的觀點進行關於敬外祖儀式邏輯的分析（見第四章）。在這個部分有一個較為辯證的議題可說是這個研究的特點之一，值得再次說明。人類學的田野工作方法論在1980年代進入了反省民族誌的時期，許多人類學者思考著民族誌究竟能否提高了我們對「關於他者」（about others）的真實理解，還是一如John L. Comaroff（1992: 3-67）的批評，變成了「為他者代言」的創作？Comaroff建議我們要用辯證（dialectics）取代對話（dialect），以及一種具有「the making of collective worlds」（Ibid.: 12）的分析態度，來呈現「各種」文化思維邏輯與社會記憶建構。本書對於這個觀點的支持，即表現在以下與針對Cohen（1976）的敬外祖詮釋的討論。

Cohen（1976: 153-155）曾指出敬外祖的功能在於「表彰母方祖先」（"honoring the matrilateral ancestors"），並透過婚姻進行親屬關係的強化。按Cohen的說法，敬外祖是象徵的功能在先，而實質的功能在後。筆者嘗試從田野口述裡整理村民們的看法，其中幾乎絕大部分的意見都認為敬外祖不管是象徵還是實質的意義，都在於「表達感謝」以及「飲水思源（不忘本）」。由於英文的「honor」並沒有

「感謝」之意，我認為Cohen當時的描述應有相當的成分是人類學利用理論工具所做的詮釋，而不是田野裡這些「他者」的直接表達。這是第一層的辯證。

第二點辯證就是關於Cohen所提的這兩種功能，是否充分且正確地詮釋了敬外祖的特色。關於象徵性表彰（榮耀）母方祖先的這個部分，書中以新竹縣新埔鎮其中三個大姓的家廟（宗祠）裡的「歷代姻親祖先神位」作為比較，認為後者較之敬外祖有著更接近象徵性的表彰母方祖先的功能（見第四章第二節）。另一方面，若深究敬外祖實際進行的親屬聯結關係，Cohen所指出的「透過婚姻強化的親屬關係系譜」（Cohen, 1976: 157），實際上也不是那樣的「完美」，且其分析似乎較無描述到敬外祖是「甥舅關係」重新再確認的關係（見第四章第三節）。

第三點辯證在於敬外祖的象徵意義有一個部分是Cohen當時沒有特別指出的，即敬外祖就是一個家族透過一場婚姻在即將締結新的姻親關係之前，與此直系血親過去三代曾經締結過的姻親，在對方家祖堂共同敬祖形成的一種「再次締結」的意義。換句話說，敬外祖的象徵意義——就理論分析層次來說，並非表彰母方祖先，而是透過前往姻親家祖堂共同敬祖，重複且多次地進行結盟關係的再確認。

除了上述三點辯證之外，第四點是敬外祖在當地有一個「理想上」應敬三代的地方認知，而這種垂直的姻親關係強化亦涵化至另一種民俗層面，即生育禮俗中的「十二朝報喜」，彌濃稱「送雞酒」。彌濃耆老曾表示，不會跟有去敬外祖的家族（派下）再結親——這意謂著兩件事情：第一，敬外祖有助於迴避近親禁忌；第二，敬外祖可擴大結盟範圍，避免重複結親（浪費資源）（見第四章第四節）。

對於敬外祖儀式細節的詳細分析，除了目的在與Cohen的詮釋對話之外，另一個重要的目的在看到儀式「背後」的女性。整個敬外祖的前臺，原則上女性是無聲的（除非族中長老目前以某位相當年長的女性為代表），否則即便是陪同或帶領，在秉告祖先時，大多是由雙方的男性族人帶著即將結婚的新娘公完成整個儀式。然而，「看不

見」的女性實際上是敬外祖儀式的啟動者，因為她完成了生養子嗣的貢獻，才觸動了夫家家族與娘家（外家）家族再次共同敬祖締結關係的這場儀式。

本書使用第三部分中較大的篇幅來描述女性，尤其是她在生養子嗣與無償勞動中的貢獻（見第八章第三節），以及她在婚前與婚後和本家（娘家、外家）之間的情感關係（見第七章）。這是在與Paster-nak（1983: 160-161）以及Cohen（1976: 40）的討論對話，他們都討論到彌濃盛行小區域內的大婚選擇，這種姻親關係處於地緣較為緊密的情形下，實際上對於家族穩定有很大的威脅。Gallin曾說：「親戚關係本身就是關係良好的最好基礎，保持往來的距離也許更能維持良好的關係，換言之，要避免過分親暱，以免像親族那樣，常常因此發生惡感。」（1966: 176）換句話說，強化姻親聯帶實際上對於地方社會家族的穩固似乎是一種矛盾關係——然而多組的姻親締結不僅是可動用的資源更多，在家族的發展上，多組的妻舅彼此也會是一種制衡。本書想讓女性自己詮釋她的理解，關於她在婚姻這一件事情上的某些看法，尤其是「不要依靠外家」和負起生養責任「骨氣」的說法（見第七章第一節）。筆者同意這個研究並不能代表所有的彌濃女性，但它絕對是多種觀點中的其中一部分。選擇這個部分來書寫，目的在突顯這樣要女性擺脫對外家的依賴，實際上可能反映的也是不希望姻親過分介入而產生家庭不和諧的期待，另一方面女性卻也在這種語言實踐底下，共構著這樣一個擁有強大姻親力量但卻又維持一定地方社會家族發展的歷史過程。

另一個以女性為主的討論則是來自敬外祖中，甚多女性參與者表現出身為客家人的驕傲，認為只有客家人才會這樣地不忘本（不忘母親的付出），或說客家人對姻親是很重視的，客家人非常有骨氣等等。女性在敬外祖這樣的儀式之中，看到「自己的」（以及其他女性的）共同貢獻，在話語中擁有屬於女性的「族群性」，表達出身為弱裔地位（minority）的焦慮，認同傳宗接代對於客方言群的重要性。她們非常喜歡說：「客人係講沒婦人家哪有今晡日啊！」（客家人如

果沒有婦人家，哪有今天啊！）

本書希望說明敬外祖確實對於結盟姻親關係而言，是正面且強化的；建立越大網絡的姻親關係，在同樣都是以小家族為主的文化區域中，將有更好的社會經濟生存機制，反映的是地方社會中較缺乏大型宗族下的一種聯盟社會型態，此即為彌濃地方性的特色。在這個觀點底下，敬外祖就是家族勢力較為平均相當的一種投射，表達出一種對母方家族不能不予重視的要求與文化設計。另一方面，敬外祖也再現著一個傳統結盟型社會的結盟「過程」，讓我們看到原來結盟可以有很多種型態，敬外祖是其中一種可以讓我們看到女性在歷史過程中貢獻於結盟角色的儀式。

三、敬外祖體現了客方言群強調母親角色的歷史心性

關於性別氣質的建構，在人類學是一個「歷史悠久」的研究主題，本書重複此古老的話題，最重要也是最根本的原因，在於研究者認為過去似乎少見相關的研究認真地思考過彌濃或六堆人的「文化特徵」。我們可以從語言的角度去區分出六堆或彌濃的族群性，或從嘗會數量上突顯下淡水溪客方言群的經濟生活，但是當人們因為高度互動逐漸模糊了相互差異之後，那種刻板印象卻很可能成為我們找到「自己」的一種歸屬感（Rapport & Overing, 2000: 348）。因此筆者甘冒被批評強化刻板印象的風險，在這個研究中透過敬外祖思考社會性別如何在這個民情風俗中被強化，理解那些被強化的刻板印象其真正的、實際的內涵，以及村子裡人們真實的想法與詮釋又是什麼。第八章就是本書透過觀察敬外祖裡兩性在分工後的行動意義，以及儀式本身對於性別分工責任的象徵強化，討論男性與女性在理想人格或生命責任上的型塑內涵，並說明這樣的一組儀式，對於建構一個具有「客家意識」的男性與女性，所發揮的功能。

對即將結婚的這一位男性來說，敬外祖的這天是一場場奔波的敬拜場合。他得在家族長輩的帶領之下，透過敬拜實質檢視著他的生存

領域，包括信仰空間、土地資源，以及親屬網絡。文中整理了幾位男性長者的回憶，提及敬外祖讓一名即將結婚的男子，一天之內多次地進行敬祖儀式，面對不同姓氏的祖先牌位，從一個家族到另一個家族的廳下，他會理解到男性的責任就是光宗耀祖，而發展家族的方式即是耕讀傳家——耕可以獲得經濟收益，擴建家族夥房與祖堂規模，讀可以取仕及第，提升家族的社會位置（見第八章第二節）。對女性來說，她們在敬外祖的後臺忙碌，之所以有敬外祖是因為她的勤奮——包括努力生養小孩。勤奮（做家）的特質被塑造成女性的理想型，通常以「四頭四尾」稱之，在這個理想型裡，女性要能勤與儉，而且要能夠在盤根錯節的親屬網絡中，把親戚「做」好（見第八章第三節）。

為了更貼近理解這種社會性別的建構，此書在研究方法上部分採用了一些來自於研究者與長輩女性的辯論、討論與看法。筆者多年前成為彌濃農家媳婦，婚後女性長輩有意無意的身教與言教，都在讓一個媳婦時時得牢記一件事：努力學習如何成為、或說該如何是一個彌濃媳婦。田野筆記中塗鴉著那些被理性遊說或感性馴化的點滴感受，其中也反映了身為研究者對此事的情感抗拒與理性辯論。然而就在平日忙碌於耕作和民俗生活的婆婆，某夜於淋浴半途暈倒於浴室，被醫師告誡操煩過度輕微中風時，身為媳婦的見她每日不情願地服藥卻仍不放棄田作，體悟到在她的意識中真實存在著的那種身為客家女性的「理想型」（ideal type），像意識型態般緊箍著、指揮著，讓她堅持不放棄做出身為一個「客家婦人家」該有的樣子。在這樣的一個龐大的意識型態之下，她們仍然能詮釋自身命運與安身立命的自我肯定，並成為地方社會形成的重要「共構者」（co-constuctors）。

筆者必須承認本書關於性別氣質的討論，並沒有以解放女性為前提，也沒有脫離漢人社會與文化中對於性別的刻板印象。社會學者批判，是社會集體用「美德」催眠了女性，為了維持繼續剝削她們的目的。或許在這個邏輯底下，敬外祖就是其中的一種甜頭。然而，蕭鳳霞曾說，在種種對於剝削的評論之外，漢人女性在地方社會和歷史中

還是有自己的天地和位置，並參與了地方文化社會的創造（2004: 36-37）。因此，對於批判性詮釋，本書選擇的態度是去思考：傳統女性自己到底怎麼理解她的這片天地？在這麼長的一段歷史過程中，女性怎麼訴說自己的「好命」？

　　本書在第八章第三節曾引述了一段關於「好命」的定義，整理之後理解到傳統女性認為好命的條件有二：第一個是「有生養後代」（成為母親），第二個是「自雇」（不被剝削）。我們若用批判的角度來看，不管是生育還是田間勞動，都可以說是某一種類型的剝削關係，不過用當地伯姆的思維邏輯來看，前者是社會（家族）責任，後者則是一種「自由」，她們認為去上班吃人頭路是「不自由的」，理論來說就是被剝削的。所以，傳統女性她們也有自己一套對於「自主」的定義以及達成的途徑，這一點並不輸給那些在職場上力爭上游取得性與經濟自主權的現代女性。

　　本書也指出敬外祖讓我們看到女性在傳統社會中角色的特殊點，包括作為文化傳承者的位置，以及客方言群對於「母親」角色的相對重視。從性別氣質與責任角度思考，當地男性的耕讀理想目前已相當程度地受臺灣「現代化」政策的影響，「讀」的理想不僅越過了「耕」，而且對於「耕」的負面評價反而造成越來越多的讀書人「有家歸不得」（不能回去說要種田），或離農離土後，在彌濃已「無家可歸」（夥房的人都走光了）。也就是說，男性的理想型是建構在客觀環境上，實際上也相對脆弱容易受他者（國家、政策等）改變。相對地，女性的理想型建構在主觀意識上，與女性主義逐漸把女性從家庭解放出來的同時，仍有許多「固守家園傳統」的女性，持續著她們的認知取向，而且不是那種命運難違的哀嘆，反倒是充滿朝氣且肯定自我的自尊與自重，不斷對他者強調（或說服他者）女性不能放棄擔負族群（家族）存續的責任。讀者或許也會懷疑是否是傳統女性的一種「自我催眠」或長久慣習，然而當研究者也流露出這種態度時，立即受到來自她們的挑戰以及不以為然。這其實相當程度的反映了一個社會特徵，即當地一直以來女性就是（族群）文化傳承者，她們知道

一旦女性不再具有（族群）存續意識的時候，文化的母體就會整個瓦解，毫不留情。

　　這即是本書在第六章第二節所指出的，敬外祖的傳承乃是透過「母親」來維持。許多例子指出，一組跨族通婚若母親為客家人，則到母方家敬祖的儀式較容易獲得維持；若父親為客家人但母親不是，那麼敬外祖非常容易就中斷，原因是母方家親戚不能理解接受或不知如何配合。因此，即便敬外祖事實上強化了父系社會傳宗接代與重男輕女的思維，但這組文化卻是沿著母系這一條線傳承下去。換句話說，女性與男性共構著這樣一個六堆社會，而母親的角色更被突顯出來。

　　另一方面，敬外祖的婚俗因為呈現了到母方家敬祖的儀式文化，它實際上也具有展現客方言群在許多文化面向上多有強調女性的文化思維，例如本書在第二章的許多討論。就在謝劍與房學嘉在為粵東梅縣丙村由女性擔任「做社」頭人的研究中，給出這樣一句結語，筆者認為在此亦十分適合用來說明敬外祖強調母方血緣的事實，象徵了逸出嚴格父系意識型態的特徵：

　　　　……雖然許多例子並未改變他們仍然是以男性繼嗣的事實，但如……的習俗來看，客家之所以為客家，似乎保持著某些地方舊俗，和明、清兩代所發展出來那個極端專制統治下的父權父系，還是有所不同。（謝劍、房學嘉，2002: 198）

四、美濃反水庫運動作為敬外祖行為邏輯的再現版本

　　本書最後一章（第九章）論述一場社會運動的文化根源。這個案例實際上整體呼應筆者在緒論中曾提到的一個概念。當時引用了 Aletta Biersack 在《邁向一個歷史的人類學》論文集導言中的一段話：他說「歷史的人類學」研究文化與「過去」（"the past"）如何經由交融與對話來形成「歷史」（*history*）；「歷史」是一連串關於時間、

文化、儀式等再現的今昔關係（1991: 18-20）。本書的企圖即是指出「六堆」不只是一個組織，一個想像的地理區域，它更是延續性的「事件」，是一段關於流動時間裡的記憶；每個人都在不同的時空加料於這段「歷史」。筆者希望表達的是：六堆不僅存在於史料文獻之中，它還以時間、文化、儀式存在於六堆人的生活中。它與敬外祖同樣緣於下淡水溪一個姻親聯盟合作社會，而它也與敬外祖一樣再現於一場像是美濃反水庫運動這樣的當代人群活動之中。

相較於直接針對敬外祖進行論述，本書將第九章獨立出來為第四部分。論述脈絡從大事記開始。這是因為美濃反水庫運動是一場在民間或學術界都十分引人注目的公民運動，筆者對它的認識與瞭解，大部分來自於個人在其中的參與。美濃反水庫運動起因於一個社區自發的自力救濟事件，而後它激發了美濃、六堆、客家、南臺灣水資源社團等不同領域的團結。大事記沿著運動幹部的回憶書寫或口述材料，用參與者的觀點來思考他們如何「思考」這個事件。

探討社會運動的文化根源是文化社會學熱衷的議題。本書採用的社會文法概念確實亦是來自社會學者。然而在方法論上，筆者認為應該還是相當「人類學的」。通過全貌觀的深描手法，筆者採用人類學探究世界觀的三個重要面向（人群觀、時間觀與空間觀），用以分析美濃反水庫運動的社會文法，如此抽絲剝繭地陳述在該三面向上，這場運動它挖掘、轉譯、再現了哪些彌濃當地既有的文化內涵。

本書認為，用一場社會運動來看敬外祖，它並不表示運動之出現或成敗與敬外祖有直接且密切的因果，而是要嘗試拉出一種歷史再現的討論。包括再現六堆的內／外關係，也再現敬外祖中的空間觀、時間觀與人群觀。清代因「朱一貴事件」【起因】，促使了下淡水溪客方言群合力面對騷擾治安的福佬人【他者】，產生的六營／七營／六堆【事件】；當代的「美濃水庫興建案」【起因】，激發了鄉民群眾對於國家【他者】的抵抗與自我的團結意識，進而產生美濃反水庫運動【事件】。這兩個事件都因應地方性誕生了界限，但也因時代背景的不同，面對界限的內與外，就有了不同的策略——但非常重要的相

同點就是都大量且深化了「家園」這個族群意識。

　　筆者在討論空間觀這一小節中，特別點出「家園」概念在敬外祖與當代社會運動的重要。「家園」是一種地域化的結果，從敬外祖裡也可以看到，一名男子結婚前必須擁有自己明確的家園觀，它的社區神明、土地伯公還有親屬網絡在「哪裡」。這種家園與地方感的確立，有助於人群情感的凝聚；一旦喪失家園，即便縱使四海為家做一個地球公民，但也成為無根的蘭花。美濃反水庫運動它操作了家園的地方感，讓這種地域認同達到可以「誓死守衛家園」的層次。筆者認為這反映了「六堆」事件的歷史重演，而家園感的創造也是六堆客庄建立聯盟的一種在當代的複製或再現。

　　另外，我們也可以從節奏明快且毫不拖延的敬外祖流程中，看到一種時間觀的展演。它同樣來自一個創發傳統的再現。精準、明快的性格，與來自農作作息以及菸草上工的嚴格要求，反映在社會運動幹部的工作狀態，每天面對新的議題都要迅速反映並完成新聞稿，凡事精簡（「省」，把握時間），卻也隱含著焦慮。焦慮同樣有著六堆的影子，即生活中出現了不友善的「外面人」。這種「內」「外」界限所形成的焦慮，在面對國家（外面）龐大的力量時，重演了與六堆時期類似的歷史心性——「他者」的虎視眈眈。

　　本書利用第九章第四節討論「走親戚」。以此說明美濃反水庫運動的串連模式，不單是建立在「議題同盟」的理性合作上，而是融入了「禮尚一往來」（常向群，2010）的一種互惠交換體系。在這種概念底下，人們會相互上前關心彼此的議題，而從「走」的過程中，把相互的關係「做」出來。敬外祖本身就是這種概念下的產物，客方言群透過至姻親家拜祖，重複且多次地確認兩家的親戚關係（結盟關係），並且透過儀式內外的禮物交換，不斷強化彼此的親戚關係。而它成為一場社會運動的組織動力學內涵，最重要的是那些原本即具有地方成長背景的年輕人與鄉紳，他們將此作為「再社會化」、「再農村化」的教材，重新參與民俗、認識「傳統」，並具體實踐於運動層面上，使其成為一種特殊的「社會文法」。也因此落實了一個並不容

易被複製或搬移的社會運動經驗。

　　Paul Connerton（1989）「社會如何記憶」的概念，可以說明這種歷史重演的關係。本書認為應該這樣理解敬外祖：當彌濃人走著這組儀式的時候，是參與者透過舉行儀式與身體實踐兩種方式，讓曾經需要姻親地緣合作的六堆歷史（事件）與特定的文化思維（內／外界限），在當下再次地再現與重演。而不僅是敬外祖再現／重演著六堆，當代的公民運動也如此「記憶」著那個下淡水溪客方言群曾經共有的歷史過程。

五、延伸思考：敬外祖能否成為當代社會人際的結合劑？

　　以上四點為本書論述之核心。然而，面對敬外祖這項研究，筆者依然有著矛盾的感受——這套「傳統」究竟是否就讓它隨時代變遷而目視其淡微，還是會有人倡議略加「移風易俗」後，使其有機會成為當代社會人際的結合劑？

　　敬外祖在當代因著跨族群與跨地域的自由戀愛婚姻，正朝向消逝的方向奔去。本書在文中不斷強調，六堆的界限它不是自然形成的，它是「做」或「建構」出來的，是客方言群有意識地產生內聚力量，區別我群與他群，並從跨村際的姻親重複締結中，深化親屬關係的重要性，讓「內（客）」／「外（非客）」的區別成為一種選擇性親近下的結果。然而，也因為這個界限不是自然生成的，所以它可以被跨越、可以被瓦解，當人們開始較頻繁地跨族群與跨區域通婚時，它很快地就從姻親強化的儀式機制中退出；當建構起這個界限的姻親組織與意識鬆散且淡微時，人群六堆的界限也就變得懷舊式的遙想了。

　　在彌濃已看到太多不利於維繫敬外祖的客觀與主觀條件。就客觀條件方面，彌濃社會與臺灣大多數的農村一樣，都處在一個受國家發展主義高度介入的體系底下，原本附著於土地與農業的生業模式與人際關係，都被捲入工業化與都市化的生產鏈裡，農業與農村成為工業

與都市提供原料、人力的來源，然而卻得承受極大的環境成本以及被邊緣化的命運。事實上，臺灣客方言群母體的瓦解並不是最近才發生的——從日本統治時期瓦解六堆組織開始，下淡水溪的客庄即走向零碎化。當代掌著各堆旗幟要面對的「外面人」，不再是地圖上那些福佬庄或「蕃社」，而是擁有現代化軍事力量的國家機器。國民政府將傳統六堆客方言群的北端一部分劃歸高雄縣，亦使客庄共同體原有的連續性中斷，而數次的土地改革，讓農村看似「發展」了，但卻也成為臺灣轉型已開發國家之路的犧牲品。在趨勢下，農村不再需要跨姓氏的地緣合作關係，原本具有維繫親緣與地緣關係的敬外祖，就逐漸失去其作為親屬結盟的功能。比較令人傷感的是，實質功能的不再被需要，連帶的是對於「客家人就是比較飲水思源」或「感謝母方（母親）」的象徵功能，也一併面臨送入回收場的命運。

　　客觀條件除了農村社會的瓦解之外，象徵族群大和解的界限消融，同時也造成了敬外祖即將進入民俗標本室的重要原因。當通婚範圍超出敬外祖能承受的有限婚域時，其實踐馬上面臨中斷或適應變遷的考驗；縱使交通便捷，但遠距姻親仍會讓敬外祖祭拜疲於奔命，而跨族群聯姻，亦讓其他族群的外家沒有行禮如儀的約束動力。彌濃傳統八音樂手鍾雲輝表達了一種變遷適應的方法，「敬外祖有的人連去都沒有去，就打個電話請外家燒個香告訴祖先，就這樣也可以啦。」不過並非所有的變通都還有道理可說，例如談及送雞酒所面臨的文化挑戰，鍾先生就說：「大家現在都懶了，像福佬人還會跑來看自己剛生產完的女兒和外孫，我們哪裡還需要去他們那邊『送雞酒』（報喜）？他們自己就來了。」

　　與敬外祖同樣具有二至三代禮物敬祖儀式結構的送雞酒，面臨變遷的挑戰與敬外祖相仿，跨地域與跨族群的通婚都是迎面而來的海嘯。研究者個人的例子即相當說明了這個事實。作為來自臺北都會的媳婦，頭胎依彌濃之俗於夫家做月子，當婆婆表示要送雞酒至外家時，居住在四百多公里外的家父家母，就建議由已遷居高雄的兄長「代收」即可。依禮父母健在雞酒是一定要親送父母家才是，但由於

已決定委請兄長代勞，遂由夫婿專程驅車送至高雄市區。然而，兄長收到此禮後依本家之俗並無拜祖之禮，亦沒能依彌濃人風俗進行回禮。因此，這個例子明顯地看到送雞酒之俗其佚失的情形。或許，彌濃人或六堆人再過一個世代就會遺忘敬外祖或送雞酒究竟如何執行，遺忘曾經有過的結盟型社會氣質。這些遺忘的背後牽涉到地方化特色的消逝、國家發展主義的介入、摒棄特定意識型態（父系父權）的解放運動、全球化與個體化的風潮等等，或許值得再慢慢探討。日後若有另外一位人類學者來到彌濃，聽到關於曾經盛行敬外祖之事，他的研究取徑也許就必須變成探討「社會如何遺忘」（見 Climo & Cattell ed., 2002: 1-38），或何以社會會遺忘。

在此筆者希望重申，前述跨族群與跨地域通婚對於婚俗的衝擊，是當代社會因應人權而自然走向的變遷，婚姻自主與自由是普世價值的一部分，我們不可能也無須走回頭路。人類學者的工作之一就是從文化變遷中看到原本可能看不見的東西：例如淡微中的敬外祖就提供了一個讓當代檢視其背後意識型態的機會，尤其是性別角色存在的問題。從某種角度來說，原本約定成俗的敬外祖不再被重視的同時，實際上也解放了過去在「傳統」底下終日處於傳宗接代壓力下的女性，以及男性。這種觀點或許可以得到一些女性主義者的支持，尤其是在性別人權的提倡下，已經出現主張透過移風易俗，來「消除文化禮俗儀典的性別歧視」。最明顯的就是在「2011年全國婦女國是會議」所提出的《性別平等政策綱領草案》第六篇〈教育、文化與媒體〉，以「具性別意識的教育文化媒體政策是建構性別平等社會的磐石」為主要方向，在政策願景與內涵的第四點提到「消除文化禮俗儀典的性別歧視，積極突破父權文化的束縛」，積極主張推動性別平等，特別是具有歧視或排擠意涵的信仰習俗，希望能針對性別歧視的部分予以消除。第四點全文內容如下：[114]

---

114 參閱全國婦女國是會議官網，http://www.women100.org.tw/main_page.aspx?PARENT_ID=21（擷取日期：2011/6/1）。

民間信仰與習俗觀念乃多年演變而成，雖難以於短時間大破大立，但是這些卻是影響廣大民眾日常生活重要的觀念，因此，若不針對相關習俗進行整體性思考與進步觀念推動，則民間性別平等的推動成效相對有其侷限，例如針對喪葬傳統禮俗中，離婚、未婚、非婚生子女、同志、跨性，經常受到歧視或排擠，出嫁女兒地位的邊緣化等等，如何消除文化禮俗儀典的性別歧視，也是本政策綱領持續著重的重點之一。

筆者在讀到這一草案條文的同時，想到的是手邊正在進行的敬外祖研究。若從敬外祖具有強化女性作為生產工具、重男輕女的性別歧視意涵、女耕男讀的刻板印象來看，它應該已經被列入上述「移風易俗」的候補名單中。

不過，任何一種成形已久的民情風俗，撇開鄉民社會依附其上的就業人口不談，民俗深刻鑲嵌於地方的人際網絡裡，也構建著某些世代人們的情感聯繫。例如對嫁出去的女兒來說，「不再去敬外祖」這件事在原有的民俗脈絡裡，就是把夫家與娘家那種已經疏遠的關係，直接攤在陽光下。敬外祖曾經讓許多女性擁有一個被子嗣表達感謝的象徵成就，而現在──「什麼都不需要了？不是不需要吧。是我們現在都『退化』了，整個文化性都『退化』掉了。」彌濃女性長輩是這樣說的。或許，我們無須拿批判社會進化論的尺度去分析這句話，因為這真的只是她們說的話──遺憾的是，很少人真正聽懂或願意好好認真聽。

也就是在長輩的「退化論」哀嘆聲中，另一方面敬外祖的逐漸消失也正靜靜地解放著年輕的一代。當大家用「沒那麼功夫」作為不再敬外祖的合理理由時，關於是否生養男丁或傳宗接代就不再被儀式化地彰顯。女性對家族的貢獻得以表現在不同面向，能透過社會公共參與獲得成就，不必再從生養男丁來取得自尊與自信。而且，現在生養小孩所要考慮的經濟與社會變數越來越多，客方言群的女性亦不願再承受刻板印象的規訓，「其他的族群都說我們客家女性『耐操』又

『認份』，就用這種高標準看我，這讓我們很不想當客家女性，」到城市去工作的秀姐這樣一句話，隱含著反彈刻板印象的千言萬語。

　　雖然，敬外祖因為強化的是父系思維底下的姻親關係，但敬外祖它仍具有維繫已婚女性與其原生家庭的情感關係。我們或許還是可以相信，它有機會繼續對當代人群凝聚或情感交流，帶來正面的意義，尤其是對於因為跨界婚姻而與原生家庭關係形成斷裂的人來說，如果敬外祖開放更大的形式彈性、期程彈性以及對象彈性（甚至修正其實行方式），讓跨地域通婚者不一定只能在一日內完成敬外祖（一天奔波島內甚至國外都不可能），跨族群通婚者能某種程度淡化敬拜對方祖先的儀式（畢竟聯結母舅才是主要功能），也或許不必等到兒子結婚，女兒結婚也可以敬外祖（女性已經不是潑出去的水，小孩以後甚至可以選擇從母姓），讓女性的夫家對自己娘家的親戚，不能隨意就撇清關係或生疏冷淡。這樣，這個曾經為建立客方言群族群性與內聚性力量的「新敬外祖」，或許可以讓那些遠自其他國家嫁來的新移民女性，在她們兒子（或女兒）結婚時，得到婆家的允許，帶著先生或陪著兒子女兒，多回幾趟娘家，讓成年後即將結婚的子女，獲得社會支持及正向肯定的機會，透過「敬外祖」去認識母族們成長的地方。

	地點	碑石字	位置‧形制	說明與注釋
A	梅州市 東郊月梅	三坑鄉 里社貞官神座	此處舊名三坑里。現於梅州市文化公園旁。無廟門之祠，配祀「福德伯公／婆神座」	三坑里社拜亭楹聯有兩對，其一「社官臺前三叩首／財丁興旺福壽來」，表示此處社官具有應求福祿壽之性質。三坑里社每逢初一、十五香火鼎盛，社官壇外聚集多位算命師擺攤，地方盛傳來此求官者絡繹不絕。鄰近張姓返鄉讀書表示，社官香火鼎盛反映清官難求，老百姓只好請社官施展神力，為自己隔小人、避邪、保平安。
B	興福鎮 濟竹村	濟竹 里社真官神位	山腰溪水邊。小廟塚式。形制與黃土社官類似	在濟竹的雜貨店打聽到當地有人知道「社官老爺」，一些正從田裡要回家午休的婦人跟我說「社官老爺是上片靠山那邊的人在拜的」。然後一位嫁入這裡徐屋的阿姨，先帶我將她車上的肥料帶回家後，就引領我爬上一層層的梯田，到山腰處一個密竹林下的溪流邊，找到她說的社官壇。她告訴我，「社官老爺」是保佑小孩子平安的。

C	興福鎮 上村 沙尾	本境 水口伯公/婆之 神位	石窟河畔電廠旁駁棚上，為新建式及腰高度之路邊小廟	在「本境水口伯公／婆」（當地人表示這是社官老爺）處，身穿華僑中學制服的中學生下課後一群人到電廠旁戲水。有位同學在玩水前先去水口伯公雙手合十拜拜。我問：那是拜什麼的呢？男同學回答：拜神。「拜什麼神？」「不知道，就游泳或玩水保平安。」
D	蕉城鎮 黃土村	黃土龍坑口社令真官	黃土村位於蕉城鎮西郊石窟河邊，社官為小廟塚式	在蕉城西郊重要渡口「艾壩街」（舊艾壩渡口旁市街）附近，遇到一個其父自五華縣落腳艾壩的魏姓人家，她們告知往南不遠有社官老爺。我在進入黃土村農田區裡迷路甚久後，終於在一位路邊阿姨的指引下，看到窩居於坡旁的社官壇。社官壇的設置地點現在看起來是相較於農田稍高一尺左右的坡坳處。黃土村古氏子裔於乾隆年間遷至臺灣新竹霄裡。
E	蕉城鎮 楊屋	社官老爺之神位	楊屋位於蕉城鎮南郊近石窟河邊，社官老爺新建於堤防路上，為小廟式，旁另有伯公/婆小廟	此社官所在位置為石窟河東岸圍堤路上，因重立之故，應與原地點、原朝向都有了改變。碑石上的文字寫的是「社官老爺」。小廟形制應為信仰解禁後之一旁配祀之伯公／婆壇，形制亦相同。高樹東振楊屋之祖籍即為蕉城鎮楊屋。

F	蕉城鎮 陂角村	社官之神位 公王（之神 位）	一個石碑上同時 刻寫社官與公王 ，為合祀之墓塚 式小廟，後方有 一株大榕樹	這個自然村為李田，其同屬 陂角村的鄰村即為霞黃村， 有黃氏宗祠。清代六堆首位 進士黃驤雲（彌濃人）為該 霞黃姓之裔孫。霞黃亦為 《石窟一徵》作者清代舉人 黃釗之故居聚落。我依手上 僅有的「下黃」這個地名的 資訊，後來終於找到「霞 黃」（客語發音與「下黃」 同）。近午時分，由黃氏宗 祠族人帶我到李田去找到 「社官老爺」。
G	新鋪鎮 金沙村	社官老爺 之神位	位於金沙村大塘 面一矮丘上，新 建一人高之小廟 ，裡面有三個神 位，中為「公皇 老爺」，其左側 為「社官老爺」 ，其右側為「福 德伯公／婆」	新鋪鎮原名金沙鄉，金沙村 就在離新鋪墟不遠之處，為 新埔墟越過象嶺的村子，全 村多姓陳。此處為新鋪鎮往 梅縣的主要道路旁。尋找此 社官時迷路多次。先是新鋪 鎮上有人告知在大塘面有一 個叫做「蛇崗下」的地名。 然後在大塘面遇到許多外地 來做事的也沒聽過。之後是 在金沙國小附近問人，才知 道那個小丘地方上就叫做 「社官下」，也就是敬奉社 官之處。此地小地名為大塘 面，過去是一佔地五、六十 畝，後來在1960年代「圍塘 造田」之後，塘就不見了。 在這個新建的小廟以公王為 中心，左右為社官與伯公／ 婆。六堆萬巒林氏即來自金 沙。

H	新鋪鎮 靄嶺村	社官老爺神位	位於靄嶺山腳下與石窟河之間整大片溪埔地（現已是良田）中央。神牌上同時敬刻社官老爺神位及盤古大王神位	這個地方是在石窟河河堤內的低窪區，後來全部被改成良田。這個地區是靄嶺與塘福嶺交界區域，這兩處分別有鍾姓與陳姓宗祠，六堆地區有許多後裔其祖先是來自於此。例如萬巒本庄鍾屋來自靄嶺。
I	新鋪鎮 同福村	沙官老爺	位於矮車近山圳水山腳下，一共收納供奉了包括沙官老爺、四路伯公伯婆、南無阿彌陀佛、〇〇伯公伯婆、公王老爺、彌陀爺爺等六個神位	此處為新鋪街上前往徐溪鎮的路上山腳邊。我判斷在1980年代重立神位時，刻上之字為「沙官老爺」，應該即為「社官老爺」之音誤。重建時一共重立了六個神位，依當地之俗，可能主要就是重立「社官」以及「公王」，因為在當地社官與公王旁通常都會隨祀伯公／婆以及南無阿彌陀佛（一般伯公／婆旁也會隨祀阿彌陀佛）。同福村有曾氏於清同治年間渡海遷至臺灣新竹。
J	新鋪鎮 同福村	沙官老爺	位於石岡坪（烏石下）山腳下，一大塊碑石上同時刻有本堂□公、沙官老爺、諸王老爺、公王老爺、勝佛老爺、大樹伯公伯婆等六位稱號	面向圳水與一大片田坵。此處亦為新鋪街上前往徐溪鎮的路上山腳下。距離矮車社官約10分鐘腳踏車車程。與其相當類似都是1980年新建。在這個神牌上，社官與公王都被歸類為「老爺」，配祀伯公伯婆。

| K | 徐溪鎮
徑口村 | 溪口社
社官貞母神位 | 位於徐溪電排（電廠排水系統）旁。露天墓塚式，一旁另有福德伯公／婆及南無阿彌陀佛壇，亦為露天墓塚式 | 自新鋪鎮街上往徐溪鎮的路上，一路皆為溯溪的上坡路段，田野時正逢修路，連騎腳踏車都感到崎嶇。進入徐溪鎮徐溪村大河背（也就是在大河後面的村子），也是依靠村民指引，得知往旗形村的路上，有個社官老爺。此社官壇為前往徑口村村道之入口，應為該村與鄰村之村際之處。此處社官名稱又與其他不同，為「社官貞母」，重建之形制相當典雅，且維持露天的樣貌。難得的是，在石碑上刻有「溪口社」，可以推測這個區域以前大字地名就是溪口。距離此處不遠的旗形村，龍肚有鍾姓子弟其先祖原鄉即來自此。 |
| L | 新鋪鎮
尖坑村 | 尖坑社
里社眞官爺位 | 位於謝晉元紀念館後方山嶺之山坡腳下，面對一大片農田，為由「眾姓信士」於2006年重修，小廟塚式 | 彌濃陳氏中有一支即從新鋪尖坑而來。此地同時也是著名的謝晉元將軍之故居及紀念館。在紀念館附近種地的一名阿姨指引我。她跟我說：「越過矮山就看到了，新做的喔，很漂亮！」地點稍遠離尖坑聚落，應在其邊緣地帶。此社官壇之「里社眞官」四個字的寫法與彌濃里社眞官相同，唯此處不寫「神位」而是「爺位」，我推測應是受當地稱社官為「社官老爺」有關。據說碑石大小仿之前的原始大小，高有一公尺高，與彌濃里社眞官碑石大小亦相仿。 |

M	白渡鎮 江南村	（字跡完全模糊，僅約略辨識出「社」字）	位於江南村村道外溪流旁一丘陵山腳下，特別設置一約三尺高台，兩側有階梯可走上墓塚式的里社真官	社官所在位置在深入小徑以及村民的果園，我曾因路旁有個指標「江南村水口伯公」而猜測可能有社官。後來經村民指引，但說的是社官老爺。設置地點距離江南村主要聚落區有些距離，應為該村近山溪處的村際邊緣。該村為六堆首領之一的鍾麟光祖祠所在；也是六堆領導抗日的中堆新北勢人鍾發春之原籍，而遷自高樹大路關人文學家鍾理和，其祖先原籍亦是白渡江南村。
N	新鋪鎮 南山村	（無碑，僅存香爐）	位於小地名龍陂的村子裡。僅留有石材的小廟型制，隱約可見其曲手樣式	萬巒四溝水林屋之祖籍即為新鋪鎮南山下。
O	新鋪鎮 下南村	（僅可見「社真官」三字）	下南村亦屬於南山村管轄。為露天墓塚式社官壇，位置在下南電排站附近，面對石窟河堤防內側之低窪農田	此社官壇之位置與白渡鎮江南村社官壇相仿，都是在面對溪水（河水）低窪處的矮嶺山腳下，闢出一約三尺高的平台，並於兩側鋪設石階，村民可拾級而上。根據附近村民告知，社官壇下的這片屬於南山村靠河岸較近的低窪地，過去常常淹水氾濫，後來圍堤築起後才比較沒事。此處離下南村村民居住之處有些距離，接近大河邊且明顯位於村際邊緣。

附錄二：「抽猴筋」 （資料來源：《六堆客家鄉土誌》，鍾壬壽
1973: 346-347）

高雄縣美濃是山明水秀的小鎮，百多年前，這裡風行過一種有關女人的怪俗。

當時的美濃人，逼於要求生存和保衛地方，無論男女，都講求武功。因此婦人們也好勝，儼然有俠士風。她們之間盛行過一種叫「抽猴筋」的騷擾行為。這玩意是這樣的：從前夫妻離婚後的一季（收稻子一次為一季，一年分山冬、大冬兩季，一季約為半年）之內再娶新妻時，前妻便有發動「抽猴筋」一次的權利。

「抽猴筋」是明打的，不得有暗襲的勾當。並且只許一次，不能有再或三。其方式頗有君子之風。前妻得悉前夫再婚的消息後，先邀集親戚朋友（只許女人）開會商討，大家認為對方值得一鬧（窮酸、病弱、殘廢則不值得找上門），乃請剛勇有力的女親戚朋友做幫手。人數少則二三十人，多則五十乃至百人不等。經策劃，分配臨陣任務，等大家都明白了後，第二步是下戰書。這個戰書必須由族中長老送交對方，書中言明：「請作準備，決於幾時上門來抽猴筋。」參加人數，攜帶的武器等等，也必須交代清楚。她們所用的武器不是真刀利槍，而是一根趕雞棍（形如劍道用的竹刀）或搥穀棍（收稻子時用來打稻穗的二尺來長竹棒）。

對方（新妻）接到挑戰書，有的便備厚禮，親自到前妻家來賠罪，懇求原諒。如果運氣好，前妻諒解，則備一份豐盛的三牲酒菜，到庄頭庄尾的土地公廟掛紅，然後把現成的酒菜搬到前妻家，給那些幫手痛飲，如此方能罷休。可是這種息事寧人的手段，為一般人所不取，甚至認為是無上的恥辱。因此多是爽爽直直地接受挑戰，迎戰前妻問罪之師的光臨。在雙方交涉期間也很少有男使者出面（除非萬不得已之外），男人如干涉此事，必被全庄人唾棄。

到約好的那一天，前妻坐上黑轎，由兩個女幫手扛著，其他的女幫手則排著整齊的隊伍在後面，一律散髮卷袖，威風凜凜，叫開大

門。這時前妻下轎，與新妻相對而立。新妻只有一人（這也是規定，旁人不敢出面相幫，丈夫也要躲起來，任她們為所欲為），也裝束森嚴，立於院前，由前妻厲聲辱罵之後，前妻便指揮帶來之女幫手開始行動。她們喧嚷著，分頭搗蛋；闖進對方廚房，（只許鬧廚房，別房不能擅闖，新妻也不能事先把廚房空著或調換舊家具），從心所欲，任手翻打，無論水缸，大小鍋，碗筷，用器等等，一概無赦。

再說門口的兩人，前妻和新妻也各顯身手，出手時新妻也得先讓三招，才能正面還手。勝負莫能預料，這就要看平常的武功練得如何來決定了。她們兩人的武鬥，決無旁人幫手。打到難解難分，兩方家老（也是女的）認為適當時，便出來排解打圓場，消除一場怨恨。收場後，新妻如打敗了前妻，也得不償失，廚房裡已滿地狼籍，無人賠償，天地悠悠空遺恨。如果被前妻打傷了，那情形更慘，眼淚只能往肚裡嚥了，誰還來憐妳一聲？

直到同治末年黃金團中進士以後，由他勸化，才消除了「抽猴筋」的惡習。（張琴龍提供）

附錄三：[愛鄉會訊] 六堆鄉親祭恩公

發信人：evergreens ｜ 看板：mpa ｜ 日期：Sat May 23 20:32:50 1998
標題：[愛鄉會訊] 六堆鄉親祭恩公

【六堆鄉親祭恩公 反水庫運動延燒屏東平原】

清咸豐庚申年（1860年），高樹大路關受圍，求援於美濃與萬巒。美濃方面由劉山巒率領六百義民，萬巒方面由林錦祥率領五百義民，前往救圍。是役，美濃萬巒援軍犧牲者二十八人，為慰英靈，乃於今高樹鄉廣福村建廟祀之，是為「恩公廟」。1998年4月17日，行政院長蕭萬長宣布「美濃水庫」一年內動工興建，右堆美濃遭逢毀族滅庄的危機。「美濃水庫」的興建同時將嚴重阻礙高屏溪流域上游地下水之補注，剝奪地表水，對屏東六堆地區的農業與民生用水造成嚴重緊縮。

以六堆精神作為基礎，六堆各界決定效仿古代六堆團練的互助互援精神，於5月23日（六）下午二時半，前往**高樹鄉廣興村恩公廟祭拜先人英靈**，朗讀宣言，成立**「六堆反水庫義勇軍」**，共同聲援，**聯合反對「美濃水庫」**。祭典由屏東前縣長邱連輝及六堆文教基金會董事長劉錦逢聯合主持。首先由美濃愛鄉協進會理事長鍾鐵民朗誦祭文，再由佳冬名醫師曾貴海宣讀反水庫義勇軍成立宣言，最後由邱連輝及劉錦逢二位六堆耆宿授戰旗。六堆反水庫義勇軍成立後將致力於六堆各鄉鎮，就水文、生態、水資源永續利用及族群文化等方面的問題進行各項工作，同時並擴大反水庫運動的聯結。

【六堆反水庫義勇軍成立宣言】

近二百年來，六堆客家族群與其他族群共同生活在屏東平原上，族群間維持了和諧的共生與平衡關係，大家互相尊重，平等合作。近十年來，由於河川整治、管理及水資源政策徹底失敗，加上財團以不當方法意圖掠奪高屏溪水資源，以興建高污染、高耗水工業，使得南

臺灣面臨水資源爭奪惡戰，也迫使無能的政府計畫興建「美濃水庫」，來滿足不當產業的需索，要求美濃充當錯誤政策的祭品，要求美濃人放棄美麗的家鄉。這是美濃和全臺灣客家人不能接受的暴政。

【恩公廟祭告文】

維中華民國八十七年五月二十三日，六堆邱連輝、劉錦鴻、吳應文、涂志宏、曾貴海、吳錦發、鍾文中、蔡森泰、鍾新財、鍾國華、楊長鎮、鍾鐵民等，會同六堆地區愛鄉護土民眾數百人，敬備三牲水果，祭拜恩公廟諸先烈之神靈。早年客家先祖渡海來臺，選擇六堆地區興建家園，篳路藍縷開墾荒地，備極辛勞。加上外敵環伺，隨時入侵，各個庄頭必須結合力量，相互支援，以保安全，以爭取我客家族群的生存空間，而有六堆之組織。

咸豐年間，恩公廟諸位先烈得知高樹有難，從美濃火速渡河馳援，壯烈成仁，此種不惜犧牲自己生命，解救鄉親危難，保護六堆鄉土完整的精神，永為後代子孫景仰，成為六堆傳統精神。而六堆地區今日之繁榮發達，亦多賴先祖先烈英靈庇佑！今右堆美濃有難，國民政府水資源政策嚴重錯誤，打算在美濃雙溪興建大型水庫，強迫犧牲美濃的安全，及六堆的農業用水、地下水源。雙溪土質鬆軟，摩天大壩底下就是美濃的庄場，沒有大河道可以洩洪，如有一點失誤和意外，美濃即將滅絕。這是何等藐視我六堆客家族群的作法！祖先開拓美濃，流血流汗，留給我們這片家園十分珍貴，我們應該珍惜這塊福地！何況美濃還是全臺灣保持客家文化傳統最完整的地方。經濟部宣布一年內動工，利益團體勾結活動，製造紛亂。美濃有可怕的危機！今天我們祭拜恩公廟先烈，就是要效法先烈精神，結合六堆鄉親，組織義勇軍，共同奮鬥，解救美濃。我六堆忠義精神得以發揚，恩公廟諸先烈英靈長存，永遠佑我六堆子孫。

附錄四：六堆｜作者 鍾鐵民（完稿於1998年）

　　六堆這個名稱，我是到臺北念大學的時候才聽到的。那時在臺北有美濃同鄉會，還有六堆同鄉會，十月份召開同鄉會時，新到臺北的美濃和六堆學子都會接受邀請，參加同鄉會成為一員。會中有成就的同鄉前輩們齊集一堂，對晚輩充滿溫情關懷，提供生活上各種訊息和必要的協助，宛如一個大家庭。初到異地無親無依，驟然進入一個洋溢家鄉親情的團體，精神上孤獨的感覺立刻消失，很快的在心靈上便產生了強烈的歸屬感。我這才明白美濃原是六堆的一部分，而我這個**美濃人原來也是六堆的一份子**。

　　一群人聚集在一個地方，可以稱一個「堆」，堆字的發音接近「隊」，隊則是具有戰鬥意味的團體。臺灣開發時期，高屏地區沿中央山脈底下散居各處的客家村落，生存上面臨的威脅，同樣是來自山區和海邊的強大匪寇，各處村落原本在血緣、習俗、語言、感情上一體相通，族群意識很自然的讓大家結合起來，守望相助，以確保安全。當時有六個比較具有開發規模的地區：竹田、萬巒、麟洛長治、內埔、佳冬、高樹美濃等，便組織聯防自衛軍，依地理位置稱前、後、左、右、中央和先鋒等六堆，並推選大統領以統一指揮號令。

　　不稱六隊而稱六堆，實在是先人的智慧，清楚表達六堆民眾只求有安全的生存環境，絕非與人爭勝。但是**當外來勢力入侵威脅我族人生存時，六堆民眾將不惜一戰以保鄉護土**。朱一貴、吳福生之亂時如此；臺灣被割讓，日軍登陸佔領初期亦是如此。所以長治附近有「火燒庄」，全村被焚，正是當時日軍壓制六堆反抗軍的報復行為；高樹廣興村有「恩公廟」，祭祀咸豐年間來自美濃萬巒的援軍，為解救圍村之急勇敢戰死的三十三位義士。

　　早年六堆義軍組織聯合作戰，確實發揮了凝聚族群意識、保鄉護土的功用。但是經過五十年日本殖民統治，光復後又經過五十多年安定的歲月，六堆義軍早已不復存在，臺灣政經、文化的發展讓各族群間相互融合交流，化衝突為合作，彼此心胸和視野都已經超越了族群

的範限，客家族群的年輕菁英份子早已走出六堆的小區域，開拓了更大的生存空間。**「六堆」原本自衛自保的組織目的既已消失，六堆精神便也漸漸由奮戰自保，轉變成各客家庄對自己族群文化認同的力量**；如今「六堆」成了整個南部客家族群的代稱，而**早年強烈的族群意識正是客家知識份子至今自豪的光榮傳統。**

遺憾的是光復後地方行政區域的劃分，將美濃與其他五堆分隔在高雄屏東兩個不同的縣份，關連性減少，於是六堆感情越來越疏離淡薄，特別是被單獨分離出來的美濃，年輕的一代幾乎已經不復知道當年有這麼一段歷史。這也是為什麼我上大學後才因為同鄉會重新認識六堆、明白自己是六堆一份子的原因了。

水庫案讓原屬右堆的美濃深感受到不公不義的待遇，甚至面臨族群文化遭破壞，整個生存發展空間被毀滅的危機。於是**仿效早年先民團結自保的模式，求救於六堆精神領袖及各處領導代表**，得到全面的支持，五月二十三日在高樹恩公廟前祭祀先烈，並宣誓成立六堆新義勇軍團，數百六堆菁英在長老領導之下，高聲譴責政府暴虐錯誤的水資源政策，誓死反對傷害右堆美濃的水庫案，場面感人。**新義勇軍重新凝聚了族群意識，會中決定此後的走向：除了維護族群文化，更推而為保護整個南臺灣的生態、環境努力！這是新的六堆精神。**

參考書目

【史料】

《禮記注疏》。卷四十六。
（中國哲學書電子化計畫 http://ctext.org/library.pl?if=en&file=75129&
page=1）

《史記》。卷二十八。
（中國哲學書電子化計畫 http://ctext.org/library.pl?if=gb&file=56898&by_title=
史記 &page=1）

《明會典》。卷九十四。
（中國哲學書電子化計畫 http://ctext.org/library.pl?if=gb&file=76303&by_title=
明會典 &page=1）

美濃庄役場，1938，《美濃庄要覽》（影印本）。

黃香鐵（黃釗），1980 [1853]，《石窟一徵》。臺北：學生書局。

劉炳文，1920，《美濃簡史》（手抄影印本）。

新埔鎮誌編輯委員會編，1997，《新埔鎮誌》。新竹：新埔鎮公所。

美濃鎮誌編纂委員會編，1997，《美濃鎮誌（上）（下）》。高雄：美濃鎮
公所。

黃叔璥，1957 [1722]，《臺海使槎錄》（臺灣文獻史料叢刊第4種）。臺
北：臺灣銀行經濟研究室。

臺灣省文獻委員會編，1971，《臺灣省通志／卷一・土地志》。南投：臺灣
省文獻委員會。

臺灣省文獻委員會編，1995，《重修臺灣省通志／卷三・住民志》。南投：
臺灣省文獻委員會。

【論著】

孔復禮（Philip Kuhn）著，謝亮生、楊品泉、謝思煒譯，2004，《中華帝國
晚期的叛亂及其敵人：1796-1864年的軍事化與社會結構》。臺北：時
英。

王　東，1994，〈論客家民系之由來〉。收錄於謝劍、鄭赤琰主編，《客家學國際研討會論文集》。香港：香港中文大學。

王　東，1998，《客家學導論》。臺北：南天。

王甫昌，2003，《當代臺灣社會的族群想像》。臺北：群學。

王明珂，1997，《華夏邊緣：歷史記憶與族群認同》。臺北：允晨文化。

王鈺涵，2008，《功德與長生：新埔廟宇祿位研究》。新竹：國立交通大學客家社會與文化碩士在職專班碩士論文。

古秀妃等，2009，《六堆囍事：客家婚禮的六種祝福》。屏東：屏東縣政府。

石萬壽，1986，〈乾隆以前臺灣南部客家人的墾殖〉。《臺灣文獻》37 (4)：69-90。

何明星，2007，《清代新埔陳朝綱家族之研究》。新竹：新竹縣文化局。

吳永章，1991，《中國南方民族文化源流史》。南寧：廣西教育。

吳紹文，2007，〈新移民女性在美濃〉。《臺灣立報（2007.11.29教育版）》。網路資源：http://www.lihpao.com/?action-viewnews-itemid-26376（摘錄日期：2011/6/9）

吳連昌，2009，〈美濃客家夥房內「公王信仰」之初探〉（會議論文）。發表於「第六屆客家學術研討會：六堆客家聚落的形成與海峽兩岸的交流」，美和科技大學客家社區研究中心，2009/11/25。

吳進喜，1997，〈回覆"我對「美濃」地名起源的看法"〉。頁134-136，收錄於美濃鎮誌編輯委員會編，《美濃鎮誌（上）》。高雄：美濃鎮公所。

吳榮順，2002，《鍾雲輝、陳美子客家八音團》。宜蘭：國立傳統藝術中心。

呂理政主編，黃金田繪圖，2006，《臺灣生活圖曆：黃金田民俗畫‧現代當令事典》。臺北：向陽文化，國立臺灣史博物館籌備處。

宋廷棟，1996，〈期待一個大發生期的來臨──美濃黃蝶祭的故事〉。收錄於高雄市綠色協會編著，《南臺灣綠色革命》。臺中：晨星。

宋長青，2002，《孕育社區博物館的過程精神：美濃經驗》。臺南：國立臺南藝術大學博物館研究所碩士論文。

宋惠中，2003，《區域發展與生態環境變遷：清代前期閩浙贛交界地區的個案分析》。臺北：國立臺灣大學歷史學研究所博士論文。

李允斐，1989，《清末至日治時期美濃聚落人為環境之研究》。桃園：中原大學建築研究所碩士論文。

李允斐、鍾永豐、鍾秀梅、鍾榮富，1997，《高雄縣客家社會與文化》。高雄：高雄縣政府。

李亦園，1970，《一個移植的市鎮：馬來亞華人市鎮生活的調查研究》。臺北：中央研究院民族學研究所。

李亦園，1986，〈中國家族與儀式：若干觀念的檢討〉。《中央研究院民族學研究所集刊》59: 47-62。

李亦園，1995，〈說文化〉。收錄於羅鳳珠編《社會科學導論》。臺北：正中。

李國銘，2001，〈河川族群的對唱〉。頁157-176，收錄於曾貴海、張正揚主編，《高屏溪的美麗與哀愁》。臺北：時報。

杜正勝，1990，《編戶齊民：傳統政治社會結構之形成》。臺北：聯經。

房學嘉，1996，《客家源流探奧》。臺北：武陵。

房學嘉、宋德劍、周建新、蕭文評，2002，《客家文化導論》。梅州：花城。

房學嘉、蕭文評、鍾晉蘭，2009，《客家梅州》。廣州：華南理工大學。

杭 之，1990，《邁向後美麗島的民間社會》。臺北：唐山。

林正慧，2008，《六堆客家與清代屏東平原》。臺北：遠流，曹永和文教基金會。

林淑鈴、黃瑞芳、邱靜慧、林淑瑛、賴郁如，2007，〈伯公祭典中「物」的形式、內容及其儀式性的轉化：美濃、萬巒與竹田地區的初探〉。頁225-278，國立高雄師範大學客家文化研究所編，《2007客家社會與文化學術研討會論文集》。臺北：文津。

林清水，2004，〈蕉嶺縣蕉城鎮的傳統宗族與民間信仰〉。頁520-580，收錄於譚偉倫主編，《粵東三州的地方社會之宗族、民間信仰與民俗（下）》。香港：國際客家學會／海外華人資料中心／法國遠東學院出版。

林清水，2008，《蕉嶺縣新鋪鎮上南村民俗調查》。梅州：蕉嶺縣地方志辦公室。

林瑋嬪，2000，〈漢人「親屬」概念重探：以一個臺灣西南農村為例〉。

《中央研究院民族學研究所集刊》90: 1-38。

邱彥貴、吳中杰，2001，《臺灣客家地圖》。臺北：貓頭鷹。

邱智祥，1997，〈菸葉與美濃〉。頁1180-1192，收錄於美濃鎮誌編纂委員會主編，《美濃鎮誌（下）》。高雄：美濃鎮公所。

施添福，2001，〈國家與地域社會——以清代臺灣屏東平原為例〉。頁33-112，收錄於詹素娟、潘英海主編，《平埔族群與臺灣歷史文化論文集》。臺北：中央研究院臺灣史研究所。

施雅軒，2010，〈是組織？還是區域？一個六堆聚落體系建構的反思〉。頁231-265，收錄於莊英章、簡美玲編，《客家的形成與變遷（上）》。新竹：國立交通大學。

星純子，2009，〈挑戰「兩個政治」：現代臺灣社會運動、社區總體營造與地方社會〉。頁405-445，收錄於若林正丈、松永正義、薛化元主編，《跨域青年學者臺灣史研究續集》。新北：稻鄉。

柯佩怡，2005，《臺灣南部客家三獻禮之儀式與音樂》。臺北：文津。

段義孚著，潘桂成譯，1998，《經驗透視中的空間和地方》。臺北：國立編譯館。

洪馨蘭，1998，《菸草美濃——美濃地區客家文化與菸作經濟》。新竹：國立清華大學社會人類學研究所碩士論文。

洪馨蘭，1999，《菸草美濃：美濃地區客家文化與菸作經濟》。臺北：唐山。

洪馨蘭，2001，〈一場起於反水庫卻永無止境的社區運動：美濃在地的培力團隊——美濃愛鄉協進會〉。《客家文化研究通訊》4 (2001): 186-193。

洪馨蘭，2007a，〈客家婦女「勞動人觀」的社會實踐：美濃客家女性日常語彙與生命儀式之相關分析〉。頁690-708，收錄於王建周主編，《客家文化與產業發展研究》。桂林：廣西師範大學。

洪馨蘭，2007b，〈族群意識的再現與策略：以旗美社大客家類課程為例（2001-2005）〉。頁127-158，收錄於丘昌泰、蕭新煌主編《客家族群與在地社會：臺灣與全球的經驗》。臺北：智勝。

洪馨蘭，2008，〈批判、詮釋與再現：客家研究與美濃社會運動的對話〉。頁183-203，收錄於張維安、徐正光、羅烈師主編，《多元族群與客家：臺灣客家運動20年》。新竹：臺灣客家研究學會出版；臺北市：南天書局

發行。

洪馨蘭，2009，〈臺灣六堆瀰濃地區之外祖敬拜與族群邊界〉。發表於第十六屆世界人類學與民族學大會（IUAES 2009）（2009.7.27-31，中國雲南大學）。

洪馨蘭，2010，〈屏北平原「臺灣菸草王國」之形成：以《台菸通訊》（1963-1990）為討論〉。《師大臺灣史學報》3: 45-92。

洪馨蘭，2011，〈試論臺灣南部菸葉王國形成之「客家性」：一個區域比較觀點〉。頁 309-320，收錄於黃賢強等主編，《族群、歷史與文化：跨域研究東南亞與東亞（上）》。新加坡：新加坡國立大學中文系，八方文化。

洪馨蘭，2011a，〈鄉鎮誌作為一種民族誌文類：以《美濃鎮誌》中的地方性與客家意識為例〉。頁 267-294，收錄於莊英章、羅烈師主編，《客家書寫：方志、展演與認同》。新竹：臺灣客家研究學會；桂冠。

洪馨蘭編，1999，《大家來寫龍肚庄誌》。南投：行政院文化建設委員會中部辦公室，高雄：美濃八色鳥協會。

科大衛（David Faure），2007，〈核心與邊緣：明清到民國時期城鄉觀感的變化〉。頁 47-60，收錄於喬健編著，《底邊階級與邊緣社會：傳統與現代》。臺北：立緒。

美濃愛鄉協進會編，1994，《重返美濃：臺灣第一部反水庫運動紀實》。臺中：晨星。

胡台麗，1990，〈芋仔與蕃薯——臺灣「榮民」的族群關係與認同〉。《中央研究院民族學研究所集刊》69: 107-132。

夏曉鵑，1994，《商品經濟衝擊下的客家婦女》。頁 130-135，收錄於美濃愛鄉協進會編著，《重返美濃：臺灣第一部反水庫運動紀實》。臺中：晨星。

徐正光，1970，《一個客家農村的社會與經濟行為》。臺北：國立臺灣大學考古人類學碩士論文。

徐正光，1991，〈塑造臺灣新秩序〉。頁 4-9，收錄於徐正光主編，《徘徊於族群和現實之間》。臺北：正中。

徐正光，1994，〈序一：一個起點〉。頁 5-8，收錄於美濃愛鄉協進會編著，《重返美濃：臺灣第一部反水庫運動紀實》。臺中：晨星。

徐正光，2001，〈客家社會生活調查〉。頁291-335，收錄於曾彩金總編纂，《六堆客家社會文化發展與變遷之研究：社會篇》。屏東：六堆文教基金會。

徐正光，2007，〈六堆作為一個研究課題：從三種研究取徑談起〉。頁1-10，收錄於行政院客家委員會主編，《六堆歷史文化與前瞻學術研討會論文集》。（未出版）

徐正光、張維安，2007，〈導論：建立臺灣客家知識體系〉。頁1-15，收錄於徐正光主編，《臺灣客家研究概論》。臺北：行政院客家委員會、臺灣客家研究學會。

高怡萍，2005，《徘徊於族群與離散之間：粵東客家的族群論述與歷史記憶》。新竹：國立清華大學人類學研究所博士論文。

常向群著、毛明華譯，2010，《關係抑或禮尚往來？：江村互惠、社會支持網和社會創造的研究》。臺北：秀威資訊。

張二文，2002，《美濃土地伯公信仰之研究》。臺南：國立臺南師範學院鄉土文化研究所碩士論文。

張正揚，2001，〈護溪運動的怒潮〉。頁269-324，收錄於曾貴海、張正揚等編著，《高屏溪的美麗與哀愁》。臺北：時報文化。

張正揚，2010，《小農的地方知識與變遷適應：旗美社區大學「有機」實踐之敘事分析》。高雄：國立高雄師範大學客家文化研究所碩士論文。

張典婉，2004，《臺灣客家女性》。臺北：玉山社。

張祖基等，1986，《客家舊禮俗》。臺北：眾文。

張高傑，2000，《美濃反水庫運動中的技術政治》。新竹：國立清華大學社會學研究所碩士論文。

張博節，1997，〈美濃山水甲天下風水論〉。頁248-254，收錄於美濃鎮誌編輯委員會編，《美濃鎮誌（上）》。高雄：美濃鎮公所。

張維安、謝世忠，2004，《臺灣客家族群史專題研究1：經濟轉化與傳統再造——竹苗三線客家鄉鎮文化產業》。臺北：行政院客家委員會。

張翰璧，2007，〈客家婦女篇〉。頁111-131，收錄於徐正光主編，《臺灣客家研究概論》。臺北：行政院客家委員會、臺灣客家研究學會。

張騰芳口述，曾慶貞、李雪菱訪問記錄，2004，《六堆客家產業人才口述歷史》。高雄：高雄縣菸草生產聯合會。（未出版）

梁肇庭，1982，〈客家歷史新探〉。《中國社會經濟史研究》創刊號。廈門：廈門大學歷史系。

莊青祥，2008，〈屏東高樹大路關地區之拓墾與聚落發展之研究〉。頁127-157，收錄於國立高雄師範大學客家文化研究所編，《客家社會與文化學術研討會論文集》。臺北：文津。

莊英章，1974，〈Pasternak的臺灣漢人社會研究〉。《思與言》12(4): 38-41。

莊英章，1994，《家族與婚姻：臺灣北部兩個閩客社區的比較》。臺北：中央研究院民族學研究所。

莊英章，2000，〈親權與家庭分化：臺灣北部閩客社區之比較〉。頁191-206，收錄於徐正光主編，《第四屆國際客家學研討會論文集：聚落、宗族與族群關係》。臺北：中央研究院民族學研究所。

莊英章，2004，〈族群互動、文化認同與「歷史性」：客家研究的發展脈絡〉。《歷史月刊》201: 31-40。

莊英章、武雅士，1994，〈臺灣北部閩、客婦女地位與生育率：一個理論假設的建構〉。頁97-112，收錄於莊英章、潘英海編，《臺灣與福建社會文化研究論文集》。臺北：中央研究院民族學研究所。

莊英章、陳在正，1996，〈「耕讀」家風與閩南龜洋莊氏宗族的發展〉。頁5-25，收錄於莊英章、潘英海編，《臺灣與福建社會文化研究論文集（三）》。臺北：中央研究院民族學研究所。

莊英章、潘英海，1991，〈臺灣漢人社區的民族誌基本調查：三個文化理論的實證研究〉。《臺灣史田野研究通訊》17 (1991): 5-9。

莊英章、潘英海，1994，〈緒論：邁向漢人社會文化研究的里程碑〉。頁1-4，收錄於莊英章、潘英海編，《臺灣與福建社會文化論文集》。臺北：中央研究院民族學研究所。

莊英章、簡美玲，2010，〈導言〉。頁xxi-xl，收錄於莊英章、簡美玲主編，《客家的形成與變遷（上）》。新竹：國立交通大學。

莊素玉，2006，〈看河，十年後〉。《天下雜誌》353 (2006.8)。網路資源：http://www.google.com.tw/url?sa=t&rct=j&q=&esrc=s&source=web&cd=2&ved=0CCEQFjAB&url=http%3A%2F%2Fweb.fg.tp.edu.tw%2F~earth%2Fvision%2Fteach%2Friver%2F%25E7%259C%258B%25E6%25B2%25B3%25EF%25BC%2

58C%25E5%258D%2581%25E5%25B9%25B4%25E5%25BE%258C.doc&ei=
OVmOVLTLMIX_8QX35oHoDg&usg=AFQjCNGsFF2IvjVGjWKTykUORv3a
SBmAhg&sig2=lP6t_m2YdRAFGnoYelOzKw（擷取日期：2013/12/15）。

陳文德，2002，〈導論——「社群」研究的回顧：理論與實踐〉。頁1-41，
收錄於陳文德、黃應貴主編，《「社群」研究的省思》。臺北：中央研究
院民族學研究所。

陳其南，1987，《臺灣的傳統中國社會》。臺北：允晨文化。

陳秋坤，2009，〈帝國邊區的客庄聚落：以清代屏東平原為中心（1700-
1890）〉。《臺灣史研究》16 (1): 1-28。

陳祥水，1975，〈「公媽牌」的祭祀——承繼財富與祖先地位之確定〉。
《中央研究院民族學研究所集刊》36: 141-164。

陳運棟，1989，《臺灣的客家人》。臺北：臺原。

陳運棟，1991，《臺灣的客家禮俗》。臺北：臺原。

陳運棟，2000，〈臺灣客家研究的考察〉。頁45-79，收錄於徐正光主編，
《第四屆國際客家學研討會論文集：歷史與社會經濟》。臺北：中央研究
院民族學研究所。

陳運棟，2007，〈禮俗篇〉。頁202-233，收錄於徐正光主編，《臺灣客家
研究概論》。臺北：行政院客家委員會，臺灣客家研究學會。

陳緯華，2005，《靈力經濟與社會再生產：臺灣民間信仰與地方社會的形
成》。新竹：國立清華大學人類學研究所博士論文。

陳麗華，2010，〈忠義祠與聖火：從運動會看日治後期到戰後初期的六
堆〉。頁87-116，收錄於莊英章、簡美玲編，《客家的形成與變遷
（上）》。新竹：國立交通大學。

麥留芳，1985，《方言群認同：早期星馬華人的分類法則》。臺北：中央研
究院民族學研究所。

勞格文，1996，〈勞格文序〉。頁i-xxiv，收錄於房學嘉編，《梅州地區的廟
會與宗族》。香港：國際客家學會，海外華人研究社，法國遠東學會。

勞格文編，2005，《客家傳統社會（上編）（下編）》。北京：中華書局。

彭瑞金，1994，《鍾理和傳》。南投：臺灣省文獻委員會。

曾坤木，2005，《客家夥房之研究：以高樹老庄為例》。臺北：文津。

曾純純，2007，〈從「孺人」到「女兒入譜」：客家女性在族譜中角色的歷

史變遷〉。頁 215-263，收錄於邱昌泰、蕭新煌編，《客家族群與在地社會：臺灣與全球的經驗》。臺北：智勝文化。

游淑珺，2010，《女界門風——臺灣俗語中的女性》。臺北：前衛。

童元昭，2002，〈固定的田野與游移的周邊：以大溪地華人為例〉。頁 303-329，收錄於陳文德、黃應貴主編，《「社群」研究的省思》。臺北：中央研究院民族學研究所。

童元昭，2008，〈試析屏東山腳下的客家養女：親屬、族群或階級的意義〉（會議論文）。國立交通大學客家文化學院暨國際客家研究中心主辦，第二屆臺灣客家研究國際研討會（2008.12.20-21，國立交通大學）。

華南研究會編輯委員會編，2004，《學步與超越：華南研究會論文集》。香港：文化創造。

費孝通，1998 [1947]，《鄉土中國‧生育制度》。北京：北京大學。

費孝通，2003，《中華民族多元一體格局（修訂本）》。北京：中央民族大學。

黃志繁，2007，《「賊」「民」之間：12-18世紀贛南地域社會》。北京：三聯書店。

黃卓權，1990，〈獅潭山區的拓墾〉。頁 18-19，收錄於黃卓權編，《苗栗內山開發之研究》。苗栗：苗栗縣立文化中心。

黃卓權，2008，《進出客鄉：鄉土史田野與研究》。臺北：南天書局。

黃宗智，1994，《華北的小農經濟與社會變遷》。香港：牛津大學。

黃美珍，2008，《聚落、信仰與地方菁英：以美濃二月戲為例》。新竹：國立交通大學客家社會與文化碩士在職專班碩士論文。

黃國信，2006，《區與界：清代湘粵贛界鄰地區食鹽專賣研究》。北京：三聯書店。

黃莉萍，2007，《臺灣美濃地區客語親屬稱謂詞之研究》。屏東：國立屏東教育大學中國文學系碩士班畢業論文。

黃森松，2003，《廣興庄的聚落形成與夥房擴散變遷》。高雄：今日美濃週刊社。

黃森松，2007，《祖堂密碼》。新竹：行政院臺灣客家文化中心籌備處。

黃鴻松，2005，《全球化衝擊下鄉土教育深化之研究：一位美濃社區教師的詮釋》。高雄：樹德科技大學建築與古蹟維護系碩士論文。

楊 渡，1987，《民間的力量》。臺北：遠流。

楊仁江，2008a，《新竹縣縣定古蹟新埔林氏家廟修復計畫》。新竹：新竹縣文化局。

楊仁江，2008b，《新竹縣縣定古蹟新埔張氏家廟修復計畫》。新竹：新竹縣文化局。

楊欽堯，〈六堆進士黃驤雲〉。《國史館臺灣文獻館電子報》第39期。南投市：中興新村。2009年10月2日。

溫振華，高雄縣平埔族史。1997。高雄縣政府。

董啟章，2011，《地圖集》。臺北：聯經。

詹蕙真，2002，《從社會運動到社區運動：美濃十年運動之路》。高雄：樹德科技大學建築與古蹟維護系碩士論文。

廖炳惠編著，2003，《文學批評研究的通用辭彙編》。臺北：麥田。

廖倫光、黃俊銘。2007。〈六堆客家的塚信仰構築與地景圖式〉。收於《2007年客家社會與文化學術研討會論文集》。國立高雄師範大學客家文化研究所編。臺北市：文津，288。

臺灣菸酒公賣局編，1997，《臺灣菸酒公賣局局志》。臺北：臺灣菸酒公賣局。

蒲慕州，2004，《追尋一己之福：中國古代的信仰世界》。臺北：麥田。

趙世瑜，2002，《狂歡與日常：明清以來的廟會與民間社會》。北京：三聯書店。

劉永華，1992，〈傳統中國的市場與社會結構——對施堅雅中國市場體系理論和宏觀區域理論的發出〉。《中國經濟史研究》第4期。

劉佐泉，1994，〈客家文化中的南方土著民族習俗因素舉隅〉。《福建客家》1994年第1期。

劉忠博，2006，《全球地方化下的社區媒介：從美濃月光山雜誌社談起》。世新大學新聞學研究所碩士論文。

劉薇玲，2002，《屏東客家婚俗變遷之研究——以六堆中區為例（1941-2001）》。臺南：臺南師範學院鄉土文化研究所碩士論文。

潘英海，1994，〈文化合成與合成文化：頭社村太祖年度祭儀的文化意涵〉。頁235-256，收錄於莊英章、潘英海合編，《臺灣與福建社會文化研究論文集》。臺北：中央研究院民族學研究所。

蔡采秀，1997，〈高屏地區客家聚落的發展〉。頁213-249，收錄於《高雄歷史與文化（第四輯）》。高雄：高雄縣政府。

蔣炳釗，1995，〈試論客家的形成及其與畬族的關係〉。頁285-298，收錄於莊英章、潘英海合編，《臺灣與福建社會文化研究論文集（二）》。臺北：中央研究院民族學研究所。

蔣炳釗，2000，〈客家文化是畬、漢兩族文化互動的產物〉。頁339-363，收錄於徐正光主編，《第四屆國際客家學研討會論文集：聚落、宗族與族群關係》。臺北：中央研究院民族學研究所。

鄭振滿，2006，〈莆田平原的宗教與宗族——福建興化府歷代碑銘解析〉。《歷史人類學學刊》4 (1): 1-28。

樹德科技大學建築與古蹟維護系編著，2004，《高雄縣縣定古蹟瀰濃庄里社真官伯公、龍肚庄里社真官伯公、九芎林里社貞官伯公、縣定級古蹟東門樓之美濃庄頭伯公調查研究規劃案》。高雄：高雄縣政府。

蕭盛和，2009，《右堆美濃的形成與發展》。臺北：文津。

蕭新煌，1989a，《社會力——臺灣向前看》。臺北：自立晚報。

蕭新煌，1989b，〈臺灣新興社會運動的分析架構〉。頁21-46，收錄於徐正光、宋文里合編，《臺灣新興社會運動》。臺北：巨流。

蕭新煌，2011，〈社會運動和社會運動研究的辯證〉。頁v-viii，收錄於何明修主編，《社會運動的年代：晚近二十年來的臺灣行動主義》。臺北：群學。

蕭鳳霞，1996，〈婦女何在？抗婚與華南地域文化的再思考〉。《中國社會季刊》14: 24-40。

蕭鳳霞，2004，〈廿載華南研究之旅〉。頁31-40，收錄於華南研究會編，《學步與超越：華南研究會論文集》。香港：文化創造。

閻雲翔著，李放春、劉瑜譯，2000，《禮物的流動：一個中國村莊中的互惠原則與社會網絡》。上海：上海人民。

戴正倫，2008，〈六堆書寫的建構與再建構〉（會議論文）。收錄於《第四屆屏東研究研討會論文集》（未出版）。屏東：屏東縣社區大學文教基金會。

謝宜文，2007，《美濃地區客家「還神」祭典與客家八音運用之研究》。臺南：國立臺南大學臺灣文化研究所碩士論文。

謝重光，1999 [1995]，《客家源流新探》。臺北：武陵。

謝重光，2001，《客家形成發展史綱》。廣州：華南理工大學。

謝重光，2005，《客家文化與婦女生活：12-20世紀客家婦女研究》。上海：上海古籍。

謝劍、房學嘉，1999，《圍不住的圍龍屋：記一個客家宗族的復甦》。嘉義：南華大學。

謝劍、房學嘉，2002，《圍不住的圍龍屋：記一個客家宗族的復甦（增訂本）》。廣東：花城。

謝繼昌、王長華、葉家寧、林曜同，2002，《高雄縣原住民社會與文化》。高雄：高雄縣文化局。

鍾壬壽編著，1973，《六堆客家鄉土誌》。屏東：常青。

鍾永豐等，1998，《美濃文物暨文化資料調查》。高雄：美濃愛鄉協進會。（未出版）

鍾兆生，1995，《美濃地區菸樓空間營造之研究》。高雄：樹德科技大學建築與古蹟維護研究所碩士論文。

鍾秀梅，1994，〈談客家婦女〉。頁122-129，收錄於美濃愛鄉協進會編著，《重返美濃：臺灣第一部反水庫運動紀實》。臺中：晨星。

鍾怡婷，2002，《美濃反水庫運動與公共政策互動之研究》。高雄：國立中山大學公共事務與管理研究所碩士論文。

鍾鐵民，1997，〈黃進士的故事〉。頁531-532，收錄於美濃鎮誌編纂委員會編，《美濃鎮誌（上）》。高雄：美濃鎮公所。

簡炯仁，2005，《高雄縣旗山地區的開發與族群關係》。高雄：高雄縣政府。

簡美玲，2010，〈殖民、山歌與地方社會：北臺灣客庄阿婆生命史敘事的日常性〉。頁621-665，收錄於莊英章、簡美玲編，《客家的形成與變遷（下）》。新竹：國立交通大學。

魏捷茲，1996，〈澎湖群島的村廟「公司」與人觀〉。頁221-242，收錄於莊英章、潘英海編，《臺灣與福建社會文化研究論文集（三）》。臺北：中央研究院民族學研究所。

羅香林，1989 [1950]，《客家源流考》。北京：中國華僑。

羅香林，1992 [1933]，《客家研究導論》。臺北：南天。

羅烈師，2006，《臺灣客家之形成：以竹塹地區為核心的觀察》。新竹：國立清華大學人類學研究所博士論文。

蘇仁榮，1989，《日據時期新埔街莊的形成與發展》。臺南：國立成功大學建築研究所碩士論文。

Ahern, Emily Martin, 1973, *The Cult of the Dead in a Chinese Village*. Stanford: Stanford University Press.

Ahern, Emily Martin, 1974, "Affines and the Rituals of Kinship." in *Religion and Ritual in a Chinese Society*. edited by Arthur Wolf. Stanford: Stanford University Press.

Anderson, Benedict, 1991[1983], *Imagined Communities*. (rev. edition) London: Verso.

Astuti, Rita, 1995, "The Vezo are not a kind of people: Identity, Difference and Ethnicity among a Fishing People of Western Madagascar." *American Ethnologist* 22 (3): 464-482.

Bain, Irene, 1993, *Agricultural Reform in Taiwan: From Here to Modernity?* Hong Kong: The Chinese University of Hong Kong.

Banks, Marcus, 1996, *Ethnicity: Anthropological Constructions*. London/New York: Routledge.

Barth, Fredrik, 1969, *Ethnic Groups and Boundaries: The Social Organization of Culture Difference*. London: George Allen & Unwin.

Bateson, Gregory, 1979, *Mind and Nature*. Glasgow: Fontana.

Beck, Ulrich & Elisabeth Beck-Gernsheim, 2001, *Individualization*. London: Sage.

Biersack, Aletta, 1991, "Introduction." pp. 1-36 in *Clio in Oceania: Toward a Historical Anthropology*. edited by Aletta Biersack. Washington: Smithsonian Institute Press.

Bloch, Maurice, 1993, "Time, Narratives and the Multiplicity of Representations of the Past." *Bulletin of the Institute of Ethnology Academia Sinica* 75: 29-45.

Chang, Mau-kuei, 1999, "Toward an Understanding of the Sheng-chi Wen-ti（省籍問題）in Taiwan: Focusing on Changes After Political Liberalization." pp. 93-150 in *Ethnicity in Taiwan: Social, Historical, and Cultural Perspectives*. edited by Chen Chung-min, Chuang Ying-chang, and Huang Shu-min. Taipei: The Institute of

Ethnology, Academia Sinica.

Chuang, Ying-chang & Arthur P. Wolf, 1995, "Marriage in Taiwan, 1881-1905: An Example of Religional Diversity." *Journal of Asian Studies* 54 (3): 781-795.

Chung Yung-Fung, 1996, *Sociology and Activism: the Meinung anti-dam movement, 1992 to 1994*. Master dissertation, Department of Sociology, University of Florida.

Chung, Hsiu-Mei, 2006, *Retracting the Meinung Anti-Dam Movement in Taiwan*. Ph.D. dissertation, Sydney: University of Sydney Technology, Australian.

Clifford, James, 1997, *Routes: Travel and Translation in the Late Twentieth Century*. Cambridge, Mass.: Harvard University Press.

Clifford, James, 1998, "Introduction: The Pure Products Go Crazy." pp. 1-17 in *The Predicament of Culture: Twentieth-Century Ethnography, Literature, and Art*. Cambridge, Mass.: Harvard University Press.

Climo, Jacob J. & Maria G. Cattell, (ed.), 2002, *Social Memory and History: Anthropological Perspectives*. Oxford: Altamira Press.

Cohen, L. Myron, 1976, *House United, House Divided: The Chinese Family in Taiwan*. New York: Columbia University Press.

Cohen, L. Myron, 1992, "Land, Corporation, Community, and Religion among the South Taiwan Hakka during Ch'ing." 頁167-193，收錄於陳秋坤、許雪姬主編，《臺灣歷史上的土地問題》。臺北：中央研究院臺灣史田野研究室。

Cohen, L. Myron, 2005, "Writs of Passage in Late Imperial China: Contract and the Documentation of Practical Understanding in Minong, Taiwan." pp. 252-303 in *Kinship, Contract, Community, and State*. Stanford: Stanford University Press.

Cohen, L. Myron, 2010, "Configuring Hakka Identity and Ethnicity, as Seen in Meinong, Taiwan, 1963-2008." 頁1003-1026，收錄於莊英章、簡美玲編，《客家的形成與變遷（下）》。新竹：國立交通大學。

Comaroff, Jean, 1985, *Body of Power, Spirit of Resistance: The Culture and History of a South African People*. Chicago: University of Chicago Press.

Comaroff, John L., 1992, *Ethnography and the Historical Imagination*. Colorado: Westview.

Connerton, Paul, 1989, *How Societies Remember*. Cambridge: Cambridge University Press.

Constable, Nicole, 2000, "Ethnicity and Gender in Hakka Studies." pp. 365-396 in *Proceedings of International Conference on Hakkaology: Community, Lineage and Ethnic Relations*. edited by Cheng-Kuang Hsu. Taipei: Institute of Ethnology, Academia Sinica.

Crissman, Lowrance, 1972, "Marketing on the Changhua Plain, Taiwan." pp. 215-259 in *Economic Organization in Chinese Society*. edited by E. W. Wilmott. Stanford: Stanford University Press.

Dening, Greg, 1991, "A Poetic for Histories: Transformations That Present the Past." pp. 347-380 in *Clio in Oceania: Toward a Historical Anthropology*. edited by Aletta Biersack. Washington: Smithsonian Institute Press.

Ebrey, Patricia Buckley, 1986, "The early Stages in the Development of Descent Group Organization." pp. 16-61 in *Kinship Organization in Late Imperial China, 1000-1940*. edited by Patricia B. Ebrey & James Watson. Berkeley: University of California Press.

Eric Hobsbawn & Terence Ranger, 1983, *Invention of Tradition*. New York: Cambridge University Press.

Eriksen, Thoman Hylland, 2001, *Small Place, Large Issues: An Introduction to Social and Cultural Anthropology*. 2nd. London: Pluto Press.

Faubion, James D., 1993, "History in Anthropology." *Annual Review of Anthropology* 22: 35-54.

Faure, David, 1989, "The Lineage as a Cultural Invention: The Case of the Pearl River Delta." *Modern China* 15 (1): 4-36.

Freedman, Maurice, 1958, *Lineage Organization In Southeast China*. London: Athlone Press.

Freedman, Maurice, 1967, *Rites and Duties, or Chinese Marriage*. London: G. Bell & Sons.

Gallin, Bernard, 1960, "Matrilateral and Affinal Relationships of a Taiwanese Village." *American Anthropologist* 62: 632-642.

Gallin, Bernard, 1966, *Hsin Hsing, Taiwan: A Chinese Village in Change*. Berkeley: University of California Press.

Geertz, Clifford, 1973, *The Interpretation of Culture: Selected Essay*. New York: Basic

Books.

Goffman, Erving, 1959, *The Presentation of Self in Everyday Life*. Garden City, New York: Doubleday.

Goffman, Erving, 1960, *Stigma: Notes on The Management of Spoiled Identity*. New York : Simon and Schuster, Inc.

Guibernau, Montserrat and John Rex (ed.), 1997, *The Ethnicity Reader: Nationalism, Multiculturalism, and Migration*. Cambridge: Polity Press.

Hobsbawm, Eric, 1983, "Introduction: inventing tradition." *The Invention of Tradition*. edited by E. Hobsbawm & T. Ranger. Cambridge: Cambridge University Press.

Hsu, Francis L. K., 1948, *Under the Ancestors' Shadow*. London: Routledge and Kegan Paul.

Hung, Hsinlan, 2009, "Hakka Consciousness and the Ideal 'Hakka Women': matrilateral ancestor worship as a cultural invention in Liu-dui, Taiwan." (conference paper) SEAA & TSAE Taipei 2009 Conference. (2009.7.2-5, Institute of Ethnology, Academia Sinica.)

James Clifford. 1997. *Routes: Travel and Translation in the Late Twentieth Century*. Cambridge, Mass.: Harvard University Press.

James Clifford. 1998. "Introduction: The Pure Products Go Crazy," In *The Predicament of Culture: Twentieth-Century Ethnography, Literature, and Art*. Cambridge, Mass.: Harvard University Press. pp. 1-17.

James Watson. 1985. "Standardizing the Gods: The Promotion of T'ien Hou (Empress of Heaven) Along the South China Coast, 960-1960," In *Popular Culture in Late Imperial China*. A. Nathan and E. S. Rawski, eds. Berkeley, Calif.: University of California Press. pp. 292-324.

Keyes, Charles F., 1976, "Towards a New Formulation of the Concept of Ethnic Group." *Ethnicity* 3: 202-213.

Kuhn, Philip, 1970, *Rebellion and its enemies in late imperial China militarization and social structure, 1796-1864*. Harvard: Harvard University Press.

Lagerwey, John, 1996, "Preface." pp. 1-14 in *Temple Festivals and Linages in Meizhou*. edited by Fang Xuejia. Hong Kong: International Hakka Studies Association,

Overseas Chinese Archives, and ECOLE Francaise D'xtremeorient Press.

Lagerwey, John, 2000, "The Structure and Dynamics of Chinese Rural Society." pp. 1-43 in *Proceedings of International Conference on Hakkaology: History and Socio-economy*. edited by Cheng-kuang Hsu. Taipei: Institute of Ethnology, Academia Sinica.

Lagerwey, John, 2005, "Introduction for Part II: Lineage Society and Its Customs." 頁 493-520，收錄於勞格文主編，《客家傳統社會》。北京：中華書局。

Leong, Sow-Theng, 1985, "The Hakka Chinese of Lingnan: Ethnicity and Social Change in Modern China." in *Ideal and Reality: Social and Political Change in Modern China, 1860-1949*. edited by David Pong and Edmund Fung. The University Press of America.

Leong, Sow-Theng, 1998, *Migration and ethnicity in Chinese history: Hakka, Pengmin, and their neighbors*. Stanford: Stanford University Press. Taipei: SMC Publishing Inc.

Levi-Strauss, Claude, 1969, *The elementary structures of kinship*. (Translated from the French by James Harle Bell, John Richard von Sturmer, and Rodney Needham, editor) Boston: Beacon Press.

Linnekin, Jocelyn & Lin Poyer, 1990, "Introduction." pp. 1-16 in *Cultural Identity and Ethnocity in the Pacific*. edited by Jocelyn Linnekin & Lin Poyer. Honolulu: University of Hawaii.

Marcus, G. E., and M. J. Fischer, 1999, *Anthropology as Cultural Critique* (2nd Edition). Chicago: University of Chicago Press.

Maurice Halbwachs, 1992, *On Collective Memory*. (edited, translated and with an introduction by Lewis A. Coser) The University of Chicago Press.

Moore, Henrita, 1994, "The Divisions Within: Sex, Gender and Sexual Difference." pp. 8-27 in *A Passion for Difference: Essays in Anthropology and Gender*. Cambridge: Cambridge University Press.

Ohnuki-Tierney, Emiko, 2002, *Kamikazes, Cherry Blossoms, and Nationalism: The Militarization of Aesthetics in Japanese History*. Chicago: University of Chicago Press.

Ortner, Sherry B. and Harriet Whitehead, 1981, "Accounting for Sexual Meanings." pp. 1-27 in *Sexual Meanings*. edited by Sherry B. Ortner & Harriet Whitehead.

Cambridge: Cambridge University Press.

Pasternak, Burton, 1972, *Kinship and Community in Two Chinese Villages*. Stanford: Stanford University Press.

Pasternak, Burton, 1983, *Guest in the Dragon: Social Demography of a Chinese District 1895-1946*. New York: Columbia University Press.

Ranger, Terence, 1997, "The Invention of Tradition in Colonial Africa." pp. 597-612 in *Perspectives on Africa: A Reader in Culture, History, and Representation*. edited by Roy Grinker & Christopher Steiner. Hoboken: Wiley-Blackwell Press.

Rapport, Nigel & Joanna Overing, 2000, *Social and Cultural Anthropology: The Key Concepts*. London; New York: Routledge.

Riegelhaupt, Joyce, 1967, "Saloio Women: An Analysis of Informal and Formal Political and Economic Roles of Portuguese Peasant Women." *Anthropological Quarterly* 40: 109-136.

Rosaldo, Michelle Z., 1974, "Women, Culture and Society: A Theoretical Overview." pp. 17-43 in *Women, Culture and Society*. edited by Michelle Z. Rosaldo and Louise Lamphere. Stanford, CA: Stanford University Press.

Sahlins, Marshall, 1981, *Historical Metaphors and Mythical Realities: Structure in the Early History of the Sandwich Islands Kingdom*. Ann Arbor: University of Michigan Press.

Sahlins, Marshall, 1998, "The Original Affluent Society." pp. 3-21 in *The Post-Development Reader*. edited by M. Rahnema & V. Bawtree. London and New York: Zed Books.

Sahlins, Marshall, 2004, *Apologies to Thucydides: Understanding History as Culture and Vice Versa*. Chicago: University of Chicago Press.

Salmond, Annn, 2000, "Maori and Modernity: Ruatara's Dying." pp. 37-58 in *Signifying Identities: Anthropological Perspectives on Boundaries and Contested Values*. edited by Anthony P. Cohen. London: Routledge.

Siu, Helen F., 1990, "Where Were the Women? Rethinking Marriage Resistance and Regional Culture in South China." *Late Imperial China* 2 (1990.12): 32-62.

Skinner, G. William, 1964, "Marketing and Social Structure in Rural China." *The Journal of Chinese Studies* 24 (1): 3-43.

Skinner, G. William, 1965, "Marketing and Social Structure in Rural China." *The Journal of Chinese Studies* 24 (2): 195-228.

Skinner, G. William, 1998, "Introduction." pp. 1-18 in *Migration and Ethnicity in Chinese History: Hakkas, Penmin, and Other Neighbors*. edited by Tim Wright. Taipei: TMC.

Sollors, Werner, 1989, *The Invention of Ethnicity*. New York: Oxford University Press.

Thomas, Nicholas, 1989, "History and Anthropological Discourse, Radcliffe-Brown, Geertz and the Foundations of Modern Anthropology." pp. 9-27 in *Out of Time: History and Evolution in Anthropological Discourse*. Cambridge: Cambridge University Press.

Waston, Rubie S., 1985, *Inequality among Brothers: Class and Kinship in South China*. Cambridge: Cambridge University Press. (Cambridge Studies in Social Anthropology; No. 53)

Watson, James, 1985, "Standardizing the Gods: The Promotion of T/ien Hou (Empress of Heaven) Along the South China Coast, 960-1960." pp. 292-324 in *Popular Culture in Late Imperial China*. edited by D. Johnson. A. Nathan & E. S. Rawski. Berkeley, Calif.: University of California Press.

Wolf, Arthur P., 1970, "Chinese Kinship and Mourning Dress." in *Family and Kinship in Chinese Society*. edited by Maurice Freedman. Stanford: Stanford University Press.

Wolf, Eric R., 1982, *Europe and the People without History*. Calif.: University of California Press.

Wolf, Margery, 1972, *Women and the Family in Rural Taiwan*. Stanford: Stanford University Press.

Wong, Kitching, 2002, *From identifying difference within a movement to pragmatic coalition and cultural reconstruction: the struggle and dilemma of the Meinung anti-dam movement among the Hakka people in Taiwan*. MA dissertation, London: Anthropology of Development & Social Transformation.

國家圖書館出版品預行編目（CIP）資料

敬外祖：臺灣南部客家美濃之姻親關係與地方社會
/ 洪馨蘭 著．--初版.--桃園市：
中央大學出版中心：臺北市：遠流, 2015.9
面； 公分
ISBN 978-986-5659-08-0（平裝）

1. 客家 2. 婚姻習俗 3. 高雄市美濃區

536.211 104014913

敬外祖

臺灣南部客家美濃之姻親關係與地方社會

著者：洪馨蘭
執行編輯：許家泰
編輯協力：簡玉欣

出版單位：國立中央大學出版中心
桃園市中壢區中大路 300 號 國鼎圖書資料館 3 樓

遠流出版事業股份有限公司
台北市南昌路二段 81 號 6 樓

發行單位／展售處：遠流出版事業股份有限公司
地址：台北市南昌路二段 81 號 6 樓
電話：(02) 23926899 傳真：(02) 23926658
劃撥帳號：0189456-1

著作權顧問：蕭雄淋律師
2015 年 9 月 初版一刷
售價：新台幣 450 元
如有缺頁或破損，請寄回更換
有著作權・侵害必究 Printed in Taiwan
ISBN 978-986-5659-08-0（平裝）
GPN 1010401380

YL 遠流博識網 http://www.ylib.com E-mail: ylib@ylib.com